Ulf Abraham / Claudia Kupfer-Schreiner /
Klaus Maiwald (Hrsg.)

Schreibförderung und Schreiberziehung

Eine Einführung für Schule und Hochschule

Auer Verlag GmbH

Ortwin Beisbart zum 65. Geburtstag

Gedruckt auf umweltbewusst gefertigtem, chlorfrei gebleichtem
und alterungsbeständigem Papier.

1. Auflage. 2005
© by Auer Verlag GmbH, Donauwörth
Umschlagbild: Michael Goller, Der Schreibende. www.michael-goller.de
Gesamtherstellung: Ludwig Auer GmbH, Donauwörth
ISBN 3-403-04344-4

Inhalt

Einleitung

Ulf Abraham / Claudia Kupfer-Schreiner / Klaus Maiwald

Im Spannungsfeld von Didaktik und Pädagogik: Schreibförderung und Schreiberziehung

Schreiben als kulturelle Praxis und Schreiberziehung in der Schule

Schreiben ist ein so unverzichtbarer Teil kultureller Praxis, dass die Einführung in die Welt der Texte und in die Schriftlichkeit als Medium seit Jahrhunderten als wesentliche, vielleicht wichtigste Aufgabe öffentlicher Erziehung gilt: Kinder zur Schriftlichkeit hinzuführen und im Schreiben zu unterweisen, ist vielen bis heute, auch und gerade im Zeichen der *Neuen Medien*, Inbegriff von Schule. Wie sehr diese das Schreiben allerdings isoliert, zu einer Sache für sich gemacht hat, wird uns bewusst, wenn wir die *Situiertheit* des Schreibens im Alltag bedenken (vgl. Barton/Hamilton/Ivanič 2000). Auch wenn Schreiben aus dem täglichen Leben nicht wegzudenken ist und einfach „dazugehört", darf nicht vergessen werden, was für eine gewaltige Leistung der Erwerb dieser *Kulturtechnik* ist. Konrad Ehlich hat in dem von Hartmut Günther und Ludwig Otto (1994/1996) herausgegebenen interdisziplinären Handbuch zur *Schrift und Schriftlichkeit* den Eintritt in die Schriftlichkeit als „Revolutionierung sprachlichen Handelns" (1. Halbbd., 19) beschrieben. Drei Aspekte dieser „Revolution" lassen sich unterscheiden:

Revolutioniert werden

- die sprachliche Handlung selbst (nämlich durch die Schrift *verdauert*, wo sie in der Mündlichkeit flüchtig war),
- die Beziehung der Kommunizierenden zueinander (nämlich zum großen Teil *anonymisiert*, wo sie persönlich war) und
- die Sprechsituation (nämlich *zerdehnt*, wo eine raumzeitliche Einheit von Sagen und Verstehen war).

Bedenken wir kurz die Ausgangslage dieser „Revolution": Eine Kultur – bzw. ontogenetisch ein Kind oder Erwachsener – kann weder schreiben noch lesen, bedient sich keiner Schriftsprache. Wir als Angehörige einer schriftsprachlichen Kultur und erst recht als Deutsch-Lehrende sind es – in nicht ganz unproblematischer Weise – gewohnt, einen solchen Zustand sowohl bei ganzen Kulturen als auch bei Individuen (phylo- und ontogenetisch) als Mangelsituation wahrzunehmen. Wir sehen in erster Linie ein Defizit: Die Kaluli auf Neuguinea sind bzw. waren eine Kultur ohne Schrift (vgl. Schieffelin/Cochran-Smith 1984); ein Kind, nur mäßig begabt und nicht gefördert, selten außerhalb von Schule mit Schriftsprachlichkeit konfrontiert, ist im Stand des *funktionalen Analphabetismus* geblieben, hat also zwar das Alphabet „gelernt", kann aber noch als junger

Erwachsener damit nicht viel anfangen, kann sozusagen nur schriftlich buchstabieren, nicht wirklich schreiben. Nicht jeder geschriebene Text ist ein „echter" schriftsprachlicher. Sich schriftlich adäquat auszudrücken, erfordert weit mehr als die Beherrschung des Alphabets sowie einer Schreibschrift oder eines Textverarbeitungsprogramms. Markus Nussbaumers *Was Texte sind und wie sie sein sollen* (1991) setzt solche Erkenntnisse didaktisch um. Der Textbegriff, den er entwickelt, ist zwar linguistisch abgesichert. Aber es handelt sich nicht um eine sprach- oder literaturwissenschaftliche, sondern um eine didaktische Theorie der Textqualitäten. Dafür unterscheidet der Autor zwischen drei Bedeutungen von *Schriftlichkeit*:

a) einer Bedeutung, die rein technischer Art ist und sozusagen den Sendekanal meint: In der Schriftlichkeit ist die Materialisierungsform von Sprache der Buchstabe bzw. das handgeschriebene oder gedruckte Wort. (Das gilt dann auch für das Protokoll einer spontan gehaltenen Rede oder den Abdruck eines Interviews, bei dem zwei geredet haben.)

b) einer tiefer gehenden Bedeutung, die eine Auswahl zwischen zwei verschiedenen „Sprachen" voraussetzt: Wer schreibt, hat sich für ein anderes sprachliches Register, eine andere „Varietät" entschieden als der, der sich mündlich mitteilt. *(Bin in die Stadt, sehen uns abends* genügt solchen Kriterien von Schriftlichkeit bereits nicht mehr, das ist aufgeschriebene Mündlichkeit. Andererseits gibt es geredete Schriftlichkeit, zum Beispiel in der Politik.)

c) einer grundsätzlichsten dritten Bedeutung, die unterstellt, dass sich Mündlichkeit und Schriftlichkeit durch eine je verschiedene *Grundhaltung* auszeichnen: Eine „Sprache der Nähe" steht dann, mit Koch/Oesterreicher (1994) gesagt, einer „Sprache der Distanz" gegenüber.

Diese dritte „Füllung" des Begriffs *Schriftlichkeit* trifft zentrale Aspekte schriftlicher Textproduktion sehr genau: einen *stilistischen* Aspekt, weil man beim Schreiben sehr viel weniger und vorsichtiger dialektale oder umgangssprachliche Wendungen benutzt, die Nähe und Gemeinsamkeit suggerieren (würden); einen *Situationsaspekt*, weil man beim Schreiben oft räumlich und/oder zeitlich weit entfernt vom Adressaten ist; und einen *psychosozialen* Aspekt, weil einem die Partner, mit denen man spricht, in vielen Fällen irgendwie bekannt sind, oft sogar mehr oder weniger *nahe* stehen, während man schriftliche Texte auch und gerade oft an Personen richtet, die einem unbekannt sind bzw. *fern* stehen.

„Erziehung zur Schriftlichkeit" (einen Überblick bietet Günther 1993) ist also eine Aufgabe, die viel größer und wichtiger ist als die der Vermittlung bestimmter Aufsatzarten an Lernende bestimmter Altersgruppen; Erziehung zur Schriftlichkeit ist auch nicht nur eine Sache für das erste Schuljahr oder allenfalls noch das zweite. Der Weg *Von der Reihung zur Gestaltung* (August/Faigel 1986), also von einer bloß schriftlich nachgemachtem Mündlichkeit, die einfach aufzählt, was zu sagen ist, zu einem gestalteten Text, ist länger und weiter. Die von Ehlich so genannte *Verdauerung* und *Zerdehnung* zu begreifen, ist schreibdidaktisch erst der Anfang: Die Schriftsprachlichkeit stellt nicht nur von vornherein *höhere*, sondern auch noch *wachsende* Ansprüche an Formulierungsleistungen, weil wir als Schreibende wissen: Das bleibt bestehen, das kann auch später noch jeder lesen (auch einer, an den wir beim Schreiben gar nicht gedacht haben). Man wird sich jedes Wort, jede Formulierung genauer überlegen als bei Dingen, die man „halt so hinsagt".

Man hat deshalb Schreiben generell als „Problemlösen" beschrieben (vgl. vor allem ANTOS 1982). Die Möglichkeiten der Schriftlichkeit, von den Lernenden kaum erst entdeckt, werden diesen sofort zur Verpflichtung: Weil du Falsches und ungeschickt Ausgedrücktes löschen und verbessern *kannst*, deswegen *musst* du es verbessern. Denn der Leser weiß ja, dass du es konntest (und geht davon aus, dass du wirklich *meinst*, was du nicht gelöscht bzw. korrigiert hast).

Hinzu kommt die Auflösung der erwähnten raumzeitlichen Einheit von Sagen und Verstehen. Was ich schriftlich „sage", das kommt vielleicht erst in zwei Tagen (Brief), in einem halben Jahr (wissenschaftlicher Aufsatz), in zehn Jahren („letzter Wille") oder, bei literarischen Werken, nach Jahrhunderten bei einem konkreten Leser an. Und erst wenn das geschehen ist, kann man von „Kommunikation" reden, freilich eben einer *zerdehnten*. Das hat aber Folgen für die Art, wie schriftlich formuliert werden sollte.

Schreiben als Denken im Medium der Schriftlichkeit

Diese Verpflichtung, bei jeder Bewegung im Medium der Schriftlichkeit im Interesse des Lesers nicht nur Ausdrucksalternativen, sondern auch Verstehensvoraussetzungen mitzudenken, führt zu einem zweiten Aspekt von Schreiberziehung: Schriftlichkeit ist nicht nur Kulturtechnik, sondern auch *Denkweise*. Wissen, sagt WALTER J. ONG (1987), wird in einer oralen Kultur einfühlend und teilnehmend erworben und erscheint als „sinnvoll" nur in einem lebensweltlichen Handlungszusammenhang. Schreiben dagegen „trennt den Wissenden vom Wissensstoff und errichtet die Bedingungen für ‚Objektivität' im Sinne eines persönlichen Unbeteiligt- und Distanziertseins" (ebd., 50). Kinder im Vorschulalter erwerben ihr Weltwissen einfühlend und teilnehmend; wir Erwachsenen dagegen, literalisiert wie wir in der Regel eben sind, behandeln auch in unserem mündlichen Sprachgebrauch Wissen wie etwas objekthaft von uns Getrenntes, verhalten uns ihm *gegenüber*.

Diese von der Schriftlichkeitsforschung beschriebene Grundhaltung lässt Schreiben(lernen) als (Veränderung von) *Denken* hervortreten. „Das Schreiben konstruiert das Denken neu. [...] Mehr als jede andere Erfindung hat das Schreiben das menschliche Bewusstsein verändert" (ebd., 80) oder, wie es ILLICH/SANDERS (1988) formulieren: „Das Denken lernt schreiben." Und das gilt für jedes individuelle Bewusstsein immer wieder neu. Das Denken des eingeschulten Kindes wird neu konstruiert, aber nicht an einem genau, etwa als Beginn der Schulzeit, zu bestimmenden Punkt: „Es gibt keine Stunde Null für den Schriftspracherwerb" (GÜNTHER 1993, 91). Der Prozess der Literarisierung beginnt lange vor der Einschulung als *kreative Errungenschaft* (SMITH 1984), das heißt als eigenaktive Erforschung der Welt der Schriftlichkeit.

Um diesen Prozess zu erforschen, untersucht man zum Beispiel Vorlesesituationen in Familien und Kindergärten und andere *literacy events*, das
heißt Gelegenheiten, bei denen Kinder im Vorschulalter Erwachsene beim Umgang mit Schreiben, Schrift und Texten beobachten und daraus ihre Schlüsse
ziehen (vgl. zum Beispiel WIELER 1995). Die erwachsenen Bezugspersonen verhalten sich dabei in der Regel und richtigerweise so, *als ob* die Kinder mit
Schreiben und Schrift Absichts- und Sinnzuschreibungen verbinden könnten
(vgl. SMITH 1984, 8). In der Konsequenz entsteht ein Sog auf die Schriftlichkeit
hin: Das Interesse für Geschriebenes und Schreiben ist nicht naturwüchsig bei
einem Vierjährigen da, sondern aufgrund des schriftsprachlichen Charakters
unserer Kultur.
Die Geschichte der Schreiberziehung war daher, besonders deutlich sichtbar im
19. Jahrhundert, immer eng mit der Geschichte einer Erziehung zum Denken
verbunden – zu eng vielleicht, wie wir heute meinen. Natürlich ist die Welt der
Texte eine ungeheure kognitive Herausforderung, und der Eintritt in die Schriftlichkeit hat – wie gesagt, sowohl phylo- als auch ontogenetisch – noch stets
Denkmöglichkeiten geschaffen, Vorstellungsräume erweitert˙und dem Menschen sozusagen zu einem kognitiven Entwicklungssprung verholfen.
Lernende zu erziehen, beim Lesen *Stil* zu erkennen und beim Schreiben selbst zu
pflegen, Gedanken sauber zu formulieren und verständlich, wenn nicht gar
überzeugend schriftlich vorzutragen, war dem 19. Jahrhundert nicht von unge-
fähr so wichtig, dass wir Spuren davon noch im Aufsatzunterricht des beginnen-
den 21. Jahrhunderts finden. Und dennoch: Heute wissen wir, dass es *den* „deutschen Aufsatz" so nicht gibt, dass keine zwei Texte zu einem Thema oder
einer Schreibaufgabe sich gleichen, weil es immer so viele Lösungen wie SchreiberInnen gibt.
Das festzustellen ist mehr als ein Plädoyer für das Geltenlassen divergierender
Lösungen. Es ist eine Grundeinsicht von Schreibunterricht: Textsortenlehre, Vermittlung von Formulierungstechniken, Wortfeld- und Stilübungen – das alles
kann nicht Kernstück, sondern nur Seitenstück einer wirklichen Schreibdidaktik
sein, bei der nämlich Schreibprobleme nicht sozusagen im Voraus und auf Vorrat
gelöst werden können, sondern immer erst dann und dort, wenn und wo sie sich
konkret stellen: Wenn einer an einem (seinem) Textentwurf sitzt und nicht wei-
terkommt und auch nicht weiß, warum. Eine Schreiberziehung, die ihren Auftrag zu fördern, zu beraten und zu begleiten ernst nimmt, geht stets von einer
Diagnose individuell vorliegender Schreibziele und Schreibfähigkeiten aus, und
sie achtet auf *Prozesse*, *Prozeduren* und *Produkte* des Schreibens (vgl. BAURMANN/
WEINGARTEN [Hrsg.] 1995). Aufsatzunterricht alter Prägung hat sich einseitig nur
auf die Produkte konzentriert, den einzelnen Lernenden mit seinem Schreibprozess aber allein gelassen (vgl. empirisch zum Beispiel HARTMANN/JONAS 1995, 213)
und ihm kaum dabei geholfen, allmählich Routinen zu entwickeln, die auf
gleichartige Probleme angewandt werden können, so wie wir versierten SchreiberInnen das mehr oder weniger selbstverständlich können und tun: Wir haben
„Prozeduren" entwickelt, die uns beim alltäglichen „Problemlösen" im Medium
der Schriftlichkeit helfen.

Lerngegenstand und Lernmedium

Ein solches Problemlösen wird aber nicht schon lernen, wer in der Schule zum guten Deutsch und zum klaren Denken im „Aufsatz" angehalten wird; das kann nur, wer die Schriftlichkeit für sich als Ausdrucks- und Entwicklungsmöglichkeit entdeckt und zunehmend selbstständig für eigene Ziele und Zwecke gebrauchen lernt. Schreiben lernt man nur durch Schreiben; und was dabei erlernt wird, geht über Schreibkompetenz hinaus. Es hat daher seinen guten Sinn, wenn JOACHIM FRITZSCHE (1994, Bd. 2, 9) zwischen Schreiben als *Lerngegenstand* und Schreiben als *Lernmedium* unterscheidet. In den Kategorien von „Aufsatzunterricht" denkt, wer Schreiben als Gegenstand betrachtet und die Normen, Formen und Konventionen schriftlicher „Kommunikation" an die Heranwachsenden zu vermitteln sucht. Das ist nicht falsch, aber es ist nicht ausreichend. Zu dieser traditionell fachdidaktischen Perspektive hinzutreten muss diejenige des Schreibens als *Lernmedium*. Dies ist eine eher pädagogische Perspektive, denn sie lässt weniger die Textproduktionskompetenz als die Persönlichkeitsentwicklung der jungen Schreiber und Schreiberinnen hervortreten, die in einem als Einführung in kulturelle Praxis verstandenen Schreibunterricht eben nicht nur Textsortenwissen und Schreibfertigkeiten entwickeln, sondern vor allem sich selbst. *Schreibend lernen* (BRÄUER 1998) und *schreiben lernen* gehören zusammen.

Das zu erkennen, ist aus der Praxisbeobachtung heraus nicht allzu schwer, setzt allerdings für die Theoriebildung das Niederreißen alter Grenzzäune voraus: Für Aufsatzunterricht und „schriftliche Kommunikation" war die Deutschdidaktik, für Persönlichkeitsbildung und Lernvorgänge allgemein die Erziehungswissenschaft zuständig. Jene aber konzipierte Schreibunterricht zu lange als *Formenlehre*, was gewissermaßen prozessblind macht; diese wiederum stellt sich, und zwar tendenziell auch noch in konstruktivistischen Lerntheorien, Sprache eher als Transportmittel für Erlernbares vor denn als *Lernmedium*. Dass Sprache selbst ein Erkenntnismittel ist und eben nicht nur fertige Erkenntnisse, Ergebnisse oder Erfahrungen darstellt, hat ORTWIN BEISBART mehrfach betont (vgl. BEISBART 1989 b, 1990). Sprache ist ihm „Repräsentations- und Distanzmedium für das Individuum, mit dem es Verfügungsmöglichkeiten über sich selbst erwirbt" (1989 b, 6).

Schreibunterricht hat, so gesehen, an erster Stelle die Aufgabe, das „Heimischwerden in der Sprache" (ebd., 15) der Schriftlichkeit zu begleiten und den Heranwachsenden diese als mächtiges, anthropologisch hochbedeutsames Instrument der Selbst- und Fremdbeobachtung sowie der Distanzierung von den Gegenständen, Verhältnissen und Affekten verfügbar zu machen. HANSPETER ORTNER (1995, 324 ff.) schlägt in diesem Sinn vor, nicht das zielgerichtet-routinierte Schreiben, sondern eher das *heuristisch-epistemische* Schreiben als Normalfall zu betrachten und zu untersuchen, und zwar mit Hilfe der Kategorien:

- *Tätigkeit* (sich bewegen durch „Wissensbestände"),
- *Mehrstöckigkeit* und *Raumvielfalt* (der Geist als Arbeitszentrum, in dem auf verschiedenen Etagen Verschiedenes gleichzeitig geschieht) und
- *Schemata* (als „Produkte der menschlichen Praxis", vgl. ebd., 335).

Schreiberziehung und *Schreibförderung als Aufgaben des Schreibunterrichts*

Weil nun nicht alle Kinder aus der primären Sozialisation in gleicher Weise mit *literacy events* vertraut sind, bedarf es neben der *Schreiberziehung* einer *Schreib-förderung,* die die vielbeschworene Leseförderung ergänzt und genau wie diese zwar nicht auf das Fach Deutsch beschränkt werden sollte, aber immerhin in den Deutsch-Lehrenden ihre entschiedensten Parteigänger und Agenten hat. Zum Schreiben zu motivieren ist ebenso nötig wie zum Lesen zu motivieren. Wir wissen, dass es kaum einen zweiten Aspekt von Deutschunterricht gibt, der derart hartnäckig negativ besetzt ist wie der „Aufsatz": So gut wie alle Erwachsenen haben schlechte Erinnerungen daran und halten das Aufsatzschreiben, das untrennbar mit dem Geprüftwerden verbunden wird, für eine mühsame, unlustvolle und zudem durch die Willkür, das heißt das subjektive Dafürhalten der Lehrkraft, geprägte leidige Angelegenheit.

Dies gilt es zu ändern. Ebenso wenig wie ein Literaturunterricht, der auf „Bildung" aus ist, und gerade weil er die Lesekompetenz schon voraussetzt, die er zu vermitteln vorgibt, die Liebe zur Literatur fördert, wird Schreibunterricht die Liebe zum Schreiben befördern, wenn er lediglich Normen, Formen und Konventionen vermittelt, wie alltagsnah auch immer: Es reicht eben nicht aus, Aufsatzarten und/oder Textsorten als selbstverständliche Lerngegenstände vorauszusetzen. So, wie man zunehmend Leseförderung an die Stelle von Kanon-Literatur-Unterricht setzt, dessen Motivationskrise offensichtlich ist, so ist das mit dem Aufsatzunterricht: Schreiben ist seit dem ausgehenden 20. Jahrhundert „im Umbruch" (Feilke/Portmann 1996). Jürgen Baurmann und Astrid Müller (1998) skizzieren für alle Schularten und -stufen einen schreiberdifferenzierten Unterricht, der zur eigenaktiven Entdeckung der Schriftlichkeit motiviert und Mittel und Wege kennt, „Kinder und Jugendliche dauerhaft an das Schreiben zu binden" (ebd., 16). Dazu muss man, im Klassenzimmer und nach Möglichkeit außerhalb, Gelegenheit zum Schreiben schaffen und Schreibsituationen bewusst gestalten (ebd., 19); man muss mit Schreibaufgaben selbstverständlich an den Interessen der Lernenden anknüpfen; man muss Textentwürfe vorlesen, besprechen, kritisieren, verbessern und schließlich in Textmappen sammeln; man muss literarische Vorbilder (Kinder-, Jugend- und Erwachsenenliteratur) in Auszügen als Schreibanregungen anbieten; man muss Kommunikations- und Kooperationsmöglichkeiten, zum Beispiel bei Schreibkonferenzen, schaffen, mit Stift und Papier oder am PC; und man muss im Schreibprozess, dessen innere Gliederung (Phasenhaftigkeit) man zu beachten hat (ohne sie zur Norm machen zu wollen), auf das Individuum abgestimmte Unterstützung anbieten, wenn Widerstände zu überwinden sind (ebd., 19 f.). Und man muss Wert darauf legen, immer wieder die *Funktion(en)* eines entstehenden Textes sichtbar zu machen. Nur so ist zu verhindern, dass die Schreibmotivationskurve nach der Grundschulzeit einen Knick nach unten abbekommt, wie das häufig zu beobachten ist (ebd., 17). Die Spannung zwischen Zielen der Schriftlichkeitserziehung (Kenntnis von Normen der Schriftsprache, Konventionen und Formen der Textsorten) und denjenigen der Schreibförderung (Lust am Hervorbringen, Erfahrung mit Schreiben als

Mittel des Denkens und Erkennens, Wahrnehmungsfähigkeit in Bezug auf *Stil* und *Gestalt*) wollen wir nicht leugnen; sie zeichnet einen Unterricht aus, in dem Heranwachsende *lernend* schreiben und *schreibend* lernen.

Weiterführende Literatur:

BAURMANN, JÜRGEN/MÜLLER, ASTRID (1998): Zum Schreiben motivieren – das Schreiben unterstützen. Ermutigung zu einem schreiber-differenzierten Unterricht. In: Praxis Deutsch, H. 149, 16–22.

BEISBART, ORTWIN (1989 b): Schreiben als Lernprozeß. Anmerkungen zu einem wenig beachteten sprachdidaktischen Problem. In: Der Deutschunterricht, 41, H. 3, 5–17.

BRÄUER, GERD (1998): Schreibend lernen. Grundlagen einer theoretischen und praktischen Schreibpädagogik. Innsbruck: StudienVerlag.

GÜNTHER, HARTMUT (1993): Erziehung zur Schriftlichkeit. In: EISENBERG, PETER/KLOTZ, PETER (Hrsg.): Sprache gebrauchen – Sprachwissen erwerben. Stuttgart: Klett, 85–96.

GÜNTHER, HARTMUT/LUDWIG, OTTO (Hrsg.) (1994/1996): Schrift und Schriftlichkeit. Ein interdisziplinäres Handbuch internationaler Forschung. Berlin/New York: de Gruyter.

ORTNER, HANSPETER (1995): Die Sprache als Produktivkraft. Das (epistemisch-heuristische) Schreiben aus der Sicht der Piagetschen Kognitionspsychologie. In: BAURMANN, JÜRGEN/WEINGARTEN, RÜDIGER (Hrsg.): Schreiben. Prozesse, Prozeduren und Produkte. Opladen: Westdeutscher Verlag, 320–343.

1.
Grundlagen

Klaus Maiwald

1.1 Zur Bedeutung des Schreibens als Zeichengebrauch

1.1.1 Wie der Fisch im Wasser? – Medium Schriftlichkeit

Nun war er im Begriff, ein Tagebuch anzulegen. [...] Die Feder war ein vorsintflutliches Instrument, das selbst zu Unterschriften nur noch selten verwendet wurde, und er hatte sich heimlich und mit einiger Schwierigkeit eine besorgt, ganz einfach aus dem Gefühl heraus, dass das wundervolle glatte Papier es verdiente, mit einer richtigen Feder beschrieben, statt mit einem Tintenblei bekritzelt zu werden. Tatsächlich war er nicht mehr gewöhnt, mit der Hand zu schreiben. [...] Er tauchte die Feder in die Tinte und stockte noch eine Sekunde. Ein Schauer war ihm über den Rücken gelaufen. Der erste Federstrich über das Papier war die entscheidende Handlung. In kleinen unbeholfenen Buchstaben schrieb er: *4. April 1984.*

Diese erzählte Situation enthält Wesentliches zum Schreiben: Absichten, Werkzeuge, ausgelöste Empfindungen, einen Text. Selten aber ist das Schreiben eine so bewusste, gravierende, ja existenziell entscheidende Handlung wie hier. Zu selbstverständlich umgeben uns – zumal in einem europäischen Land im 21. Jahrhundert – Schreiben und Texte, als dass wir sie weiter bemerken. Das Medium Schriftlichkeit ist uns wie den Fischen das sie umgebende Wasser. Bewusst wird es erst im Störfall: einem elektronischen Text, den unser veraltetes Schreibprogramm in seltsame Zeichen zerlegt, einer unleserlichen Handschrift, einem fehlerbehafteten Schülertext, einer Neon-Installation mit dem Wortlaut *This object, sentence and work completes itself while what is read constructs what is seen*[1] und natürlich in Gestalt des Analphabetismus[2]. „In der totalen typographischen Umwelt der Gutenberg-Galaxis wird das Medium Schrift aus Selbstverständlichkeit unsichtbar", sagt Norbert Bolz (1995, 195).

In der Selbstverständlichkeit übersehen wir dann auch leicht die Bedeutung des Schreibens für unsere Existenz. In seinem Organon-Modell (1934) identifiziert der Psychologe Karl Bühler (1879–1963) eine informative, eine appellative und eine expressive Funktion von Sprache (vgl. Beisbart/Marenbach 2003, 34). Für den Deutschdidaktiker Joachim Fritzsche ermöglicht Schreiben schriftliche Kommunikation, Reflexion und Erkenntnis sowie absichtsvollen sprachlich-symbolischen Selbstausdruck (vgl. 1994, 15 f.). Der Medienphilosoph Vilem Flusser (1920–1991) unterscheidet für das Schreiben zwei Grundmotive: ein privates, das uns drängt, unsere Gedanken zu ordnen, und ein politisches, indem wir andere informieren. „Erst wenn man Zeilen schreibt", so Flusser, „kann man logisch denken, kalkulieren, kritisieren, Wissenschaft treiben, philosophieren – und entsprechend handeln" (1987, 12). *Schreiben gewährt also umfassende Möglich-*

---

1 So eine Installation von Joseph Kosuth (1981). Vgl. Staatliches Museum für Kunst und Design in Nürnberg 2000, 59.

2 Analphabetismus ist in der westlichen Welt ein (noch) wenig wahrgenommenes Phänomen. Dass eine lese- und schreibunkundige Person eine radikal andere Erfahrungswirklichkeit hat, ließ Bernhard Schlinks Bestseller *Der Vorleser* (1995) in der Figur der KZ-Aufseherin Hanna erahnen.

keiten zur (intrapersonalen, heuristischen) Selbstverständigung und zur (inter-
personalen, kommunikativen) Fremdverständigung. (Vgl. zu diesen Begriffs-
reihen den Beitrag 2.4.) Wenn sich Gesellschaft, wie unsere, vor allem in der
Zirkulation von Texten vollzieht, dann sind diese Möglichkeiten gleichzeitig
auch Erfordernisse.

Weil die Erfahrungsoptionen des Menschen und die Organisationspotenziale
einer Gesellschaft wesentlich von Sprache, Schrift und entsprechenden Kommu-
nikationstechnologien abhängen, sind Schreibförderung und Schreiberziehung
Bildungsaufgaben. Denn Schreibfähigkeiten und Schriftkultur waren nicht
immer schon da, und sie existieren auch nicht von alleine weiter. In diesem
Artikel wird daher zunächst aufgezeigt, welche medienevolutionären Mark-
steine die Sprache selbst, die Entwicklung der (Alphabet-)Schrift, die Erfindung des Buchdrucks bis hin zur voll entwickelten Literalität um 1800 darstell-
ten (Teil 2). Die Auswirkungen elektronischer und digitaler Medien (Teil 3)
bewegen sich zwischen gesteigerten Verständigungsmöglichkeiten einerseits
und potenziellen Rückbildungen der Schriftkultur andererseits. Abschließend
werden einige Koordinaten für Schreibförderung und Schreiberziehung markiert
(Teil 4).

1.1.2 Entwicklungen: Vom Eintritt der Sprache zur Schriftkultur

Zeichengebrauch und der Eintritt der Sprache

In *Gulliver's Travels* (1726) verspottet JONATHAN SWIFT ein wissenschaftliches Pro-
jekt zur Abschaffung gesprochener Sprache, bei dem Wörter durch die Dinge
selbst ersetzt werden. Die Gelehrten tragen große Säcke mit sich herum, deren
Inhalte sie „gesprächsweise" einander vorzeigen. Nun geht die Leistung von
Sprache über die Repräsentation von Gegenständen weit hinaus. Man denke an
Abstrakta *(schön, Frieden)*, Kollokationen *(XYZ Rechnung tragen)*, Sätze
(Gestern war Freitag.) oder Texte wie das *BGB* und SCHILLERS *Bürgschaft.* Auch
betreiben die Wissenschaftler bei SWIFT nichts Geringeres als die Abschaffung von
Signifikation und Kommunikation selbst. Mit dem amerikanischen Semiotiker
CHARLES S. PEIRCE (1839–1914) lässt sich ein Zeichen definieren als etwas, das „für
jemanden in gewisser Hinsicht oder Fähigkeit für etwas steht" (zit. nach NÖTH
2000, 62). Wenn Objekte aber identisch mit ihren Zeichen werden, dann gibt es
keine Zeichen, kein Bezeichnen und auch keine Kommunikation.[3]
Der Gebrauch eines Zeichens *für jemanden in bestimmter Hinsicht anstelle von
etwas* ist kein menschliches Privileg. Für ihre Artgenossen bezeichnen Bienen
tanzend die Nektarstandorte und markieren Vögel singend ihre Anwesenheit und
ihr Revier. Sprache als konventionalisierte Koppelung willkürlicher Laute mit
bestimmten Sachverhalten war ein enormer Evolutionssprung. VICTOR UDWIN

---

[3] Die entsprechende Episode befindet sich in Teil III, Kapitel 5 von SWIFTS Roman. Vgl. zum
Zeichenmodell der laputischen Gelehrten in semiotischer Sicht KÖLLER 1977, 17 und ECO
2002, 83.

beschreibt den „Eintritt der Sprache" am Beispiel der Unterweisung im Fischejagen. Verknüpfen sich Sachverhalte wie [Wasser], [Fisch], [zwei Finger breit tiefer] mit bestimmten Lauten, so werden diese Laute zu Wortphänomenen. Das Individuum operiert mit und ist in der Sprache, wenn ein gesprochenes *zwei Finger breit tiefer* allgemein die Anweisung zum tiefer Zielen bedeutet (vgl. UDWIN 1988, 863). Dem Menschen verschaffte die Sprache große individuelle Handlungs- und soziale Organisationsmöglichkeiten, zunächst noch in einem „Zeigfeld", später in einem „Symbolfeld" (SCHNOTZ 1994, 9). Welchen Vorteil hätte die Biene, wenn sie einfach *sagen* könnte: *Fliegt über den Hügel etwas flussabwärts; aber nicht zu viele, denn viel Nektar ist nicht mehr da.* Und welches Leben erst, wenn sie einen entsprechenden Zettel hinterlassen und sich anderweitig vergnügen könnte! (In einer Bienenschriftkultur liefe sie freilich auch Gefahr, bei ihrer Rückkehr eine Abmahnung vorzufinden.) Der Sprache erstellende Organismus, so UDWIN, kann auch neue Verhaltensweisen kommunizieren, seine Erfahrungsumwelt ist „besonders elastisch" (1988, 873) und erweiterungsfähig. Der Psychologe und Hirnforscher DIETRICH DÖRNER sieht durch die Sprache geradezu eine „kognitive Explosion" ausgelöst (1998, 797).

Schriftlichkeit: Vom Piktogramm zum Alphabet

Die Entwicklung von Schrift macht Zeichenproduktion und -rezeption unabhängig voneinander und gewährt so vielfältige Möglichkeiten. Um die Bedeutung der Schrift und der Schriftlichkeit ermessen zu können, halte man sich das Funktionieren rein oraler Gesellschaften vor Augen: Gesprochenes ist flüchtig und die Reichweite von Kommunikation daher gering. Mündlichkeit braucht feste Formeln und Rituale, in denen Gesellschaft vollzogen wird und dabei tendenziell konservativ bleibt. Denken und (Sprach-)Handeln sind nah bei alltäglichen Situationen und konkreten Zwecken. Analytische Kategorien bilden sich kaum aus, ebenso Definitionen, logische Schlussfolgerungen und Selbstbeobachtung. Kollektives Wissen muss in Personen (Epen-Erzählern, Sängern, Priestern) gespeichert und kann nur in der Aufführung von Erzählungen übermittelt werden. Die räumliche Ausdehnung einer a-literalen Gesellschaft bleibt notwendig begrenzt, ihre interne Organisation einfach.[4]

Das Hinzutreten der Schrift kommt daher einer kulturellen Revolution gleich. Vor rund 7000 Jahren begann Schriftlichkeit in Ägypten und Mesopotamien mit Zeichen und Spuren. Vorformen sind piktografische und ideogrammatische Zeichen, wenn etwa das Bild eines Baumes das Wort *Baum* bzw. zwei Bäume das Wort *Wald* repräsentieren. Beispiele sind ägyptische Hieroglyphen und die Keilschriften der Babylonier, Assyrer und Sumerer. Von Schrift im engeren Sinn lässt sich jedoch erst reden, *wenn eine stabile Zuordnung der Schriftzeichen zu Sprachzeichen, also ein Code, vorliegt und wenn das Visuell-Mimetische der*

---

4 Näheres hierzu in den Referaten bei ONG 1982, 49 ff. und KLOOCK, 1997, 242 ff. von A. R. LURIJAS Forschungen in der Sowjetunion 1931/1932 und von ERIC A. HAVELOCKS Befunden zu präliteralen Kulturen.

Schriftzeichen hinter ihre Beziehung zur sprachlichen Bezeichnung zurücktritt: „Dies ist dann der Fall, wenn Schriftzeichen beginnen, Phoneme zu repräsentieren" (KLOOCK 1997, 238), sie also den Laut menschlicher Rede aufzeichnen. Nach den Silbenschriften war die Entwicklung eines Alphabets und einer ersten Buchstabenschrift durch die Phönizier ein umwälzender Fortschritt. Die Griechen kamen (ca. 1100 bis 750 v. Chr.) mit der phoinikischen Schrift in Kontakt und erweiterten sie um Vokale. Wo ein chinesisches Wörterbuch (von 1716) immerhin 40 545 Zeichen aufwies (vgl. KLOOCK 1997, 239), eröffnete das griechische Alphabet die Möglichkeit, Sprache mittels 20 bis 30 Zeichen vollends und eindeutig lesbar und schreibbar zu machen und bildete somit die Grundlage für das lateinische und später das kyrillische Alphabet.

Schrift war maßgeblich für die Herausbildung von Hochkulturen in Mesopotamien, Ägypten, Griechenland und Rom. Diese expandierten nach außen und entwickelten Komplexität nach innen. Erkundung und Eroberung, Handel und technischer Fortschritt, Verwaltung und Gesetzgebung werden durch Schriftverkehr in ungeahntem Ausmaß möglich. Die mündliche Einheit von Kommunikation und Konsens wird durch die Schriftlichkeit aufgehoben, gesellschaftliches Wissen wird abgelöst von körperlichen sozialen Vollzügen. Sachverhalte schwarz auf weiß erzeugen analytisches Denken und mit ihm neue Verstehensmöglichkeiten. Der Effekt ist paradox. Einerseits lässt die Schrift Objektivität und subjektunabhängige Wahrheit keimen, andererseits ermöglicht sie – zumindest auf lange Sicht – Individualität und Subjektivität. Die Entfaltungen des Denkbaren und des Verhandelbaren sind Kinder der Literalität, ihre Geschwister allerdings sind Orthodoxie und Dogmatismus.

Buchdruck als Voraussetzung für Schriftkultur

Die Gesellschaft ist in dieser Phase hypoliteral. (Alternative Begriffe sind *oligoliteral* und *protoliteral*.) Das heißt, Lesen und Schreiben sind nicht weit verbreitet, die Schrift ist aber bereits wichtig für Bewusstsein und Herrschaftsausübung (vgl. GLÜCK 1987, 185). Erst die Erfindung des Buchdrucks durch JOHANNES GUTENBERG um 1448 schafft die Voraussetzungen für eine „Schriftkultur", in der „Schriftlichkeit als elementare Kommunikationsform sozial realisiert ist" (GLÜCK 1987, 13). Der Buchdruck steigert das von der Alphabetschrift Ermöglichte gewaltig. Kommunikation löst sich nun endgültig aus sozialer und körperlicher Unmittelbarkeit, weil Schrift und Text standardisierbar und in großem Umfang produzierbar werden. Mittelalterliche Schriftstücke, zum Beispiel Urkunden oder Liederhandschriften, waren handgeschriebene Unikate von geringer Reichweite. Der Buchdruck ermöglichte demgegenüber eine deutlich expandierte wissenschaftliche, soziale, ökonomische und auch literarische Kommunikation.

Spätestens um 1800 werden Schrift und Dichtung Medien für die Konstruktion des Subjekts (vgl. JAHRAUS 2003). Es ist die Blüte erstmals massen- und bisweilen suchthaft[5] gelesener Brief- und Tagebuchromane, Bekenntnisse und Herzens-

---

5 Vgl. zu Lesesucht und Lesewut um 1800 KITTLER 1995, 180 ff.; BEISBART/MAIWALD 2001.

ergüsse (zum Beispiel RICHARDSONS *Clarissa* von 1747/48, GOETHES *Werther* von 1775, WACKENRODER/TIECKS *Herzensergießungen eines kunstliebenden Klosterbruders* von 1796). Die Dichtung entdeckt und ermöglicht menschliches Bewusstsein. Sie kehrt sich ab von der äußerlichen Heldenhandlung, für die *Ilias* und *Odyssee* das Muster vorgaben, nach innen zu bürgerlichen Figuren (vgl. ONG 1982, 150) mit komplexen Motivationsstrukturen und Entwicklungsgeschichten (vgl. GOETHES *Wilhelm Meister* von 1795/96 oder NOVALIS' *Heinrich von Ofterdingen* von 1802). Im „Aufschreibesystem" um 1800 werden Schrift und Buch zum Universalspeicher für Innerlichkeit und Sinnlichkeit (vgl. KITTLER 1995, 149). Die Ausdifferenzierung der Literatur als soziales System (vgl. SCHMIDT 1989) und ihre Funktionalisierung als Medium der Subjekterfahrung stehen in einem engen Zusammenhang mit einer umfangreichen Laienschreibpraxis. Es ist die Zeit für Briefe, Besinnungsaufsätze, Tagebücher: „The kind of verbalized solipsistic reveries [the diary] implies are a product of consciousness as shaped by print culture" (ONG 1982, 102).

Gleich ob der Blick nun einer fließenden Handschrift oder dem typologisch normierten Band der Lettern folgte – dieser Blick ermöglichte nicht nur Selbstschau und Subjektivität, sondern er prägte auch lineare Zeiterfahrung und Fortschrittsdenken. Der resultierende Wissens- und Wissenschaftsbegriff gilt bis heute: Er beansprucht Wahrheit und situationsunabhängige Geltung, Überprüfbarkeit und Widerspruchsfreiheit, Autonomie des sprachlichen Textes. Schrift und Buchdruck etablieren „den einen Verfasser als Ursprung und Kohärenzkriterium eines Textes" (LÖSER 1999, 108). Mit der Herausbildung einer breiten Öffentlichkeit in Literatur, Journalismus und Wissenschaft vollendet sich am Ende des 18. Jahrhunderts das mit GUTENBERG Begonnene.

Zusammenfassung

(Alphabet-)Schrift, Schreiben und Texte sind in der Menschheitsentwicklung nicht bloß technologische Fortschritte, so dass man nun *aufschreiben* kann, was man früher *sagen* musste. Zwar werden die Schriftlichkeit und spätere Schriftkultur durchaus technologisch geprägt auf ihrem langen Weg von Ritzgriffeln und Steintafeln zu Federkielen und Tierhäuten bis hin zu Diarien, Endlospapier und Druckerpressen. Die Verbreitung des Schreibens durch zunehmende technische Machbarkeiten und sinkende soziale Restriktionen erzeugt aber auch andere psychische und gesellschaftliche Realitäten. Sie führt zur Bildung des kognitiv komplexen Subjekts mit umfassenden Selbstverständigungsmöglichkeiten, und in der sozialen Realität bilden und erhalten sich durch schriftsprachliche Kommunikation Funktionssysteme wie Wirtschaft, Recht, Religion, Massenmedien, Wissenschaft und Kunst. Die potenzielle Kehrseite gesellschaftlicher Differenzierung durch Schriftlichkeit ist das verwaltete, überwachte und gegängelte Individuum – im schlimmsten Fall staatliche Verfolgung und Unterdrückung. Es waren auch nicht nur aufklärerische und philantropische Motive, die im 18. Jahrhundert zur Einführung der Schulpflicht führten, sondern die Ansprüche eines komplexer werdenden Staatswesens. Obwohl FRIEDRICH DER

GROẞE befürchtete, zu viel Bildung könne die Bauern verleiten, „Secretärs" in der Stadt werden zu wollen, war doch evident, dass illiterate Untertanen seinem Staat mehr schadeten als nutzten. Mit der massenhaften Verbreitung von Printmedien wurden Individuum und Gesellschaft medialisiert. Ab dem 19. Jahrhundert vollzieht sich menschliches Leben vor allem in der Zirkulation schriftlicher Texte – vom Taufschein bis zur Sterbeurkunde.

1.1.3 Gegebenheiten: Schriftkultur in elektronischen und digitalen Medien

Buchstabenzauber und Bilderflut

Für FRIEDRICH KITTLER bewirken bereits die um 1900 neuen Medien wie Schreibmaschine, Grammophon und Kinematograph eine massive Veränderung vor allem des literarischen Schreibens. Im „Tanz" der Lettern, in den psychophysischen oder -analytischen Sprachzerlegungen „zergeht auch die Dichtung. An ihre Stelle tritt [...] eine Artistik in der ganzen Spannweite dieses Nietzschewortes: vom Buchstabenzauber zum Medienhistrionismus" (KITTLER 1995, 223). Die Möglichkeiten medialer Gaukeleien erweitern sich aber vor allem in der zweiten Hälfte des 20. Jahrhunderts mit der Digitaltechnik. (Vgl. hierzu ausführlicher den Beitrag 3.3.)
Vordergründig besehen steht es dabei schlecht um das Schreiben, denn der sprachlich-alphabetische Code scheint gegen den visuellen enorm an Boden zu verlieren. Es gibt Massentechnologien zur Bilderzeugung, -speicherung und -übertragung wie DVD, Digitalfotografie, Bildbearbeitungssoftware. Kino, Fernsehen und Internet sind bilddominierte Massenmedien. Bilder wandern immer mehr in klassische Schriftmedien ein (zum Beispiel Zeitungen, Zeitschriften). Videoclips und Computerspiele treten als neue Geschichtenerzähler hervor. Die Schrift, so K. LUDWIG PFEIFFER, scheint zum Tode verurteilt, „weil die imaginativen Bedürfnisse der meisten Menschen durch die physische Teilnahme an Zeremonien, Ritualen und den Mythogrammen der Medien gesättigt werden könnten" (1988, 733). „Wir sind eben daran, das Aufschreiben (das Schreiben überhaupt) den Apparaten zu überlassen und uns auf Bildermachen und Bilderbetrachten zu konzentrieren" (FLUSSER 1987, 24).

Kein Ende von Schrift und Schreiben

Und doch vergeht das Schreiben keineswegs. Im Gegenteil: Mit den neueren digitalen Medien, insbesondere dem vernetzten PC, haben sich Schreibnotwendigkeiten und -möglichkeiten erheblich erweitert. Man denke an Chat, E-Mail, Messenger-Dienste und SMS; an private oder geschäftliche Homepages und Desktop Publishing; an Diskussionsforen, Newsgroups und Gästebücher; an Formen literarischer Geselligkeit, wie sie Rezensionen bei virtuellen Buchhändlern oder kollaborative Hypertextprojekte im Internet bieten. Der Internetcomputer trennt Schreiber und Schreibwerkzeug (Tastatur, Maus) vom entstehenden Text und befreit das Geschriebene endgültig von schwerfälligen und/oder kostspieligen Trägermedien. Schrift lässt sich fast unbegrenzt produzieren, bearbeiten, vervielfältigen und veröffentlichen.

Wenn einerseits Art und Umfang des Schriftgebrauchs stets auch unsere kognitiven Möglichkeiten formieren und wenn andererseits heute ohne größeren Aufwand fast jeder jederzeit alles Mögliche für alle schreiben kann, dann müsste der Zustand einer voll entwickelten Schriftkultur erreicht sein, dann müssten Denken, Kommunizieren und Wissen ungeahnte Höhen erklimmen oder schon erklommen haben. Ein Stück weit ist dies der Fall. Wissenschaftliche Publikationen sind insgesamt nicht nur zahlreicher und umfangreicher, sondern auch komplexer als vor 30 Jahren; Kinder entwickeln sich kognitiv ungleich früher und schneller; Großeltern sind *online* und erledigen dort die Nachrichten an ihre Enkel und ihre Bankgeschäfte. VILEM FLUSSER sieht Möglichkeiten für ein neues „kybernetisches, sinngebendes, spielerisches Bewusstsein" (1987, 85), und er entwirft die Utopie einer dezentralen und demokratischen „telematischen Informationsgesellschaft" (vgl. SCHÖTTKER [Hrsg.] 1999, 194 ff.; WIEGERLING 1998, 106 f.).

Rückbildungstendenzen der Schriftkultur

Dessen ungeachtet bestehen auch Gefährdungen der Schriftkultur. Drei Tendenzen scheinen hier relevant:

a) *Ikonisierung der Schrift:* Die Bilddominanz unserer Gegenwartskultur äußert sich auch in einer zusehenden (Re-)Ikonisierung der Schrift, in zahlreichen Manipulationen also, die Schriftzeichen im weitesten Sinn visualisieren. Beispiele sind Graffiti, Leucht- und Neonschriften, Layout in der Textverarbeitung, Bewegungen von Schrift in elektronischer Umgebung (zum Beispiel Visualisierungseffekte in PowerPoint, Morphings in Webseiten), Icons in E-Mails und SMS, aber auch Acronyme in der Art *XTC* (= Ecstasy) oder *2 good 4 U* (= too good for you). Vor allem in modernen Großstädten (Einkaufszentren, Multiplexkinos) und im Internet gewinnen Buchstaben „ikonische Qualität und geradezu skulpturale Tastbarkeit" (BOLZ 1995, 195). Dass eine Bilderflut in das Gehege der asketisch strengen Schriftsprache schwemmt, bereichert Kunst, Design und Alltagsästhetik und sollte, wie BERND SCHEFFER (2001) meint, keinen pauschalen Kulturpessimismus nähren. Da es jedoch für das Funktionieren von Schrift wesentlich ist, dass die Schriftzeichen primär als arbiträre Marker für Sprachlaute und nicht als „Bilder" wahrgenommen werden (vgl. oben), könnte ein massiver Schub der Schrift ins Visuell-Mimetische dieses automatisierte Funktionieren zumindest latent bedrohen.

b) *Oralisierung der Kommunikation:* Bereits im Zusammenhang mit den *klassischen* technischen Kommunikationsmedien sprach WALTER ONG (1982, zum Beispiel 160) von einer neuen, „sekundären Oralität": Das Gespräch am Telefon ersetzt den Brief, die Radionachrichten das Zeitungslesen, der Kinofilm die Belletristiklektüre. Die neuen Medien verstärken die Oralisierung und deren psychische und soziale Dynamiken. Äußerungen in Chats, E-Mails und SMS sind medial schriftlich, konzeptionell aber eher mündlich. Das heißt, sie werden zwar aufgeschrieben und gelesen, ihre sprachlichen Charakteristika ähneln aber sehr stark denen gesprochener Sprache (zum Beispiel fragmentarische Syntax, informeller Stil).[6] Der Linguist und Sprachdidaktiker Peter Sieber (1998) hat in Schulaufsätzen junger Erwachsener einen quasi oralen und dialogischen Sprachduktus ausgemacht und diesen mit dem Begriff „Parlando" bezeichnet. Die Oralisierung geht aber noch weiter: Medienereignisse wie *Lindenstraße, Big Brother* oder *Deutschland sucht den Superstar* haben einen ähnlichen Status wie Ursprungsmythen oder Herrschergenealogien in mündlichen Kulturen. Chatter, MUDer und Computerspieler versammeln sich im Netz wie Stämme ums Lagerfeuer zum Geschichtenerzählen und -hören. Auch daraus sollte man keine überzogene Kulturkritik ableiten. Wenn sich die kommunikationskulturelle Entwicklung jedoch auf breiter Front in die Oralität zurückwendet, dann steht das mit der gesamtgesellschaftlichen Literalität Erreichte aber durchaus in Frage.

c) *Elementarisierung und Entgrenzung von Text*: Mit der eben beschriebenen Re-Oralisierung in einem engen Zusammenhang steht die dritte Tendenz, nämlich die Abkehr vom Text in seiner Ausprägung als umfangreiche, komplex strukturierte und geschlossene Sinnganzheit. Diese Abkehr erfolgt in zwei Richtungen. Einmal hin zu Kurztexten, wie wir sie aus E-Mails oder aus Internetseiten kennen. Die Lesewahrscheinlichkeit eines elektronischen Textes sinkt, wenn er grafisch schmucklos, vor allem aber, wenn er zu lang ist, also einen Bildschirminhalt übersteigt und einen Rollbalken braucht. Kürze wird erreicht, indem Texte tendenziell konstativ und aggregativ gehalten werden und weniger diskursiv. Das heißt, an die Stelle verästelter sprachlicher Gefüge auf der Satz- und auf der Textebene tritt zusehends ein Nebeneinander von Nennungen und Behauptungen. Textverarbeitungsmöglichkeiten wie *drag and drop* sowie *cut and paste* machen es leicht, schnell viel Text zusammenzustellen, sie leisten aber dem rein Additiven und Aggregativen Vorschub. Sätze, Absätze und größere Textteile, auch aus Sekundärtexten, können rasch als ganze kopiert und verschoben werden, auf der Strecke bleiben dabei nicht selten die Textkohäsion (im Micro-) und die Textkohärenz (im Macrobereich).

Die Kehrseite der Abkehr von umfangreichen, komplex strukturierten und geschlossenen Ganzheiten liegt in der hypertextuellen und multimedialen Entgrenzung, die vor allem das *World Wide Web* ermöglicht. Ein Hypertext besteht aus einzelnen Modulen, durch die man per Maus, Tastatur oder *Touchscreen* navigiert und ggf. auch selbst hineinschreibt. Hypertext steht für den „Abschied von den diskreten, privaten Dokumenten der Gutenberg-Galaxis, [...] von Hierarchie, Kategorie und Sequenz" (Bolz 1995, 217), an deren Stelle Module, Verknüpfung und Netzwerke treten. George Landow (1992) und Norbert Bolz (1995) sehen darin die Möglichkeit für einen postmodern dezentrierten Denkstil

---

6 Vgl. zur Unterscheidung medialer und konzeptioneller Mündlichkeit und Schriftlichkeit vor allem Koch/Oesterreicher 1994; auch Günther/Wyss 1996; Haase u. a., 1997; Pansegrau 1997; zum Sprachwandel durch Computer allgemein Weingarten (Hrsg.) 1997.

und eine Demokratisierung von Diskursen. In der Tat: Sich schriftlich verbreiten, was einst beschränkt auf Spezialisten und Privilegierte war, kann im Internet (fast) jedermann. Gefahr erwächst meiner Einschätzung nach weniger aus problematischen Inhalten, zum Beispiel rechtsradikaler oder pornografischer Art, oder aus dem viel zitierten *lost in hyperspace*, dem Orientierungsverlust beim Lesen also. Problematisch scheint mir vor allem die latente kulturelle Entdifferenzierung in der schieren Datenfülle. Je mehr Texte im Internet unterschiedslos präsent und verfügbar sind, desto geringer wird auch die Möglichkeit oder das Bewusstsein dafür, dass *ein* Text noch einen Unterschied macht bzw. machen muss oder kann. Wenn alles offenbar schon geschrieben und alles Geschriebene gleich gültig ist, dann wird Schreiben letztlich gleichgültig. Nicht nur vorfabrizierte Grußkarten, nicht nur Hausaufgaben, Seminar- und Diplomarbeiten gibt es fertig im Netz – auch Liebesbriefe lassen sich dort in Auftrag geben. (Die URLs bleiben aus schreiberzieherischen Gründen ungenannt.) Wo das Internet es einerseits ermöglicht, macht es andererseits das Schreiben scheinbar oder tatsächlich überflüssig. Text-inflation und informatische Revolution werfen also die Frage nach dem Sinn des Schreibens auf (vgl. Flusser 1987, 45).

Halten wir fest: Digitale Medien erzeugen einen Drall in Richtung Re-Ikonisierung der Schrift, Re-Oralisierung von Schreiben und Kommunikation, Elementarisierung und Entgrenzung von Text. Die Schriftkultur, ursprünglich von Bildern und Bildzeichen kommend, bewegt sich wieder auf die Bilder zu. Das im alphabetischen Schreiben entwickelte historisch-kritisch-lineare Denken (vgl. Flusser 1987, 11) steht in der scheinbar urheberlosen Gleichzeitigkeit, Vielfalt und Grenzenlosigkeit des medialen Gesamttextes gegen das Kreisen eines neuen „mythische[n] Geplappers" (Flusser 1987, 36) in oder nahe an der Mündlichkeit. Schrift und Schreiben finden heute in erweiterten Gebieten, aber auch in fließenden Grenzen statt. Unsicher geworden sind die Unterscheidungen zwischen Schreiber und Leser bzw. Schreiben und Lesen, zwischen Schrift und Bild, zwischen Oralität und Literalität, zwischen Daten und Text. In einer medial dynamisierten, mündlich-dialogisch konzipierten Lebenswelt könnte der geschriebene Text als stabiler kultureller Referenzpunkt zum bloßen Monument erstarren (vgl. Weingarten 1994, 574).

1.1.4 Koordinaten: Schreibförderung und Schreiberziehung heute

Ortwin Beisbart sieht für Schreibförderung vier Begründungsstränge. Sie beruhe

auf *kulturspezifisch-interessegeleiteten* Begründungen, wenn es um die Fähigkeit zur Schriftlichkeit in einer von Schriftlichkeit geprägten Gesellschaft und Kultur geht, auf *anthropologischen und psychologischen* Begründungen, sofern es darum geht, durch Schreiben den Einzelnen in seinen kognitiven und emotionalen, imaginativen und sozialen Fähigkeiten zu befördern, sodann auf der Einsicht in die *Leistung von Sprache als Symbolisierungs-„Mittel"* und schließlich auf der *ästhetischen, d. h. wahrnehmungsaufschließenden und -erweiternden Leistung der Sprache* (Beisbart 2002 a, 185; Hervorhebungen O. B.).

Es bedarf heute einer Schreibförderung und Schreiberziehung, die den medialen Veränderungen dieser Begründungen Rechnung trägt. Jutta Wermke (1997) hat aufgezeigt, wie Medienerziehung in die Gegenstände und Aufgaben des Deutsch-unterrichts zu integrieren ist (vgl. auch Maiwald 2003 a, 2003 b). Peter Sieber reklamiert den „Aufbau eines Sprachbewusstseins, das um die Hindernisse und Schwierigkeiten der Schriftlichkeit weiß" (1998, 263). Inge Blatt hat eine „Medien-Schrift-Kompetenz" (2000) als Lernziel für den Deutschunterricht defi-niert, welche als Handlungsziele im Bereich Schreiben die Textproduktion mit einem Textverarbeitungsprogramm und die Hypermedia-Produktion mit einem HTML-Programm beinhaltet.

Schreiben und Schriftkultur sind keine Selbstverständlichkeiten. Sie haben sich langsam entwickelt und sie müssen gehegt werden, denn:

> Auch ein einmal erreichtes Niveau gesellschaftlicher Literalität kann wieder verloren gehen, einmal erreichte Quoten an Lesekundigen können wieder zusammenschmelzen, kurz: eine Schriftkultur, die beträchtliche Teile einer Gesellschaft umfasst, kann zerfallen und sich zurück-entwickeln zur Schriftkultur einer Schreiber- und Bürokratenkaste (Glück 1987, 167).

Wenig spricht derzeit für einen solchen Zerfall: Digitale Medien ermöglichen Schrift und Schreiben in nie gekannter Qualität und Quantität, damit die Mög-lichkeiten des Individuums nicht nur zum Selbstausdruck, sondern auch zur kulturellen, politischen und ökonomischen Teilhabe. Die Pessimisten mag im Übrigen trösten, dass sich gegen das Schreiben einst ähnliche Bedenken erhoben wie heute gegen den Computer: Plato beklagte die Erfindung der Schrift, weil diese künstlich sei, vergesslich mache und den Geist schwäche (vgl. Ong 1982, 79 f.).

Wir sind also weit entfernt von George Orwells eingangs zitiertem Roman *1984* (9 f.), einer primitiven und repressiven Welt, zu deren Gewalttätigkeiten wesent-lich Sprech- und Schreibverbote zählen und beitragen. Anders als der Tagebuch-schreiber Winston Smith müssen wir unsere Schreibwerkzeuge nicht heimlich besorgen, uns zum Schreiben verstecken, um dann kleine und unbeholfene Buch-staben zu kritzeln. Anders als er wissen wir genau, in welchem Jahr wir uns be-finden, dass es Gesetze und damit Rechtssicherheit gibt. Anders als er können und dürfen wir schreiben – weil geschrieben worden ist und wird.

Schrift und Schreiben als Zeichengebrauch für die Selbst- und Fremdverständi-gung ist daher ein Gut. Ihr Erhalt aber ist kein Selbstläufer. Jan-Dirk Müller sah bereits beim Medienwechsel von der Handschrift zum Buchdruck einen Um-schlag „in Beliebigkeit und Nutzlosigkeit des schriftlich Fixierten" (1988, 205). Mit dem Spiel der Zeichen auf den Monitoren treten für Hans-Ulrich Gumbrecht (1988) an die Stelle semantischer Tiefen „flache Diskurse". Die Bildschirme und Displays sind zwar voller Schriftzeichen, es gibt aber Anzeichen dafür, dass erstens das Schreiben als Niederlegung eines Sinnzusammenhangs im Medium des alphabetischen Schriftcodes bzw. zweitens der schriftliche Text als Zeichen für jemanden in Hinsicht auf etwas brüchig werden könnten. Es hat nichts mit Kulturpessimismus zu tun, darauf ein wachsames Auge zu richten – und eine schreibende Hand.

Weiterführende Literatur:

Bolz, Norbert (²1995): Am Ende der Gutenberg-Galaxis. Die neuen Kommunikationsverhältnisse. München: Fink.

Glück, Helmut (1987): Schrift und Schriftlichkeit. Eine sprach- und kulturwissenschaftliche Studie. Stuttgart: Metzler.

Kloock, Daniela (1997): Oralität und Literalität. In: Kloock, Daniela/Spahr, Angela:
Medientheorien. Eine Einführung. München: Fink, 237–266.

Sieber, Peter (1998): Parlando in Texten. Zur Veränderung kommunikativer Grundmuster
in der Schriftlichkeit. Tübingen: Niemeyer.

Weingarten, Rüdiger (1994): Perspektiven der Schriftkultur. In: Günther, Hartmut/Lud-
wig, Otto (Hrsg.): Schrift und Schriftlichkeit. Ein interdisziplinäres Handbuch. Berlin/
New York: de Gruyter, 1. Halbbd., 573–586.

Claudia Kupfer-Schreiner

1.2 Der Weg vom Gedanken zum geschriebenen Wort – die „innere Sprache" und ihre Bedeutung für den Schreibprozess

1.2.1 Der Schreibprozess: Vorstellungen und Modelle

What is the basic to writing is not the words on the page but how they get there (Glassner 1980, 74).

Mit diesem Satz wird auf den Punkt gebracht, was mit dem so genannten *Paradigmenwechsel* der Schreibprozessforschung und später auch der Schreibdidaktik gemeint ist: Es geht nicht in erster Linie um die Entwicklung von Merkmalen des guten *Produktes*, des Textes, die von den Schreibenden beachtet werden sollen, sondern vielmehr darum, sich mit den Vorgängen auf dem Weg hin zu diesem Produkt zu befassen, mit dem Schreibprozess selbst. Dieser Ansatz führte zu einem neuen Verständnis von Schreibforschung,

in der nun nicht mehr nur normative Überlegungen vorherrschen, was Schreiber tun sollen, sondern verstärkt gefragt wird, was sie tatsächlich tun, wenn sie schreiben [...]. Getragen wird diese Umorientierung von dem Bemühen nach einer stärkeren theoretischen Fundierung des Textproduktionsprozesses (Eigler u. a. 1990, 14).

Studierende haben sich über ihren eigenen „Weg der Ideen und Worte aufs Papier" Gedanken gemacht: „Wenn ich schreibe", so eine Bamberger Lehramtsstudentin, „habe ich erst einmal ein richtiges Chaos im Kopf, obwohl ich eigentlich weiß, was ich ausdrücken möchte. Irgendwie sind viele Gedanken da, und ich weiß nicht, wie ich anfangen soll. Das macht mich richtig nervös und wütend. Am besten ist es dann, wenn ich einfach losschreibe und nicht zu viel nachdenke. Irgendwas fällt mir immer ein."[1] Das sieht ein Mitstudent etwas anders: „Ich denke ganz lange nach, ordne im Gehirn und auf dem Papier zunächst alle Ideen und Vorstellungen von dem, was ich schreiben will. Erst wenn ich einen Plan gefunden habe und genau weiß, wie ich formulieren möchte, kann ich losschreiben. Der Anfang ist meistens schwer, und manchmal bin ich richtig niedergeschlagen, weil es nicht vorangeht und mir nichts Gescheites einfällt. Wenn es aber ‚richtig läuft‘, kann ich auch euphorisch werden und schreiben und schreiben…"

Wie schreibt es sich denn nun am besten, nach dem Motto „Durchdenken, planen, formulieren" oder eher so: „Einfach spontan und frei fließen und entstehen lassen"? Zwei Schreibstrategien stehen sich hier gegenüber, die gleichzeitig zwei Tendenzen der *prozessorientierten Schreibforschung* repräsentieren, die sich seit den 1960er und 1970er Jahren in Kanada und in den USA zu entwickeln begann und sich in den 1980er Jahren auch im deutschsprachigen Raum etablierte: die *kognitiv-systematische* und die *emotional-kreative* Orientierung.

Die *kognitiv ausgerichtete Schreibforschung* versuchte, die während des Schreibens ablaufenden Prozesse zu beobachten, zu analysieren und zu beschreiben; ein schwieriges Unterfangen, da diese Vorgänge, im Gegensatz zum beständigen, sich nicht mehr verändernden Textprodukt, flüchtig und zudem schwer zugänglich sind. Man entwickelte verschiedene Schreibprozessmodelle, wovon das bekannteste wohl das von HAYES/FLOWER (1980)[2] ist, die mit der Methode des *lauten* Denkens arbeiteten. Dabei wurden Zwölftklässer aufgefordert, während des Schreibens alle dabei wahrgenommenen Gedanken, Überlegungen und Ideen laut auszusprechen. Diese auf Tonband oder Video aufgezeichneten „Denkprotokolle" waren die Grundlage ihres Schreibprozessmodells, dem „Prototyp" der *kognitiven Schreibprozessforschung*,[3] das sich am idealtypischen Schreiber orientiert und, trotz zahlreicher Kommentierungen und Erweiterungen, immer noch maßgeblich für prozessorientierte Schreibforschung und -didaktik ist.

Schreiben ist nach diesem Modell ein vielschichtiger und komplexer, nicht linearer *Problemlösungsprozess*, ein intellektueller, rationaler und überwiegend bewusster Vorgang. Dabei ist der textproduktive Teil nur eine Komponente, die mit externen Faktoren in Beziehung steht: Dies ist zum einen die *Aufgabenumgebung* und zum anderen der *Wissensspeicher*[4], der die schreibrelevanten Wissensbestände enthält, die zur *Wissensgenerierung* eingesetzt werden – als „Input" für den eigentlichen Schreibprozess. Dieser umfasst die drei Teilprozesse

---

1 Aus den Ergebnissen einer Umfrage unter Bamberger Lehramtsstudenten von 2002 bis 2004.

2 Zur Diskussion des Modells vgl. BEISBART 1989 b, 9–12; EIGLER u. a. 1990, 5–10; WROBEL 1995, 11–14; MERZ-GRÖTSCH 2000, 87–90; PYERIN 2001, 14 f.; KRUSE 2002, 48–52; KUPFER-SCHREINER 2004.

3 Weitere Modelle wurden entwickelt von BEREITER 1980; LUDWIG 1983 c; MOLITOR 1984; DE BEAUGRANDE 1984; EIGLER 1985.

4 Bei HAYES/FLOWER 1980 als Langzeitgedächtnis bezeichnet, wodurch ausgedrückt werden soll, dass sich Wissen primär darüber konstituiert.

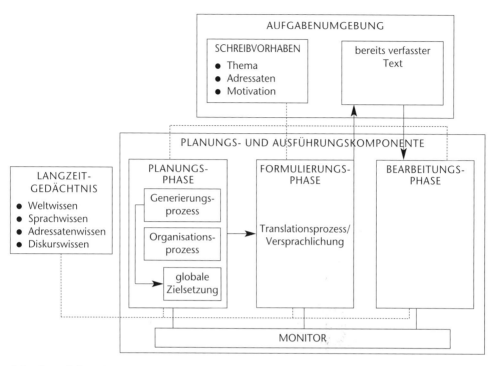

Schreibmodell nach HAYES/FLOWER (1980). In: WOLFF 2002, 224.

Planen, Formulieren und *Überarbeiten* (die sich nochmals in Subprozesse[5] untergliedern), die wiederum durch eine zentrale Steuerungsinstanz, den *Monitor,* koordiniert werden. Der *Monitor* ist dafür verantwortlich, dass alle Teil- und Subprozesse immer wieder, je nach Bedarf, abgerufen und auch mehrmals durchlaufen werden können, es also keine feste Abfolge der Phasen/Subprozesse gibt, man also stets von einer Teilhandlung in die andere wechseln oder zurückkehren kann. Dieses zentrale Merkmal des Schreibprozesses, auch als *Rekursivität* bezeichnet, zeichnet alle Modelle der *kognitiv orientierten Schreibprozessforschung* aus. *Rekursivität* darf jedoch nicht im Sinne eines beliebigen Wechsels verstanden werden: Schreiben gelingt nur, wenn der Schreiber die einzelnen für die Aufgabe erforderlichen Teilhandlungen kompetent bewältigt und die Strategien in bewusster und sinnvoller Weise auswählt und geschickt und effektiv koordiniert.[6]

Was im Modell als geordnetes Hintereinander erscheint, geschieht in der Realität also gleichzeitig. Beim Schreiben und Komponieren eines Textes interagieren die einzelnen Subprozesse [...] unentwegt miteinander. Und das Gelingen des gesamten Schreibprozesses hängt davon ab, inwieweit jede einzelne Teilaufgabe gelöst wird [...] (PYERIN 2001, 15).

---

5 Detaillierte Darstellungen und Diskussionen zu den einzelnen Teil- und Subprozessen finden sich zum Beispiel bei BAURMANN 1989; MOLITOR-LÜBBERT 1989; EIGLER u. a. 1990; WROBEL 1995; KRUSE 2002.
6 Vgl. den Beitrag 4.2.

Das Modell von Hayes/Flower (1980) wurde kritisiert und weiterentwickelt: Eigler (1990) merkt an, dass es sich zu sehr am Idealtyp des Schreibers orientiere und keine Aussagen dazu mache, wie aus Schreibanfängern Schreibexperten werden. Molitor (1984) fordert eine Präzisierung und stärkere Gewichtung der textproduktiven Subprozesse und entwickelt ein eigenes Schreibmodell, das darauf Bezug nimmt. Die zu starke Orientierung auf die kognitiven Anteile des Schreibens und, damit verbunden, die zu geringe Berücksichtigung des Faktors *Motivation* kritisiert Ludwig (1983 c), der das Modell im Hinblick auf seine schreibdidaktische Relevanz erweitert und den Bezug zum schulischen Schreiben deutlicher hervorhebt. Er betont, was besonders im schulischen Kontext zum Tragen kommt, dass das Langzeitgedächtnis in der Regel allein nicht genügt, um Wissen zu generieren, sondern dass dieses Wissen angereichert werden müsse durch *externe Informationsquellen* (Ludwig 1983 c, 56 ff.). Beisbart/Marenbach schließlich heben besonders die Bedeutung des *metakommunikativen Wissens* hervor, das die Teilhandlungen beim Schreiben bewusst steuert und kontrolliert und sich individuell in einer „Vielzahl von internalisierten Schreibprozessmustern" niederschlägt, „die ein einheitliches Konzept einer ‚Aufsatzdidaktik' für alle in Frage stellen" (Beisbart/Marenbach 2003, 61).

Schon 1989, als in der schreibdidaktischen Landschaft noch kaum von prozessorientiertem Schreiben die Rede ist, diskutiert Beisbart das Modell und leitet daraus Konsequenzen für die Schreibdidaktik ab: An seinem damals formulierten Ansatz ist vor allem weitblickend, dass aus der primär kognitiven Ausrichtung ausgebrochen und die Bedeutung der assoziativen und unbewussten Anteile beim Schreiben deutlich gesehen und erstmals auch für die Schreibdidaktik als bedeutsam herausgestellt wird.

Diese Sichtweise ist zentrales Merkmal des *kreativ-emotionalen Modells*[7], das, im Gegensatz zum *kognitiven*, Schreiben als schöpferische Handlung begreift, die gefühlsbetonte Anteile enthält und durch ein ständiges Pendeln zwischen bewussten und unbewussten Teilprozessen gekennzeichnet ist. Statt Schreiben als *Problemlösungsprozess* mit hohen planerischen und systematischen Anteilen zu begreifen, bleibt hier der Planungscharakter praktisch ohne Bedeutung. Dafür wird von der *Uridee* oder *Totalidee* (Eyckmann 1985, 153) des Textes bzw. vom plötzlichen Auftauchen einer noch diffusen Idee – die zunächst ohne mühsame Planungsarbeit vor dem inneren Auge entsteht – ausgegangen. Diese komplexe und vage Vorstellung vom Gesamttext, die auch in den Überlegungen der Lehramtsstudentin zu Beginn des Beitrags sichtbar wird, ist praktisch Ausgangspunkt und Grundlage des Schreibprozesses. Von Werder geht davon aus, dass in dieser *Uridee* „die Totalität des zu schreibenden Textes bereits keimhaft enthalten ist" (von Werder 1996, 41). Aussagen von Dichtern scheinen dies zu belegen: Schlegel spricht von einem „Band der Ideen", einem „geistigen Zentralpunkt" (Schlegel 1986, 336) und Schiller schreibt in einem Brief an Goethe: „Ohne eine erste dunkle, aber mächtige Total-Idee, die allem Technischen vorhergeht, kann kein

---

7 Vgl. Pyerin 2001, 17–20; Kruse 2002, 58–70; vor allem aus tiefenpsychologischer Sicht: von Werder 1996, 41–46.

poetisches Werk entstehen, [...]" (zit. nach STAIGER 1966, 909). Auch moderne Schriftsteller haben ähnliche Erfahrungen gemacht, so CHRISTA WOLF, die davon überzeugt ist, „dass die wirkliche Arbeit erst beginnen wird, wenn die Überidee gefunden ist, [...]" (WOLF 1980, 40) und der Schweizer HANS BOESCH, der es folgendermaßen ausdrückt: „Ich habe keine festen Vorsätze beim Schreiben. Das, was mich gerade immer wieder erstaunt, ist dass ich beim Schreiben von Bildern ausgehe, um die sich die Geschichte verdichtet" (zit. nach BUCHER 1970, 69).

Neben diesen primär unbewussten und unsystematischen Vorstellungen beim Schreiben betont das *kreativ-emotionale Modell* den höheren Stellenwert der Gefühle: Auch wenn sie im Endprodukt selbst nicht mehr sichtbar sind, so beeinflussen sie den Verlauf des Schreibprozesses ganz erheblich und zwar nicht nur als „Störgrößen" (KRUSE 2002, 69), sondern durchaus auch in motivierender und stimulierender Weise. Sie müssen folglich, genauso wie Planen und Strukturieren, bei der Schreibförderung berücksichtigt werden. Man muss sie „beim Schreiben zulassen können, ihnen Raum geben, sich von ihnen beflügeln lassen. Unterdrückt man sie, nimmt man sich die motivationale ‚Energie', die das Schreiben und Erkennen stimuliert" (KRUSE 2002, 68).

Ohne emotionale Beteiligung lässt sich kein Text verfassen. Es wäre irrig anzunehmen, Gefühle seien allein Sache des poetischen Schreibens oder gehörten in Liebesbriefe. Wissenschaftliche Texte erscheinen zwar an der Oberfläche als emotional gereinigte Texte, die den Anschein erwecken sollen, sie seien „sine ira et studio" verfasst (also „ohne Ärger und Eifer", d. h. ohne Gefühlbeteiligung), im Produktionsprozess aber ist das Schreiben allemal ein emotionaler Akt (KRUSE 2002, 58).

KRUSE (2002, 58–70) und PYERIN (2001, 17–20) beleuchten die emotionalen Prozesse (insbesondere beim Schreiben wissenschaftlicher Texte) genauer und differenzieren unter anderem nach Gefühlen,

- die unmittelbar mit der Schreibsituation zusammenhängen (wenn Schreiben zum Beispiel als schön und freudvoll erlebt wird oder wenn Schreibhemmungen oder -blockaden auftreten),
- die mit der stilistischen Qualität eines Textes verbunden sind (beispielsweise Unlust und Frust durch zu hohe Ansprüche an Stil und Sprachästhetik),
- die sich auf die Arbeitsbedingungen beim Schreiben beziehen (Art der Arbeitsatmosphäre, auch Schreibmaterialien),
- die sich auf die biografische Bedeutung eines Textes beziehen (zum Beispiel Prüfungs- und Abschlussarbeiten),
- die mit den Adressaten des Textes zusammenhängen (Ablehnung, Wertschätzung, Nähe oder Distanz) und
- die sich auf Begriffe oder Ideen beziehen (Fixierung, strikte Ablehnung oder Langeweile).

Wie auch die beiden einleitenden Äußerungen der Studenten zeigen, so unterschiedliche „Schreibkonzepte" sie auch repräsentieren, ist Schreiben, auch das wissenschaftliche Schreiben, immer ein emotionaler Akt, ist mit mehr oder weniger starken Gefühlen verbunden. MARTIN LUTHER bringt es noch knapper auf den Punkt, wenn er, wie berichtet wird, sagt: „Drei Finger tun's, aber ganz Leib und Seele arbeiten dran". Die folgende Gegenüberstellung fasst die Unterschiede beider Modellvorstellungen zusammen:

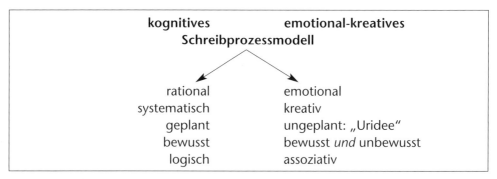

kognitives	emotional-kreatives
Schreibprozessmodell	
rational	emotional
systematisch	kreativ
geplant	ungeplant: „Uridee"
bewusst	bewusst *und* unbewusst
logisch	assoziativ

Kognitives und emotional-kreatives Schreibprozessmodell.

Mittlerweile haben sich beide Richtungen einander angenähert: Man spricht vom *integrativen, ganzheitlichen* oder *kognitiv-emotionalen Modell* (Rico 1984; von Werder 1996; Pyerin 2001; Kruse 2002), das davon ausgeht,

- dass der kreative Schreiber als Voraussetzung für die Entfaltung schöpferischer Potenziale über einen hohen Grad von Wissen auf dem jeweiligen Gebiet verfügen muss,
- dass auch schöpferische Prozesse systematische, planvolle und bewusste Anteile enthalten,
- dass trotz des unbestrittenen Einflusses des Unbewussten beim Schreiben auch logisches Denken von entscheidender Bedeutung ist,
- dass andererseits beim Schreiben, und auch beim wissenschaftlichen Schreiben, emotionale und unbewusste Prozesse eine wichtige Rolle spielen und
- dass Schreiben immer mit Gefühlen verbunden ist, mit Lust- oder Unlustgefühlen, mit positivem und negativem Selbstwertgefühl, mit Angst, Wut, Freude, Frustration oder Euphorie.

1.2.2 Schreibprozess und innere Sprache

Der Schreibprozess enthält also, auch wenn das der ausformulierte Text, das „Endprodukt", dies oft nicht erkennen lässt, emotionale Bestandteile, die bei jedem Schreibenden anders ausgeprägt sind, stets „mit uns selbst" zu tun haben und damit auch in enger Beziehung zu *Selbsterfahrung, Identitätsfindung, Persönlichkeitsentwicklung*[8] und *Selbstverständigung*[9] stehen. Gefühle beim Schreiben sind Teil der inneren Tätigkeiten[10], der Denkprozesse, zu denen auch

---

8 Vgl. Spinner 1980; Brügelmann 1984; Schuster 1995; Bräuer 1996.
9 Vgl. hierzu auch den Beitrag 1.1.
10 Vgl. Holoubek 1998, 100 ff. zu „inneren" und „äußeren" Tätigkeiten beim Lernen.

die *innere* Sprache gerechnet wird, die seit den 1980er Jahren zunehmend im Blickpunkt der Schreibforschung und Schreibdidaktik steht.[11]

Gemeint sind schweigende Selbst- und Zwiegespräche des Schreibenden, Gedanken und Gefühle beim Schreiben und übers Schreiben, ein quasi nicht sicht- oder hörbares „Band", das aus bewussten, unbewussten, kognitiven und emotionalen Anteilen besteht, und das die Textentstehung, neben beobachtbaren, äußeren Handlungen, quasi stumm begleitet. Die *innere Sprache* kommt vom Schreibenden und ist nur für ihn bestimmt, sie ist etwas ganz Persönliches, Teil seiner Individualität.

Der Begriff der *inneren Sprache* geht auf VYGOTSKIJ (2002) zurück, der sich als erster Wissenschaftler mit der systematischen und experimentellen Erforschung des Verhältnisses von Sprache und Denken[12] befasst hat. In Auseinandersetzung mit den Forschungen PIAGETS zur egozentrischen Sprache, auf die an dieser Stelle nicht eingegangen werden kann, entwickelte VYGOTSKIJ seine Hypothesen zum Verhältnis von Denken und *äußerer Sprache*. Dabei ist die *innere Sprache* weder mit dem einen noch dem anderen gleichzusetzen, sondern eine, wie VYGOTSKIJ schreibt, „besondere innere Ebene des verbalen Denkens [...], die die dynamische Beziehung zwischen Gedanke und dem Wort herstellt" (VYGOTSKIJ 2002, 456). Er deutet damit an, dass es ein Denken jenseits der Worte und der Sprache „in reinen Bedeutungen" (ebd., 457) geben könnte, etwa so, wie sich DOSTOJEWSKI einmal äußerte, dass „der Gedanke nicht ins Wort kam" (ebd., 457).

Der entscheidende „qualitative Sprung" besteht beim Schreiben nun darin, die *innere Sprache* – ob zunächst sprachfrei oder schon sprachlich[13], sei dahingestellt – in äußere, in dem Fall in Schriftsprache, umzuwandeln, sie zu transformieren oder „zu materialisieren und zu objektivieren" (in Anlehnung an VYGOTSKIJ 2002, 256). Dazu müssen Bedeutungen verdichtet, die *innere Sprache* muss für andere verständlich aufbereitet, ausformuliert und verschriftlicht werden. Da die *innere Sprache* ein eigenständiges System und kein „Ableger" oder eine Verkürzung der äußeren Sprache ist, handelt es sich bei diesem Prozess eben nicht um eine direkte Übersetzung bzw. bloße „Verbesserung" oder „Überarbeitung" der inneren Sprache, nicht um ein, wie auch PORTMANN-TSELIKAS in seinem Beitrag betont, „[...] Nach-außen-Bringen von Dingen, die im Kopf schon feststehen" (vgl. Beitrag 5.1), sondern um einen überaus komplexen und komplizierten Vorgang, und dies in besonderer Weise, wenn es sich um Wissenschaftssprache handelt, die sich durch hohen Abstraktionsgrad und eine spezi-

---

11 Vgl. WILD 1980; GÖSSMANN 1987; PYERIN 2001; KRUSE 2002.

12 VYGOTSKIJS Thesen werden u. a. diskutiert bei LEONTJEW/LURIA 1958; WILD 1980; GÖSSMANN 1987; BEISBART 1989 b; CAMERON 1998; HEYDER 1999.

13 Für den Philosophen JERRY A. FODOR oder den Sprachwissenschaftler NOAM CHOMSKY sind Sprache und Denken zwei getrennte geistige Funktionen, während der Psycholinguist STEPHEN C. LEVINSON oder Philosophen wie WILHELM VON HUMBOLDT oder DANIEL C. DENNET davon ausgehen, dass sich unser Denken auf Sprache stützt. Neueste Ergebnisse der Linguistik weisen jedoch darauf hin, dass sich Denken im und durch den Gebrauch der Sprache, in der Kommunikation mit anderen, entwickelt (JÄGER 2003).

fische Fachterminologie auszeichnet und dadurch weit von der *inneren Sprache* entfernt ist.

Man kann die *innere Sprache* weder sehen noch direkt beobachten oder abbilden; man kann sie auch nur teilweise und unvollständig (re-)konstruieren[14], sie lediglich indirekt beschreiben, kann von sprachlichen Produkten Rückschlüsse auf ihren Charakter zu ziehen versuchen. Die Schreibprozessforschung hat vielfältige Anstrengungen unternommen, die *innere Sprache* zu erforschen, für die „noch kein direktes Fenster ins Hirn geöffnet werden konnte" (PERRIN 1999, 84), mit dem Ziel, relativ verlässliche und vor allem aufschlussreiche Daten dieser letztendlich nicht wirklich zugänglichen mentalen Prozesse zu gewinnen, um Teilhandlungen beim Schreiben differenzierter zu erfassen, systematisch zu analysieren und um steuernd in den Schreibprozess eingreifen zu können.

Bei den mittlerweile in großer Zahl vorliegenden Untersuchungen zur *inneren Sprache* und zu ihrer Bedeutung für den Schreibprozess handelt es sich überwiegend um so genannte *Verbalprotokolle* bzw. *observationale Daten* wie teilnehmende Beobachtung, Selbstbeobachtungen, Videoaufnahmen, computergestützte Prozessprotokolle, Interviews und Befragungen oder auch assoziative Verfahren wie das *Clustering*. Den unterschiedlichen Ansätzen und Verfahren[15] ist gemeinsam, dass Schreibende dazu aufgefordert werden, ihre Gedanken und Gefühle während des Schreibens zu artikulieren. Aus der Vielfalt der vorliegenden Ergebnisse seien stellvertretend einige erwähnt:

Wegbereitend waren EMIG (1971) und HAYES/FLOWER (1980), die mit ihrer Methode des „lauten Denkens" die Basis zur systematischen Analyse der inneren Teilhandlungen beim Schreiben legten. Die Probanden verbalisierten dabei alles, was ihnen während des Schreibprozesses durch den Kopf ging. Das Verfahren erwies sich aber als problematisch, da gleichzeitig zwei Aufgaben zu erledigen waren (nämlich die, einen Text zu produzieren, und die, laut zu denken), zwei Tätigkeiten, die sich überlagern und zu einer Verfälschung der Daten führen können. Eine andere Möglichkeit entwickelte BRIDWELL (1983), die statt mündlicher Daten schriftliche Kommentare, die gleichzeitig beim Schreiben anzufertigen waren, erhob, was von den Probanden allerdings als nachhaltig störend empfunden wurde.

Die klassische Alternative zur Methode des „lauten Denkens" sind Verbalisierungen, die nicht während, sonders erst *nach* Abschluss der Schreibaufgabe erfolgen, so genannte *retrospektive Daten*. Der große Vorteil besteht darin, dass die Überlagerung der beiden Aufgaben vermieden wird. BÖRNER (1989) und PERRIN (1999), die Schreibprozesse am PC untersuchten, lösten das Problem sehr geschickt durch ein zweistufiges Vorgehen: Zunächst entsteht während der Schreibphase mit Hilfe eines *logging editors* ein Progressionsprotokoll, das alle Pausen, Verbesserungen, jedes Tippen und Löschen im Text festhält. Im Anschluss daran wird das Protokoll Schritt für Schritt wieder auf den Bildschirm geholt und nachträglich kommentiert.

---

14 Zur Struktur der inneren Sprache vgl. WILD 1980 oder HEYDER 1999.
15 Ein Überblick zur empirischen Schreibprozessforschung findet sich bei KRINGS 1992 b.

Deutlich zu unterscheiden von diesen Verfahren, die sich auf eine ganz konkrete Schreibsituation beziehen, sind *generalisierende Daten*, die einen längeren Zeitraum umfassen, um Informationen über typische Muster und Handlungen beim Schreiben zu bekommen (vgl. zum Beispiel MISCHEL 1974). Dies geschieht meist in Form von Befragungen und Interviews, mit der Absicht, eben Daten zu gewinnen, die über die konkrete Schreibsituation hinausgehen. Der Nachteil besteht darin, dass diese Methoden wenig Informationen liefern können über individuelle Prozesse beim Schreiben und auch wenig hilfreich sind bei der Gewinnung von Daten zur *inneren Sprache*. Erwähnt werden sollten schließlich noch *Partner- und Gruppengespräche* über kooperativ entstandene Texte (ANTOS 1984; KUßMAUL 1989), deren Vorteil vor allem in der Natürlichkeit der Situation liegt. Von Nachteil ist allerdings, dass, wie bei den generalisierenden Daten, Rückschlüsse auf individuelle Prozesse, zu denen auch die *innere Sprache* gehört, kaum möglich sind.

Die genannten Verfahren lassen sich zusammenfassend systematisieren und differenzieren nach Daten,

- die schriftlich oder mündlich erhoben werden,
- die sich konkret auf den vorausgegangenen Schreibprozess beziehen oder die generalisierend den Schreibprozess in den Blick nehmen,
- die in monologischer oder dialogischer Form erfasst werden und
- die zeitgleich, während des Schreibens oder zu einem späteren Zeitpunkt erhoben werden. Hier wird es neben der Überlagerung der zwei Aufgaben für besonders problematisch erachtet, wenn der Zeitpunkt der Datenerhebung lange nach der Textproduktion erfolgt.

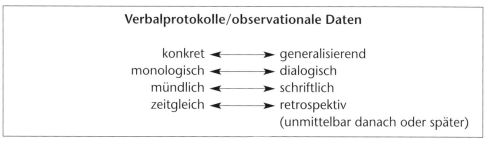

Systematisierung von Verbalprotokollen der Schreibprozessforschung.

1.2.3 Schreibdidaktik und innere Sprache

Auch wenn die Integration dieser Ansätze in prozessorientierte Schreibförderkonzepte bislang noch nicht erfolgt ist, so hat sich die Schreibdidaktik doch seit mehr als dreißig Jahren aus unterschiedlichen Blickwinkeln und mit verschiedenen Akzentuierungen mit inneren Prozessen bzw. der *inneren Sprache* beim Schreiben auseinander gesetzt: Fast vergessen ist OSTERMANN, der schon Anfang der 1970er Jahre versuchte, Aufschluss über „Anteile des Bewussten, Vorbewussten und Unbewussten" (OSTERMANN 1973, 36) beim Schreiben zu bekommen. Er analysierte Schülertexte und entwickelte daraus ein aus mehreren Teilprozessen bestehendes Modell (MERZ-GRÖTSCH 2000, 236). In den 1980er Jahren waren es vor allem WILD (1980) und GÖSSMANN (1987), die die fundamentale Bedeutung der *inneren Sprache* beim Schreibprozess betonten. Für GÖSSMANN, der eine prozessorientierte Konzeption des Aufsatzunterrichts entwickelte, war die *innere Sprache* Dreh- und Angelpunkt des Schreibprozesses überhaupt; deutlich wies er auf die kognitiv-planerische „Transformationsleistung" einerseits und die identitätsstiftende Funktion des Schreibens andererseits hin:

> Der Schreibprozess beginnt bei der inneren Sprache. Bevor er einsetzen kann, muss das zu Schreibende latent in ihr präsent sein. Deshalb kommt es beim Schreiben immer zunächst darauf an, die innere Sprache zu stimulieren, sachlich und gedanklich anzureichern, was selbstverständlich auch noch während des Schreibens zu geschehen hat. Den Schreibprozess selbst kann man als den Versuch kennzeichnen, eine sprachlich adäquate Umsetzung aus der inneren in die äußere, in eine ausformulierte Sprache zu erreichen. [...] Wenn die innere Sprache in der Person des Einzelnen verankert ist, dann kann ein Schreiben, das von diesen Voraussetzungen ausgeht, über die Ausbildung der Schreibkompetenz hinaus ebenso der Förderung und Sicherung der persönlichen Subjektivität dienen: das Personale nicht bloß als Bedingung, sondern auch als Ziel, wenn auch als ein sehr hoch gestecktes Ziel des Schreibens. Das schreibende Ich, identisch mit sich selbst, darin liegt die eigentliche Faszination und Motivation, die ein Schreibprozess auslöst (GÖSSMANN 1980, 40 ff.).

Ein entscheidender Impuls kam in den 1980er Jahren mit der kreativen Schreibbewegung und vor allem mit GABRIELE RICOS „Garantiert Schreiben lernen" (1980) aus den USA. Zum Standardrepertoire eines modernen Schreibunterrichts gehören seitdem *Clustering, Mindmapping* oder *Fantasiereisen*, Verfahren, die vor allem emotionales, imaginatives und personales Schreiben (vgl. auch POMMERIN u. a. 1996) fördern und auch unbewusste *innere Prozesse* für die Schreibförderung nutzen wollen. In der neueren Schreibdidaktik seit den 1990er Jahren gibt es nur wenige „Fundstellen", die sich mit inneren Prozessen allgemein oder der *inneren Sprache* im Besonderen beschäftigen. Gleichwohl finden sich in vielen schreibdidaktischen Konzeptionen – implizit oder explizit – Überlegungen, Gedanken oder Anknüpfungspunkte, die sich auf innere Prozesse beziehen und zum Teil auch konkret Möglichkeiten der Umsetzung im Schreibunterricht an Schule und Hochschule aufzeigen:

Praxisbezogen sind die Vorstellungen von KRUSE/RUHMANN (1999), PYERIN (2001) und KRUSE (2002). Sie entwickelten ein Schreibförderkonzept für das (wissenschaftliche) Schreiben an der Hochschule, das emotionale, kreative und kognitive Prozesse zusammenführt und der *inneren Sprache* einen hohen Stellenwert beimisst. In seinem „Lehrbuch des kreativen Schreibens" legt VON WERDER (1996) auf der Grundlage des *kreativ-emotionalen* Modells ein Konzept der Poesiepädagogik vor, das in Anlehnung an die Tiefenpsychologie Schreiben als Selbsterfahrung begreift und in engem Zusammenhang mit unbewussten Prozessen sieht. HORNUNG (1993) berichtet von ihren Erfahrungen mit dem *automatischen Schreiben*, einem assoziativen Verfahren, das durch Aktivierung des Unbewussten den „inneren Zensor" ausschalten und so Denk- und Schreibblockaden abbauen will. WROBEL spricht von einer Stufe, in der der „Geist zur Sprache kommt", und entwickelt im Zusammenhang für das wissenschaftliche Schreiben Prinzipien und Regeln, die den Formulierungsprozess bestimmen (WROBEL 1997, 18 ff.). Auch für BAURMANN sind die innersprachlichen Prozesse vor allem in der Phase des Formulierens und Aufschreibens wichtig (BAURMANN/LUDWIG 1990, 11), während FEILKE bei der Entwicklung „textbezogener Schreibkompetenzen" vom „Aufbau von Kohärenzstrategien" spricht, die sich nicht nur sprachlich manifestieren, sondern auch durch kognitive Prozesse bestimmt sind (FEILKE 1996, 1186 ff.).

Schließlich werden innere Aktivitäten vor allem im Zusammenhang mit *imaginativen* und *vorstellungsbildenden* Prozessen diskutiert: So sind bei BEISBART/ MARENBACH (2003, 61) Vorstellungen einerseits notwendige Voraussetzung fürs Schreiben, während es Sprache andererseits ermöglicht, die eigenen Vorstellungen festzuhalten und zu formen. ABRAHAM verwendet den Begriff der „Innenhandlung", die sich, „das ist Stärke und Schwäche zugleich, durch enge Kopplung von Kognition und Emotion auszeichnet" und deren sprachliche Fassbarkeit auch ein Thema des Deutschunterrichts sein sollte. „Vorstellen ist untrennbar mit Denken verknüpft. […] Vorstellen bedeutet nicht nur Denken und nicht nur Anschauen, sondern auch Strukturieren" (ABRAHAM 1999, 16 ff.). BEISBART spricht davon, dass es beim Schreiben „[…] einer Sprache bedarf, die Begrifflichkeit mit Bildhaftigkeit, poetisches Wahrnehmen und nachdenkendes Begreifen verbindet, […]" (BEISBART 2002 a, 179). Auch SPINNER fordert, den Blick auf die inneren Tätigkeiten der Lernenden zu richten und „Schreibangebote zu entwickeln, durch die latente psychische Inhalte aktiviert (werden)" (SPINNER 1993, 19). Er sieht in der verstärkten Einbeziehung unbewusst ablaufender Prozesse die Möglichkeit, Blockaden abzubauen, die auch, wie er vermutet, in einer allzu distanzierten Haltung zum Schreiben ihre Ursache haben können (SPINNER 1996, 83). Unter direktem Bezug auf VYGOTSKIJS Konzept der *inneren Sprache* legt er dar, dass es darauf ankomme,

diese innere Sprache zu aktivieren, sie nicht zu schnell dem Diktat der normgeleiteten Sprache zu unterwerfen. Man kann die für das kreative Schreiben typischen Methoden wie das Clustering, die Meditation, das automatische Schreiben […] als eine Stimulierung und Verlängerung des inneren Sprachprozesses verstehen, der damit im kreativen Schreiben direkter zum Ausdruck kommt als im Sprachgebrauch des gewöhnlichen Alltagslebens (SPINNER 1993, 20).

Über die Aktivierung der *inneren Sprache* wird es möglich, eine Vorstellung der beim Schreiben ablaufenden Denkprozesse zu entwickeln, Schreibstrategien und Verhaltensmuster aufzudecken oder Ursachen für Schreibhemmungen und -blockaden zu erkennen, um dann nach Wegen zu suchen, den Schreibprozess in positiver Weise zu verändern und zu beeinflussen. Es ist von entscheidender Bedeutung, wie diese *innere Sprache* beschaffen ist, und ob es gelingt, sie bewusst und „fassbar", also zumindest in Teilen rekonstruierbar zu machen und ihre Bedeutung für den individuellen Schreibprozess zu begreifen.

1.2.4 Von Doppeltexten, Lachgesichtern und Schreibbegleitern …

Es gilt, die Ergebnisse der Schreibprozessforschung für Schreibförderung und Schreiberziehung an den Schulen und Hochschulen nutzbar zu machen. Dabei geht es natürlich nicht in erster Linie um Datengewinnung – die Methoden sind in der Regel sowieso zu komplex und aufwändig, um in der Schreibpraxis Anwendung zu finden –, sondern darum, Verfahren zur Aktivierung, Bewusstmachung und Analyse der *inneren Sprache* zu entwickeln, um den Schreibprozess hemmende und fördernde Faktoren aufzuspüren und eine Basis zu legen für erfolgreiches und lustvolles Schreiben.

Veränderungen sind am ehesten an den Hochschulen feststellbar, wo sich die Schreibberatung und Schreibdidaktik als interdisziplinäres Aufgabenfeld[16] herauszubilden scheint. Prozessorientierung und die Einbeziehung kreativer und emotionaler Aspekte sind integrativer Bestandteil bei fast allen Konzepten. Beispiele dafür sind das Bielefelder Schreiblabor, das Projekt Kreatives Schreiben in Aachen, das Schreiblabor Marburg, die Schreibzentren der Universitäten Bochum und Köln, das Projekt Schriftlichkeit in der Düsseldorfer Germanistik und die *Bamberger Schreibschule*, ein im Wintersemester 2002/2003 an der Universität Bamberg ins Leben gerufenes Schreibförderkonzept. An den Schulen werden noch zu wenige Anstrengungen unternommen, um überhaupt erst einmal von der Produktorientierung in Richtung Schreibprozess zu gehen. Immerhin haben bereits genannte Verfahren wie *Clustering, automatisches Schreiben, Fantasiereisen* oder auch *Schreibtagebücher* den Weg in die Klassenzimmer gefunden und nehmen den Prozess zumindest ansatzweise in den Blick. Der abschließende Überblick stellt einige ausgewählte und wenig bekannte Möglichkeiten vor, die *innere Sprache* zum Thema des Schreibunterrichts zu machen.

Parallel- und Doppeltexte – sich der inneren Sprache bewusst werden

Bei diesem *retrospektiven* Verfahren sollen Gedanken und Gefühle, die den Schreibprozess begleiten, bewusst gemacht, die *innere Sprache* in Teilen oder Fragmenten wahrgenommen werden. Ziel ist es, metakognitives Bewusstsein aufzubauen, die Selbstwahrnehmung zu fördern und einen Zugang zu den beim Schreiben ablaufenden inneren Prozessen zu bekommen. Auf einem Blatt, das zwischen den Zeilen große Abstände vorsieht, wird zunächst ein kurzer Text zu einem bekannten oder gerade im Unterricht behandelten Thema geschrieben. Danach lesen die Schüler oder Studenten den Text noch einmal langsam und intensiv durch und versuchen, sich an die Gedanken und Gefühle zu erinnern, die ihnen beim Schreiben durch den Kopf gegangen sind. Diese „Erinnerungsstücke" werden dann über die relevanten Textstellen „gelegt", so dass eine Art *Parallel- oder Doppeltext* entsteht, der einen ersten Zugang zu den beim Schreiben mitlaufenden, meist unbewussten Prozessen ermöglicht. Sichtbar werden zum Beispiel inhaltliche Überlegungen, Formulierungsprozesse, Zweifel bei der Rechtschreibung, Schreibstrategien, Verbesserungsvorschläge, aber auch Wut, Langeweile und Freude, abschweifende Gedanken, Hunger- und Durstgefühle. Der folgende Doppeltext, der sich dem Thema Grammatikwerkstatt widmete, zeigt die Vielfalt der Aspekte, die bei inneren Prozessen zum Tragen kommen, auf:

---

16 Vgl. KRUSE u. a. 1999 oder BRÄUER 1996 und 2000 a und b.

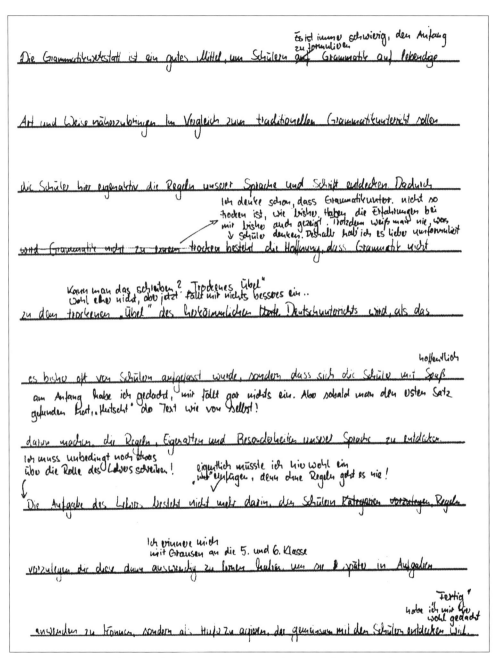

Fiona Weimann, Studentin: Aktivierung, Bewusstmachung und Rekonstruktion von Fragmenten der inneren Sprache.

Dieses anspruchsvolle Verfahren lässt sich mit einigen Vereinfachungen und Hilfestellungen auch in der Grundschule realisieren. Dazu verwenden die Schüler Symbolkärtchen, die gängige Denkmuster beim Schreiben repräsentieren:

⑦	Du bist unschlüssig, hast eine Frage.
①	Dir fällt etwas Wichtiges ein, du hast eine Idee.
🗣	Du sprichst vor dich hin.
💭	Du denkst nach.
☺	Du freust dich.
☹	Du bist traurig, etwas stört dich oder gefällt dir nicht.

Symbole als Hilfen zur Bewusstmachung innerer Prozesse beim Schreiben.

Nach der Textproduktion legen die Schüler die Symbolkärtchen an die passenden Textstellen und versuchen, ihre Gedanken mündlich oder schriftlich zu versprachlichen.

Alternativ kann man in einem ersten Schritt die Schüler auffordern, Schreibpausen im Text zu kennzeichnen und dann zu versuchen, die Gedanken während dieser Schreibpausen – zumindest in Teilen – zu rekonstruieren. Dass es geht und zu welchen spannenden und aufschlussreichen Ergebnissen dies führen kann, zeigt der folgende Text:

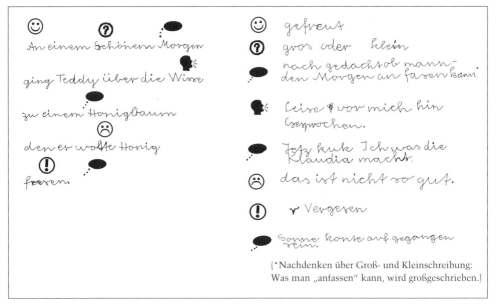

Cora Ittner, acht Jahre: Doppel- bzw. Paralleltext.

„Mein „Schreibbegleiter" – generelle Vorstellungen von inneren Prozessen beim Schreiben entwickeln

Erst ab Sekundarstufe II bzw. für die Hochschulen geeignet ist das folgende *retro-spektive* Verfahren, das sich an das Verfassen der Doppel- oder Paralleltexte anschließen sollte: Nachdem sich die Schüler oder Studenten mit konkreten Gedanken und Gefühlen beim Schreiben eines Einzeltextes auseinander gesetzt haben, sollen sie nun, in distanzierterer Form, generelle Vorstellungen von den sie beim Schreiben begleitenden Prozessen entwickeln. Als *Hilfskonstruktion* wird an dieser Stelle der Begriff des *Schreibbegleiters* eingeführt. Ziel ist es, durch das Erkennen von Schreibmustern, Schreibstrategien oder wiederkehren-den Gefühlszuständen Ursachen für Schreibhemmungen und -blockaden aufzu-decken, um fördernd in den Schreibprozess eingreifen zu können, um Stärken zu verbessern und Schwächen abzubauen.

Mein Schreibbegleiter ...

... heißt Kalle (kritisierend, anmaßend, launisch, lustlos, egoistisch) und begleitet mich seit ca. 17 Jahren. Kalle ist oft sehr ironisch gegenüber dem Thema des Textes und verleitet mich bei uninteressanter Aufga-benstellung zum Minimalismus, obwohl ich selbst sehr perfektionistisch bin.
Er begleitet mich oft mit Gedanken wie: „Ach das wird schon reichen ...!" „Der Prof. wird 's schon nicht merken ...". Kalle drängt mich häufig „Ach komm, es reicht für heute", und der näherrückende Abgabetermin macht ihm gar nichts aus – im Gegensatz zu mir. Mich dann trotzdem weiter zu-motivieren ist besonders schwer!
Mein Schreibbegleiter wartet oft zuhause auf mich und beginnt mich zu quälen: „Den Teil musst du dir aber nochmal vornehmen"
Eigentlich will er immer das Gegenteil von mir, und deshalb musste ich mich schon so manches Mal über ihn hinwegsetzen und hab' mir dabei gedacht: „Halt die Klappe, Kalle!!"

Kathrin Müller, Studentin: „Mein Schreibbegleiter".

Die Ergebnisse der Schüler und Studenten zeigen auf der einen Seite, dass es gelingen kann, die *innere Sprache* zum Thema des Schreibunterrichts bei jungen und erwachsenen Schreibern zu machen, und auf der anderen Seite, dass der Weg zu den inneren Gefühlen und Gedanken beim Schreiben eine spannende, vergnügliche und aufschlussreiche Reise werden kann, bei der man viel über sich und den eigenen Schreibprozess erfahren und ihn in konstruktiver und positiver Weise beeinflussen kann.

Weiterführende Literatur:

BEISBART, ORTWIN (1989 b): Schreiben als Lernprozeß. Anmerkungen zu einem wenig beachteten schreibdidaktischen Problem. In: Der Deutschunterricht, 41, H. 3, 5–15.

BRÄUER, GERD (2000 a): Schreiben als reflexive Praxis. Tagebuch. Arbeitsjournal. Portfolio. Freiburg im Breisgau: Fillibach.

EIGLER, GUNTHER u. a. (1990): Wissen und Textproduktion. Tübingen: Narr.

KRINGS, HANS P./ANTOS, GERD (Hrsg.) (1992): Textproduktion. Neue Wege der Forschung. Trier: Wissenschaftlicher Verlag.

PYERIN, BRIGITTE (2001): Kreatives wissenschaftliches Schreiben. Tipps und Tricks gegen Schreibblockaden. Weinheim, München: Juventa.

HELMUT FEILKE

1.3 Entwicklungsaspekte beim Schreiben

Der folgende Beitrag stellt unterschiedliche theoretische Ansätze zur Beschreibung und Erklärung der Entwicklung von Schreibfähigkeiten vor. Er referiert Gemeinsamkeiten und Unterschiede der seit den 1980er Jahren vorgelegten Entwicklungsmodelle zum Schreiben und geht auf die kritische Diskussion zur Frage der Entwicklungsstufen beim Aufsatzschreiben ein. Vor dem Hintergrund der jüngeren empirischen Forschung zum Erwerb von Textsorten im Schreiben wird das Verhältnis von Prozess- und Produktorientierung in der Schreibdidaktik erörtert. Die Entwicklung konzeptionell schriftsprachlicher Fähigkeiten einschließlich der dazugehörigen Prozesskompetenzen geschieht durch das Schreiben selbst, und zwar in der aktiven Erprobung und Ausnutzung von Formen und Produktkonventionen schriftlicher Sprache.

1.3.1 Theoretische Zugänge

Die Hypothese der Entwicklung von Schreibfähigkeiten, das heißt ihres sukzessiven und in irgendeiner Weise geordneten Aufbaus über viele Jahre, zählt für jeden Lehrer bereits zum selbstverständlichen Commonsense über das Lernen der Schüler. Weniger selbstverständlich ist die Beschreibung dieser Entwicklung, noch weniger selbstverständlich ihre Erklärung.

Für das Nachdenken über Entwicklungsprozesse ist es hilfreich, wenigstens drei Typen zu unterscheiden: Sozialisation, kognitives Lernen und Spracherwerb. Empirisch hängen die unterschiedlichen Typen auch bei der Entwicklung von Schreibfähigkeiten eng zusammen.

Sozialisation

Schreibentwicklung als Sozialisation zu verstehen, heißt, den Entwicklungsprozess primär als eine Folge sozialer Einflüsse zu erklären. Eine Schriftkultur bildet spezifische Werte und Normen für den Sprachgebrauch aus. Anders als beim Sprechenlernen werden für den Schriftspracherwerb historisch eigens soziale Institutionen und entsprechende Expertenrollen ausdifferenziert (Schule und Lehrer), die die Entwicklung anleiten und fördern. Die Schule ist als Institution und Organisation von Anfang an Schriftschule, historisch zunächst vor allem für die Rezeption, später auch für die Produktion von Texten. Für den erheblichen Einfluss der Sozialisation und sozialisatorischer Interaktion gibt es auch über den spezifisch schulischen Kontext hinaus starke Argumente. Dazu zählen etwa Beobachtungen zur Bedeutung des familialen Sozialisationsmilieus. Wenn die Voraussetzungen dafür vorhanden sind, beginnt die Entwicklung lange vor dem eigentlichen Schriftspracherwerb: im Kennenlernen der Schriftpraxen Erwachsener, im gemeinsamen Konstruieren von Geschichten beim Betrachten von Bilderbüchern mit Kindern (vgl. BRUNER 1987), beim Vorlesen oder auch beim literalen Rollenspiel: Kinder *spielen* das Lesen und Schreiben, bevor sie lesen und schreiben können. Stärker als der so genannte natürliche Spracherwerb ist der Schriftspracherwerb sozialisatorisch angewiesen auf positive Identifikationen und empfindlich für Störungen. So ist beispielsweise bei jüngeren Geschwistern aus Familien mit drei Kindern der Schriftspracherwerb überdurchschnittlich häufig stark verzögert. Weitere Faktoren, zum Beispiel die Schriftferne der Familie, können den Effekt verstärken (KLICPERA/GASTEIGER-KLICPERA 1998, 235 ff.) Der Einfluss sozialisatorischer Faktoren wird exemplarisch ebenfalls deutlich, wenn man die vielfach bestätigten Befunde zu den Unterschieden zwischen Jungen und Mädchen im Schriftspracherwerb genauer betrachtet. HURRELMANN u. a. (1993) belegen, dass den Jungen vielfach positive Handlungsmodelle für den Umgang mit Schrifttexten fehlen. RICHTER (1996) zeigt in ihrer Untersuchung zum Rechtschreiberwerb, dass unter den 10 % der leistungsstärksten Schüler die Jungen mit etwa einem Drittelanteil vertreten sind, vor allem aber auch, dass unter den 10 % der schwächsten Schüler die Jungen mit einem Anteil von drei Vierteln deutlich überrepräsentiert sind. Die Ursachen sieht RICHTER vor allem in einer mangelnden Berücksichtigung der Interessen von Jungen im Lese- und Schreibunterricht der Grundschule. Dies sind genuin sozialisatorische Wirkfaktoren.

Kognitive Entwicklung

Anders werden die Akzente gesetzt, wenn Schrift- und Schreibentwicklung als Resultate kognitiven Lernens verstanden werden. Erhebliches Gewicht hat hier vor allem in den 1970er und 1980er Jahren das Konzept kognitiven Problemlösens erhalten. Es stellt den Einfluss der Sozialisationsfaktoren nicht infrage, betont aber, dass der sozialisatorische Rahmen nicht hinreichend für die Erklärung der Entwicklung von Schreibfähigkeit sei. Zunächst gibt es allgemein entwicklungspsychologische Parameter, die die Entwicklung des Problemlösens kennzeichnen:

- von einfacheren zu komplexeren Strukturen,
- von lokalen zu globalen Aspekten der Problemstrukturierung,
- von stärker inhaltlich motivierten zu stärker formal begründeten Gesichtspunkten der Problemlösung,
- vom weniger zum stärker metakognitiv geprägten Problemlösen etc.

Produktion und Rezeption von Schrifttexten sind durch spezifische kognitive Anforderungen bestimmt: Die Entwicklungspsychologie argumentiert, dass das Schreibenlernen eine vergleichsweise höhere Bewusstheit gegenüber der Sprache fordere (Vygotskij 2002; Gombert 1992; Holle 1997). Die Textproduktion im schriftlichen Medium verläuft nach verschiedenen Untersuchungen um den Faktor 6 bis 10 langsamer als das Sprechen (zum Beispiel Wrobel 1995). Das erfordert Planungsaktivitäten, die durch kognitive Text-Schemata gestützt sein müssen. Da der entstehende Text beim Schreiben präsent bleibt, ist die schriftliche Textproduktion rekursiv und in stärkerem Maße reflexiv als das Sprechen. Schreiben ermöglicht – und fordert – in ungleich höherem Maße als das Sprechen die Überarbeitung von Texten und damit nicht nur Sprach- und Text-, sondern auch Prozessbewusstheit (vgl. hierzu den Beitrag 5.1). Lokal kleinschrittige und kleinräumige Orientierungen müssen sukzessive durch globale ersetzt werden. Die Fähigkeit zum Beispiel, einen Text hinsichtlich makrostruktureller Eigenschaften zu überarbeiten, ist nicht von sozialisatorischen Faktoren determinierbar: Sie setzt – neben der freilich sozialisatorisch zu stützenden Motivation – die kognitive Entwicklung entsprechender Überarbeitungskonzepte und -kriterien voraus. Die meisten 12-jährigen Schüler etwa verfügen noch nicht über das für die Beurteilung der Kohärenz zentrale Kriterium der Widerspruchsfreiheit bzw. sie entdecken Widersprüche in vorgelegten Texten nicht. Solche Faktoren schlagen sich im beobachtbaren Überarbeitungsverhalten nieder: Empirisch wird eine eigenständige Überarbeitungsphase im Schreiben überhaupt erst ab dem Ende der Grundschulzeit beobachtet (Langer 1986, 88 ff.). In kommunikativer Hinsicht ist mit den Begriffen Piagets die egozentrische Perspektive durch eine Dezentrierung der Perspektiven abzulösen. Empirische Untersuchungen belegen deutlich einen Alterseffekt der sozialkognitiven Entwicklung (Jechle 1992).

Spracherwerb

Ein dritter theoretischer Zugang, der in der jüngsten Gegenwart erheblich an Einfluss gewonnen hat, ist der Versuch, die Entwicklung von Schreibfähigkeiten als Spracherwerb zu verstehen. Danach sind es nicht sozialisatorische Rahmenbedingungen oder allgemein kognitive Entwicklungsparameter, sondern genuin schriftbezogene, spezifisch schriftsprachliche Anforderungen, denen in der Entwicklung zu entsprechen ist. Schrift und Schreiben sind nicht einfach Abbildungen des Sprechens in ein anderes Medium, sie verändern und erweitern das Spektrum der sprachlichen Formen selbst. Das bloße Aufschreiben des Sprechens führt zunächst nur zu „geschriebener Sprache", wie wir sie in der Geschichte von Schrift und Schreiben ebenso wie am Anfang des Schriftspracherwerbs finden.

Anfang 2. Schuljahr.

Der Brief an die Haushaltshilfe repräsentiert in diesem Sinn (auf)geschriebene Sprache, das heißt, er ist vor allem medial schriftlich, was sich deutlich etwa in der *scriptio continua* zeigt, die die bloße Lautfolge verschriftet, Wortgrenzen zum Beispiel aber nicht markiert. Die Entwicklung von der bloß geschriebenen Sprache zur schriftlichen Sprachform bedeutet einen Zugewinn eigenständiger Struktur, historisch wie auch in der Kompetenz der Schüler:

- Satzanfänge, Satzgliederungen und Wortgrenzen werden markiert;
- morphologische Kerne in Wörtern werden durch Stammschreibung stabilisiert und in der Schrift identifizierbar und unterscheidbar;
- nominale Kerne von Phrasen und Sätzen werden hervorgehoben und mit stabilen Schreibungsmerkmalen ausgestattet;
- die Formen komplexer Fügung und Konjunktion im Satz (präpositionale Fügung, Genitivattribute, Infinitiv- und Partizipialkonstruktionen, die Satzklammer, das Spektrum der Satzkonjunktionen) werden entwickelt;
- Textsorten werden als genuin schriftsprachliche Formen mit spezifischer kommunikativ-kognitiver Funktionalität ausdifferenziert (vgl. hierzu auch den Beitrag 2.2).

Literalitätserwerb ist nicht bloß der Erwerb eines anderen Ausdrucksmittels für die Sprache, sondern ist ein Aufbau neuer sprachlicher Strukturen im Medium der Schrift. Selbst und gerade auch beim Erwerb der Rechtschreibung geht es um Fragen der Konzeption schriftlicher Sprache für die Produktion und das Verstehen von Texten (EISENBERG/FEILKE 2001). In diesem Sinne beschreibt der Schrift-

spracherwerb eine Entwicklung von medialer zu „konzeptioneller" Schriftlichkeit und von „konzeptioneller Mündlichkeit" zu „konzeptioneller Schriftlichkeit" (vgl. KOCH/OESTERREICHER 1994). BEREITER/SCARDAMALIA (1987) fassen diesen
Entwicklungszusammenhang mit der Formel „From conversation to composition". Die neu gewonnenen Mittel der Textbildung sind vielfach darauf bezogen,
Information im Text zu verdichten und damit möglichst komplexe Beziehungen
in einer Aussage ausdrücken zu können. Sie sind auch auf einen Leser bezogen,
der sich – im Unterschied zum Dialogpartner in der mündlichen Kommunikation – Zeit nehmen und den Satz mehrfach lesen kann.
Eindrucksvoll zeigt sich die Sprachbezogenheit der Entwicklung der Schreibfähigkeiten am Einfluss der Textsorten auf den Erwerb. Vermeintlich allgemeine
Parameter der Entwicklung, zum Beispiel die Adressatenorientierung oder die
textuelle Kohäsion (etwa der Konjunktionengebrauch) oder die syntaktische
Komplexität der Sätze, hängen erheblich von der Textsorte ab (SCHNEUWLY 1988;
JECHLE 1992; FEILKE 2003). Dies ist ein deutlicher Hinweis darauf, dass die zu
erwerbenden schriftsprachlichen Formen selbst die Entwicklung entscheidend
prägen. Die didaktische Herausforderung dabei ist: Es hilft wenig, hier Formen
einfach vorzugeben. Sie müssen im Kontext des jeweiligen Entwicklungshori-
zontes der Kinder motiviert und von den Lernern selbst als Sprachmittel
entwickelt werden, eben so, wie dies auch im primären und ungesteuerten
Spracherwerb geschieht (vgl. etwa BEISBART 2002 b).

1.3.2 Entwicklungsmodelle

Entwicklung des Schreibens kann heißen: historische Entwicklung des Schrei-
bens (Soziogenese), Entwicklung des Schreibens und der Schreibfähigkeit der
Schüler (Ontogenese) und schließlich auch Entwicklung des individuellen
Schreibaktes im Schreibprozess von der Planung bis zum fertigen Text (Aktual-
genese). Man kann die historische wie die individuelle Entwicklung als eine
Problemlösegeschichte verstehen, in der immer neue Mittel als Antworten auf
Herausforderungen der Schriftkommunikation entwickelt werden (vgl. FEILKE/
KAPPEST/KNOBLOCH 2001). Aktualgenese und Ontogenese hängen über das Pro-
blemlösekonzept gleichfalls eng zusammen. So stellt sich zum Beispiel beim
Schreiben das Problem, Inhalte zu generieren und textlich zu verknüpfen. In
jedem Schreibakt gilt es auch, den besonders in der Schriftkommunikation oft
expliziten normativen Erwartungen – etwa der Orthografie oder bestimmter
Textmuster – zu entsprechen, ganz zu schweigen von der Schwierigkeit, den jeweiligen Adressaten anzusprechen, seine Aufmerksamkeit zu lenken, ihn zu
überzeugen usw. Praktisch alle Modelle der Ontogenese des Schreibens, also des
Erwerbs von Schreibfähigkeiten, versuchen deshalb Prozessaspekte (Aktualgenese) und die zeitliche Entwicklung des Erwerbs (Ontogenese) theoriebildend
miteinander zu verknüpfen. Ich bespreche exemplarisch das Modell von CARL
BEREITER (1980). Dabei werden die Gesichtspunkte alternativer Modelle ebenso
einbezogen wie die Kritik an den Entwicklungsmodellen insgesamt (vgl. auch
FEILKE 2003):

BEREITER unterscheidet insgesamt fünf Entwicklungsstufen, ohne sich allerdings auf bestimmte Alterszuordnungen festzulegen. Diese Vorsicht ist unbedingt zu begrüßen, denn die Schreibentwicklung ist weniger abhängig vom biologischen Alter als vom *Schreibalter*, das heißt von der Dauer eigener Schreiberfahrung. Erwachsene Analphabeten haben in vieler Hinsicht mit den gleichen Schwierigkeiten zu kämpfen wie Schulanfänger und zeigen entsprechend ähnliche Problemlöseschritte (BEREITER/SCARDAMALIA 1987). BEREITER legt seinem Modell die Annahme zugrunde, dass für die SchreiberInnen auf verschiedenen Entwicklungsstufen je unterschiedliche Problemaspekte im Vordergrund stehen: Sie müssen den *Prozess* organisieren, sie müssen sich an den *Leser* wenden und sie müssen sozialen Erwartungen an das *Schreibprodukt* entsprechen.

- Beim *associative writing* (1. Stufe) stehen Prozessprobleme im Vordergrund. Es geht um die Schwierigkeit, Schreiben und Ideengewinnung überhaupt zu organisieren. Geschrieben wird, indem Sätze etwa listenförmig und ohne weitere Verknüpfung assoziativ gereiht werden. Ein Schreibplan liegt nicht vor. Eine Stützung des Schreibprozesses durch Muster des Schreibens, seien es individuelle oder sozial vorgegebene, ist kaum zu erkennen.
- Das ändert sich auf der Stufe des *performative writing* (2. Stufe). Hier steht die Produktorientierung im Vordergrund. Die Schreiber haben eine hohe Aufmerksamkeit und Sensibilität für vorgegebene Muster des Schreibens. Sie wollen den sozialen Erwartungen an ihren Text entsprechen. Oft übernehmen sie aber diese Muster, ohne sie wirklich zu beherrschen. Die Fähigkeit, den eigenen Text in dieser Hinsicht kritisch zu lesen und zu überarbeiten ist noch nicht entwickelt.
- Auf der Stufe des *communicative writing* (3. Stufe) ist die Aufmerksamkeit vor allem auf den Leser gerichtet. Lesererwartungen werden antizipiert. Was noch fehlt, ist die (selbst-)kritische Verknüpfung von 2. und 3. Stufe.
- Diese Integration wird geleistet im *unified writing* (4. Stufe): Die Schreiber kontrollieren und überarbeiten ihr Produkt vor dem Hintergrund antizipierter Lesererwartungen. Nicht die Konformität mit bestimmten Mustern des Schreibens steht im Vordergrund, sondern die kommunikative Qualität des Produkts. Hier sind gerade auch nonkonforme und unkonventionelle Problemlösungen zu erwarten.
- Als Abschluss der Entwicklung sieht Bereiter das *epistemic writing* (5. Stufe). Der Schreiber schreibt für sich. Das dem Schreibprozess eigene Potenzial an Reflexivität wird genutzt, um Gedanken zu ordnen, exemplarisch Problemlösungen auszuprobieren, ja, Begriffe und Theorien zu entwickeln. Hier steht – wie am Anfang, nur eben unter neuen Vorzeichen – der Prozess wieder im Vordergrund, Produktkonventionen sind kaum relevant, die Leserorientierung spielt eine nachrangige Rolle.

Vom Grundtyp her alternative Modelle zur Schreibentwicklung liegen vor von FEILKE/AUGST (1989) und BECKER-MROTZEK (1997). FEILKE/AUGST gehen aus von einer aus BÜHLERS Organonmodell entwickelten Ordnung kommunikativer Handlungsprobleme beim Schreiben, die in der Entwicklung nacheinander in den Vordergrund der Schreiberaufmerksamkeit rücken: Der Schreiber drückt in subjektiver Perspektive etwas aus (Stufe 1, expressives Problem), der Schreiber orientiert sich an Problemen der Strukturierung des Textinhalts (Stufe 2, kognitives Problem), der Schreiber sucht Problemlösungen durch formale Muster der Textorganisation (Stufe 3, textuelles Problem), der Schreiber orientiert sein Schreiben am Adressaten (Stufe 4, soziales Problem). Das Modell ist vom Ansatz her stärker an Kommunikationsproblemen orientiert und kann deshalb auch theoretisch die Übergänge zwischen den „Stufen" herleiten, was bei BEREITER fehlt. Im Übrigen gibt es viele Schnittstellen, wobei BEREITER die eigenständige Qualität der kognitiv motivierten Strukturierung des Textinhaltes weniger berücksichtigt, FEILKE/AUGST das epistemische Schreiben nicht ausreichend berücksichtigen. Das Modell von BECKER-MROTZEK (1997) betont die Gleichzeitigkeit der Entwicklung in verschiedenen Problembereichen. Diese vollzieht sich in drei Dimensionen: *Schreibprozess* (Entwicklung von lokaler zu globaler Orientierung), *Sachverhaltsstrukturierung* (Entwicklung von eher äußerlichen Darstellungsaspekten zur Darstellung von nicht sichtbaren Zusammenhängen, Zwecken und Zielen), *Sprechhandlung* (Entwicklung von der primären Orientierung an illokutiven Absichten zur Berücksichtigung von perlokutiven Wirkungen). BECKER-MROTZEKS Modell integriert Gesichtspunkte der zuvor erwähnten Modelle und reagiert mit der Idee einer parallelen Entwicklung in verschiedenen für das Schreiben wichtigen Dimensionen auch auf die Kritik an den Stufenmodellen. Der Stufengedanke wird um den Aspekt der parallelen Entwicklung erweitert.

Die Kritik zu Entwicklungsmodellen der Schreibentwicklung betrifft darüber hinaus vor allem eine Kernfrage: In der Tradition PIAGETS gehen viele Entwicklungsmodelle von der Grundannahme aus, dass die Entwicklung als ein Ordnungsaufbau beschrieben werden kann, der wesentlich durch prozessimmanente kognitive Konflikte vorwärts getrieben wird. Dabei spielen Faktoren wie Modell-Lernen oder sozial-kognitive Konflikte oft eine nachrangige Rolle. Zu Recht hebt die Kritik hervor, dass das Schreibenlernen wesentlich auch ein sozial fundierter Prozess ist: Die kognitiven Konflikte in der Entwicklung werden wesentlich durch *Erwartungen* definiert, die an konzeptionell schriftliche Texte gerichtet werden. Diese Erwartungen werden in der Sozialisation durch menschliche Lern-Modelle (Eltern, Lehrer, *peers*) vertreten oder auch nicht vertreten (OSSNER 1996). Der Schriftspracherwerb führt in einem Großteil der Fälle gar nicht zur letzten Stufe der empirisch ermittelbaren Entwicklung; nach den Ergebnissen von FEILKE/AUGST (1989) erreicht noch nicht die Hälfte der 18-jährigen Schreiber die höchste Rangstufe bei der Ordnung argumentativer Texte. Hier fehlt die „kritische Masse" für die Entwicklung konzeptioneller Literalität. Die „Gelingensbedingungen" (WOLF 2000, 346) für die Feststellung von Entwicklungsschritten sind sozial präformiert, die Schreibentwicklung ist in diesem Sinne ein Kulturfaktum und nicht individual- und entwicklungspsychologisch reduzierbar. Vor allem die jüngere empirische Forschung zu den Bedingungen des Aufbaus konzeptioneller Schriftlichkeit liefert für diese Einsicht Belege.

Die Kritik erweitert das Spektrum der Fragen zu den Ursachen und Bedingungen von Entwicklung. Das grundsätzliche Faktum der Entwicklungsförmigkeit, das heißt eines gerichteten, nicht beliebigen und insofern in hohem Maße eigengesetzlichen Aufbaus der Schreibfähigkeit, bleibt davon unberührt.

1.3.3 Textsorten in der Entwicklung

Die neuere Schreibforschung ist seit Anfang der 1980er Jahre vor allem dadurch erfolgreich gewesen, dass sie den Blick auf den Schreibprozess gelenkt hat. Die Schreibhandlung setzt sich aus unterschiedlichen Komponenten zusammen. Wo das Produkt Mängel aufweist, können die Ursachen vielfach im Prozess – zum Beispiel in der Bereitstellung von Wissen, in der Planung oder der Überarbeitung – ausgemacht werden. Die so genannte Prozessorientierung (vgl. dazu auch den Beitrag 1.4) hat auch in der Didaktik zu einer Wende geführt in dem Sinne, dass an die Stelle traditioneller Aufsatzerziehung zunehmend eine Schreibdidaktik tritt, die vom Schreibprozess und seinen Anforderungen ausgeht (zum Beispiel FIX 2000). Dabei wird über die Aufmerksamkeit für die Komponenten des Schreibprozesses hinaus der Blick auch auf die Tatsache gelenkt, dass das Schreiben sehr unterschiedliche Funktionen haben kann. Ein Schreiben, das primär der Ideengewinnung dient, muss keinen kohärenten Text produzieren; ein ästhetisch-sprachgestaltendes Schreiben hat andere Funktionen als ein Mitschreiben und Notieren und dieses wieder andere als ein Schreiben, das auf die Überzeugung eines Lesers zielt. Nicht jedes Schreiben muss schon „Textproduktion" sein (LUDWIG 2001).

Prozess und Produkt sind komplementäre Aspekte der Schreibentwicklung. Die Förderung von Prozesskompetenzen – etwa beim Planen oder Überarbeiten – kann nur soweit erfolgreich sein, wie die Lerner für die jeweilige Prozesskomponente auch auf Produktkategorien und -kriterien zurückgreifen können. Die Kenntnis von Produktkonventionen kann die Planung des Schreibens stützen und ist eine wichtige Hilfe bei der Überarbeitung von Texten. Daher gewinnt in der jüngeren Gegenwart die Frage nach der Rolle von Textsorten für die Entwicklung von Schreibfähigkeiten ein erhebliches Gewicht. Die Entwicklung von Schreibfähigkeiten ist in zentraler Hinsicht eben Entwicklung von Textproduktionsfähigkeiten. Ein Überblick über die Forschung in den vergangenen 15 Jahren bringt erhebliche Evidenz für die These, dass Textsorten hinsichtlich der Kompetenz relativ geschlossene kommunikativ-kognitive Domänen sind, und dass die Entwicklung in erheblichem Maße textsortenabhängig ist und daher textsortenbezogen beschrieben und erklärt werden muss (vgl. auch Beitrag 2.2). Diese Zusammenhänge werden im Folgenden abschließend an ausgewählten Resultaten der Forschung diskutiert. Ich stelle sie jeweils unter eine zentrale These.

Die Entwicklung der Schreibkompetenzen hat jeweils textsortenbezogen eine gerichtete und nicht beliebige Struktur.

Dabei ist der Begriff der Textsorte nicht ohne weiteres mit Großklassen wie Erzählen, Beschreiben, Argumentieren gleichzusetzen, sondern feinkörniger. So zeigt THOMAS BACHMANN (2002), dass die Fähigkeit, schriftliche Anleitungen zu verfassen, in Abhängigkeit von der Instruktionsaufgabe im Entwicklungsver-

lauf variiert. SCHNEUWLY/ROSAT (1986) haben Zimmerbeschreibungen achtzig
7- bis 14-jähriger Schüler untersucht. Die Schreiber des 2. Schuljahrs organisier-
ten ihre Texte vorwiegend in Form einer assoziativ Gegenstände reihenden Liste.
Im 4. und 6. Schuljahr stehen Probleme der kognitiven Strukturierung des Sachverhalts im Vordergrund. Die Beschreibungsaktivitäten kristallisieren sich um
Lokalitäten oder Gegenstände im Zimmer, ein globaler Rahmen für eine den
Leser leitende Raumbeschreibung wird aber noch nicht entwickelt. Ab dem
8. Schuljahr dann ist die Beschreibung nach dem Schema einer imaginären Wan-
derung des Blicks durch das Zimmer zu beobachten. Vergleichbar deutliche, aber
eben jeweils sortenspezifische Entwicklungsfolgen lassen sich auch in Textsorten des Erzählens und Argumentierens beobachten (vgl. hierzu die Beiträge
2.3 und 2.4).

Kategorial gleiche sprachliche Formen und Fähigkeiten werden in
verschiedenen Textsorten deutlich zeitverschoben angeeignet.

SCHNEUWLY (1988) untersucht vergleichend anleitende und argumentative Texte
des 4., 6. und 8. Schuljahres sowie Erwachsener. Während bei den informierenden
Texten bereits im 8. Schuljahr deutlich eine globale, textorientierte Kohärenz
feststellbar ist, die das Zeitschema des Handlungsablaufs der Bedienung nutzt, ist
eine entsprechend kohärente Textorganisation in argumentativen Texten erst
deutlich später feststellbar. Im gleichen Sinn zeigt THOMAS JECHLE (1992), der die
Entwicklung von Bericht und Argumentation vergleichend untersucht, dass die
Orientierung am Informationsbedarf des Lesers in den berichtenden Texten bereits im 7. Schuljahr nachweisbar ist, während dies für argumentative Texte erst
ab dem 9. Schuljahr beobachtet werden kann.

Als entscheidender Entwicklungsfaktor bei der Ausbildung von
Textsortenkompetenz kann die Wahrnehmung der Differenz
von konzeptioneller Mündlichkeit und Schriftlichkeit gewertet werden.

Empirische Untersuchungen liefern starke Belege dafür, dass Lerner eine Sensibilität für Merkmale konzeptioneller Schriftlichkeit haben und der Schriftspracherwerb umso erfolgreicher verläuft, je deutlicher Spezifika konzeptioneller
Schriftlichkeit für sie wahrnehmbar sind: So zeigt SCHMIDLIN (1999), dass
Deutschschweizer Kinder, die mit der Kontrasterfahrung von Mündlichkeit und
Schriftlichkeit groß werden, früher als altersgleiche deutsche Kinder in ihren Erzählungen die reihende „und-dann-Struktur" der Satzverknüpfung aufgeben und
die für konzeptionelle Schriftlichkeit typischen Konnexionstechniken entwickeln. Die hohe Entwicklungsrelevanz textsortenbezogener Merkmale konzeptioneller Schriftlichkeit belegt auch die Untersuchung von HUG (2001) zum
Tempusgebrauch in Erzähltexten Freiburger Kinder des 3.–7. Schuljahrs. Die
Texte zeigen einen – von der gesprochenen Sprache her eben nicht zu erwartenden – dominierenden Gebrauch des Präteritums. Selbst in mündlichen Fantasie-
erzählungen von Kindern vor Beginn des Schriftspracherwerbs stellt QUASTHOFF
(2002) unerwartet einen häufigen Gebrauch des Präteritums fest und führt ihn
auf die Prominenz von Merkmalen konzeptioneller Literalität in „vermittelter

Schriftlichkeit (Vorlesen und Zuhören)" (ebd., 184) zurück. Schon die Untersuchung von FREEDMAN (1987) belegt in diesem Sinne, dass Schüler in schriftlichen *fiktionalen* Erzählungen, die eine höhere Affinität zu konzeptioneller Schriftlichkeit haben als die Alltagserzählung, früher eine erzähltypische Ordnung erreichen als in ihren „selbsterlebten" schriftlichen Geschichten.

Der Bezug auf Strukturmerkmale konzeptioneller Schriftlichkeit[1] durchläuft in allen Textsorten eine dreistufige Entwicklung von präkonventionellem über konventionellem zu postkonventionellem Gebrauch.

Diese – theoretisch bei KOHLBERG (1974) unterschiedenen – Phasen sind, wie bereits erwähnt, für verschiedene Textsorten jeweils zeitverschoben anzusetzen. Zu diesen Fragen fehlt bisher die notwendige empirische Forschung in einem einheitlichen methodischen Zugriff. Die bisher vorliegenden Einzeluntersuchungen erlauben, mit der gebotenen Vorsicht, folgende Skizze (vgl. FEILKE 2003):

- Der *präkonventionelle Gebrauch* zeigt sich in aufzählend reihenden Verfahren der Textbildung. Dabei ist die Reihung der in der Regel parataktisch verbundenen Einzelsätze meist lediglich über das Textthema integriert, das in unterschiedlichem Maße durch kognitive Schemata, Situationsmodelle etc. gestützt sein kann. Die Textbildung stützt sich strukturell vor allem auf den Satz; sie ist im Blick auf Makro- und Superstruktur noch nicht selbsttragend.
- Der *konventionelle Gebrauch* zeigt dann die bereits zitierte hohe Aufmerksamkeit für Strukturmerkmale konzeptioneller Schriftlichkeit. Über verschiedene Textsorten hinweg strukturell auffällig ist dabei insbesondere der Ausbau des komplexen Satzes, der sich quantitativ insbesondere in der Ausdifferenzierung und dem – teilweise übertrieben – starken Gebrauch funktionsspezifischer Konnexions- und Kohäsionsmittel niederschlägt. Auf der inhaltlichen Ebene ist dies durch eine starke Orientierung an kommunikativen Werten und Normen konzeptioneller Schriftlichkeit zu erklären. Hier spielt offenbar die Explizitheitserwartung eine tragende Rolle (BACHMANN 2002). Die Musterorientierung zeigt sich insbesondere auch im Überarbeitungsverhalten, das nur in dem Maße, indem es sich auf Oberflächenmerkmale konventioneller Textformen stützen kann, erfolgreich ist (FIX 2000).
- Der *postkonventionelle Gebrauch* schließlich zeigt sich in der Fähigkeit, sich von der Typik des Musters – etwa dem Gebrauch des Präteritums in Erzählungen (HUG 2001) oder der typischen Struktur einer Erzählgrammatik (FREEDMAN 1987) – wieder zu distanzieren. Die Leserperspektive wird verstärkt berücksichtigt, Sätze werden wieder kürzer, der strukturelle Ausbau des Konnexionsinventars geht *weiter bei gleichzeitigem Rückgang des Gebrauchs* in den Texten. Stattdessen wird dem Leser mehr eigene Arbeit bei der Erzeugung von Textkohärenz zugemutet bzw. zugetraut (FEILKE 2001). Die Zahl metakommunikativ steuernder Elemente steigt ebenso wie der Anteil metakommunikativ spielerischer Elemente (Ironiesignale, Rahmenbrüche, Anspielungen etc.) in den Texten.

---

1 Zum Begriff der konzeptionellen Schriftlichkeit vgl. den Beitrag 1.1.

Weiterführende Literatur:

Bereiter, Carl/Scardamalia, Marlene (1987): The Psychology of Written Composition. Hillsdale N. J.: Lawrence Erlbaum.

Feilke, Helmuth (2003): Entwicklung schriftlich-konzeptualer Fähigkeiten. In: Bredel, Ursula u. a. (Hrsg.): Didaktik der deutschen Sprache. Ein Handbuch. Bd. 1. Paderborn: Schöningh, 178–192.

Fix, Martin (2000): Textrevisionen in der Schule. Baltmannsweiler: Schneider.

Wolf, Dagmar (2000): Modellbildung im Forschungsbereich sprachliche Sozialisation. Zur Systematik des Erwerbs narrativer, begrifflicher und literaler Fähigkeiten. Frankfurt a. M. u. a.: Peter Lang

Jürgen Baurmann

1.4 Schreiben lernen – beim Schreiben lernen: Schreibdidaktische Grundlagen

1.4.1 Schreibforschung und Schreibdidaktik innerhalb des didaktischen Dreiecks

Seit Jahren bestehen zwischen Schreibforschung und Schreibdidaktik fruchtbare Wechselbeziehungen, die auch dem Schreiben in der Schule nützen. Woran liegt das? Der Komplex Schreiben, Schrift und Schriftlichkeit hat – trotz erheblicher Heterogenität und Vielfalt – in den letzten Jahren als ein eigenes Forschungs- und Arbeitsfeld Struktur gewonnen (vgl. das zweibändige „interdisziplinäre Handbuch internationaler Forschung", Günther/Ludwig [Hrsg.] 1994/1996). An dieser Entwicklung ist die Deutschdidaktik erheblich beteiligt: Sie hat dabei nicht nur die Theorie und Praxis schulischen Schreibens gefördert, sondern auch der gesamten Schreibforschung wichtige Impulse gegeben. Es verwundert infolgedessen nicht, dass Eigler (1997, 367 ff.) die Entwicklung der „kognitiv orientierten Textproduktionsforschung" mit einer pädagogisch orientierten Phase beginnen lässt.

Von diesem Kontext her lassen sich einige wichtige schreibdidaktische Grundlagen im Rahmen des didaktischen Dreiecks (Gegenstand, Schüler und Lehrer als vermittelnde Instanz) entwickeln.

Schreiben, Schrift und Schriftlichkeit als Gegenstand

Schreiben ist dank der Schreibforschung nicht länger eine geheimnisvolle Tätigkeit, die sich unzugänglich im Kopf der Schreiberinnen und Schreiber abspielt und sich schreibdidaktischen und -methodischen Zugriffen entzieht. Kognitions- oder handlungstheoretisch fundierte Modellierungen zum komplexen Schreibprozess und empirische Belege aus der Schreibforschung haben Licht in das mysteriöse Dunkel gebracht. Angesichts einer Vielzahl plausibler Modelle (vgl. MOLITOR-LÜBBERT 1996) müssen sich Lehrkräfte nicht für ein bestimmtes Modell entscheiden. Für den Unterricht ist es wichtiger, sich an den „allgemeinen Eigenschaften" zu orientieren, die für Schreibprozesse gelten (LUDWIG 1983 b, 47 ff.). Schreiben vollzieht sich „sukzessiv", „mehrfach-operativ", „interaktiv", „iterativ", „rekursiv" und zunehmend „routinisiert". Soll heißen: Gewiss weisen Textproduktionen eine Abfolge einzelner Schritte auf; eine starre Reihenfolge für alle Schreibfälle lässt sich allerdings nicht festlegen. Während des Schreibens wechseln das Planen und Überprüfen einander ab oder einzelne Teilprozesse wiederholen sich. Die Vorgänge sind außerdem „rekursiv", auf sich selbst beziehbar. Wer etwa Geschriebenes überarbeitet, denkt über das Überarbeiten selbst nach; und zunehmende Schreiberfahrungen führen schließlich dazu, dass sich das Verfassen von Texten immer routinierter vollzieht.

Schülerinnen und Schüler als Schreiber

Wer danach fragt, auf welche Weise, in welchem Ausmaß und wann sich Schreiberinnen und Schreiber das Verfassen von Texten als komplexen Prozess aneignen, der richtet sein Augenmerk auf den *Schüler*. Hier liefert die Schreibforschung Anhaltspunkte und Antworten in dreifacher Hinsicht. (Hinweise zur Schreibentwicklung bleiben an dieser Stelle ausgeblendet; vgl. dazu den Beitrag 1.3). Aus Vergleichen *versierter* mit *nicht versierten* Schreibern wissen wir, dass die geübteren neben dem mitzuteilenden Sachverhalt ihre eigene Perspektive berücksichtigen und den Leser mit einbeziehen; sie sind außerdem geschickter beim Prüfen und Überarbeiten, da sie müheloser zwischen der Schreiber- und Leserperspektive zu wechseln vermögen. Das wirkt sich auf die Art und Güte des Überarbeitens sowie die Qualität der verfassten Texte aus (vgl. BLATT 1996, 26 ff.). Erfahrungen aus Schreibberatungen ergänzen diese Beobachtungen. Ungeübtere Schreiberinnen und Schreiber trauen sich häufig zu wenig zu. Sie haben rasch das Gefühl, noch nicht genug zum „Thema" zu wissen. Sie vermögen die Schreibaufgabe nicht angemessen einzugrenzen, sondern neigen dazu, den Auftrag ausufernd zu bearbeiten. Schreibhemmungen resultieren darüber hinaus aus der Tatsache, dass solche Schreiberinnen und Schreiber viel Zeit für die Planung brauchen und beim Formulieren mühsam einem bestimmten Schreibplan folgen (vgl. RUHMANN 1995, 85 ff.).

Beim Schreiben bedarf es hoher Motivation und der Bereitschaft, auftretende Schwierigkeiten zu überwinden. Schülerinnen und Schülern wird beim schriftlichen Verfassen von Texten abverlangt, „intellektueller zu handeln" als beim Sprechen. „Die Motive der geschriebenen Sprache (also zum Schreiben) sind (nämlich) [...] abstrakter, intellektualistischer, weniger direkt mit dem Bedürfnis verbunden" (VYGOTSKIJ 2002, 318). Über die Betonung der geistigen Fähigkeiten hinaus wird hier ein Aspekt sichtbar, der über Gelingen oder Misslingen von Textproduktionen entscheidet – die Frage der Motivation, einschließlich der Notwendigkeit, sich selbst gegen Hindernisse und Blockaden nicht vom Schreiben abbringen zu lassen. Dies glückt, wenn das Planen, Formulieren, Niederschreiben und Überarbeiten beständig durch motivationale Prozesse gestützt werden. Das ist gewährleistet, wenn Schülerinnen und Schüler eine Situation vorfinden oder selbst suchen, die das Verfassen eines Textes erfordert, der zu einem Ergebnis führt und relevante Folgen hat (vgl. das Erweiterte Kognitive Motivationsmodell nach RHEINBERG 1995, 124 ff.). Nicht alle Schülerinnen und Schüler nehmen Schreibsituationen in dieser Weise wahr. KLAUS u. a. (2002, 88 ff.) haben in einer Untersuchung erforscht, welche Einstellungen und Gefühle Realschülerinnen und -schüler (insgesamt 102 Befragte der Klassen 8 bzw. 9) beim Verfassen von Texten haben. Eine „Strukturanalyse" der erhobenen Daten zeigt fünf verschiedene Einstellungsmuster: Schreiben wird entweder positiv als „lebendige Herausforderung", „bereichernde Erfahrung" bzw. „Ausdruck der Person" oder eher negativ als „unerwünschte Anforderung" bzw. „sinnlose Tätigkeit" empfunden. Damit korrespondiert im ersten Fall, dass ein Teil der Schülerinnen und Schüler das Schreiben als Lust oder als eine Tätigkeit erlebt, die tiefgreifend von ihnen Besitz ergreift und ihre Selbstsicherheit stärkt; andere erleben hingegen das Verfassen von Texten als eine Aufgabe, die ihre Defizite offenbart und zu Frustration führt. Die positiven Einstellungen und Gefühle trafen vor allem für 42 der Befragten zu, die als „Schreibfreudige" einzustufen sind. Dieser Gruppe stehen 60 „Schreibverdrossene" gegenüber. Motivation zum Schreiben kann demnach bei etwa der Hälfte der Befragten vorausgesetzt werden. Über dieses Ergebnis hinaus liefert die Studie zwei weitere beachtenswerte Details. Danach verschärft die jeweilige Schreibsituation (Aufsatz als Klassenarbeit oder Aufsatz als Hausaufgabe) die hier referierten Unterschiede von Schreibergruppen; und gewiss überrascht es, dass unter den „Schreibverdrossenen" die Mädchen (!) signifikant überrepräsentiert sind. Weitere Untersuchungen, die über das in dieser Studie favorisierte freie Schreiben hinausgehen und hinsichtlich der Stichprobe Repräsentativität sichern, werden zeigen, wie tragfähig die Ergebnisse letztlich sind.

Lehrkräfte als Fachleute für Schreiben, Schrift und Schriftlichkeit

Das bisher zum Schüler Gesagte zu beachten und daraus flexibel im Unterricht angemessene Schlüsse zu ziehen, bedarf des schreibdidaktischen Experten, also sachkundiger und schreiberfahrener Lehrkräfte. Es hilft schon viel, wenn Lehrerinnen und Lehrer in der Schule als Schreiber sichtbar werden, indem sie mitschreiben und anschließend Gespräche über ihre Texte zulassen. Wenn derlei Grundeinstellungen mit einem fundierten Wissen über die Theorie und Praxis des Schreibens und deren Vermittlung verknüpft werden, dann gelingt es Lehrkräften, reizvolle Schreibaufgaben zu stellen, vielfältige Anregungen und überzeugende Ratschläge bei Schreibschwierigkeiten zu geben.
Schulisches Schreiben wird durch einen „schreiber-differenzierten Unterricht" begünstigt (vgl. BAURMANN/MÜLLER 1998). Bei der Planung, Durchführung und Auswertung des Unterrichts sind die zweifelsohne vorhandenen Unterschiede zwischen Schreiberinnen und Schreibern zu berücksichtigen. Konkret verlangt dies, Schreibsituationen so zu gestalten, dass möglichst viele Schülerinnen und

Schüler im Rahmen ihrer Möglichkeiten zu vorzeigbaren Ergebnissen kommen. Schreibspiele, das Anlegen von Tagebüchern, Arbeitsjournalen und Portfolios (vgl. Bräuer 2000 a), das Herausstellen von Schülertexten durch Vorlesen, das Veröffentlichen und Präsentieren oder verschiedene Formen der Kooperation und Kommunikation bei einzelnen Textproduktionen (etwa kooperatives Schreiben, Austausch mit anderen, auch mit dem mitschreibenden Lehrer, Schreibkonferenzen) bieten sich im Rahmen der Binnendifferenzierung besonders an.

Weithin besteht Einvernehmen darüber, dass die Schreibforschung prozessorientiert ist und aus didaktischer Sicht mit dem Lehren und Lernen zu verknüpfen ist. Was ergibt sich daraus für das Lehren und die Initiierung von Lernprozessen? Wenn Lehrkräfte Schreibprozesse kennen, dann werden sie sachangemessene Schreibaufgaben nach ihrem jeweiligen Schwierigkeitsgrad zu unterscheiden wissen. Sie werden im Einzelfall Komplexität reduzieren, indem sie etwa den Gesamtvorgang zerlegen – also aus komplexen Schreibaufträgen einfachere Teilaufgaben herauslösen. Beispiele dafür sind das Überarbeiten von Texten oder die „Ateliers" (nach Schneuwly 1995, 120 ff.). Während Überarbeitungen das Schreiben *begleiten*, sind „Ateliers" „kurze Schreibaufgaben", die umfangreiche Schreibaufgaben *vorbereiten*. Soll zum Beispiel ein historischer Sachverhalt dargestellt werden, dann können Schüler – wie es der bildende Künstler mit Skizzen und ersten Entwürfen versucht – Teilaufgaben schreibend ausprobieren: das Umformen rezipierter erzählender Passagen in eigene verallgemeinernde Formulierungen oder das Experimentieren mit denkbaren Einleitungen im Sinne einfacher Stilübungen.

An diesem Punkt lässt sich zusammenfassen, was *Schreiben lernen – beim Schreiben lernen* aus didaktischer Sicht bedeutet. *Schreiben lernen* als Kompetenzerwerb lässt sich auf vierfache Weise auffächern (vgl. auch den Beitrag 5.2):

- *Inhaltlich-fachlich* lernen Kinder und Jugendliche, verschiedene Funktionen und Strategien des Schreibens zu realisieren.
- *Methodisch-strategisch* geht es darum, dass Schreiberinnen und Schreiber sowohl den Gesamtvorgang als auch seine Teilprozesse beherrschen und sinnvoll Hilfen beim Schreiben zu nutzen vermögen.
- Die *sozial-kommunikative* Komponente erfüllt sich dort, wo beim Schreiben der denkbare Adressat und dessen Perspektive mitbedacht werden oder wo Schülerinnen und Schüler gemeinsam schreiben.
- Können sich Kinder und Jugendliche differenziert mit fremden und eigenen Texten auseinander setzen, Geschriebenes beurteilen und sich eigene Schreibziele setzen, dann sind sie beim Schreiben zu *selbstbeurteilendem Verhalten* fähig.

Die Möglichkeit, *beim Schreiben* zu *lernen*, ergibt sich aus der Tatsache, dass mit jeder Textproduktion zugleich die Auseinandersetzung mit Themen und Inhalten verbunden ist. Wer etwa an einem Schreibwettbewerb über die „Rechte von Kindern" teilnimmt, setzt sich schreibend mit dem Wesen sowie der Bedeutung dieser Rechte auseinander. Wer mit seinem Versuch scheitert, sich für falsches Verhalten zu entschuldigen, lernt über das Schreiben, zwischen den Sprachhandlungen *sich entschuldigen* und *sich rechtfertigen* zu unterscheiden. Diese Überlegungen führen zweifelsohne über den Deutschunterricht hinaus zu den Sachfächern, insbesondere in den Bereich der Fremdsprachen (vgl. dazu die Beiträge zum „Schreiben als interdisziplinäre Aufgabe im Fächerkanon" in Kapitel 4). Dass bei einer unterrichtlichen Umsetzung einer solchen schreibdidaktischen Erweiterung Konzepte des „integrativen Deutschunterrichts" (zuletzt KLOTZ 2003) und des „Lernens in Zusammenhängen" (vgl. BAURMANN/HACKER 1989) besonders nahe liegen, steht zweifelsohne fest.

1.4.2 Grundlinien eines Schreibcurriculums

Der Rahmen: Curriculare Grundstruktur und Sequenzierung

Der Lernbereich, der sich vorrangig mit dem Verfassen von Texten befasst, weist ein hohes Maß an Komplexität auf, was einer einheitlichen oder gar linearen Anordnung und Folge von Lerngegenständen Grenzen setzt. Ein erster früher Versuch, gleichwohl eine curriculare Grundstruktur zu entwerfen, basiert auf dem Ansatz von LUDWIG (1983 b), der von einigen Funktionen des Schreibens ausgeht. In Schreibdidaktik und Lehrplanentwicklung ist dieser Gedanke aufgenommen worden, so durch OSSNER (1995) oder im neuen Lehrplan für die Klassen 7–10 des Landes Brandenburg (MINISTERIUM FÜR BILDUNG, JUGEND UND SPORT [Hrsg.] 2002).

Diesem verwendungsorientierten Konzept hat ORTNER (2000, 346 ff.) einen Ansatz entgegengesetzt, der – gestützt auf die Aussagen professioneller Schreiberinnen und Schreiber – von „Schreibstrategien" ausgeht. Schreibstrategien sind dabei „erprobte und bewährte Verfahren (zur) Bewältigung spezifischer Schreibanlässe und potenzieller Schreibschwierigkeiten in spezifischen Schreibsituationen" (ORTNER 2000, insbesondere 351 f.). ORTNER unterscheidet dabei drei Arten von Schreibstrategien:

- ein „(scheinbar) nicht-zerlegendes Schreiben" (= Schreibstrategie 1),
- Formen „aktivitätszerlegenden Schreibens" (= Schreibstrategie 2 bis 8) und
- Modi „produktzerlegenden Schreibens" (= Schreibstrategie 9 und 10).

ORTNERS Vorschlag muss nun nicht den erwähnten verwendungsorientierten Ansatz ersetzen, es besteht hier vielmehr die Chance einer fruchtbaren curricularen Verschränkung. Im Sinne eines „schreiber-differenzierten Unterrichts" (siehe oben) könnten Schülerinnen und Schüler zu unterschiedlichen Zugängen zum Schreiben ermutigt werden, indem sie bei der Realisierung einzelner Schreibfunktionen zu unterschiedlichen, ihnen gemäßen Schreibstrategien ermutigt werden. Es trägt zu einer kontinuierlichen Schreibentwicklung bei, wenn dabei einzelne Schreibfunktionen und Strategien zunächst gründlich erarbeitet und später innerhalb eines Spiralcurriculums gefestigt werden.

Der Zusammenhang: Schreiben, Überarbeiten und Beurteilen

Zwischen dem Schreiben, Überarbeiten und Beurteilen besteht ein enger Zusammenhang (zum Folgenden vgl. BAURMANN 2002, 88 ff. und den Beitrag 5.2): Wer schreibt, wägt bereits noch nicht schriftlich fixierte, doch schriftsprachlich konstituierte Formulierungen ab, ehe er sich entscheidet (Prätextrevisionen). Während des Schreibens und danach können und werden einzelne Textstellen – bei Bedarf sogar wiederholt – überarbeitet werden (Textrevisionen). Kompetentes Schreiben und Überarbeiten braucht stete Beurteilungen, die das jeweils Beabsichtigte mit dem Realisierten vergleichen. Wer also zu schreiben und zu überarbeiten gelernt hat, ist zur Beurteilung von Geschriebenem fähig; wer dies gerade erst lernt, bedarf zunächst professioneller Fremdbeurteilungen.

Für die Praxis ergeben sich daraus einige Konsequenzen: Nicht nur das Schreiben ist Gegenstand des Unterrichts, sondern auch das Überarbeiten. Überarbeitungsvorgänge werden im Unterricht angeregt und demonstriert, als eigene Schreibaufgabe aufgenommen und differenziert gewürdigt. Für das Überarbeiten sind in den letzten Jahren anregende und Erfolg versprechende Verfahren vorgeschlagen worden. Nach den Ergebnissen der Revisionsforschung lassen sich diese Vorschläge curricular verorten, wobei die didaktischen Grundsätze *vom (kognitiv-sprachlich) Leichten zum Schweren, vom Einfacheren zum Komplexeren* eine plausible Folge nahe legen. Überarbeitungen werden in der Grundschule mit ersten (inhaltlichen) Fragen an Texte beginnen, denen erste Textkommentare am Rand oder „Textlupen" folgen (vgl. BÖTTCHER/WAGNER 1993; BOBSIN 1996). Textlupen sind erste kleine standardisierte Listen, die den Blick der Kinder auf Gelungenes, Fragwürdiges und noch nicht so ganz Geglücktes richten und die darüber hinaus Tipps für die weitere Arbeit am Text geben. Im Übergang zwischen Grundschule und Sekundarstufe I haben dann die vertrauten Schreibkonferenzen ihren Platz, in deren Rahmen einzelne Leserinnen und Leser einer Schreiberin oder einem Schreiber Rückmeldungen zum Text geben. FIX (zuletzt 2000) gibt – meines Erachtens zu Recht – zu bedenken, dass Schreibkonferenzen als instruktionsgesättigte Situationen ein hohes Maß an kognitiven und verbalen Leistungen sowie deren Koordination verlangen. Schreibkonferenzen sollten deshalb in der Grundschule behutsam eingesetzt, durch erste Fragen, Textkommentare und Textlupen vorbereitet werden (siehe oben). In der Sekundarstufe I und II werden Schreibkonferenzen zum planvollen Überarbeiten von Texten verlässlich eingerichtet. Als Fortsetzung und Ergänzung bieten sich dann so genannte „Überarbeitungspläne" an, die sich nach Studien der anglo-amerikanischen Schreibforschung bewährt haben (BEREITER/SCARDAMALIA 1987). Überarbeitungspläne sind Zusammenstellungen von Fragen oder Kriterien, die der Schreiber selbst an seinen Text anlegt. Sie tragen nicht nur zur planmäßigen Prüfung eigener Texte bei, sondern stützen einen zunehmend reflektierten, schließlich selbstständigen Umgang mit Texten.

Die Wende: Statt Bewertung des Produkts die Beurteilung der Prozesse?

Zweifelsohne war und ist bis heute das Schreiben in der Schule häufig auf den fertigen Text fixiert, im äußersten Fall gar auf die Benotung einiger abgeschlossener Klassenaufsätze beschränkt. Was dabei ausgeblendet bleibt, deuten Fragen wie die folgenden an:

- Wie kommen diejenigen, die lernen, eigentlich zu ihrem Text?
- Auf welchen Wegen und aufgrund welcher Entscheidungen sind die geschriebenen Wörter, Sätze, Passagen entstanden?
- Auf welche Weise wird eigentlich das in einem konkreten Schreibzusammenhang Gelernte bei folgenden Schreibaufgaben genutzt oder beachtet? Und welche Konsequenzen ergeben sich daraus für die Beurteilung?

Es ist hier nicht notwendig, diese Fragen Zug um Zug zu beantworten oder weitere Anregungen zur Überwindung einer einseitigen produktorientierten Sicht darzustellen (vgl. den Beitrag 5.2). Vielmehr soll am Ende dieses Beitrags versucht werden, über denkbare Formen prozessorientierten Beurteilens einen Überblick zu geben. Ausgehend von der vertrauten Beurteilungspraxis unterscheide ich vier Modi prozessorientierten Beurteilens:

(1) Ein erster Ansatz *prozessorientierten Beurteilens* wird bereits dort praktiziert, wo neben dem fertigen Text auch die mitlaufenden Überarbeitungen gesehen und zusätzlich berücksichtigt werden.

(2) *Summatives Beurteilen* ist im Grunde der Schulpraxis vertraut. Die Beurteilung schriftsprachlicher Leistungen in der Schule basiert nicht auf einer einmaligen Leistung, sondern bezieht bei jedem Schüler die Beurteilung mehrerer Haus- und Klassenaufsätze eines längeren Zeitraums (Schulhalbjahr, Schuljahr) mit ein.

(3) Neuland wird dort beschritten, wo *entwicklungsorientierte Beurteilungen* intendiert sind. In diesem Fall werden nicht nur additiv Teilergebnisse einzelner Schülerinnen und Schüler berücksichtigt. Das Augenmerk richtet sich nun auf die Entwicklung schriftsprachlicher Leistungen einzelner Kinder und Jugendlicher. Besonders attraktive Möglichkeiten dazu ergeben sich bei Schreibprojekten und umfangreichen Portfolios (etwa BRÄUER 2000 a), die neben den Endfassungen auch Notate, Planungsskizzen, erste Entwürfe und Überarbeitungen enthalten.

Ein *explizites Beurteilen von Schreibprozessen* (4) ist – wie oben angedeutet – stets schwierig. Über den Hinweis hinaus, dass ja beim Schreiben Entscheidendes im Kopf des einzelnen Textproduzenten stattfindet (siehe oben), erschweren Komplexität und Flüchtigkeit schon die Wahrnehmung, erst recht die Beurteilung von Vorgängen beim Schreiben. In Einzelfällen – gute räumliche Bedingungen, keine Scheu vor dem Arbeitsaufwand und versierte Schreiber vorausgesetzt – wird es möglich sein, Schreiben durch lautes Denken begleiten zu lassen, diesen Vorgang mit Einverständnis des Schreibers aufzuzeichnen und anschließend auszuwerten (vgl. den Beitrag 1.2). Dass damit erhebliche Anforderungen an die Beteiligten einhergehen, sollte bedacht werden. Doch selbst begrenzt auf Einzelfälle ist ein solches Vorgehen für alle Beteiligten (Lehrer, Mitschüler und Schreiber selbst) im Sinne exemplarischen Lernens für weitere Textproduktionen förderlich. Mit einem Aufwand, der nach eigenen Versuchen nicht übermäßig hoch sein muss, lassen sich darüber hinaus zwei aufschlussreiche Zeitmaße ermitteln. Die Ermittlung der Relation zwischen der gesamten Produktionszeit und der reinen Schreibzeit erlaubt Aussagen über den gesamten Schreibfluss und dessen Rhythmisierung. Ermittelte Schreibpausen – entweder durch die Lehrkraft oder wechselseitig in Partnerarbeit durch die Schüler – verweisen auf mentale Vorgänge bei der Textproduktion. Für die Deutung von Pausenlängen können sich Lehrkräfte und Schüler an der in der Schreibforschung üblichen Unterscheidung orientieren. Neben den mittellangen Pausen (mehr als drei; weniger als zehn Sekunden) sind es vor allem die langen Unterbrechungen (ab zehn Sekunden), die auf besondere Aktivitäten, aber auch Schwierigkeiten während des Schreibens verweisen. Nimmt man noch die Pausenorte hinzu, zumindest also jene Stellen im Text, an denen das Schreiben länger unterbrochen worden ist, dann ergeben sich gewiss wichtige Anhaltspunkte zur Beratung und Beurteilung. Eindrucksvoll hat KESELING (1995) den Zusammenhang zwischen Pausen und sprachlicher Planung an „schriftlichen Wegbeschreibungen" gezeigt – an einem Beispiel, das für das schulische Schreiben relevant ist. Ich möchte das Gesagte ergänzen, indem ich auf einen kleinen Erzähltext eingehe, den Yusuf, ein Zweitklässler, verfasst hat (BAURMANN 1999):

1 | ^{1} | 5 Leute | ^{2} | gingen | ^{2} | sc| ^{1} | hpaziren | ^{2} | ein man
   Fünf Leute gingen spazieren. Ein Mann
2 hate eine | ^{2} | Krone | ^{2} | eina | ^{2} | hate ein
   hatte eine Krone. Einer hatte einen
3 hut auf | ^{2} | eina | ^{2} | hate ein | ^{2} | weises
   Hut auf. Einer hatte ein weißes
4 k | ^{1} | ostüm an | ^{2} | eina hate | ^{3} | ein | ^{2} | langes
   Kostüm an. Einer hatte einen langen
5 hut auf | ^{2} | eina hate ein schrekliches
   Hut auf. Einer hatte ein schreckliches
6 kostüm an | ^{2} |
   Kostüm an.

Erläuterung

Die Ziffern bezeichnen jeweils die Pausenlänge:
| ^{1} | bis maximal 2,9 Sek.; | ^{2} | von 3,0 bis 9,9 Sek.; | ^{3} | 10 Sek. und mehr.
Die mittellangen Pausen (= | ^{2} |) und die langen Unterbrechungen (= | ^{3} |) benötigt der wenig versierte Schreiber hier,

- um Sätze zu formulieren, die zum Bild aus einem polnischen Kinderbuch passen;
- um ein Satzmuster aufzubauen, das er dann durchgehend verfolgt;
- um einzelne Gegenstände durch Adjektivattribute näher zu kennzeichnen (etwa Zeile 3 und 4, nicht in Zeile 5). Die kurzen Pausen sind übrigens – da bei Yusuf, einem ungeübten Schreiber, wohl schreibmotorisch bedingt – für den hier erörterten Zusammenhang zu vernachlässigen.

Weitere Fortschritte hinsichtlich des expliziten Beurteilens von Schreibprozessen sind in naher Zukunft zu erwarten und zu erreichen, wenn verstärkt rechner-
gestützte Anlagen wie Grafik-Tabletts oder künftig der auf der CEBIT 2003 vorgestellte Tablet PC eingesetzt wird. Dann wird es möglich sein, ohne mühsames
Protokollieren oder Auszählen verschiedene Überarbeitungsversuche, Pausen
und Pausenorte zu dokumentieren und bei Beurteilungen heranzuziehen. Didaktisch und pädagogisch verantwortbar setzen derlei Prozessbeobachtungen voraus,
dass die Schreiberinnen und Schreiber davon wissen, darin einwilligen und sie
zunehmend selbst nutzen.

Weiterführende Literatur:

BAURMANN, JÜRGEN (2002): Schreiben, überarbeiten, beurteilen. Ein Arbeitsbuch zur
    Schreibdidaktik. Seelze: Kallmeyer.
BRÄUER, GERD (2000 a): Schreiben als reflexive Praxis. Tagebuch, Arbeitsjournal, Portfolio.
    Freiburg im Breisgau: Fillibach.
FIX, MARTIN (2000): Textrevisionen in der Schule. Prozessorientierte Schreibdidaktik zwi-
    schen Instruktion und Selbststeuerung. Empirische Untersuchung in achten Klassen.
    Baltmannsweiler: Schneider.
ORTNER, HANSPETER (2000): Schreiben und Denken. Tübingen: Niemeyer.

2.
Schreiben im Aufsatzunterricht/ Aufsätze im Schreibunterricht

Ulf Abraham

2.1 Von der „Stylübung" zum Schreiben als „Arbeit am Stil"

2.1.1 Worum es in diesem Beitrag geht

Was ist an Texten Lernender verbesserungsfähig und bewertbar jenseits orthografischer und grammatischer Normverstöße? Wann ist ein Text gelungen, inwiefern kann er, sprachlich gesehen, *misslingen*? Was kann interessant daran sein? Und was heißt „Adressatenorientierung", gar „Leserfreundlichkeit", legt man sie nicht nur inhaltlich aus, sondern denkt dabei auch an die erreichte oder erstrebte sprachliche Gestalt? Solche Fragen haben die schreibdidaktische Theoriebildung sehr lange begleitet; welche Antworten darauf – zum Teil bis heute – diskutiert werden und was daraus für die Praxis des Schreibunterrichts folgt, davon handelt dieser Beitrag.

Das, worum es in den eingangs gestellten Fragen geht, wurde schon sehr früh in der Geschichte des Aufsatzunterrichts als *Styl* bezeichnet. Produktorientiert gedacht, wurden daraus *Stylgattungen* (Adelung 1785), prozessorientiert *Stylübungen* (zum Beispiel Falkmann 1818) und später dann *Stilarbeiten* (zum Beispiel Gelbe 1891). Dieser Beitrag befasst sich also mit den Wurzeln des Aufsatzunterrichts als *Unterricht im Stil*: Seit dem frühen 19. Jahrhundert hängen praktischer Schreibunterricht und praktische Stilistik eng zusammen. Zwar hat der „Reproduktionsaufsatz" des 19. Jahrhunderts diesen Zusammenhang ebenso wenig betont wie – aus anderen Gründen – der „freie Aufsatz" des frühen 20. Jahrhunderts (vgl. den Beitrag 2.2). Aber seit dem „stilgestaltenden Aufsatz" der 1920er Jahre und erst Recht seit dem Aufkommen des „Kreativen Schreibens" kann Schreiben wieder gesehen werden als „StilGestalten" (Abraham 1996) – zugleich Arbeit am und Spiel mit Stil.

2.1.2 Theorien der Stilbildung im historischen Umbruch

Im späten 18. Jahrhundert wurde die jahrhundertealte Vorstellung vom Dichten als einer erlernbaren Kunst allmählich schwächer, und es kam eine expressive, das heißt autorzentrierte Theorie der Stilbildung auf. „Jeder Mensch hat seinen eigenen Stil, so wie seine eigene Nase", schrieb Lessing.[1] Theoretisch abgesichert waren solche Vorstellungen in der berühmten Antrittsrede des Grafen Buffon vor der Académie Francaise (1753): „Le style est l'homme même." Nach Wolfgang G. Müllers Geschichte des Stiltopos (1981, 40) hat diese Rede der Denkfigur einer Identität von Mensch und Stil die „gültige moderne Form" gegeben. Und selbst wenn Jürgen Trabant (vgl. 1992, 107) darin Recht haben sollte, dass der

---

1 Lessing im „2. Anti-Goeze" (1778/1976, 453).

Graf Buffon damit das Opfer einer Fehldeutung geworden ist, so ist doch diese Lesart des berühmten Diktums seither der Ausgangspunkt für jede Didaktik des Stils gewesen (vgl. genauer Abraham 1996, 20). Adelung erklärt in seiner einfluss-reichen Abhandlung *Ueber den deutschen Styl* (1785, Bd. 1, 28), „daß jeder Mensch seine eigene Schreibart haben müsse"; und Theodor Heinsius, der Ade-lungs Konzept für den praktischen Unterricht didaktisch reduzierte und mit seinem „Auszuge" aus Adelung weit verbreitet war, präzisiert: Jeder Schreiber habe „seinen besonderen, ihm eigenthümlichen Styl" (Heinsius 1800, 9 f.). Der Gelehrte und Schriftsteller Karl Philipp Moritz zog daraus in seinen „Vorlesun-gen über den Styl", publiziert 1793, eine didaktische Konsequenz von großer Tragweite: Seiner Ansicht nach gibt es „im strengen Sinne gar keine Regeln des Styls. Denn man denkt sich doch unter Styl das *Eigenthümliche*, woran man die Schreibart eines jeden wieder erkennet […]" (Moritz 1793, 270). Gerade das nicht Nachahmbare an den Schreibweisen vorbildlicher Autoren empfehle sich daher, in didaktischer Paradoxie, der Nachahmung (vgl. ebd., 271).

Just in dem historischen Augenblick, wo die Kategorie „Stil" als maßgeblich für die Organisation einer Didaktik des Schreibens erkannt ist, wird also auch ihre Paradoxie offenbar. Die Wirkung dieser Erkenntnis ist nicht minder paradox: Es entsteht gerade keine Stilistik des „eigenen" (originellen) Ausdrucks, sondern eine Reproduktionsstilistik. Ludwig Bischoff sieht 1833 in seinen *Grundlinien einer Behandlung des deutschen Sprachunterrichts* die Stilistik neben der Gram-matik, der Deklamatorik und der „Aesthetik" als viertes Standbein des gymn-asialen Deutschunterrichts (Bischoff 1833, 3), entfernt aber aus einer solchen Sti-listik die so genannte „poetische Stylart" ganz bewusst. Und auch dort, wo poetisches Schreiben nicht ganz verdrängt wird, etwa in Bernhardis Schul-„Pro-gramm" von 1820, ist die „ästhetische Darstellung" nicht mehr anders zu denken denn als „ein verkleinertes und verengertes Bild" des sprachlichen Kunstwerks (Bernhardi 1820, 29). Denn „Dichter kann man nicht bilden", wie Bosse (1978) diese grundlegende Veränderung der Schulrhetorik seit ca. 1770 zusammengefasst hat. Jener schwere und lange Weg von der „einfachen Nachah-mung" über die „Manier" zum echten „Stil", den Goethe in seinem berühmten Aufsatz für den *Teutschen Merkur* (1789) beschrieb, bleibt dem wahren Dichter vorbehalten. Dessen Ziel ist der *Ausdruck* als Entäußerung und Formwerdung seines Selbst. Dem Schüler muss im 19. Jahrhundert ein minderes Ziel genügen: das der Darstellung nachvollzogener Gedanken und gelehrter Erkenntnisse.

2.1.3 Das Hervorgehen der Stilistik aus der Rhetorik

Die Stilistik hat also im Prozess der Herausbildung einer normativen Aufsatz-lehre die Rhetorik beerbt: Eine Lehre vom „guten Ausdruck" hat die Lehre von der Herstellung eines „wirksamen" Textes ersetzt. Vor diesem Umbruch hatte man an Textproduktionen Lernender sozusagen die *Wirksamkeitsfrage* gestellt – zum Beispiel an die bis weit ins 19. Jahrhundert hinein in der Reifeprüfung übliche oratorische Leistung, eine Rede schriftlich auszuarbeiten und dann mündlich vorzutragen (vgl. Ludwig 1988, 33). Während an den Höheren Schulen diese alte Praxis noch fortdauerte, ging in der Theoriebildung das „rhetorische Zeitalter" zu Ende, und das „ästhetische Zeitalter" (SCHANZE 1981) begann: Rhetorische Leistungen („Redekunst") wurden ersetzt durch den Nachweis einer Beherrschung der „Wohlredenheit". Für diese aber galten mit wachsender Verbindlichkeit *stilistische* Normen[2]: Statt nach der Wirksamkeit bzw. der Überzeugungskraft in der Schule entstehender Texte fragte man nun nach ihrer sprachlichen Güte, gemessen an Gestaltvorgaben, die seit ADELUNG (1785) „Stylgattungen" hießen, und die gewissermaßen *erfüllt* sein wollten.

Damit ist ein Paradigmenwechsel bezeichnet, dessen Folgen bis heute im Schreibunterricht zu spüren sind: Zwischen etwa 1770 und dem ausgehenden 19. Jahrhundert ereignet sich eine nicht immer geradlinig verlaufende, aber doch stetige Verwandlung. Aus einer zunächst literaturtheoretisch inspirierten, methodisch so vagen wie offenen *Ausdrucksstilistik* wurde dabei eine methodisch zwar wesentlich konkretere, über das Ausdrucksvermögen der Lernenden aber auch zunehmend *verfügende Darstellungsstilistik* (vgl. ABRAHAM 1996, 89 f.).

2.1.4 Stilübungen als Grundlage einer kognitiven Aufsatzdidaktik: Schreiben als „Darstellung" der „Gedanken"

ADELUNGS Definition, Stilistik sei die Lehre vom Ausdruck der Gedanken, wird im 19. Jahrhundert überführt in einen didaktischen Zugriff, der Stilbildung als kognitiven Prozess und Lernende als deren Objekte begreift: Lehre man sie *denken*[3] – und zwar logisch richtig und moralisch richtig –, so lehre man sie Stil. Parallel dazu verwandelt sich der im späten 18. Jahrhundert entwickelte Ausdrucksbegriff vom Garanten der Autorsubjektivität in ein Synonym für *Darstellung*. Noch heute monieren Deutsch-Lehrende, wenn sie „Ausdruck!" („A") an den Rand von Schülerarbeiten schreiben, in der Regel nicht fehlende Originalität oder Expressivität, sondern den unpassenden Ausdruck, der nicht darstellt, was er soll.[4]

Lernenden beim Schreiben stildidaktisch Halt geben, heißt also im 19. Jahrhundert: Sie erstens in Logik und Philosophie zu schulen und zweitens zu „verkleinerten" Abbildern einschlägiger Textproduktionen anzuleiten. Aus poetischen werden *schulliterarische* Stilformen. (Exemplarisch sei die zählebige Aufsatzart „Schilderung" genannt, gewonnen aus schildernden Techniken vor allem des poetischen Realismus.)

Ist literar-ästhetisch, zum Beispiel von KARL PHILIPP MORITZ, ein autorzentrierter Stilbegriff als Fortschritt gefeiert worden, so sieht man sich schreibdidaktisch dadurch in Schwierigkeiten gebracht. HOLGER RUDLOFF (1991) hat herausgearbeitet, dass eine produktionsästhetische Theorie der „verdeckten Arbeit", wie sie um 1800 entstand, didaktisch kontraproduktiv war: Dem „vorbildlichen" Text

---

2 Vgl., diesen Umbruch zusammenfassend, ABRAHAM 1996, 10–15.
3 Vgl. BEISBART 1989 a, 498 in Bezug auf die 30er Jahre des 19. Jahrhunderts.
4 Empirisch beschrieben und untersucht sind vorbewusste Stilbegriffe, die solches Korrekturhandeln leiten, bei ABRAHAM 1993.

sah man die Anstrengung der Stilarbeit nicht mehr an; nur Schüler, nicht Schriftsteller, schienen die Mühen der „Stilübungen" nötig zu haben. Didaktik, im Unterschied zur Poetik, braucht nicht nur und nicht so sehr ein Ideal des stilistisch
Gelungenen, sondern eine Methodik, die zum stilistischen *Gelingen* hinführt.
Eine solche Theorie verschaffte sie sich, wie hier nicht ausgeführt werden kann
(vgl. Abraham 1996, 36–90), um einen hohen Preis – nämlich dadurch, dass sie
Stilbildung in der Schule den in Wissenschaft und Literatur immer schon *gebil-*
deten Stilen grundsätzlich unterordnete: Poetische und pragmatische Stilarten
wurden normativ festgeschrieben, in der Hoffnung, Lernenden zu Fertigkeiten
der Darstellung zu verhelfen. Aufgegeben war damit der viel weiter gehende Anspruch, sie in eine Ausdruckskunst einzuführen und eigenen Stil entwickeln zu
lassen.

2.1.5 Vier historische Antworten auf die Frage, wie stilistische Kompetenz gebildet werden könne

Auf die in der Geschichte des Aufsatzunterrichts immer wichtiger werdende
Frage, wie bei Lernenden Stilkompetenz ausgebildet werden könne, wurden im
Zug der oben angedeuteten Entwicklung vier Antworten gegeben. Sie schließen
einander nicht aus, sondern ergänzen sich zu einer wenigstens dem Anspruch
nach integrierten Methodik stilbewusster Ausdrucksförderung. Tabellarisch zu-
sammen- und gängigen Lehrplanvorgaben von heute gegenübergestellt, lassen sie
eine auffällige Analogie zwischen Phylogenese (Entwicklung seit ca. 1770) und
Ontogenese (unterstellte individuelle Entwicklung von Stilkompetenz) erkennen:

a) Man empfahl zunächst nach der so genannten „historischen Methode" dem
   Schreiber, Musterhaftes (antike und deutsche Klassiker) zu lesen und nach-
   zuahmen (vgl. zum Beispiel Meierottos *Abschnitte aus deutschen und ver-*
   deutschten Schriftstellern, 1794). Wie fest die Praxis der Stilbildung durch
   Nachahmen schon um die Mitte des 19. Jahrhunderts etabliert ist, zeigt der
   repräsentative Artikel „Ästhetische Bildung", den J. H. Deinhardt für
   Schmid's Encyklopädie (1859, 317) schrieb.[5]
b) Man wollte dann Lehrgänge des Stils entwerfen und im Unterricht abarbeiten
   lassen – von der gezielten Reproduktion fremder Stile zur eigenen Produktion.
   Dazu wurden nach der erwähnten Lehre von den Stilgattungen *Schreibmuster*
   für verschiedene „Darstellungsformen" näher bestimmt. Schon Falkmann
   (1818) arbeitet, nach Ludwigs *Geschichte des Schulaufsatzes* (1988, 11), an der
   „Aufstellung eines Lehrplans", der Übungsformen nach ihrem vermuteten
   Schwierigkeitsgrad anordnet.

---

5 „So ist es ein Misbrauch der Kunst, wenn sie als ein Object des bloßen Genusses betrachtet
   wird, während nur die selbständige Verarbeitung des Gegebenen, die Reproduction eine gesunde Frucht bringen kann." Lektüre der „besten vaterländischen Dichter" verschaffe zwar
   „eine gewisse Gewandtheit der stilistischen Darstellung" (Deinhardt 1859, 268), doch eine
   „Methode der ästhetischen Bildung" habe neben die „theoretische Betrachtung des Schönen
   [...] die praktische Nachahmung und Nachbildung" zu stellen (ebd., 272).

c) Man wollte zunehmend auch „Sprachsinn" bilden, das heißt Stilbewusstsein schaffen, indem man „Eigenschaften" guten Stils lehrte und/oder durch stilanalytische Erkenntnisarbeit an vorbildlichen und abschreckenden Texten, durch „Zergliederung fremder Muster" solches Bewusstsein schärfte. Der bloßen Theorievermittlung (also zum Beispiel ADELUNG im HEINSIUSSchen „Auszuge") war das nicht zuzutrauen; man wollte *praktisch* „Stilmittel" erarbeiten – zum Beispiel nach JOHANN J. WAGNERS *Methodologie des gesammten Schulstudiums*, zuerst 1821, in zweiter Auflage in der Jahrhundertmitte.

d) Man sah schließlich alle Methoden, die eines oder mehrere dieser Ziele verfolgen, in eine langfristige Ausbildung von „Stilgefühl"[6] integriert. „Stilgefühl bildet sich wie alles Kunstgefühl, im Halbdunkel", schrieb PAUL GEORG MÜNCH in seinem *Fröhlichen Führer zu gutem Stil* (1925, 147). Diese vierte Antwort hob also weniger auf Bewusstsein ab als auf ein möglichst großes Repertoire an mustergültigen Formulierungen und geübten Stilformen: All das sollten Lernende so internalisiert haben, dass sie selbsttätig auf gestalterische Herausforderungen und Probleme reagieren können. Stilgefühl als Gefühl für „sprachliche Akzeptabilität" (SANDERS 1986, 44 f.) und als Intuition für sprachliche Schönheit läuft dem älteren Lernziel bewussten „Sinnes" im 20. Jahrhundert den Rang ab. Statt auf Stilbewusstsein setzt man jetzt, etwa nach GELBES *Stilarbeiten* von 1891, auf eine Art Instinkt. HAVENSTEIN (1925, 7) resümiert später optimistisch: „Wir merken gewöhnlich instinktmäßig, ohne Überlegung jeden Verstoß [...] gegen die gerade gültige Stilistik, jene ungeschriebenen Gesetze des Sprachgebrauchs, die uns niemand lehren kann als eben der Sprachgebrauch selbst."

Im Überblick lassen sich diese vier Zugriffe auf die Aufgabe der Stilbildung so darstellen:

Phylogenese (Entwicklung seit ca. 1770)	Ontogenese (nach Lehrplanvorgaben)	Empirische Erkenntnisse
a) „Musterhaftes lesen und nachahmen"	Primarstufe und frühe Sekundarstufe I: Indirekte Vorbildwirkung von Lesetexten und Vorlesestoffen nutzen.	Lesen und Vorlesen ist zwar in seiner Wirkung auf literarische Sozialisation und Lesebiografie untersucht, aber nicht auf Entwicklung von Stilbewusstsein.
b) „Lehrgänge des Stils abarbeiten"	Sekundarstufe I: „Textsorten" und ihre stilistischen/formalen Merkmale im Aufsatzunterricht erarbeiten: Erzählen, Berichten, Beschreiben, Schildern, Argumentieren ...	Stilistische Kompetenzen, die sich im Schreibunterricht zeigen, sind (mit-)erforscht zum Beispiel durch – AUGST/FAIGEL 1986, – ABRAHAM 1994, – BECKER-MROTZEK 1997.

---

6 Die Vokabel „Stil*gefühl*" hat den Blick darauf lange verstellt, dass die hier gemeinte Intuition kein Gefühl ist, sondern eine Urteilsinstanz, und sich durch Erfahrung bildet (vgl. ABRAHAM 1996, 116).

Phylogenese (Entwicklung seit ca. 1770)	Ontogenese (nach Lehrplanvorgaben)	Empirische Erkenntnisse
c) „Stilmittel erkennen und erarbeiten"	Späte Sekundarstufe I/frühe Sekundarstufe II: Poetische und pragmatische Texte auf Stilmittel untersuchen und deren Wirkung beschreiben; im Literaturunterricht auf Stilfragen eingehen.	Erforscht sind zum Beispiel – Stilbegriffe und Stilkorrekturgewohnheiten von LehrerInnen (ABRAHAM 1993), – der Einsatz von Schreibkonferenzen in der Sekundarstufe I (REUSCHLING 1995; FIX 1999).
d) „Die Methoden integrieren und ihre Ziele internalisieren: Stilgefühl ausbilden"	Späte Sekundarstufe I/Sekundarstufe II: In Erörterungs- und Interpretationsaufsätzen anspruchsvolle Ausdrucksmittel und -formen nutzen und verstehen; stilistisch „gewandt" werden.	Erforscht sind zum Beispiel – Sprachfähigkeiten von MaturandInnen (SIEBER u. a. 1994), – die Teilkompetenz Textrevision (zum Beispiel RAU 1994). Wenig erforscht ist der Zusammenhang von Lesekompetenz und Stilbewusstsein.

2.1.6 Rückbesinnung auf Rhetorik und Ausgreifen auf *language awareness*

In einer Phase der Emanzipation von normativen Schreiblehren in der Reformpädagogik der Wende zum 20. Jahrhundert, dem „Jahrhundert des Kindes" (ELLEN KEY), wurde vorübergehend im so genannten „freien Schüleraufsatz" (zu dessen Geschichte vgl. HEINRITZ 2001) das Problem der Stilbildung verdeckt vom Anliegen authentischer Erfahrungs- und Gefühlsbildung. Aber die so hervorgebrachten Erlebnisschilderungen ähnelten in ihrer sprachlichen Gestalt auffällig den Kindheitserinnerungen in Autobiografien (vgl. HEINRITZ 2001, 110): Man wird das Stilproblem auch nicht los, indem man „Freiheit" des Schreibens propagiert.

Schließlich kehrte man im sprachgestaltenden und damit ausdrücklich „stilbildenden" Aufsatz des frühen 20. Jahrhunderts (zum Beispiel SEIDEMANN 1927) vorsichtig zur Vorstellung vom Schreiben als Stilarbeit zurück und betont seit den 1970er Jahren auch wieder stärker die rhetorische Komponente des Aufsatzunterrichts. Aufsätze werden wieder „Texte für Leser" (BOETTCHER u. a. 1973), deren Überzeugungskraft mit stilistischen Mitteln zu verbessern ist. Man erkennt Adressatenbezug als „eine uralte Forderung" (BLECKWENN 1990, 15), eine aus der Lehre der Rhetorik nämlich, und versucht die linguistische Stilistik (etwa SANDERS 1977; SANDIG 1986) für eine Didaktik des Stils fruchtbar zu machen.

Das hat auch Folgen für die Stil*bewertung* in Schülertexten: So, wie es drei Ebenen stilistischer Entscheidungen beim Schreiben gibt, so sollte es auch drei Ebenen geben, auf denen Formulierungen bewertet werden (vgl. ABRAHAM 1996, 276):

- die Ebene der Schriftsprache als Kommunikationsmedium („Stil als Auswahl"),
- die Ebene der Textsorten als Kommunikationsmuster („Stil als Abweichung"),
- die Ebene realisierter Schreibabsichten als Stilhandlungen („Stil als Anzeichen").

Dabei sind auch pragmatische Textsorten (vgl. den Beitrag 2.2) in eine Lehre des Schreibens als Stilarbeit einbezogen. Verfahren wie *Textsorten-* oder *Stilebenenwechsel* bei gegebenem Thema werden in den 1980er Jahren literarisch von HANS MAGNUS ENZENSBERGER alias ANDREAS THALMAYR *(Das Wasserzeichen der Poesie)* zu Prominenz gebracht. Sie dienen didaktisch der Einsicht in den Zusammenhang von Inhalt und Form bzw. „Gestalt". Spielerisch den Stil eines fremden Textes zu verändern (also die Textsorte oder die epochen-/autortypische Schreibweise zu wechseln), schärft den Blick für die stilistische Option auch beim eigenen Schreiben. So versteht sich eine Reihe von Unterrichtsvorschlägen seit den 1980er Jahren: Im Übergang von Schreibunterricht zu Sprachreflexion siedelt MENZEL (1990) seine „Etüden" an, im Übergang von Schreib- und Literaturunterricht SPINNER seine „Stilübungen" (1990) und ABRAHAM seine „Schreib- und Lesarten" (1994). Stilimitationen dienen sowohl der Einsicht in Autor-, Werk- und Epochenstile als einem produktionsorientierten Erwerb von Stilwissen und Stilkönnen (vgl. auch den Beitrag 3.2).

Heute geht man davon aus, dass zwar eine Abfolge von „Altersstilen" die sich entwickelnde Stilkompetenz heranwachsender Schreiber nur unzureichend erfasst (vgl. den Beitrag 1.3), aber längerfristige „Stilarbeit" als Durchgang durch Phasen mehr oder weniger unbewusster Imitation fremder Stile für die Herausbildung eines eigenen Stils unverzichtbar ist.

Arbeitsergebnisse aus einem deutschdidaktischen Seminar (Universität Bamberg, Sommersemester 1992) mögen das illustrieren. Die Studierenden erstellten „stilistische Variétes" (ABRAHAM 1994, 159 ff.); damit waren Neugestaltungen einer Textvorlage gemeint, die angelehnt an RAYMOND QUENEAUS Klassiker *Stilübungen* von 1947 mit Epochen-, Zeit- oder Gattungs-/Genrestilen arbeiten (vgl. QUENEAU 1961). Die beiden unten abgedruckten Texte waren Lösungen folgender Schreibaufgaben (vgl. ABRAHAM 1994, 161 f.):

- Versetzen Sie EICHENDORFFS Gedicht „Sehnsucht" in die Gegenwart. Ziel: ein Gedicht über Fernweh und Zuhausebleiben im späten 20. Jahrhundert.
- Versetzen Sie EICHENDORFFS Gedicht (oder einen anderen Text aus der Romantik) in eine andere Epoche – mit allen sprachlichen und inhaltlichen Konsequenzen einer solchen „Versetzung".

Sehnsucht

Es schienen so golden die Sterne,
Am Fenster ich einsam stand,
Und hörte aus weiter Ferne
Ein Posthorn im stillen Land.
Das Herz mir im Leib entbrennte;
Da hab ich mir heimlich gedacht:
Ach, wer da mitreisen könnte
In der prächtigen Sommernacht!

Zwei junge Gesellen gingen
Vorüber am Bergeshang,
Ich hörte im Wandern sie singen
Die stille Gegend entlang:

Von schwindelnden Felsenschlüften,
Wo die Wälder rauschen so sacht.
Von Quellen, die von den Klüften
Sich stürzen in die Waldesnacht.

Sie sangen von Marmorbildern,
von Gärten, die überm Gestein
In dämmernden Lauben verwildern,
Palästen im Mondenschein,
Wo die Mädchen am Fenster lauschen,
Wann der Lauten Klang erwacht
Und die Brunnen verschlafen rauschen
In der prächtigen Sommernacht.

Joseph von Eichendorff[7]

Schlaflose Nacht

Sterne stürzen vom Himmel, lautlos,
der Lärm der Nachtschicht kotzt sie aus
und der Wahn-
Sinn meiner Existenz greift nach mir, schwül
packt er mich und reißt mich hoch.

Lärmende Kneipen rülpsen, brüllen Gestalten
  blau in die Nacht
Hochhäuser raunen einsam einem alten
Penner hinterher, da bricht
der Himmel zusammen: er gießt
seine Sinfonie über die Stadt und foltert mein
  Gehirn.

Der Mond schrillt zum Fenster herein
seine Blicke, unverschämt, ergreifen Besitz
von meinem bleichen Wesen, ziehen meine
nackten Gedanken aus. Mein Körper zuckt
nach dem Morgen. Es graut.

Karin Trunk

fernsprechsucht

etwas, das eine ferne hat, etwas das
wie gärten riecht, etwas goldenes
tönt aus den posthörnern,
weckt das rauschen der brunnen
und der saiten klang, etwas prächtiges
stürzt von den felsenklüften, rauscht
etwas verschlafenes, davon die banken
  verwildern,
übers gestein
und läßt das herz mir entbrennen.

Zwei junge mädchen sangen, gesellen
lauschen am fenster
die marmorbilder wissen es schon.

Rüdiger Singer[8]

Wieder eingeführt ist damit der um 1800 aufgegebene Anspruch, Dichter zu bilden: „Können wir nun doch alle das Dichten lernen?", fragt MERKELBACH als Herausgeber eines Bandes zum „Kreativen Schreiben" (1993). Er beantwortet die Frage positiv, insofern es um die Vermittlung eines „Handwerks" geht, und

---

7 EICHENDORFF (1953).
8 Beide Texte zit. nach: ABRAHAM 1994, 161 bzw. 162. Der Verfasser des zweiten Beispiels wählte als Muster für seine Versetzung HANS MAGNUS ENZENSBERGERS Gedicht „an alle fernsprechteilnehmer" aus dem Band „Landessprache", Frankfurt a. M. 1960, 26 f.

sozusagen in Tateinheit damit um die Herausbildung eines Sinnes für die *Gemachtheit* der Texte – ein Gedanke, den auch die rezeptionsästhetisch begründete Produktionsdidaktik WALDMANNS (zum Beispiel 1998) immer wieder betont.

Bedingung ist freilich aus heutiger Sicht, Lernende *nicht* zur originellen Formulierung und zur Klischeevermeidung anzuhalten. Ziel bleibt zwar durchaus Authentizität des Schreibens.[9] Doch diese liegt nicht am *Ursprung* des Ausdruckwillens, sondern am *Ende* einer Stilarbeit, durch die Ichorientierung und Sachorientierung, Adressatenbezug und Selbstreferenz des Textes allmählich vereinbar werden.

Neuerdings, das heißt seit der Wende zum 21. Jahrhundert, ist neben dieser Rückbesinnung auf die Tradition der Rhetorik auch eine Rückwendung zum „Stilsinn" in der oben unter c) dargestellten Bedeutung (kognitiver Bewusstheit) zu beobachten. Der angelsächsische *Language-awareness*-Ansatz, hat er die Schreibdidaktik erst erreicht (vgl. KUPFER-SCHREINER 2000), verlangt nach einer Wahrnehmung realisierter sprachlicher Optionen, nach einer bewussten Abwägung von Alternativen und damit nach mehr Stilbewusstsein, besonders in Phasen der Textrevision (vgl. die Beiträge 5.1 und 5.2). Das „unreife Stilgefühl" (JENSEN/LAMSZUS 1911, 39), dessen Recht auf einen persönlichen Stil schon die Reformpädagogik nicht mehr mit den präskriptiven Methoden des 19. Jahrhunderts einschränken wollte, sah sich in seiner Unsicherheit zu lange nur verwiesen auf die problematische Maxime zu schreiben, wie man rede.[10] Die Stilisierung von Oralität mit den Mitteln der Schriftsprachlichkeit aber ist eine Kunst; und eine Methodik zur Erlernung dieser Kunst wird gerade erst (neu) entwickelt. Zum einen wird eine stärkere Aufmerksamkeit für die Phase der Textüberarbeitung gefordert. Zum andern könnten künftig Arbeitsformen wie *Précis*[11] und *Pastiche*[12] helfen, Vermittlung stilistischer Normen und Schreibförderung als Ausbildung von Lust am Spiel mit Stilen wieder *zusammenzubringen*, statt die Freiheit kreativen Schreibens, das man angeblich nicht bewerten könne, zu erkaufen mit der Unkreativität eines Aufsatzunterrichts, der angeblich keinen Spaß mache (vgl. ABRAHAM/LAUNER 1999).

---

9 Zum Begriff der Authentizität beim Schreiben(lernen) vgl. BEISBART 1989 b.

10 Beispielsweise durch das Motto, das ERNST LÜTTGE dem 2. Band seines *Stilistischen Anschauungsunterrichts* (1900) voranstellt. Vgl. GAUGER 1988 und MÜLLER 1990 zu dieser „Stil-Anweisung" aus heutiger Sicht.

11 Damit ist die stiltreue Verkürzung eines Textes auf genau ein Drittel seiner Länge gemeint (vgl. zum Beispiel ABRAHAM 1994, 147 ff.).

12 Darunter versteht PAEFGEN (1991) den Versuch, sich den Stil eines Schriftstellers imitativ anzueignen.

Weiterführende Literatur:

ABRAHAM, ULF (1996): StilGestalten. Geschichte und Systematik der Rede vom Stil in der Deutschdidaktik. Tübingen: Niemeyer.

BOSSE, HEINRICH (1978): Dichter kann man nicht bilden. Zur Veränderung der Schulrhetorik nach 1770. In: ROLOFF, HANS-GERT (Hrsg.): Jahrbuch für Internationale Germanistik, Bern: Lang, 80–125.

MÜLLER, KARIN (1990): „Schreibe, wie du sprichst!" Eine Maxime im Spannungsfeld von Schriftlichkeit und Mündlichkeit. Eine historische und systematische Untersuchung. Frankfurt a. M. u. a.: Peter Lang.

MÜLLER, WOLFGANG G. (1981): Topik des Stilbegriffs. Zur Geschichte des Stilverständnisses von der Antike bis zur Gegenwart. Darmstadt: Wiss. Buchgesellschaft.

PETER KLOTZ

2.2 Textsorten: Aspekte des Erwerbs, der Schreibpraxis und der Kognition

2.2.1 Grundlegendes

Schon die begriffliche Eingrenzung, was denn *Textsorten* eigentlich sind, wirft grundsätzliche Fragen auf. In der neueren Perspektive konstituieren sich Textsorten seit Mitte der 1970er Jahre durch die jeweilige Kommunikationssituation und die Sachverhalte; in der älteren Perspektive sind sie Abstraktionen von Konventionen schriftlicher, semi-schriftlicher und mündlicher Kommunikation, die bestimmten Formen schriftlicher und mündlicher Kommunikationspraxis bzw. -kultur folgen. Hält sich die Schule an die neuere Perspektive, muss sie von vielfältigen, jedoch paradigmatischen Realkommunikationen ausgehen; hält Schule sich an die ältere Perspektive, kann sie strenger formend lehren, unterliegt aber der Gefahr der Lebensferne und der Erstarrung. Dass beide Perspektiven Berechtigung haben, lässt sich vernünftigerweise nicht abstreiten. Die linguistische Textsortenforschung (zum Beispiel HAUSENDORF 2000) geht denn auch anhand von Textcorpora empirisch vor allem nach der neueren Perspektive vor, und die Deutschdidaktik hat sich von der älteren Perspektive aus manch gutem Grund entfernt (eben der Erstarrung wegen). Die funktionale Gestaltung der Sprache den Heranwachsenden zu vermitteln, blieb Aufgabe der Schulpraktiker vor und nach dem Perspektivenwechsel, was nicht zuletzt die Diskussionen um die PISA-Studie erneut einfordern. Textsorten lassen sich als relativ konventionalisierte Sprachhandlungen verstehen, die formale Kommunikationserwartungen erfüllen (sollen). Ihre Konventionalisierung ist wesentliches Konstituens als Teil der gesellschaftlichen Praxis *schriftlich-medialer Kommunikation*. Dabei sind die Handlungen so zu interpretieren, dass in einem Text jeweils *eine* Handlung dominant ist, und andere Teilhandlungen ihr unterworfen sind: So kann

Informieren eine Erzählung mit einschließen, wenn das notwendig ist, *Erzählen* häufig Schilderungen u. Ä. m.

Wenn im Alltag zügige und sichere Kommunikation notwendig ist, dann stellt sich die didaktische Aufgabe, die Heranwachsenden im Rahmen ihrer Sozialisation in die alltagssprachlichen Konventionen hinein zu begleiten. Wissen und Bewusstsein zum Schreibprozess selbst, zu den textuellen und sprachlichen Strukturen und Formen, entfalten und modifizieren sich ein Leben lang und können schon in der Schulzeit zu einer Wachheit für das Wechselverhältnis von Konventionen und Ausdrucksmöglichkeiten führen. Eine solche formal-gestalterische Wachheit scheint mir für didaktische Reflexionen zentral, denn sie ermöglicht bei der Produktion und Rezeption von Texten eine gleichermaßen kritische und lustvolle Position im Umgang mit eigenen und fremden Texten (vgl. den Beitrag 1.2).

Definitorisch ist von Anfang an festzuhalten – und das gilt dann auch für den schulischen Erwerbsprozess –, dass Textsorten über ihre spezifische, relativ konventionelle *Textualität* erfahren werden. Dass dies so ist, konnte in jüngster Zeit anschaulich beobachtet werden: Mit der Nutzung der „neuen Medien" entwickelten sich nach einer kurzen offenen Phase alsbald Textmuster-Konventionen im Rahmen der neuartigen Sprachhandlungen, so zum Beispiel bei E-Mail und Chat (vgl. den Beitrag 3.3). Und mit Blick auf das „freie" und „kreative" Schreiben lässt sich beobachten, dass gerade auch diese Schreibformen ein Verhältnis zur Konvention suchen, freilich zum Teil nur bewusst, etwa durch Imitieren, Karikieren, Variieren (vgl. den Beitrag 3.2).

Virulent bleiben in diesen Zusammenhängen insgesamt die alten Fragen: Ist eine Didaktik gut beraten, im Deutschunterricht die alltags- und lebenspraktischen Textsorten von Anfang an anzustreben? Oder war die alte – noch gar nicht sich so nennende – Didaktik gar nicht so verschroben, wie sie später, also ab den 1970er Jahren, abgeurteilt wurde, wenn sie zunächst im Deutschunterricht so feste schulische Formen einbrachte wie Erzählung, Beschreibung, Schilderung, Charakteristik, Erörterung oder gar „Besinnungsaufsatz"? Mit dieser meist dichotomisch gestellten Doppelfrage könnte sich – will man nicht auf ein simplifizierendes „sowohl ... als auch" hinaus – die Frage nach der klugen, der Entwicklung der Heranwachsenden angemessenen *Umschlagphase* stellen: Bis zu welchem Entwicklungsstand sind feste schulische Formen als Annäherungen an eine konventionalisierte Schreibpraxis sinnvoll oder hinderlich, und ab wann sollten diese dem „sprachgestaltenden Aufsatzunterricht" zu verdankenden Formen verlassen werden, eben damit ein zunächst tastender, dann emanzipierter, eigenständiger Gestaltungswille sich mit den lebenspraktischen Zwängen und Freiheiten formend auseinander setzen kann?

Gewichtig wird hier schließlich eine Beobachtung auf der Grundlage empirischer Untersuchungen von SCHNEUWLY 1988, FEILKE 1996, BECKER-MROTZEK 1997, SCHMIDLIN 1999, die „didaktisch [...] weitreichende Folgen [hat]: Die Normorientierung wird den Schülern nicht oktroyiert, sie ist wesentlicher Bestandteil ihres Lerninteresses" (FEILKE 2003, 187). Mit dem bewussten Einsetzen sprachlicher Mittel und dem zunehmenden Perspektivieren auf Adressaten hin, also zwischen

13 und 17 Jahren, gewinnt die pragmatische Dimension an Bedeutung, die je nach (Kommunikations-)Situation und Zweck und/oder Inhalt zu gestalten ist, was mit wachsendem sprachlichem Wissen – wenn es denn funktional vermittelt und mit einem ebensolchen Bewusstsein ausgestattet wurde – ja auch gelingen kann. AUGST/FAIGEL (1986, 125 ff.) bezeichnen für diese Phase die Entwicklung vom Textordnungstyp „linear-entwickelnd" hin zu „material-systematisch" und „formal-systematisch". Aus solcher Sicht erwiese sich ein „Schutz- und Spielraum Schule" als sinnvoll, denn das schulische Schreiben ist nicht nur im Zusammenhang mit kommunikationsorientierten Textsorten zu verstehen, sondern ebenso im Ausprobieren von Mischformen und als ein Raum für heuristisches und kreatives Schreiben.

Im Folgenden werden die pragmatischen, die sprachlichen, die inhaltsstrukturierenden Aspekte der basalen Textsorten *Erzählen, Informieren, Argumentieren* dargestellt.

2.2.2 Basale Textsorten

Bis heute gibt es keine durchgängig entfaltete Theorie, keine ausgefeilten umfassenden empirischen Forschungen zu den Textsorten (vgl. ADAMZIK 2000, 9 f.; FEILKE 2003, 183 ff.). Daher ist gerade dieser Bereich der Sozialisation und der Bildung einer tentativen bis klugen Praxis der Deutschlehrer und Deutschlehrerinnen überlassen geblieben.

Als eine Hürde für den Begriff und den Terminus „Textsorte" erweisen sich die Einstufungsversuche zwischen Abstraktion und Konkretion dieses sprachlich-sozialen und kulturellen Phänomens, also zwischen basaler Zuschreibung und detailgenauer Beobachtung. Natürlich ist zum Beispiel eine „ärztliche Verschreibung" oder eine „postalische Benachrichtigung" als „Textsorte" fassbar, weil solche Kommunikation sehr fest in ihrer Form, ihrem Inhalt und ihrer Pragmatik ist. Doch solch ein verästelndes Unterscheiden und Definieren wäre aus verschiedenen Gründen hier wenig sinnvoll. Das relativ abstrakte Erfassen zum Beispiel der Textsorte „Informieren" ist dann sinnvoll, wenn sich gemeinsame Kategorien zwischen „Bericht", „Beschreiben", „Nachricht" usw. entdecken lassen, und wenn daraus der Bewusstheit zugängliche Lehr-, Lern- und Erfahrungsprogramme werden können. Dies ist zum Beispiel möglich, wenn Spezifika verschiedener Formen des Berichtens und Beschreibens (Vorgangs-, Gegenstands-, Bild-, Kunst-, Gerätebeschreibung usf.) beobachtet und prototypisch als jeweils dominant anzustrebende Sprachhandlung fassbar werden.

Statt einer hier abwägenden Diskussion sei auf die Wirksamkeit von Prototypikalität einerseits und eigenem Tun andererseits verwiesen: So wie ich sehr viel über das Phänomen „Vogel" erfahren und immer wieder als Wissen aktivieren kann, wenn ich über eine Möwe oder eine Schwalbe genauer Bescheid weiß, so lassen sich auch Textsorten auf Prototypen zurückführen – und die Randphänomene „Strauß" und „Pinguin" bleiben – um im Bild zu bleiben – als Textsorten erst einmal außen vor. Mit anderen Worten, die anstehenden Textsortenfragen erschließen sich über Kategorien, die den basalen Textsorten innewohnen.

Sprachlichkeit und Pragmatik von Textsorten werden im Schreib- und Rezeptionsprozess allmählich zu bewusst verwendeten konstitutiven Komponenten.

2.2.3 Textsorten als Formen sprachlichen Handelns

Auch wenn im Bereich der Textsorten die Sprechakttheorie aus gutem Grund herangezogen wird, da sie Beschreibungsmöglichkeiten insbesondere mit den Kategorien Illokution und Perlokution (allgemeiner: Absicht und Wirkung) bietet, so scheint es darüber hinaus sinnvoll, mit KARL BÜHLER (1934) alles Versprachlichen, also die Entscheidung über den Wortgebrauch, die Wahl der syntaktischen Formen, der Isotopieebenen und ggf. der Metaphern und Vergleiche mit in die Vorstellung von „sprachlichem Handeln" einzubeziehen. Sie alle sind ja Faktoren im Entscheidungsprozess der Textgestaltung bzw. sie werden dem allgemeinen Sprachgebrauch un- oder halbbewusst entnommen und bestimmen so die Textur des Textes und seine Wirkung mit.

Erzählen

Versteht man unter Erzählen (vgl. den Beitrag 2.3) einen gerichteten Vorgang, dann kann Erzählen mehrere Funktionen, zum Teil gleichzeitig haben:

- Mit WALTER BENJAMIN lässt sich im Bereich vergnüglichen Erzählens (*delectare*) zwischen tradierendem, letztlich Erfahrungen austauschendem Erzählen und einem Erzählen von der Ferne unterscheiden.[1] Ganz verschiedene Bedürfnisse werden damit befriedigt, aber der Wert, die Wirkung des *delectare* bleibt dabei stabil. Dass damit in einer tieferen Weise Gemeinschaftsstiftung und Sinnsuche verbunden werden, ist Teil des narrativen Grundbedürfnisses.
- Erzählen kann in verdeckter Weise zur Handlungsaufforderung werden, so zum Beispiel, wenn eine Beispielgeschichte politische, ethische oder andere Zwecke haben soll: Erzählen im Rahmen von Argumentieren oder gar als sein Ersatz; Erzählen als Verführen (nicht nur zum Kauf, sondern politisch im Bereich der *littérature engagée*, etwa den BRECHTschen Keunergeschichten).
- Erzählen kann entlang einer Zeit- und Ereignisachse Klarheit in schwer Überschaubares bringen, also zum Beispiel sowohl im mythischen als auch im biografischen Erzählen, ebenso im Zusammenhang mit einer therapeutischen Konstellation oder im Rahmen der neueren Historiografie (vgl. Beitrag 4.3).

Wesentlich ist die Erkenntnis, dass die äußere Form einer Textsorte nicht notwendigerweise ihrer eigentlichen Intention entsprechen muss. Das *delectare* kann als pragmatische Oberflächenkategorie gelten, in die sich gewissermaßen tiefenstrukturelle „andere" Textsorten integrieren lassen. Wenn Schüler eine Fabel formulieren sollen – so ein vergnügliches Beispiel für argumentierendes Erzählen –, die die Eltern besser erzieht, dann sind solche Brückenschläge auch

---

1 Vgl. bei BENJAMIN (1977, 386) die Unterscheidung „Ackerbauer" und „Seemann".

Einsicht stiftend in die „Oberflächenform" und ggf. in die Tiefenstruktur(en) von Textsorten.

Informieren

Die pragmatischen Grundfunktionen des Informierens sind

a) die Beseitigung von Wissensdefizit,
b) die Um- oder Neuperspektivierung von Wissen und/oder
c) eine Wissensarondierung mit Wissensbestätigung.

Abgesehen von der ersten Funktion haben die anderen beiden eine heuristische Komponente, denn Informieren ist immer auch gebunden an (erneutes) Wahrnehmen und stellt somit in einem weiten Sinne eine allgemeine Form des Beschreibens von „Welt" dar (vgl. FEILKE 2003, 186 f.). Wenn es nämlich nicht nur um schlichte Wissensvermittlung geht, dann bedeutet die Versprachlichung von Gewusstem oder Beobachtetem immer auch eine Erkenntnisform, die sich auf diese Weise mit einer Ordnungsstiftung für das formulierende Subjekt und ggf. für den Adressaten verbindet. Hierbei ist zu betonen, dass die Vorstellung, es gebe „objektives" Informieren, falsch ist. Informieren hängt so sehr von (Vor-) Kenntnissen, Wahrnehmung der „Sache" und von mehr oder wenig bewussten „Interessen" ab, dass es besser und für den Unterricht klüger ist, dies explizit zu thematisieren und daraus Schreib- und Gestaltungskonsequenzen zu ziehen. Hierin liegt auch der ganz besondere Wert dieser Textsorte für Heranwachsende; gleichermaßen nützt sie in fächerübergreifenden Zusammenhängen, wenn der Deutschunterricht sich auf solche Aufgaben denn explizit einlässt (vgl. Kap. 4). Da die Strategien bzw. auch die Muster der Versprachlichung schwierig sind, ist die pragmatische Ausrichtung dieser Sprachhandlung oft nicht genug im Fokus. Während beim Erzählen die Zeitachse und beim Argumentieren die sich steigernde „Rhetorik" die Textorganisation gewissermaßen „natürlich" beeinflussen, bedarf das Informieren einer erst zu entwickelnden bzw. zu bestimmenden Textstruktur; da stellen sich Fragen wie: Zunächst mit dem Erstaunlichen, Unbekannten oder mit dem Bekannten beginnen? Vom Detail zum Ganzen oder doch besser vom Ganzen zum Detail? Mit dem „Material" oder mit den „Funktionen" beginnen? Bei solchen Entscheidungen, die konstitutiver Teil dieser Sprachhandlung sind, geht es darum, die Offenheit gegenüber der „Sache" beim Adressaten zu erreichen, das Interesse wachzuhalten, die Bereitschaft, sich auf sachliche und/oder funktionale Gegebenheiten einzulassen, und die Fähigkeit zu kritischer Distanz zu ermöglichen – in jedem Fall um eine Form geleiteter Wahrnehmung. Textstrukturell bedeutet dies, dass Vorgänge entlang dem Zeitverlauf verfolgt werden können, während eine andere Textstruktur, zum Beispiel die Darstellung vom Ende eines Vorgangs her, einer Überlegung und Begründung bedarf. Die Darstellung von „Gegenständen" aller möglichen Art braucht hingegen in viel höherem Maße eigenständige schreiberische Organisation; eine Sprachhandlung aber bewusst so anzulegen, dass die Pespektivierung des Textes bewusst wird, eröffnet für Schreiber einen reflektierten Weg, der auch noch Spaß macht, motiviert und die Textverantwortung beim Schreiber lässt. Einer weiteren, bewusst pragmatischen Entscheidung bedarf die nähere Sinn-/Zweckorientierung des Informierens: die Spanne kann von heuristischen Gründen („Ich schreib dir das, um mir selbst darüber klar zu werden …") über reine Nutzungsinformation hin zu werbenden Aspekten (besonders vielfältig) und darüber hinaus zu verdeckten Direktiven (Hausordnung, Ticketbenutzung u. v. a. m.) reichen. Angemerkt sei, dass sich in der Praxis Rezeption und Produktion durch „Gegentexte" bzw. ironisierende Texte reflektorisch und „kreativ" verbinden lassen (zum Beispiel eine Haus*un*ordnung, eine Ticket*aus*nutzungsanleitung).

Argumentieren

Die persuasive Funktion ist zentral für das Argumentieren, durchaus in der „klassischen" Tradition: nicht überreden, sondern überzeugen; aber diese Funktion erfährt die vielfältigsten Aufladungen: Sie kann das Argumentieren vereinfachen zum Erläutern und Begründen, verstärken zum Abwägen, fast verschieben zum Werben oder verändern zum Propagieren. Voraussetzung für diese Sprachhandlung ist eine sachliche oder personale Konstellation, die Strittiges enthält; darüber hinaus gibt es Entscheidungszusammenhänge und Sachverhalte, die mittels thesenartiger Aussagen in einen Argumentationszusammenhang gerückt werden. Mit anderen Worten, nicht nur Pro/contra-Konstellationen führen zum schulischen und alltäglichen Argumentieren, sondern mit gutem Grund Erläuterungen und ähnliche Sprachhandlungen.

Die Binnenpragmatik des Argumentierens ist bekanntermaßen gut entfaltet (vgl. den Beitrag 2.4) und muss deshalb nur kurz gestreift werden. Das basale Dreigespann *These, Begründung, Beispiel* ist ja eher inhaltslogisch bzw. -strukturierend zu verstehen als pragmatisch. Denn die – rhetorischen – Sprachhandlungen wirken über Herausstellungen, Abwiegelungen, narrative und/oder deskriptive Erläuterungen/Beispiele; sie funktionieren über Aufmerksam-Machen, Ernst-Nehmen, Hinweisen, Hinzufügen usf. (vgl. Feilke 2003, 187 ff.). Gerade in diesem Bereich sind die quasi mikro-pragmatischen Möglichkeiten kaum alle aufführbar, auch wenn es so etwas wie eine argumentative Standardrhetorik gibt.

All dies ist ein Plädoyer dafür, den Erwerb eines Textsortenwissens über expliziten Unterricht zum sprachlichen Handeln zu gestalten. Dies ist methodisch über das Wissen und Explizit-Machen von Teil-Sprachhandlungen möglich – etwa in dem Sinne, wie im Zürcher Analyseraster (Nussbaumer 1991) von „Wegqualität" gesprochen wird.

2.2.4 Zur Sprachlichkeit von Textsorten

Will man weg von naiven „Sprachanweisungen" wie: „Erzählt wird im Präteritum, informiert im Präsens; verwende viele treffende Adjektive; mache die Verschiebeprobe für den Satzanschluss …", will man weg von solch kaum zu fundierenden Anweisungen, dann braucht es sehr viel Sprachwissen, um zu entscheiden, welche Sprachverwendungsmöglichkeiten einen funktionalen Sprach-

(-angebots-)unterricht (Klotz 1996) lohnen. Denn alles und jedes kann und soll der Kognition gar nicht zugänglich gemacht werden, da es zu schreiberischen „Stolpereffekten" führen kann. Zudem kann man vieles einer sich entwickelnden Sprachlichkeit (Augst/Faigel 1986; Ossner 1996) überlassen. Einige, eigentlich wenige sprachliche Phänomene scheinen geeignet, der Sprachlichkeit allgemein und eben auch der Textsortentypik anwendbare Akzente zu geben. Dass dies erweitert und verfeinert werden muss, versteht sich von selbst.

Aspekte der Sprachlichkeit beim Erzählen

Ganz fraglos ist das Tempus Präteritum ein sprachliches Konstituens des Erzählens, das eben, wie Harald Weinrich schon 1964 in „Tempus. Besprochene und erzählte Welt" herausgestellt hat, diese Sprachhandlung dergestalt markiert, dass wir bereit sind, dem Text mit unserer Vorstellungskraft zu folgen und uns auf Fiktionalität und ihre „Bilder" (Imaginativität) einzulassen. Insofern stellt der Griff nach den Tempora Präteritum, bei Vorzeitigkeit Plusquamperfekt und bei „spannenden" Augenblicken Präsens tatsächlich eine Sprachhandlung für das Erzählen dar. Dies gilt auch ein Stück weit für das Alltagserzählen und das Berichten, denn überall, wo erzählt oder berichtet wird – kurz oder lang – evoziert vor allem das Tempus Präteritum eine spezifische Rezeptionshaltung – mit der „Zeit" Vergangenheit hat dies bekanntlich nur sehr begrenzt etwas zu tun (vgl. Feilke 2003, 185).

Diesen Zusammenhang wird jeder Unterricht zum Erzählen thematisieren. Bedenklich sind so manche „Sprachempfehlungen", etwa die, möglichst oft zum treffenden oder schmückenden Adjektiv zu greifen. Dies erweist sich bei der Analyse von weithin akzeptierten Erzähltexten als Fehl-Hinweis. Attribuierende Adjektive sind wie andere Attribute auch Subrhemata, also gewichtige Informationsträger, die, wenn sie sparsam gesetzt werden, eindrücklich wirken.

Weit mehr leisten zwei andere Sprachphänomene, wenn sie klug genutzt werden: Dies ist zum einen der ausgewogene Wechsel von Themakonstanz und Themaprogression, zumal am Anfang des Erzählens. Mit anderen Worten: Nach einigen Anfangsinformationen möchte man als Leser inhaltlich-aktionistisch fortschreiten, um dann zu erfahren, wie sich die (Themen-)Zusammenhänge miteinander verbinden. Dieser wichtige Bereich des Textflusses, den die Linguistik über die in jedem Satz und Text liegende Thema-Rhema-Konstellation gut fassbar gemacht hat („Thema" ist das Bekannte, „Rhema" das jeweils Neue), ist für Textsorten kaum untersucht, lässt sich aber im Deutschunterricht praktisch durch inhaltliche Clusterbildung in der Vorbereitung zum Schreiben anregen, damit dann die Vertextung kritisch geprüft und ggf. überarbeitet werden kann.

Ähnlich relevant für die Unterscheidung bzw. Typik der Textsorten ist der Adverbialiengebrauch. Erzähltexte bedürfen geradezu einer fortgeschriebenen Deixis in Raum und Zeit (vgl. Ehlich 1983 und 1984). Lokal- und Temporaladverbialien gelten in einem Text, bis sie entweder verändert oder genauer werden, so dass dann diese für das Folgende Gültigkeit haben. Diese Beobachtung steht in guter Übereinstimmung zu Juri Lotmans (1968) literarischer Strukturanalyse:

Bewegungen im Raum und/oder Raumveränderungen signalisieren Ereignisse. Zu diesen Sprachbeobachtungen an Erzähltexten tritt hinzu, dass gegen Ende, meist am Anfang des letzten Drittels, vermehrt kausale Zusammenhänge – oft durch Kausal- und Modaladverbialien ausgedrückt – thematisiert werden. Auch dies erklärt sich gut durch die Tatsache, dass nach einer erzählten Ereigniskette das Bedürfnis nach Zusammenhängen und ihren Erklärungen steht.

Geht man von einem sich handwerklich verstehenden Sprachunterricht aus, dann lassen sich solche Sprach-Inhaltszusammenhänge prototypischerweise durchaus lehren, und zwar so, dass nach einer Schreibempfehlung Heranwachsende ihre eigenen Erfahrungen machen können, wie ihnen damit Texte gelingen. Wesentlich ist: solche Erfahrungen zu ermöglichen, und zwar zum Beispiel in dem überschaubaren Bereich von drei sprachlichen Phänomenen – hier: Tempus, Thema-Rhema und Adverbialien – beim Erzählen. Eine solche Forderung steht dem sprachgestaltenden Aufsatz zwar nahe, ist aber doch von schierer Präskription weit entfernt, denn eigentlich ist dies ein „Sprachangebotsunterricht" (KLOTZ 1996, 123 ff.), der insbesondere für „mittlere Schüler" ganz handwerklich gemeint ist und der Raum für selbstständiges Überarbeiten lässt.

Sprachliche Aspekte des Informierens

Anders als beim Erzählen kommt dem Tempus beim Informieren keine Bedeutung zu. Wenn früher auf den Gebrauch des Präsens bestanden wurde, dann oft, um Schüler davor zu „bewahren", ins Erzählen – zum Beispiel bei einer Vorgangsbeschreibung – zu geraten. Aber schon beim informativen Bericht lässt sich eine solche Maxime nicht halten, und das ist gut so. Ebenso kann sich bei einer Wegbeschreibung, die etwa von einem eigenen Ausprobieren gespeist wird, das Tempus Präteritum ganz natürlich einstellen. Mit Blick auf Thema und Rhema und auf die Adverbialien, um für das hier propädeutische Vorgehen im Unterricht diese sprachlichen Komponenten wie das Tempus konstant zu halten, ist sehr allgemein festzuhalten, dass beim Informieren größere Themakonstanz besteht: Ein Gegenstand oder Vorgang wird gewissermaßen sprachlich „umkreist". Sonst aber gilt, dass Zweck und Perspektive der Darstellung für die Textgestaltung strukturierend sind (siehe oben).

Jenseits der Klärung von Ort und Raum können beim Informieren Kausal- und Modaladverbialien einen Text erheblich verbessern, weil der Verstehensprozess durch erläuternde Grund-, Zweck-, Instrumental- und Modalangaben gelenkt werden kann (ein Schulexperiment mit der fächerübergreifenden Verknüpfung von Erdkunde mit Deutsch hat dies zum Beispiel für Sachtexte erbracht, vgl. KLOTZ 1983).

Bei einigen Formen des Informierens wie des Schilderns und Beschreibens zeigt sich, dass von erfolgreichen Autoren komplexe Attribuierungen vorgenommen werden. Dies mag seinen Grund darin haben, dass für dieses Beschreiben größere Einheiten der Wahrnehmung zugeführt und dann mittels der Beschreibung in eine – wie immer geartete – Ordnung gebracht werden. (Im Reiseführer zum Beispiel: „Die mit ionischen Kapitellen versehenen Säulen …") Syntaktisch bleiben trotz dieser möglichen sprachlichen Technik die basalen Satzstrukturen eher einfach.

Dieses schwierige und alltagsrelevante Feld des Schreibens hat in den letzten Jahren wenig bis gar keine didaktische Aufmerksamkeit bekommen; entsprechend ist der Forschungsstand, entsprechend allein gelassen sind die Lehrkräfte im Schulalltag. Hier ist ein Desiderat anzumelden, das im Rahmen prozeduraler (Schreiben als Überarbeiten) und kreativ orientierter Deutschdidaktik zu wenig gesehen worden ist. (Die Folgen waren bei der PISA-Studie im rezeptiven Bereich unübersehbar.) Methodisch ist zu fragen, ob nicht für den Anfang prototypische Schreibformen herausgesucht und mit Schülern untersucht werden, und zwar nach dem didaktischen Prinzip: Schriftlichkeit durch Schriftlichkeit.

Sprachliche Aspekte des Argumentierens

Die vielgestaltige Binnenstruktur des Argumentierens lässt die Tempusfrage nicht mehr generell aufkommen. Die Beispielgeschichte, die zur These führt, die aus der Vergangenheit stammende Begründung für die These lassen sich im Präteritum oder ggf. im Präsens formulieren. Dass Thesen im Präsens stehen, ist natürlich-sprachlich so angelegt; eine explizite Formulierung hierzu würde nur verwirren.

Argumentationstexte sind in Textsegmenten verschiedener thetischer Art strukturiert, so dass innerhalb dieser Segmente relative Themenkonstanz bei sich ergänzenden und stützenden Rhemen wahrscheinlich ist. Die Gesamtanlage dieser Textsorte wird Kausal- und Modaladverbialien begünstigen und infolgedessen hypotaktische Strukturen. Dass in dieser Konsequenz auch komplexe Attribuierungen auftreten, liegt einerseits in der Natur dieser Textsorte, andererseits kann gerade eine einfache, unter Umständen wertende Attribuierung besonders wirkungsvoll sein. Ein ganz eigenes Augenmerk verdienen wegen ihrer rhetorischen Wirksamkeit asyndetische Strukturen: Zwei Sachverhalte, zwei Sätze unverbunden nebeneinander zu stellen und dem Rezipienten die semantische und logische Verknüpfung rezeptiv als Aufgabe zu stellen, kann ein wesentliches Element überzeugender Argumentation sein, eben weil die expliziten Strukturen in den Rezipienten hineinverlegt werden (vgl. AUGST/FAIGEL 1986; KLOTZ 1996).

2.2.5 Aspekte inhaltlicher Strukturen der Textsorten

Jenseits der Themen-Rhemen-Folgen bzw. deren konstanter, progressiver oder „springender" Struktur entfaltet sich in den verschiedenen Textsorten der inhaltliche Verlauf, der „Informationsfluss", durchaus verschieden. Erzählungen folgen mehr oder weniger dem Gesetz der Sukzessivität, während informative Texte in ihrer Darstellungs- bzw. Vorgehensweise jeweils in geeigneter Weise erst organisiert werden müssen, und dies richtet sich naturgemäß gleichermaßen nach der „Sache" und dem kommunikativen Zweck.

Erzählen

Wenn „Reihenfolge" das Erzählen wesentlich in seiner Inhaltsstruktur prägt, so ist das zunächst auf der Oberfläche so. Die eigentliche mentale Struktur liegt als hierarchische Ordnung – wie bei Sätzen auch – hinter der Linearität der Darstellung. Wesentliches Konstituens für Erzählungen sind *Ereignisse* – in Übereinstimmung mit verschiedenen Ansätzen der *story grammar* (RUMELHART 1975) und mit dem Strukturalismus (LOTMAN 1986). Aber sie in einem Erzählmodell nur als Kette darzustellen (zum Beispiel BOUEKE/SCHÜLEIN 1991), deckt zu wenig auf und träfe nur für banale aktionistische Erzählungen zu. Erst wenn klar ist, dass *Ereignisse* Problemlagen mit Lösungsversuchen sind und dass zum Beispiel im Lauf einer Erzählung so manche „Lösung" in ein weiteres „Problem" führt, erst wenn dies deutlich wird, wird auch klar, wie wesentlich das Wissen und Bewusstsein um das Spannungsverhältnis von *Ausgangslage* und *Erzählziel* ist. Aus dieser Konstellation wird die *gerichtete Struktur* von – zumindest konventionellen – Erzählungen nicht nur deutlich, sondern es wird auch klar, dass solches Wissen dem Kompetenzerwerb aufhilft (vgl. KLOTZ 1996, 157 ff.). Höhepunkt ist aber nicht mit Erzählziel zu verwechseln, da sich die Konzentration auf den Höhepunkt als recht verkürzend und oft „trivialisierend" auf Schülererzählungen – und nicht nur auf diese – auswirkt. Neben der Vermittlung eines solchen Wissens und neben der allmählichen Etablierung eines solchen Bewusstseins bieten die so genannten kreativen Verfahren die Möglichkeit, ausgestaltende und das Erzählziel vertiefende Entdeckungen zu fördern.

Informieren

Die Textsorte/n Informieren ist/sind vielfältig. Eine Aufarbeitung der verschiedenen Strukturen der Textsorten innerhalb des Großbereichs Informieren steht noch aus. Doch es muss und musste in der Schule den Heranwachsenden nahe gebracht werden, und so ist neben eine mehr oder weniger gelingende Praxis ein Stück Theorie zu setzen, die im Wesentlichen im Rahmen der *Verständlichkeits*erforschung entstanden ist. Unter dem Begriff des *informativeness requirement* hat RAHEL GIORA (1988) über Tests herausgefunden und mit Hilfe der Prototypentheorie formuliert, dass informative Texte dann gut verstanden werden, wenn am Anfang der jeweiligen Textabschnitte (Textsegmente) jeweils die informativ allgemeinste Äußerung (Satz) steht und in der Folge die Informationen über den thematisierten Gegenstand Grad für Grad genauer bzw. spezifischer werden. Eigene Untersuchungen im Rahmen dieser Theorie haben ergeben, dass eine günstige und vom Gedächtnis gut verarbeitbare Spezifikationstiefe von vier bis sieben Spezifikationen pro Segment dem Informationsbedürfnis entweder genügt, oder aber nach bis zu sieben Spezifikationen das Teilthema erneut formuliert werden muss, um ein kontinuierliches Verständnis zu gewährleisten. Daher werden sowohl die Grenzen durch „Überinformation" (zu hohe Redundanz) und „Unterinformation" (abreißende Verbindung zwischen den Stufen der Spezifikationen) gezogen (vgl. KLOTZ 1996, 160 f.). Wesentlich also ist, dass die fortschreitende (Oberflächen-)Linearität des Textes durch den Rückbezug bzw. die informative Rückbezugsmöglichkeit die Verständlichkeit sichert.

Die didaktische Konsequenz – und wiederum wird hier partiell ein didaktisches Desiderat formuliert – liegt im Wissen um die bewusste Gestaltung von Textsegmenten und im Wissen um die Ordnung der Textsegmente zueinander. Dabei muss klar sein, dass diese aus der Verständlichkeits- und Textualitätsforschung stammende Struktur nicht normativ für die (schulische) Schreibgestaltung unmittelbar zu verstehen ist. Die Binnengestaltung der Segmente ist immer auch ein attraktives Spiel mit solchen Gesetzmäßigkeiten. So kann zum Beispiel eine höchst spezifische Information am Anfang eines Textsegments Interesse weckend wirken und gewissermaßen Detailgenauigkeit für einen Text „ankündigen"; in der Mitte eines Segments kann die sonst am Anfang stehende, allgemeine Information auf Widersprüchlichkeit und/oder Komplexität hinweisen. Dies ist im Rahmen von Überarbeitungen herauszufinden. Wesentlich für all diese schreiberischen Operationen ist die Bewusstheit des Vorgehens.

Ähnliches gilt auch für die Abfolge der Segmente. Wenn sich der/die Schreiber/in nicht an eine vorgegebene Abfolge halten will, dann wird die explizite Perspektivierung durch die Darstellung relevant, und das heißt, dass die Abfolge der Textsegmente als absichtliche Steuerung (hier liegt die unmittelbare Verknüpfung mit der Pragmatik vor) anzulegen ist. Didaktisch entscheidend ist, prototypische Grundstrukturen mit textgestaltenden Entscheidungen in wissender und bewusster Weise (im Sinne eines „Begleitbewusstseins") zu verbinden.

Argumentieren

Die inhaltliche Strukturierung des Argumentierens wird durch die Faktoren *Gegenstand*, *eigenes Interesse/Engagement* und *Adressaten* bestimmt. Wie beim Informieren auch kann die Begründung eines Arguments, einer Aussage/These tiefengestaffelt sein. Auch hier bietet sich die Reihung vom Allgemeinen zum Besonderen an, aber gerade bei dieser Textsorte kann die Umkehrung dieser Folge besonders wirkungsvoll sein. Die Strukturierung von Textsegmenten (KLOTZ 1991) kann beim Argumentieren ähnlich verlaufen wie beim Informieren, da ja auch beim Argumentieren eine perspektivierte Form von „Information", nämlich mit dem Ziel des Überzeugens, versucht wird. Und ähnlich wie beim Erzählen ist die Organisation des Textes letztlich auf ein Ziel auszurichten, wobei dies in einer steigernden Weise ebenso erreichbar sein kann wie mit einem scheinbar resignativen Schluss, der dem jeweils anderen eine neue Reflexion gewissermaßen „zuschiebt" oder zutraut – das ist dann rhetorische Strategie.

2.2.6 Schluss

Diese äußerst knappe Skizze setzt nicht nur auf die drei Konstituenten Pragmatik, Sprachlichkeit, inhaltliche Strukturiertheit, um Textsorten kommunikativ, substantiell und von ihrer Binnengesetzlichkeit zu erfassen, sondern sie betont die Vermittlung dieser Grundzüge als Wissen und als Erfahrung, die sich erst im

Ausprobieren zu einer differenzierten Bewusstheit entwickeln. Insofern bestehen Nähe und Ferne gleichermaßen zum sprachgestaltenden Aufsatz, zum kommunikativen und zum heuristischen Schreiben. Es gibt Aspekte, die immer wieder der Thematisierung bedürfen, einfach weil sie auf Wesentliches zielen. Das Hineinwachsen in die Routinen und Sprachhandlungsformen der Textsorten kann als ein problemlösendes Konzept gesehen werden, das im Überarbeiten und im Herausfinden der „guten" bzw. der geeigneten Version seinen methodischen Grundansatz hat, der in zwei Schritten verfolgt wird, nämlich über prototypische Grundformen zu alltagsrelevanten und zu spielerischen Formen, denn Textsorten sind Alltagsroutinen.

Weiterführende Literatur:

Adamzik, Kirsten (Hrsg.) (2000): Textsorten. Reflexionen und Analysen. Tübingen: Stauffenburg.

Feilke, Helmuth/Portmann, Paul R. (Hrsg.) (1996): Schreiben im Umbruch. Schreibforschung und schulisches Schreiben. Stuttgart: Klett.

Feilke, Helmuth (2003): Entwicklung schriftlich-konzeptualer Fähigkeiten. In: Bredel, Ursula u. a. (Hrsg.): Didaktik der deutschen Sprache. Ein Handbuch. Paderborn: Schöningh, Bd. 1, 178–192.

Hausendorf, Heiko (2000): Die Zuschrift. Exemplarische Überlegungen zur Methodologie der linguistischen Textsortenbeschreibung. In: Zeitschrift für Sprachwissenschaft, 19, H. 2, 210–244.

Klotz, Peter (1996): Grammatische Wege zur Textgestaltungskompetenz. Theorie und Empirie. Tübingen: Niemeyer.

Nussbaumer, Markus (1991): Was Texte sind und wie sie sein sollen. Ansätze zu einer sprachwissenschaftlichen Begründung eines Kriterienrasters zur Beurteilung von schriftlichen Schülertexten. Tübingen: Niemeyer.

Ina Karg

2.3 Narratives Schreiben oder Marions Missgeschick

2.3.1. Eine Schülerarbeit als Beispiel

Die Strafarbeit

Die kleine Arbeit über ein alltägliches Ärgernis an einem durchschnittlichen Schultag ist im Aufsatzunterricht einer fünften Klasse entstanden. „Formalsprachlich", wie dies im Korrekturjargon gewöhnlich heißt, weist sie weder Orthografie- noch eklatante Grammatikfehler auf. Die wenigen Striche, mit denen die Schülerin das Geschehen skizziert, schlagen sich sprachlich in Parataxen nieder, die nur einmal durch ein Satzgefüge unterbrochen werden. Einige

Die Strafarbeit

Marion sammelt Aufkleber. Sie braucht dringend welche. Steffi hat neue dabei. Der Austausch der Aufkleber ist in der Deutschstunde, heimlich unter der Bank. Plötzlich fällt aber das Heft mit den Aufklebern herunter. Der Lehrer erwischt sie und sie bekommt eine Strafarbeit. Marion ist sauer. Auch ihr Käsebrot schmeckt ihr jetzt nicht mehr. Lilli wollte dann wissen, was passiert ist.

Das ist der Höhepunkt, den Du ausbauen und ausmalen solltest!

Die Strafarbeit

Marion sammelt Aufkleber. Sie braucht dringend welche. Steffi hat neue dabei. Der Austausch der Aufkleber ist in der Deutschstunde, heimlich unter der Bank. Plötzlich fällt aber das Heft mit den Aufklebern herunter. Der Lehrer erwischt sie und sie bekommt eine Strafarbeit. Marion ist sauer. Auch ihr Käsebrot schmeckt ihr jetzt nicht mehr. Lilli wollte dann wissen, was passiert ist. Am Ende hat Marion auch noch den Bus verpaßt.

Erlebniserzählungen sollten in der Zeitstufe der Vergangenheit abgefaßt werden!

Abtönungspartikel, Adverbien und Pronomina schaffen immerhin eine gewisse Kohärenz.

Die Schülerin erzählt als Beobachterin vom Pech zweier Mädchen, die sich während der Deutschstunde mit einer Tauschaktion befassen, statt auf den Unterricht zu achten. Die Tatsache, dass das Album zu Boden fällt und die Aufmerksamkeit des Lehrers auf sich zieht, löst eine Kettenreaktion aus. Die Schülerin bereitet dieses Missgeschick beim Austausch der Aufkleber als das zentrale Ereignis in drei kurzen Sätzen vor und zählt anschließend Satz für Satz die Wirkungen auf. Zunächst folgt die Strafe, dann Marions emotionale Reaktion, ihr Ärger, der ihr den Appetit verdirbt, und die Wahrnehmung durch andere, als eine dritte Akteurin auftritt. Schließlich versäumt Marion den Bus, was zwar nicht Folge des Missgeschicks ist, aber in den Gesamtrahmen eines Unglückstages passt.

Der unterrichtende Lehrer ist mit der Leistung seiner Schülerin nicht zufrieden. In der Tat hätte er Anlass, etwa die Kürze der Arbeit zu monieren, die allzu viele Leerstellen aufweist und den Leser alleine lässt, oder den wenig abwechslungsreichen und simplen Satzbau zu vermerken. Auch die Logik bereitet Probleme: Warum bekommt nur eine der beiden Schülerinnen eine Strafarbeit, wo doch beide an der Tauschaktion beteiligt waren? Und wann und wo genau taucht Lilli auf? Wenn sie keine Mitschülerin ist und daher das Geschehen nicht selbst mitbekommen hat, warum interessiert sie sich dann überhaupt dafür? Der Kommentar des Lehrers zu dieser Schülerarbeit beschränkt sich jedoch auf eine Randbemerkung, die den „Höhepunkt" anmahnt, sowie auf den Satz: *Erlebniserzählungen sollten in der Zeitstufe der Vergangenheit abgefasst werden.* Er ruft damit eine Aufsatzgattung auf, die im Deutschunterricht ebenso populär wie erfolgreich ist, die immer wieder aber auch umstritten war und zu Revisionen und Alternativen herausgefordert hat.

2.3.2 Kennzeichen einer Schülerzählung

Wer von „Erlebniserzählung" spricht, meint Folgendes:
Eine Einleitung soll Ort, Zeit und nähere Umstände eines Erlebnisses benennen. In Schritten wird dann eine Handlung oder ein Geschehen entwickelt, bei dem einzelne Phasen so auseinander hervorgehen sollen, dass sich durch Andeutungen und allmähliche Enthüllungen Spannung aufbaut, die zu einem Höhepunkt führt. Auf diesen Höhepunkt werden alle Einzelheiten hinstilisiert, die bedeutsam sind, das heißt Bedeutsamkeit ergibt sich allein aus dieser Stilisierung. Danach soll nicht abrupt, aber auch nicht in die Länge gezogen der Schluss, das heißt ein glücklicher Ausgang, eine Entscheidung oder eine Lösung erfolgen.
Zur Erlebniserzählung gehört eine bestimmte Sprache, nämlich Aktion signalisierende Verben und illustrierende Adjektive, Attribute und Vergleiche, denn der Leser soll sich gut in das Geschehen hineinversetzen können, soll miterleben und unterhalten werden. Dazu gehört vor allem auch, dass man zum einen „lebendig erzählt", wozu die wörtliche Rede dient, wenn man seinen Figuren etwas in den Mund legt, und zum anderen, dass „inneres Geschehen", wie Angst, Freude, Erwartung, Hoffnung, Enttäuschung, eine Rolle spielen soll. Typisch ist weiterhin, dass der Lehrer von Marions Erzählerin die Vergangenheitsstufe (Präteritum) fordert. Das Präteritum kann allerdings auch am Höhepunkt zugunsten des so genannten „szenischen Präsens" aufgegeben werden, womit man die Illusion der Gegenwärtigkeit vermitteln und den potenziellen Leser direkt einbeziehen möchte. Einschlägige Schulbücher geben Zeugnis davon. In Richtlinien und Lehrplänen nicht weniger Bundesländer, noch in neuesten Unterrichtswerken sowie in Schülerheften ist Aufbau und Gestaltung der Erlebniserzählung anschaulich als Spannungskurve, „Erzählmaus" oder „Treppe" präsent (Cornelsen: Deutschbuch 5 für Bayern, Handreichungen für den Unterricht, Vorabdruck März 2003, insbesondere S. 48). Eine solche Erlebniserzählung hat die Schülerin, die von Marions Strafarbeit erzählt, nicht geschrieben, und es ist zu vermuten, dass ihr Lehrer in seinem Unterrichtsprogramm durch Übungen den Aufbau und die Sprache der Erlebniserzählung nun umso intensiver zu vermitteln sucht.

2.3.3 Von der Karriere einer Aufsatzgattung

Erlebniserzählungen werden im Deutschunterricht etwa von der dritten bis zur sechsten Jahrgangsstufe gelehrt. Es hat gewisse Plausibilität, die Spuren ihrer Geschichte zurückzuverfolgen und den Ursprung dort zu suchen und zu finden, wo in einem Schulzusammenhang in propädeutischer Absicht Rhetorik gelehrt wird. Otto Ludwig hat dies getan und ist dabei auf Johann Christoph Gottsched gestoßen (Ludwig 1984). Zwei Dinge scheinen bei dieser Spurensuche bedeutsam: Gottsched äußert sich ausführlich und in Ergänzung zur antiken Rhetorik über die Gerichtsrede und dabei wiederum über die „narratio", das heißt den Teil, der als „Erzählung" dem Publikum die Ereignisse nahe bringt, die dem eigentlich zu verhandelnden Geschehen vorausgehen, deren Kenntnis aber für ein Verständnis und eine Beurteilung der vor Gericht anstehenden Sache unabdingbar ist. Diese

Erzählung habe „wahrhaft" und „deutlich" zu sein, dürfe nichts für den Sachverhalt Wesentliches auslassen, müsse bei einer gewissen Länge in Teile eingeteilt sein und habe in angemessener Form den Zuhörer emotional zu berühren. Ferner legt GOTTSCHED in den *Vorübungen der Beredtsamkeit zum Gebrauche der Gymnasien und höheren Schulen* von 1754 dar, dass kein vollständiger Unterricht in Beredsamkeit auf den Schulen mehr stattfinden solle, sondern „Vorübungen", womit ein entscheidender Schritt zur Verselbstständigung des schulischen Schreibens und der im Schulzusammenhang entstehenden Schriftstücke getan zu sein scheint. Man könnte auch sagen, dass damit das „Aufgesetzte" zum „Aufsatz" geworden ist.

Die Stationen einer Didaktikgeschichte des Erzählens sind von denen der Aufsatzlehre grundsätzlich nicht zu trennen. Hinzuweisen ist auf die bedeutsame Rolle der Reformpädagogik, für die der „freie Aufsatz" zum Markenzeichen wird, mit dem sie auf den kindlichen Ausdruckswillen und die erfahrbare Alltagswirklichkeit setzt und sich gegen die bloße Ausführung vorgegebener Stilnormen richtet (vgl. auch Beitrag 2.1). Die Erlebniserzählung ist in ihrem Anspruch an die Erfahrung der Kinder gebunden geblieben: Ereignisse von der Art wie Marions Missgeschick gehören zum Schulalltag, und wovon Kinder erzählen sollen, wenn sie Erlebniserzählungen verfassen, sind ihre „eigenen" Erlebnisse. Doch macht der Blick auf das, was Marions Erzählerin mitteilt und wie sie es tut, gleichzeitig auf ein Problem aufmerksam: Geht es nur um Eigenes und Expressivität, so kann sich die Schule eigentlich kaum einmischen. Andererseits muss sie aber überlegen, was sie mit Kindern tut, denen „nichts einfällt". Dieses Problem dürfte nicht unerheblich dazu beigetragen haben, dass schrittweise Einschränkungen der Freiheiten erfolgten. Subjektivität und Expressivität in ein Konzept der „Sprachbildung" und „Sprachgestaltung" zurückzubinden, führt schließlich zur Systematik der Aufsatzgattungen, wie sie jedem bekannt sein dürfte, der jemals muttersprachlichen Deutschunterricht erhalten hat. Der Erlebniserzählung fällt dabei die Rolle der Initiation zu, denn sie steht am Anfang der produktiven Schreibarbeit in der Schule und ist gleichsam das Paradigma der als „subjektiv" kategorisierten Gattungen. In einem verfeinerten System, bei dessen Umsetzung insbesondere auf die Einhaltung der Grenzen zwischen den Gattungen geachtet wird bzw. wurde, zählen dazu auch Schilderungen, während Berichte und Beschreibungen als objektiv gelten. Sprachbücher der Nachkriegszeit, und nicht selten solche der Gegenwart, geben davon Zeugnis, während die didaktische Reflexion dies zumindest differenzierter sehen musste (vgl. zum Beispiel mehrere Beiträge in EHLICH 1984), vor allem dann, wenn der Blick auf die sprachliche Wirklichkeit außerhalb der Klassenzimmer gerichtet wurde.

Der Versuch, Aufsatzgattungen aus einem Schulghetto zu befreien, führte daher im Rahmen der kommunikativen Aufsatzlehre dazu, Schüler und Schülerinnen nicht in erster Linie mehr „Erzählungen" schreiben, sondern sie auf der Grundlage der Sprechakttheorie „erzählen" zu lassen. Bislang vermeintlich klare Grenzen zwischen Bericht und Erzählung, literarischem Erzählen und Alltagsgeschichten, selbst Erlebtem und Erfundenem werden dann, wenn nicht obsolet, so doch in eine andere Perspektive gerückt. Alternative Vorschläge bestehen etwa darin, Kinder Briefe schreiben zu lassen, in denen sie anderen oder einander, auf jeden Fall aber in zumindest als real denkbaren sprachlich zu bewältigenden Situationen erzählen (vgl. Klein 1980 mit weiterer kritischer Literatur der Zeit). In der unterrichtlichen Praxis allerdings änderte sich einigermaßen wenig. Nur allzu verführerisch war es beispielsweise, die entstehenden Briefe als Texte wieder nach dem bekannten Schema zu organisieren und überdies mündliches Erzählen lediglich als Vorstufe zum schriftlichen zu verstehen, ja mitunter das traditionelle Muster nun auch noch für das mündliche Erzählen zu reklamieren. Ortwin Beisbart weist in einem Aufsatz (1989 b) zu Recht darauf hin, dass die beiden erfolgreichsten schreibdidaktischen Konzepte der deutschen Nachkriegszeit, nämlich das sprachgestaltende und das kommunikative, hinsichtlich des didaktischen Wirkens letztlich dem Gegenstand, das heißt dem entstehenden schriftsprachlichen Produkt verhaftet blieben.

Und so nimmt es nicht Wunder, dass erneut „Befreiung" gefordert wurde: ein Grund, auf Kreativität zu setzen, Vielfalt der Impulse, Ansätze und Formen des Schreibens in der Schule zu ermöglichen, vor allem aber das „Schreiben" zu betonen. Das bedeutet, Schreiben als einen Prozess auch für das didaktische Wirken im Hinblick auf das Erzählen und die Förderung der Erzählfähigkeit in und durch die Schule ernst zu nehmen (vgl. den Beitrag 1.4).

Auch von einer anderen Seite geriet das Erzählen in der Schule bzw. die Entwicklung der Erzählfähigkeit von Kindern in den Blick. Es ist dies die Vorstellung, dass es gleichsam ein Prinzip des Erzählens gibt, das heißt etwas, das allen Erzählungen gemeinsam ist und in einem als „story grammar" bezeichneten „Schema" besteht, das – so die aus der Kognitionspsychologie stammende Auffassung – jedes Erzählen organisiert und sich als „Superstruktur" in allen Erzählungen nachweisen lässt. Boueke hat dieses Modell in einer empirischen Studie als ein Instrument für Aussagen über die Entwicklung der Erzählfähigkeit von Kindern verwendet, dabei zugleich aber das Modell erweitert. Dazu gehört zum Beispiel der „Kontrast zwischen einem anfänglichen Alltagsgeschehen und einem im Gegensatz dazu stehenden besonderen Geschehen" (Boueke 1990, 239). Damit wird – wiederum – auf die Besonderheit, Bedeutsamkeit und Erzählwürdigkeit dessen rekurriert, was eine Erzählung bietet und die Nähe zum Modell der Spannungskurve und dem außergewöhnlichen Erlebnis unverkennbar, vor allem, wenn es um die Lehrbarkeit geht (Boueke/Schülein 1988). Dies wird noch verstärkt, wenn man auf Reaktionen und inneres Geschehen bei den Akteuren abhebt. Auch eine bestimmte Sprachgebung mit Adverbien, wie „plötzlich" oder „auf einmal" und der Gebrauch der direkten Rede wird in Erzählungen von Kindern ausfindig gemacht und die An- bzw. Abwesenheit einschlägiger Elemente als Signal für den Stand der Entwicklung ihrer Erzählfähigkeit betrachtet. Hausendorf/Wolf 1998 haben schließlich versucht, daraus konkrete Konsequenzen für die Erzähldidaktik zu ziehen.

Betrachtet man vor dem Hintergrund einer solchen Erzählgrammatik, was Marions Erzählerin schreibt, so könnte man ihr attestieren, dass sich die „syntaktische Struktur" einer Erzählung bei ihr findet, dass aber die von ihr in den letzten Sätzen ihrer kleinen Geschichte genannten Elemente – Lilli, Käsebrot und Bus – dazu nicht gehören würden. Interessant ist die Empfehlung zur Umakzentuierung, die der Lehrer seiner Schülerin mit dem Hinweis auf den „Höhepunkt" gegeben hat. Auch für ihn sind Lilli, Käsebrot und Bus unwesentlich.

Daraus aber wird deutlich, dass sich unbeschadet aller Entwicklungen und didaktischer Reflexionen die schulische Erlebniserzählung geradezu als ein Erfolgsmodell erweist: Die wechselvolle Geschichte der Aufsatzlehre und Schreibförderung im Spannungsfeld von Freiheit und Vorgaben, Produkten und Prozessen, eigengesetzlichen Schultexten, kommunikativer Wirklichkeit und grundsätzlichen Erzählprinzipien hat sie nicht etwa beseitigt, sondern durchaus resistent gemacht, da es ihr offenbar immer wieder gelungen war, Impulse aufzunehmen und einer bestehenden Praxis anzuverwandeln. Erlebniserzählungen schreiben zu lassen, kann sich auf eine respektable rhetorische Autorität berufen, kann sich in eine lange Tradition stellen, und das anvisierte Produkt ist leicht zu definieren und in ein Korrektur- und Kriterienraster für Schülerleistungen zu gießen. Tatsächlich *kann* man ja auch in dieser Form etwas erzählen, und die unterrichtliche Begleitung von Schreibprozessen muss auch nicht notwendigerweise zu anderen *Formen des Erzählens*, das heißt anders strukturierten Texten, führen – das gerade nicht. Zumindest werden in der unterrichtlichen Praxis darunter allenfalls verschiedene Füllungen des Spannungs-Höhepunkt-Modells verstanden. So dokumentiert beispielsweise im Heft einer Schülerin ein Eintrag, dass Fantasieerzählung und Erlebniserzählung als zwei Formen des Erzählens nur im Hinblick auf den Inhalt unterschieden werden, wenn es heißt:

Eigentlich braucht man für jede Erzählung Fantasie. Für die Erlebniserzählung kann ich mir ja vieles ausdenken, es muss aber möglich sein.
Eine Fantasieerzählung sprengt diese Grenze. Die Erzählung spielt in einem nichtwirklichen Raum. Trotzdem soll es kein wildes Durcheinander von Einfällen sein. Eine gute Idee ist ein Zentralmotiv, zum Beispiel sprechende Tiere, belebte Gegenstände, Zukunftsmotive (Technik, Weltraum, Außerirdische, Science Fiction, Zauberei, besondere Fähigkeiten, Zeitreise, Verwandlung).

Das Erzählen selbst bleibt dem Muster von Spannungskurve mit Höhepunkt und dem Sprachgestus von Aktion und Einfühlsamkeit verhaftet. Anderes Erzählen ist selten mehr als eine unterschiedliche inhaltliche Füllung des Grundmusters. Andererseits würde aber auch Marions Erzählerin, wollte man ihr erklären, sie müsste für eine Erlebniserzählung ihre Erzählelemente anders arrangieren, wohl darauf beharren, dass das Geschehen eben „wirklich" so und nicht anders abgelaufen sei. Sie würde also gerade diese angesetzten Kriterien ernst nehmen, was den Blick auf gewisse Probleme des Modells lenkt:

Dass man *dann* von erzählten Erlebnissen spricht, wenn sie „möglich" sein sollen, und man sich für Fantasiegeschichten etwas ausdenken kann, das es nicht gibt, sieht nur fürs Erste leicht einsehbar aus. Dabei liegt die Schwierigkeit nicht etwa darin, dass unterschiedliche Menschen Unterschiedliches für möglich halten und darüber streiten können. Das ist zwar in der Tat nicht unbedeutend, und ohne dass „Realität", „Wahrheit" und „Wahrscheinlichkeit" ausgehandelt werden müssten, gäbe es auch keinen Fortschritt der Menschheit. Für das Erzählen jedoch ist wichtig, dass es stets Ausschnittcharakter hat und nie „die Wirklichkeit" selbst ist, sondern immer ein Teil von ihr in Re- und Neukonstruktion. Damit aber wird der Konstruktionscharakter zum Angelpunkt des Erzählens – nicht etwa ein Zentralmotiv, eine Spannungskurve oder ein Höhepunkt. Verschiedene Formen würden sich dann aber auch nicht oder zumindest nicht allein in inhaltlichen Unterschieden zeigen, sondern in unterschiedlichen Erzählkonzepten, das heißt unterschiedlichen (Re-)Konstruktionen erfahrener oder vorgestellter Wirklichkeit.

Wenn Kinder daher auf ein einziges Erzählkonzept festgelegt werden, so kann es nicht ausbleiben, dass sie dort Schwierigkeiten bekommen, wo sie etwas als ihr „Erlebnis" verstehen, das sich nicht in ein Muster von Spannung und Höhepunkt pressen lässt, und ihnen nicht gleich angesichts von Alltagsbanalitäten die Knie schlottern und die Schweißperlen auf der Stirne sitzen. ROLF GEIßLER (1968) hat auf die Gefahr von Sensationshascherei, maßloser Übertreibung und Klischeehaftigkeit hingewiesen, die das Erzählkonzept der Erlebniserzählung in sich trägt, und hat die vielfach nur inszenierte Pseudodramatik des Aufbaus von Spannung und Höhepunkt als gar nicht genuine Erzähltechnik, sondern als aus der Dramentheorie abgeleitetes Konzept entlarvt.

Für Marions Erzählerin war offenbar der *gesamte* Tag in seiner unaufhaltsamen Verkettung unschöner Ereignisse *ihr* Erlebnis, und so möchte sie auch *davon* erzählen. Das Missgeschick ist Auslöser für eine Serie von Unannehmlichkeiten, von denen sich der Erzählerin offenbar keine als „Höhepunkt" dargestellt hat und sich somit auch als solcher nicht darstellen ließ. Dass man nun das „Erlebnis", wie es die Schülerin versteht, nicht in eine Schieflage bringt, heißt jedoch nicht, dass man es bei dem belassen müsste, was sie ohnehin erzählt und erzählen kann.

2.3.4 Dimensionen des Erzählens

Die Literatur ist voller Geschichten. Vielleicht ist die Lyrik, sind Sprachexperimente und Sprachspiele eine Ausnahme. Epische Formen jedenfalls zeigen Vielfalt in Länge und Struktur, Sprache und Stil: In Versen, in Prosa, gereimt, ausladend in sprichwörtlicher epischer Breite oder knapp und geradezu rudimentär kann erzählt werden. Und auch das Drama kannte schon in der Antike die Botenerzählung, um ein Geschehen in die Bühnengegenwart hereinzuholen, das zeitlich oder räumlich außerhalb angesiedelt ist und nicht im Spielvorgang selbst vorgeführt werden kann oder soll. Geschichten sind ferner nicht nur erzählt, sondern das Erzählen ist auch kommentiert und reflektiert worden: Von den Literaturexkursen in mittelalterlichen Versepen über LAWRENCE STERNE bis zu PAUL MAAR haben Autoren ihre Erzähler über den Erzählvorgang nachdenken lassen. Dazu kommt, dass Kinder vom Beginn ihres Lebens an auf Geschichten stoßen. Mit Mythen und Märchen, mit Erzählungen über Erfahrenes und Erdachtes wird Unterweisung und Orientierung gegeben und das Wissen von der Welt gesichert, das eine Generation der nächsten mit auf den Weg geben will (WALTON/BREWER 2001). Und letzlich wird immer dann erzählt, wenn anderes in eine Sprechsituation hereingeholt wird, ob dies nun als mündlicher unmittelbarer Kommunikationsakt erfolgt, oder man seine Erzählung niederschreibt und diese dann Mittel und eventuell auch neuer Gegenstand der Verständigung wird. Im Grunde ist jede Rekonstruktion von erfahrener Wirklichkeit eine Geschichte. Dies liegt an der Zeitlichkeit, aus der Menschen nicht aussteigen können, trotz Internet und E-Mail-Kontakt über Kontinente und Zeitzonen hinweg. Niemand kann den anderen, dem er Geschehenes oder Vorgestelltes mitteilen möchte, in die Vergangenheit oder in eine andere Welt mitnehmen, um ihn „tatsächlich" teilhaben zu lassen.

Das macht auf etwas Zweites aufmerksam: Erzählen erfolgt immer von einer (neuen) Perspektive aus. Im Falle des *Hereinholens* von Vergangenheit ist es nicht Zitat, sondern als Rekonstruktion immer auch Bewältigung und Sinngebung – ganze Völker haben damit zu tun, ihre Erzählungen zu organisieren, und für die eigene Biografie gilt im Grunde genommen dasselbe. Ob man bei diesen Überlegungen so weit gehen und sagen mag, dass alles, was wir tun und wie wir handeln, letztlich eine Ansammlung von Geschichten ist, die wir uns und anderen erzählen, soll hier nicht entschieden werden. Auf jeden Fall aber gilt: Ein Erzähler kann *medias in res* gehen, kann abschließen, den Schluss offen lassen oder abrupt in der Pointe enden, er kann Spannung schrittweise entfalten, so dass sich Gründe für Handlungen allmählich offenbaren, er kann in Andeutungen Erwartungen aufbauen und sie anschließend bestätigen oder enttäuschen. Er kann ein komplexes Netz von Anspielungen spinnen, kann variierend wiederholen, mehrfach ver- und enträtseln, ein Bezugsgeflecht von Parallelen und Oppositionen herstellen, kann zwischen Dialog- und Erzählphasen wechseln u. v. m. (vgl. Ludwig 1981 zu einigen Formen, Funktionen und Variationen des Erzählens). Dies sind jedoch nicht einfach Techniken oder gar erst moderne Techniken des Erzählens. Dass dem nicht so ist, zeigen Jahrhunderte Literatur und poetologischen Bemühens um das Erzählen, das sich immer um das Vexierspiel von Wirklichkeit, Wahrnehmung und Repräsentation gekümmert hat. Erzählen ist Konstruktion und Rekonstruktion und präfiguriert zugleich Neukonstruktion von Welt und Wahrnehmung.

2.3.5 Förderung der Erzählfähigkeit im Unterricht

Nimmt man die Überlegung ernst, dass der Entstehungsprozess eines Schriftstücks nicht linear von der Idee zum fertigen Text abläuft, sondern dass es Vor- und Rückgriffe, angesetzte Konzeptionen und Revisionen gibt (Beisbart 1989 b), so wäre genau hier anzusetzen, um Marions Erzählerin zu unterstützen. Drei Aspekte scheinen dabei von Bedeutung, die zunächst getrennt bedacht, die aber bei der Entstehung einer Erzählung und deren unterrichtlichen Begleitung miteinander in Zusammenhang gebracht werden müssen.

a) Es bedarf der Abgrenzung eines Ausschnitts und der Auswahl des Zeitraumes, der Gegenstand des Textes werden soll. Marions Erzählerin hat klare Vorstellungen von dem, was ihre „erzählte Zeit" sein soll. Auch weiß sie, dass sie eine kurze Vorgeschichte, eine Erklärung oder einen Grund angeben muss, um verständlich zu machen, was geschah. Doch dann lässt sie ihre Leser alleine, das heißt ihre Geschichte lässt Stellen leer, für deren Füllung es auch aus dem Zusammenhang ihres Textes keine hinreichenden Hinweise gibt. Sich einen Zeitabschnitt für ein Geschehen zu wählen, bedeutet auch, die Einzelheiten zu bedenken, die eine Rolle spielen sollen, einschließlich der Personen, die als Akteure und Co-Akteure auftreten, und wann und warum sie das tun. Manche Kinder erzählen von ganzen Abschnitten ihres Lebens, andere von Zufällen, wieder andere von einer Serie von Ereignissen, die sie gerade als *Serie* für erzählenswert halten. Der Ausschnitt, der vorgenommen wird, impliziert Deutung, denn durch die Auswahl trifft ein Erzähler eine Entscheidung über das, was er für wichtig hält. Die Bedeutsamkeit eines Geschehens liegt weder im Geschehen selbst, noch in seiner Platzierung als „Höhepunkt", sondern Bedeutungszumessungen können auf all die vielfältigen Arten erfolgen, die sich in den Möglichkeiten des Erzählens zeigen. Das heißt aber, dass ein Erzähler auch von Anfang an bereits Akzentuierungen und Strukturierungen mit bedenken muss.

b) Spielen Geschehnisse eine Rolle, die auf verschiedenen Zeitebenen liegen, so muss beim Verfasser zunächst darüber Klarheit bestehen. Erst dann kann er gezielt, gekonnt und wirkungsvoll Bezüge zwischen ihnen herstellen. Das kann chronologisch oder sachlogisch in Form von Ursache und Wirkung, aber auch von Vorgriffen und Nachtragungen, von Andeutungen und Auflösungen erfolgen. Je nachdem kann dies für den Leser leicht nachvollziehbar, mitreißend oder irritierend wirken. Andeutungen oder Vor- und Rückgriffe gibt es bei Marions Erzählerin nicht. Ihr Unterricht müsste es leisten, ihr zu zeigen, wie man auch nicht-lineare Strukturen aufbauen kann und wie unterschiedlich sie auf Leser wirken können.

c) Beim schriftlichen Erzählen entsteht ein Text. Dies mag in erster Linie an die sprachliche Form denken lassen, die ein Erzähler in kommunikativer Absicht wählt, um seine Leser zu belustigen, nachdenklich zu machen, ihnen Neues, Erstaunliches oder Fantastisches zu erzählen, sie mitzunehmen in den Alltag oder sie in utopische Welten zu entführen. Marions Erzählerin hat nüchtern und trocken ein Alltagsgeschehen skizziert. Man sollte ihr zeigen, wie sie auch anders formulieren könnte und wie andere Erzähler dies getan haben, um ihr Möglichkeiten zur Verfügung zu stellen, für ihren Ausdruckswunsch auch Ausdrucksformen zu finden und zu wählen, wobei nicht gesagt sein soll, dass nicht auch eine Skizzierung eines Geschehens in wenigen Worten sehr wirkungsvoll sein könnte.

Doch „Erzähltext" ist nicht allein die sprachliche Seite oder gar nur eine letzte Zutat im Schreibprozess. Vielmehr muss die Zielvorstellung, eine Erzählung als einen Text zu schreiben, für einen Erzähler von Anfang an eine Rolle spielen. Schon das Verhältnis von erzählter Zeit und Erzählzeit, das heißt was erzählt werden und in welchem Umfang dies geschehen soll, ist zwar nicht generell festgelegt und festlegbar, aber doch auch nicht beliebig. So offen beispielsweise ein

Schluss inhaltlich bleiben kann, so sehr muss doch das Erzählen selbst zu einem Abschluss kommen. Auch das Arrangement der Erzählelemente, die Akzentuierung und die Strukturierung tragen zur Textkohärenz bei. Einen Erzähltext zu verfassen, ist ein komplexer Vorgang, bei dem in sehr unterschiedlicher Weise inhaltliche Auswahl, Strukturierungen und sprachliche Gestaltung ineinander spielen.

2.3.6 Ausblick

Sollen Schüler und Schülerinnen nicht nur lernen, einen Schulaufsatz zu schreiben, sondern sowohl erzählend mündliche Alltagskommunikation bewältigen, als auch schreibend so erzählen, dass es auch jenseits der Schulmauern Bestand haben kann, so sollten sie solche Texte ihrer kommunikativen Umgebung kennen lernen und erkunden, in denen erzählt wird – von allen möglichen Ereignissen, von denkbaren und vielleicht undenkbar erscheinenden Dingen und dies in der vielfältigsten Weise. Deren Inhalte, Bauformen und sprachliche Gegebenheiten wären zu untersuchen, um daraus Nutzen für die eigene Arbeit zu ziehen. Wenn damit der Eindruck entsteht, dass Inhalt, Aufbau und Sprache drei Phasen der Entstehung eines Textes sind, so wäre dies in einem heuristischen Sinne richtig, doch tatsächlich, das heißt für jeden Erzähler und auch für die unterrichtliche Begleitung der Arbeit der Schüler und Schülerinnen ist entscheidend, dass der Erzähltext stets im Vor- und Rückgriff entsteht. Dies bedeutet, dass Inhalt, Struktur und eigentliche sprachliche Gestaltung miteinander in Beziehung stehen und in Beziehung gesetzt werden müssen, was im Übrigen auch auf die Wichtigkeit von Überarbeitungen im Schreibprozess aufmerksam macht (vgl. Butz 1991 zum Erzählen; grundsätzlich den Beitrag 5.1).

Zwei wesentliche Aspekte seien noch einmal betont: Aus didaktischer Perspektive ist Schreiben nicht allein Textproduktion, sondern umfasst auch andere Funktionen, etwa die des Erkenntnisgewinns durch die Schreibhandlung (vgl. bereits Fritzsche 1980 zur heuristischen Funktion und für die Sekundarstufe II). Mit Blick auf die Realität einer Kulturgemeinschaft ist Erzählen die vielfältigste Art zu kommunizieren. Die Verbindung beider zentraler Einsichten würde Erzählen und Erzählförderung dann nicht mehr allein auf den Erzählaufsatz der Jahrgangsstufen drei bis sechs mit Spannung und Höhepunkt beschränken, sondern könnte weiterhin gepflegt und als sinnvolle und wichtige Aufgabe auch von älteren Schülern und Schülerinnen bearbeitet werden. Dass dies immerhin mögliche Realität sein kann, zeigen konkrete Vorschläge eines „Erzählkurses", bei dem weder an Kinder noch unbedingt an einen Schulzusammenhang gedacht ist (vgl. Waldmann/Bothe 1992). Zunehmende Komplexität der Texte, Vielfalt der Anlässe, Strategien der Reflexion und Überarbeitung sowie Adressatenbezug würden die einstigen Zuordnungen der „Aufsatzgattungen" zu Jahrgangsstufen ablösen und wären eine denkbare Möglichkeit zum Aufbau eines Erzählcurriculums. Insgesamt gesehen wird es darum gehen müssen, die vielfältigen Aspekte und Facetten des Erzählens kennen zu lernen, zu erproben und einen zunehmend größeren Reichtum an Ausdrucksmitteln zur Verfügung zu haben.

88

Weiterführende Literatur:

BEISBART, ORTWIN (1989 b): Schreiben als Lernprozeß. Anmerkungen zu einem wenig beachteten sprachdidaktischen Problem. In: Der Deutschunterricht, 41, H. 3, 5–16.
BOUEKE, DIETRICH/SCHÜLEIN, FRIEDER (1988): Von der Lehr- und Lernbarkeit des Erzählens. In Diskussion Deutsch, H. 19, 386–403.
FRITZSCHE, JOACHIM (1980): Erzählen in der Sekundarstufe II. Curriculare und methodische Probleme. In: Der Deutschunterricht, 32, H. 2, 66–78.
HAUSENDORF, HEIKO/WOLF, DAGMAR (1998): Erzählentwicklung und -didaktik. Kognitions- und interaktionstheoretische Perspektiven. In: Der Deutschunterricht, 50, H. 1, 38–52.
LUDWIG, OTTO (1984): Wie aus der Erzählung der Schulaufsatz wurde. Zur Geschichte einer Aufsatzform. In: EHLICH, KONRAD (Hrsg.): Erzählen in der Schule. Tübingen: Narr, 14–35.

IRIS WINKLER

2.4 Argumentierendes Schreiben

Argumentierendes Schreiben hat traditionell einen prominenten Platz im Deutschunterricht. Es gilt als schwierig und zugleich als Ausweis besonderer intellektueller Fähigkeiten. Pathetisch bringt dies Anfang der 1960er Jahre ROBERT ULSHÖFER zum Ausdruck, wenn er über den Besinnungsaufsatz feststellt: „Er ist die Krönung unserer ganzen Unterrichtsarbeit. Wer ihn abschaffen will, beraubt die Höhere Schule ihres Adels" (ULSHÖFER 1960, 148). Die heute nach wie vor am meisten verbreitete Form argumentierenden Schreibens im Deutschunterricht ist die Erörterung, obwohl sie von der aktuellen Didaktik für problematisch und dringend erneuerungsbedürftig gehalten wird (vgl. etwa FRITZSCHE 1987; BAURMANN/LUDWIG 1990; KARG 2000; BEISBART 2002 b). Trotz aller Kritik an der gängigen Praxis zählt es zu den unbestritten wichtigen Aufgaben der Schule und insbesondere des Deutschunterrichts, die Fähigkeit zu mündlichem wie schriftlichem Argumentieren zu fördern.

2.4.1 Argumentierendes Schreiben als Gegenstand im Deutschunterricht

Voraussetzung für schriftliches wie mündliches Argumentieren ist das Vorliegen eines strittigen Gegenstandes oder Sachverhaltes, einer *res dubia* (CICERO, Topica, 8). Erst wenn die Wahrheit eines Sachverhaltes oder die Richtigkeit einer Handlung in Frage gestellt, also zur *res dubia* wird, ist das Anführen von Argumenten notwendig. Wer argumentiert, kann heuristische oder persuasive Ziele verfolgen. Heuristisches Argumentieren dient der Klärung der Haltung zur *res dubia* und findet inter- oder intrapersonal statt. Persuasives Argumentieren läuft stets interpersonal ab und sucht den/die Adressaten dazu zu bewegen, die Haltung des Sprechers/Schreibers bezüglich der *res dubia* zu übernehmen und ggf. entsprechend zu handeln. Ob die angeführten Argumente anerkannt werden, hängt ab von den für die jeweiligen Argumentationsteilnehmer geltenden Werten und Normen. Diese bilden gleichsam den „Rahmen" einer jeden Argumentierhandlung.

Mündlich wie schriftlich argumentieren zu können, ist eine wichtige Fähigkeit. Nur wer zu argumentieren vermag, ist in der Lage, in der Demokratie seine Interessen sowie die Interessen anderer zu vertreten und aktiv am gesellschaftlichen Leben teilzuhaben. Darüber hinaus ist Argumentieren in einer Kultur, in der es als allgemein anerkannt gilt, dass Streitfragen mit Worten statt mit Fäusten zu klären seien, zentrales Mittel der Konfliktlösung. Wenn man, wie oben skizziert, davon ausgeht, dass Argumentieren nicht nur persuasive, sondern auch heuristische Ziele verfolgen kann, ergibt sich noch eine weitere wichtige Bedeutung: Heuristisches Argumentieren ist eine wesentliche Voraussetzung für individuelle Meinungsbildung und Wertorientierung im Meinungs- und Wertepluralismus der Gegenwart und damit auch für die kognitive und moralische Entwicklung des Einzelnen.

Sicher brauchen, nutzen und erweitern Schülerinnen und Schüler in beinahe allen Unterrichtsfächern ihre Fähigkeit zu argumentieren. Im Deutschunterricht jedoch geht es für die Lernenden in besonderem Maße darum, sich mit der eigenen Sprache und deren Wirkmechanismen sowie mit der bewussten Produktion eigener Texte zu befassen. Zudem konfrontiert die Literatur als wesentlicher Inhalt des Deutschunterrichts die Schülerinnen und Schüler mit zahlreichen Anlässen zum Argumentieren, nämlich mit Situationen, die die wertende Auseinandersetzung mit menschlichem Handeln sowie fiktives Probehandeln in Konfliktlagen stimulieren. Deshalb hat argumentierendes Schreiben im Deutschunterricht seinen besonderen Platz.

2.4.2 Anforderungen beim argumentierenden Schreiben/ Argumentierkompetenz

Was für Teilanforderungen muss ein Schreiber bewältigen, der einen argumentativen Text verfasst? Betrachtet man schriftliches Argumentieren als sprachliche Handlung, die von einem Gegenstand *(res dubia)*, einem Schreiber sowie beim interpersonalen Argumentieren auch von einem Adressaten bestimmt ist, und die innerhalb eines Rahmens kollektiv geltender Normen und Werte stattfindet, lassen sich vier Anforderungsbereiche unterscheiden:

Sachkompetenz

Um einen argumentativen Text zu verfassen, muss der Schreiber zunächst über Kompetenz in der Sache verfügen, das heißt, er muss überhaupt etwas im Zusammenhang mit dem Argumentationsgegenstand Relevantes zu sagen haben. LUDWIG/SPINNER (2000, 19) heben hervor, wie wichtig Wissen in der Sache beim Argumentieren ist, und beanstanden: „Daran mangelt es bei mancher Diskussion und bei manchem Erörterungsaufsatz im Deutschunterricht."

Für die Unterrichtspraxis argumentierenden Schreibens ergibt sich hieraus die

Anforderung, Themen, zu denen die Lernenden schriftlich argumentieren sollen, vorab gründlich zu erarbeiten. Zu diesem Zweck kann die Lehrperson geeignetes Informationsmaterial zur Verfügung stellen, die Lernenden können aber auch selbstständig recherchieren (vgl. hierzu zum Beispiel den Vorschlag von BERGER 2000). Nahe liegt auch, Argumentationsgegenstände zu wählen, die sich aus spezifischen Inhalten des Faches Deutsch ergeben, nämlich aus literarischen Texten, die sehr oft Anlässe zu argumentierendem Schreiben bieten (vgl. zum Beispiel JENTZSCH 1989; WINKLER 2003, 375–381; im Übrigen den Beitrag 3.1).

Sprachliche Kompetenz

Neben Sachkompetenz braucht ein Schreiber generell sprachliche Kompetenz. Dazu zählt zunächst die grundlegende Fähigkeit, Gedanken und Gefühle in Sprache auszudrücken. Hierbei sind beim Schreiben die Anforderungen in der Regel höher als beim Sprechen. Dies hängt u. a. zusammen mit der zeitlichen wie räumlichen Versetztheit von Produktion und Rezeption beim Schreiben, der Digitalität und strengen Linearität des Mediums Schriftsprache sowie mit speziellen Normen des Schriftsprachgebrauchs, zum Beispiel in den Bereichen Orthografie, Lexik und Grammatik (ausführlicher hierzu WINKLER 2003, 87–139). Beim argumentierenden Schreiben gehört zur sprachlichen Kompetenz insbesondere auch, dass der Sprachbenutzer weiß, wie argumentative Texte zu strukturieren sind (vgl. zur Struktur von Argumentationen WINKLER 2003, 58–81): Auf der Ebene der Mikrostruktur müssen strittige Behauptungen begründet werden und Behauptung und Begründung in einem allgemein akzeptierten Zusammenhang stehen (vgl. KIENPOINTNER 1992; TOULMIN 1996). Auf der Ebene der Super- bzw. Makrostruktur muss der Schreiber in der Lage sein, einen homogenen Text zu verfassen (vgl. AUGST/FAIGEL 1986; KLEIN 2000).
Für den Deutschunterricht resultiert hieraus die wichtige Aufgabe, den Lernenden entsprechende argumentationstheoretische Kenntnisse zu vermitteln und darüber hinaus deren Anwendung an praktischen Beispielen zu trainieren. Ein geeigneter Vorschlag hierzu findet sich bei FEILKE (1990), der empfiehlt, Lernende ihre eigenen, so genannten freien Erörterungen analysieren zu lassen, um ihnen auf diese Weise Strukturelemente argumentativer Texte bewusst zu machen.

Moralische Kompetenz

Wenn beim Argumentieren der Geltungsanspruch der Richtigkeit in Frage steht – also in Fragen, auf die sich nicht eindeutig und allgemein verbindlich mit „richtig" oder „falsch" antworten lässt –, muss eine argumentierende Person fähig sein, unter Abwägung geltender Werte und Normen zu einem eigenständigen moralischen Urteil zu gelangen. Zur Argumentierkompetenz zählt also moralische Kompetenz, verstanden als Urteilsfähigkeit (vgl. KOHLBERG 1987). Sie umfasst auch die Fähigkeit, eigene Denk- und Handlungsweisen zu reflektieren. Um mit Hilfe argumentierenden Schreibens zur Moralentwicklung von Schülerinnen und Schülern beizutragen, sollte der Deutschunterricht auch normative

Fragen zum Gegenstand argumentativer Auseinandersetzung machen. (Ein gelungenes Beispiel hierfür stellt Schilcher 2000 vor.) Dies erscheint umso mehr geboten, als angesichts der für die Gegenwart diagnostizierten „Inflation am Wertehimmel" (Fritzsche 2000) die Auseinandersetzung mit Wertvorstellungen für die Identitätsentwicklung der Kinder und Jugendlichen erhöhte Bedeutung hat. Darüber hinaus ist das Bewusstsein, dass die Gültigkeit von Argumenten von geltenden Werten und Normen abhängig ist, ein Bestandteil von Argumentierkompetenz.

Sozial-kommunikative Kompetenz

Schließlich muss ein Schreiber, der argumentiert, über sozial-kommunikative Kompetenz verfügen, sofern die Argumentation an einen Adressaten gerichtet ist. Hierzu gehört beim argumentierenden Schreiben wie beim kommunikativen Schreiben generell die Fähigkeit zu Leserbewusstheit, Lesereinschätzung und Leseranpassung (vgl. Jechle 1992). Es ist davon auszugehen, dass beim interpersonalen argumentierenden Schreiben die Anforderungen komplexer sind als beim intrapersonalen argumentierenden Schreiben, da dabei zusätzlich der Adressatenbezug in die Argumentation integriert werden muss. Welche Konsequenzen sich hieraus für das argumentierende Schreiben im Deutschunterricht ergeben, wird in den folgenden Teilkapiteln dieses Beitrags näher ausgeführt.

Argumentieren auf fortgeschrittenem Niveau erfordert also ausgebildete kognitive Grundfähigkeiten – sprachliche Kompetenz und die Fähigkeit zu schlussfolgerndem Denken – und darüber hinaus die Fähigkeit zu sozialer Kognition. Dem Prinzip „Vom Leichteren zum Schwierigeren" folgend, wurde argumentierendes Schreiben im Deutschunterricht in Form der Erörterung nach traditionellen Vorstellungen erst relativ spät, etwa in der neunten Klasse, eingeführt, während für die früheren Jahrgangsstufen vermeintlich einfachere Darstellungsformen (Erzählen, Beschreiben, Berichten usw.) vorgesehen waren. Inzwischen gilt als anerkannt, dass Kinder sehr viel früher als lange Zeit angenommen über Fähigkeiten im Argumentieren verfügen (vgl. zum Beispiel Völzing 1982; Augst/Faigel 1986) und diese Fähigkeiten sukzessive weiterentwickeln im Wechselspiel mit den Aufgaben, die sich ihnen stellen. Dies bedeutet, dass argumentierendes Schreiben schon in der Grundschule seinen Platz im Deutschunterricht haben muss, um „das bereits Erworbene zu sichern, zu entfalten und auszubilden" (Baurmann/Ludwig 1990, 21). Vorschläge für solche frühen Formen des Argumentierens finden sich beispielsweise bei Gerth 1990, Schilcher 2000 und Payrhuber 2000.

2.4.3 Argumentierendes Schreiben im Deutschunterricht zwischen Rhetorik, Verstandes- und Gesinnungsbildung

Zu welchem Zweck sollen Lernende im Deutschunterricht argumentierende Texte schreiben? Bereits in der Antike kreiste die Auseinandersetzung zwischen Platon und den Sophisten um die Frage, ob es beim Argumentieren darum gehen müsse, aus philosophischem Erkenntnisinteresse heraus eine *res dubia* zu klären, oder ob es legitim sei, mittels Argumenten einen Adressaten zu einer Einstellungsänderung oder Handlung zu bewegen. Diese alte Streitfrage zwischen Philosophie und Rhetorik hat auch die Diskussionen um die Zweckbestimmung argumentierenden Schreibens im Deutschunterricht geprägt. So wurden in Deutschdidaktik und -methodik heuristisches und persuasives Argumentieren traditionell als Gegensätze betrachtet. Seit der von OTTO LUDWIG so genannten „Entrhetorisierung" des Aufsatzunterrichtes Ende des 18. Jahrhunderts (LUDWIG 1988) wurde – abgesehen von kurzen Zwischenspielen wie der so genannten Kommunikativen Aufsatzdidaktik in den 1970er Jahren – die heuristische, verstandesbildende Leistung argumentierenden Schreibens im Deutschunterricht betont und persuasives Argumentieren generell abgelehnt.

Auch die Argumentationsforschung in (West-)Deutschland distanzierte sich bis in die 80er Jahre des 20. Jahrhunderts von persuasiven Zielen des Argumentierens. Herausragendes Beispiel hierfür ist JÜRGEN HABERMAS' Diskurs- und Konsenstheorie. Danach muss das Ziel jeder Argumentierhandlung sein, „durch Gründe zu einer gemeinsamen Überzeugung zu gelangen" (HABERMAS 1989, 115). HABERMAS hebt also das heuristische Moment des Argumentierens hervor. Ihm geht es um Erkenntnisgewinn in einer, wie er ausführt, absolut symmetrischen Kommunikationssituation, im Konsens aller Beteiligten. HABERMAS selbst bezeichnet die Annahme einer solchen Argumentationssituation als kontrafaktische Idealvorstellung. Dennoch hat diese theoretisch-präskriptive Sicht des Argumentierens mit Blick auf schulisches Argumentieren eine unbestritten wichtige Bedeutung, und zwar aus zweierlei Gründen. Zum einen verdeutlicht sie, dass Argumentieren in unserer Gesellschaft das allein anerkannte Mittel ist, um in strittigen Fragen zu einer individuell wie kollektiv akzeptablen Lösung zu gelangen. Zum andern macht sie aufmerksam auf ethisch-moralische Aspekte des Argumentierens, indem sie den fairen, ehrlichen Umgang mit dem Argumentationspartner zum Ideal erhebt.

In den späten 1980er und 1990er Jahren ist in der Argumentationsforschung ein Perspektivenwechsel festzustellen. Aus nunmehr empirisch-deskriptiver Sicht wird die Pragmatik realer Alltagsargumentationen untersucht. Persuasive Argumentationen, die nicht zum Konsens führen, werden aus diesem Blickwinkel heraus nicht länger moralisch verurteilt und als vergeblich betrachtet. Vielmehr sieht man sie nunmehr als Chance, Dissens zu markieren, und damit als Voraussetzung für Kompromisse (vgl. zum Beispiel KLEIN 1999). Dass sich auch Schülerinnen und Schüler im Deutschunterricht mit der Pragmatik von Alltagsargumentationen auseinander setzen, ist zweifach von Bedeutung: Die Rezeption und Analyse authentischer Texte schärft das kritische Bewusstsein der Lernenden dafür, wie mit Hilfe argumentativer Strukturen Positionen vertreten und Meinungen beeinflusst werden können. Die eigene Produktion zielgerichteter argumentativer Texte bereitet vor auf die Bewältigung außerschulischer Schreibaufgaben, die im Bereich des argumentierenden Schreibens in aller Regel Adressatenbezug haben. Ethisch-moralische Fragen des Argumentierens sollten auch in diesem Zusammenhang durchaus thematisiert werden (vgl. hierzu GROEBEN/CHRISTMANN 1999).

Wie die Argumentationsforschung hat auch die Deutschdidaktik in den letzten zwei Jahrzehnten die polarisierende Abgrenzung heuristischen und persuasiven Argumentierens überwunden. Wegweisend fordert Jakob Lehmann für das schulische Schreiben bereits 1981, „die gelegentlich zur Opposition hochgespielte Unterscheidung von kommunikativer und heuristischer Sprachverwendung nach Möglichkeit zu überbrücken, ja zu überwinden" (Lehmann 1981, 38) und stellt in einem „Textsortenzirkel" für den Deutschunterricht intrapersonal-heuristische und adressatenbezogen-persuasive Texte gleichberechtigt nebeneinander.

Dass argumentierendes Schreiben im Deutschunterricht sowohl heuristischen als auch kommunikativ-persuasiven Zielen dienen muss, um bei den Lernenden umfassende Kompetenz in diesem Bereich zu fördern, gilt in der Deutschdidaktik heute als Konsens. So plädieren Jürgen Baurmann und Otto Ludwig bezogen auf die Erörterung dafür,

die rhetorischen Elemente, die der Erörterung (Abhandlung) bis ins 19. Jahrhundert noch zu eigen waren, wieder anzuerkennen. Die Ausmerzung aller subjektiven Züge des schreibenden Individuums, die Vernachlässigung jeglichen Leserbezugs sowie die ausschließliche Konzentration auf das zu erörternde Problem haben zu einer Verarmung dieser Aufsatzform geführt, die es aufzuheben gilt. Auch Erörterungen sind „Texte für Leser" (Baurmann/Ludwig 1990, 19).

Auch Joachim Fritzsche erkennt heuristische und persuasive Ziele argumentierenden Schreibens im Deutschunterricht als gleichberechtigt an:

Das schriftliche Argumentieren dient der Klärung von Meinungen, die wir über Sachverhalte, über Probleme, vor allem über strittige Fragen haben. Darüber hinaus dient das Argumentieren natürlich auch dem Überzeugen des Partners, dem wir die Argumente vortragen (Fritzsche 1994, 113).

Nicht nur dass adressatenbezogenes argumentierendes Schreiben im Deutschunterricht inzwischen „salonfähig" ist – es wird mittlerweile auch für unerlässlich erachtet. Allein durch Schreiben für konkrete Adressaten nämlich bilden Schülerinnen und Schüler die Fähigkeit zu kommunikativem Schreiben aus. Das heißt, dass heuristisches argumentierendes Schreiben für sich selbst wohl der Verstandesbildung dienen, nicht aber ausreichend sozial-kommunikative Kompetenz fördern kann. Intrapersonales argumentierendes Schreiben ersetzt also nicht interpersonales argumentierendes Schreiben.[1] Dass es nicht einfach sei, für schulisches Schreiben konkreten Adressatenbezug zu schaffen, wurde in der deutschdidaktischen Literatur wiederholt hervorgehoben. Inzwischen gibt es jedoch zahlreiche praxistaugliche Vorschläge für adressatenbezogenes Schreiben im Deutschunterricht. Insbesondere ist zu betonen, welch gute Möglichkeiten die „Peer"-Beteiligung beim Schreiben und Überarbeiten in diesem Zusammenhang bietet (vgl. etwa Spitta 1992; Bobsin 1996; Reuschling 2000; Fix 2000). Nicht zuletzt empfiehlt sich auch ein Argumentieren in fiktiven Situationen als didaktisch vielversprechende Alternative zum Argumentieren mit realem Adressatenbezug (vgl. Maiwald 2002).

Was die Praxis des Deutschunterrichts betrifft, wird argumentierendes Schreiben

---

1 Eine anderslautende Auffassung in dieser Frage vertritt Fritzsche 1994 (vgl. auch Abb. unten). Vgl. hierzu Winkler 2003, 229–232.

für konkrete Leser, wenn man einmal von der zensierenden Lehrkraft absieht, nach wie vor vernachlässigt, wie die Ergebnisse verschiedener empirischer Studien nahe legen (vgl. MERZ-GRÖTSCH 2001; WINKLER 2003). Noch immer dominiert demnach die Erörterung als stark schematisierte, rein schulische Aufsatzform das argumentierende Schreiben im Deutschunterricht. Dies hat zum einen negative Folgen für die Fähigkeiten im adressatenbezogenen Schreiben. Zum anderen aber unterminiert die Tatsache, dass im Deutschunterricht Erörterungen noch immer sehr oft ausschließlich zur Notengenerierung geschrieben werden, alle didaktischen Begründungsversuche argumentierenden Schreibens im Deutschunterricht. Wenn sich die Lernenden beim Schreiben der „Zensur durch Zensur" beugen, argumentieren sie weder zu heuristischen noch zu persuasiven Zwecken. Vielmehr geben sie nicht selten affirmativ von der Lehrperson erwartete Äußerungen wieder, um gute Zensuren zu erzielen (vgl. zu dieser Problematik bereits FRITZSCHE 1987).

Dass der Grat zwischen heuristischem und affirmativem argumentierenden Schreiben schmal ist, hat die Geschichte des Deutschunterrichts wiederholt gezeigt. So wurde argumentierendes Schreiben im Deutschunterricht mehrfach – etwa im Kaiserreich nach 1871 und im Nationalsozialismus – gezielt als Instrument der Gesinnungsbildung missbraucht.

2.4.4 Argumentierendes Schreiben zwischen Produkt- und Prozessorientierung

Der ausschließlichen Produktorientierung schulischen Schreibens, als deren Inbegriff die verbreitete Erörterungspraxis gelten kann, wurden in der Didaktik seit den späten 80er Jahren des 20. Jahrhunderts konzeptionelle Überlegungen entgegengestellt, die unter dem Stichwort (Schreib-)Prozessorientierung zusammenzufassen sind. Die prozessorientierte Schreibdidaktik stützt sich auf Ergebnisse der Schreibprozessforschung vor allem aus dem Bereich der Kognitionspsychologie. Im prozessorientierten Schreibunterricht gelten zwei Grundsätze: Die Schülerinnen und Schüler sollen „das Schreiben lernen", und sie sollen „schreiben, um zu lernen" (vgl. den Beitrag 1.4).

Die prozessorientierte Perspektive ist für das argumentierende Schreiben im Deutschunterricht in doppelter Hinsicht relevant. Natürlich geht es für die Lernenden wie bei allen Schreibaufgaben auch beim argumentierenden Schreiben darum, die Anforderungen des Schreibprozesses erfolgreich zu bewältigen. Zudem aber – und das ist hier von zentraler Bedeutung – kann argumentierendes Schreiben als Mittel der Reflexion dienen. Der Prozess argumentierenden Schreibens ist demnach auch als Weg auf der Suche nach Erkenntnis zu charakterisieren. Auf diesen Aspekt beziehen sich didaktische Begründungen argumentierenden Schreibens, die dessen verstandesbildende Leistung hervorheben. Wegen der besonderen Eignung des Schreibens als reflexives Werkzeug unterstützt beim argumentierenden Schreiben das Medium der Schriftsprache ganz entscheidend das Erreichen heuristischer Ziele, wie ein Zitat RICHARD VON WEIZSÄCKERS verdeutlicht: „Schreiben diszipliniert und klärt die Gedanken und hilft, sie in die nötige Form zu bringen" (zit. nach GÖSSMANN 1979, 15).

Ohne die Berücksichtigung des Schreibprozesses werden didaktische Systematisierungsvorschläge für argumentierendes Schreiben im Deutschunterricht künftig nicht mehr auskommen. Noch FRITZSCHE (1994) fokussiert bei seiner Einteilung schulischer Schreibaufgaben ausschließlich die Produkte des Schreibens. Er unterscheidet schulische Schreibaufgaben nach den Funktionen des Schreibens im Unterricht und gelangt dabei zu der folgenden Übersicht:

Schreiben als Mittel der Reflexion	Schreiben als Mittel des Ausdrucks	Schreiben als Mittel der Kommunikation
(Förderung vor allem der kognitiven und interaktiven Kompetenz)	(Förderung vor allem der ästhetischen Kompetenz)	(Förderung vor allem der interaktiven Kompetenz und der Qualifikation)
Nacherzählung	erzählende Texte	Brief
Inhaltsangabe	lyrische Texte	Beschwerde
Précis	dialogische Texte	Nachricht
Textanalyse	Mischformen	Anleitung
Interpretation		Bewerbung
Sachverhaltsdarstellung		Kommentar
Stellungnahme		Plädoyer
Erörterung		Werbetext
…		Polemik
		…

Schreibaufgaben im Deutschunterricht nach FRITZSCHE (1994, 33).

Wie FRITZSCHE selber anmerkt, machen die von ihm vorgenommene Gliederung der Schreibaufgaben und deren weitere Ausdifferenzierung „auf Leerstellen und Defizite aufmerksam" (FRITZSCHE 1994, 46). Welches sind diese Leerstellen und Defizite in Bezug auf das argumentierende Schreiben? Argumentierende Texte finden sich in den Kategorien „Schreiben als Mittel der Reflexion" und „Schreiben als Mittel der Kommunikation". In letztere sind vor allem pragmatische Textsorten der Alltagskommunikation eingeordnet, während die traditionellen schulischen Aufsatzarten das „Schreiben als Mittel der Reflexion" repräsentieren.

FRITZSCHE sieht selbst Funktionsüberschneidungen zwischen den Texten der einzelnen Kategorien. Insbesondere diagnostiziert er „enge Beziehungen zwischen Texten der ersten und dritten Kategorie", also zwischen heuristischen und kommunikativen Texten:

Die Stellungnahme, die jemand zur Klärung des eigenen Standpunktes geschrieben hat, wird zum Plädoyer, wenn sie für andere verfaßt wird; die Erörterung, die der Selbstverständigung dient, kann Grundlage eines tendenziösen Kommentars oder einer geistvollen Polemik sein […] (FRITZSCHE 1994, 35).

Die Unterscheidung der Kategorien „Klärendes Schreiben" und „Kommunikatives Schreiben" ergibt sich für Fritzsche aus dem Zweck, der „primär" verfolgt wird:

Beim reflektierenden Schreiben geht es *primär* um die Sachklärung, und ich kümmere mich zunächst gar nicht um mögliche Leser; daß ich selbst Leser bin, stelle ich nicht bewußt in Rechnung. Beim kommunikativen Schreiben setze ich umgekehrt die Sache als für mich klar voraus und kümmere mich *primär* um die Vermittlung (Fritzsche 1994, 35; Hervorhebungen Fritzsche).

Den primären Zweck eines Textes hervorzuheben und zugleich die übrigen Funktionen des dazugehörigen Schreibprozesses zu vernachlässigen, erscheint jedoch zu undifferenziert, wenn es darum geht, die didaktische Funktion argumentierenden Schreibens zu begründen. Ein argumentierender Text, der einen Leser von einem bestimmten Standpunkt zu einem Thema überzeugen soll, als Produkt also in erster Linie persuasiven Zielen dient, setzt auf jeden Fall voraus, dass der Schreiber vorab – also im Textproduktionsprozess zum Beispiel mit Hilfe von Textentwürfen – sich einen Überblick über den Sachverhalt verschafft und seine eigene Position dazu geklärt hat. Beschränkt man sich demnach im schulischen Kontext darauf festzustellen, ein Leserbrief etwa habe in erster Linie persuasiv-kommunikativen Zweck, verliert man aus dem Blick, dass der Schreiber während der Textproduktion eben nicht nur vor dem Überzeugungsproblem steht, sondern auch vor dem Inhaltsproblem, das er durch Klärung des Argumentationsgegenstandes bewältigen muss. So wird eine Einteilung schulischer Schreibformen wie die von Fritzsche, die allein nach dem jeweiligen Zweck schulischen Schreibens differenziert, den Texten und ihrer didaktischen Funktion nur partiell gerecht.

Ein Ausweg kann darin liegen, in einem Modell argumentierenden Schreibens im Deutschunterricht nicht nur die Produkte, sondern auch den Prozess des Schreibens mit zu berücksichtigen (vgl. Winkler 2003, 362–369). Eine Buchempfehlung beispielsweise, die Lernende schreiben, um Mitschülerinnen und Mitschüler zur Lektüre zu motivieren, verfolgt als Produkt persuasive Ziele. Aus didaktischer Sicht erfüllt sie aber auch heuristische Funktionen, wenn man den Textproduktionsprozess mit betrachtet. Anders herum können in den Schreibprozess einer klassischen, auf heuristische Ziele hin angelegten Erörterung, wie sie Lehrpläne noch immer fordern, durchaus sozial-kommunikative Elemente integriert werden, um den Schreibenden die Leserperspektive bewusst zu machen. In der Phase des Generierens und Strukturierens von Wissen können das etwa klasseninterne Diskussionen zum Thema sein (vgl. Berger 2000), in der Phase des Überarbeitens bieten sich Schreibkonferenzen (vgl. Spitta 1992; Reuschling 2000), die „Textlupe" (Bobsin 1996), ein „Papier-Chat" (Fix [Hrsg.] 2002, 80) oder kooperatives Schreiben via Internet (zum Beispiel Blatt u. a. 1996) an. Adressaten der Argumentationsentwürfe sind dann die Mitschülerinnen und Mitschüler, die den Schreibenden während des Textproduktionsprozesses unmittelbare Rückmeldung geben und so deren Fähigkeit zu Leserbewusstheit, Lesereinschätzung und Leseranpassung erweitern helfen.

Das Spannungsverhältnis zwischen Produkt- und Prozessorientierung schulischen Schreibens tangiert das argumentierende Schreiben noch in einem weite-

ren wichtigen Punkt. Gerade für die dialektische Erörterung existieren im
produktorientierten Aufsatzunterricht sehr starre Gliederungsvorgaben (These –
Antithese – Synthese), deren strikte Einhaltung Bedingung für eine gute Zensur
ist. Diese Schematisierung ist vielfach kritisiert worden, im Wesentlichen mit
folgenden Begründungen (vgl. zum Beispiel BAURMANN/LUDWIG 1990; FEILKE 1990;
KARG 2000; BEISBART 2002 b; WINKLER 2003):

- Ein einziges, monopolisiertes Schema könne nicht vielfältigen unterschiedlichen Fragestellungen gerecht werden.
- Das in der Schule gängige Schema sei an sich widersinnig, da es dazu führe,
  dass ein und derselbe Schreiber sich widersprechende Positionen zu einem
  Thema vertreten müsse. Die so genannte „Synthese" sei keine, sie verkomme
  in der Regel zum lauwarmen Kompromiss.
- Das „Abspulen" eines formalen Gliederungsschemas sei bei weitem nicht
  gleichzusetzen mit der Fähigkeit zu argumentierendem Schreiben als Form
  sprachlichen Handelns.

Aus Sicht der schreibprozessorientierten Didaktik ergibt sich für Gliederungs-
schemata wie das der dialektischen Erörterung eine veränderte Bedeutung: Sie
fungieren nicht länger als um ihrer selbst willen gültige Norm, sondern als Finde-
und Strukturierungshilfe für Gedanken. Gleichwohl kann auch die schreib-
prozessorientierte Didaktik nicht ignorieren, dass für bestimmte Textsorten
bestimmte Normen existieren. Allerdings sollten Schülerinnen und Schüler
solche Textsortenmerkmale idealerweise induktiv erarbeiten und in ihrer Funktionalität verstehen, damit sie als flexibel einsetzbarer Orientierungsrahmen und
nicht als Fessel wirken (vgl. BOBSIN 1996; FIX 2000, 333 f.).

Dass prozessorientierter Schreibunterricht nicht die Beherrschung von Aufsatzarten, sondern Kenntnisse und Fähigkeiten vermitteln will, mit deren Hilfe die
Lernenden die vielfältigen Anforderungen beim Schreiben flexibel bewältigen
können, bleibt schließlich nicht ohne Auswirkungen auf das Curriculum auch
des argumentierenden Schreibens. „Denn im Gegensatz zu Formen, die ein für
alle Male definiert und also nicht entwicklungsfähig sind, zeichnet sich ein Vermögen vor allem dadurch aus, daß es eine Entwicklung zuläßt und d. h. entwickelt werden kann [...]" (BAURMANN/LUDWIG 1990, 21).

Diese Überlegung setzen BAURMANN/LUDWIG in Beziehung zu entwicklungspsy-
chologischen Forschungsergebnissen und leiten daraus einen alternativen Curri-
culum-Entwurf für das Erörtern ab (vgl. BAURMANN/LUDWIG 1990, 22). Trotz dieses
anregenden Vorschlags offenbart die didaktische Literatur, was ein Curriculum
argumentierenden Schreibens im Deutschunterricht betrifft, momentan noch
mehr offene Fragen als Antworten (vgl. WINKLER 2003, 232–237).

2.4.5 Fazit

Das argumentierende Schreiben im Deutschunterricht muss sich in mehrfacher
Richtung öffnen. Grundlegend ist dabei zunächst, dass argumentierendes Schreiben nicht länger überwiegend auf Prüfungssituationen beschränkt bleibt. Des

Weiteren ist die Begrenzung argumentierenden Schreibens auf wenige Jahrgangsstufen, auf eine Haupttextsorte „Erörterung" und im Zusammenhang damit auf
ein starres Gliederungsschema aufzugeben. Wenn Lernende bereits ab der
Grundschule zu vielfältigen Anlässen sowohl intra- als auch interpersonal,
sowohl mit heuristischem als auch mit persuasivem Zweck argumentierende
Texte verfassen und diese unter sachkundiger Anleitung reflektieren, haben sie
gute Chancen, eine solide Kompetenz zu argumentierendem Schreiben auszubilden.

Weiterführende Literatur:

BAURMANN, JÜRGEN/LUDWIG, OTTO (1990): Die Erörterung – oder: ein Problem schreibend
    erörtern. Versuch einer Neubestimmung. In: Praxis Deutsch, H. 99, 16–25.
FRITZSCHE, JOACHIM (1987): Das Problem der Subjektivität im Erörterungsaufsatz der gym-
    nasialen Oberstufe. In: Diskussion Deutsch, H. 94, 167–179.
KLEIN, JOSEF (1999): Rhetorik und Argumentation. Eine Einführung. In: Der Deutschunter-
    richt, 51, H. 5, 3–12.
WINKLER, IRIS (2003): Argumentierendes Schreiben im Deutschunterricht. Theorie und
    Praxis. Frankfurt a. M. u. a.: Peter Lang.

3.
Schreiben im Literaturunterricht/ Literatur im Schreibunterricht

ULF ABRAHAM

3.1 Schreiben über Texte und Texte als Rezeptionsdokumente

3.1.1 Schreiben über Texte

Schreiben über Texte sowie zu und nach Texten gehört seit langem zum aufsatzdidaktischen Repertoire.[1] Auf der Primarstufe wird nicht nur mündlich nacherzählt, sondern es entstehen erste schriftliche Nacherzählungen, die dann auf der frühen Sekundarstufe I langsam übergehen in Entfaltungen von Erzählkernen. Dann fasst man, in der Regel ab Jahrgangsstufe 7, auch Texte zusammen bzw. schreibt so genannte „Inhaltsangaben", traditionell meist zu Kalendergeschichten von HEBEL, Anekdoten von KLEIST oder Kurzgeschichten des 20. Jahrhunderts. Eine doppelte Erweiterung folgt traditionell ab etwa Jahrgangsstufe 8:

- einerseits eine Erweiterung der dem Schreiben zugrunde gelegten Textsorten (nichtliterarische bzw. „pragmatische" Texte; Auszüge aus epischen und dramatischen Großformen, ja sogar Gedichte; vgl. zum Beispiel SCHUSTER 1993) und
- andererseits eine Erweiterung der intendierten (schrift-)sprachlichen Handlungen:[2] Das Nacherzählen verschwindet; neben das Zusammenfassen, das funktional erhalten bleibt, treten beschreibende Handlungen in der so genannten „Textanalyse"/-erschließung sowie erste argumentative Handlungen in Form der „Begründeten Stellungnahme", aus der sich ab Jahrgangsstufe 9 die Texterörterung entwickelt.

Zu – meist von der Lehrkraft – ausgewählten thematischen Aspekten eines pragmatischen oder poetischen Textes entsteht so ein eigener Text mit erörterndem Charakter. Schließlich mündet dieser traditionelle Lehrgang des Schreibens zu Texten, vor allem auf dem Gymnasium, in den „Interpretationsaufsatz" ein, der sprachliche Handlungen des Zusammenfassens und Wiedergebens, des Beschreibens und schließlich Argumentierens funktional integrieren und dabei auch literarästhetische und literaturgeschichtliche Kenntnisse zeigen soll.
Nicht nur waren und sind einzelne dieser Schreibformen fachdidaktischer Kritik ausgesetzt,[3] sondern zwei Entwicklungen der letzten zwanzig Jahren haben diesen überkommenen Lehrgang *im Ganzen* in Frage gestellt: Erstens entspricht die dominant ergebnisdarstellende Schreibhaltung, die hierbei meist vermittelt wurde, einer heute eher prozessorientierten Sicht auf das Schreiben (vgl. die

---

1 Vgl. MENZEL 1984 b; für die Sekundarstufe II auch HEROLD u. a. 1980.
2 Zum Handlungsbegriff in der Schriftlichkeit vgl. WROBEL 1995.
3 Zur Nacherzählung vgl. MENZEL 1984 a, dagegen FROMMER 1984 b; zur Inhaltsangabe BARK 1979, SCHILDBERG-SCHROTH/VIEBROCK 1981, ABRAHAM 1994; zur „Interpretation" RUTSCHKY 1977, SPINNER 1987, SCHEFFER 1995.

Beiträge 1.4, 4.4, 5.1) grundsätzlich nicht mehr: Soll Schriftlichkeit für den Umgang mit Texten auch *heuristisch* genutzt werden und geht es zuallererst um schreibende *Annäherung* an einen gelesenen oder zu lesenden Text, so empfiehlt sich statt eines normativen Blicks auf erwartete Formerfüllung (zum Beispiel „Die Inhaltsangabe soll …") eher der interpretierende Blick auf Schülertexte als *Rezeptionsdokumente* (vgl. unten, 3.1.3).

Zweitens aber hat das „Kreative Schreiben" (vgl. den Beitrag 3.2), das ja im Tätigkeitsfeld *Schreiben zu Texten* seine engste Berührung mit dem handlungs- und produktionsorientierten Literaturunterricht hat (vgl. MATTHIESSEN 2003; SCHUBERT-FELMY 2003), für eine Abwertung der analytischen und eine Aufwertung der stilmimetischen Anteile solcher Schreibhandlungen gesorgt. Verfahren wie das Schreiben von Parallel- und Antworttexten oder das stilistische Variieren (vgl. ABRAHAM 1994, 159 ff.; SPINNER 1994) und *Pastiche*-Schreiben[4] (vgl. PAEFGEN 1993 und 1996) wurden einerseits von Zielen der Kreativitätsförderung her begründet (vgl. dazu WERMKE 1989) und andererseits rezeptionsästhetisch, das heißt mit Hilfe der Zielangabe „Kenntnisse der Poetik und literarischen Ästhetik produktionsorientiert erwerben" (vgl. vor allem die Arbeiten von WALDMANN sowie BERGER 1995).

Hinzu kamen Formen des Schreibens über Texte, die Wahrnehmungsgenauigkeit und stilistische Kompetenz in einem eher handwerklichen Sinn schulen wollen, zum Beispiel der *Précis* (vgl. RICKEN 1984; ABRAHAM 1994, 147 ff.) sowie literaturkritische Formen, die eher empfohlen werden, um Urteilsfähigkeit in Bezug auf Texte auszubilden und Äußerungskompetenz in einem literaturkritischen Sinn anzubahnen.[5]

Damit ist ein Komplex „Schreiben im Literaturunterricht/Literatur (und pragmatische Texte) im Schreibunterricht" entstanden, innerhalb dessen ergebnisorientierte Sichtweisen (Ergebnis eines Nachvollzugs in der Nacherzählung, einer Analyse in der schriftlichen Texterschließung, einer Deutung im Interpretationsaufsatz) ebenso möglich sind wie prozessorientierte (zum Beispiel Zusammenfassen von Texten oder Buchkapiteln im Rahmen größerer Unterrichtsvorhaben) sowie im Sinn des „Kreativen Schreibens" ausdrucksfördernde (zum Beispiel Nutzen von Schreibmustern und Textvorlagen für einen eigenen Gedichtband).

Nach einem Vorschlag von ABRAHAM lässt sich das komplexe Tätigkeitsfeld in textwiedergebendes, -besprechendes und -gestaltendes Schreiben einteilen (vgl. ABRAHAM 1994, 123):

- *Textwiedergebendes Schreiben:* Gelesenes paraphrasieren, Zusammenfassen, perspektivisch (neu) erzählen, „interessegeleitet" (das heißt durch die Brille einer Figur) wiedergeben.

---

4 Als *Pastiche* bezeichnet man eine Stilimitation, die weniger den Inhalt als die Schreibweise einer Vorlage aufnimmt und nachahmt, nicht notwendig in ironisierender Absicht.

5 Zum Beispiel „Abwerten/Aufwerten" als Schreibaufgabe bzw. Vorstufe zur Rezension (vgl. ABRAHAM 1994, 136 ff.).

- *Textbesprechendes Schreiben:* Gelesenes und Wiedergegebenes auch kommentieren, und zwar thema- oder ggf. figurenorientiert, den Text kritisch besprechen (auf-/abwerten), rezensieren, interpretieren.
- *Textgestaltendes Schreiben:* Den Text auf genau ein Drittel verkürzen unter Beibehaltung seines stilistischen Charakters (*Précis*), stilistisch variieren (zum Beispiel in eine andere Zeit versetzen), inhaltlich und/oder im Aufbau verändern (zum Beispiel innere Monologe einfügen).

3.1.2 Integriertes Schreiben zu Texten: die funktionale Perspektive

Integriertes Schreiben zeigt sich auch in diesem Bereich dem isolierten langfristig überlegen. Zwar liegt der Wert der so genannten reinen Inhaltswiedergabe unbestritten darin, dass sie Abstraktionsfähigkeit und die Fertigkeit prägnanten Formulierens befördert. Hat man aber eher kommunikative als kognitive und instrumentelle Ziele im Auge, so empfiehlt es sich dagegen, alltagsweltliche Textsorten heranzuziehen, die inhaltswiedergebende Teile enthalten, aber in kommunikative Zusammenhänge *integrieren*: Klappentexte, Rezensionen, Schauspielführer, Fernsehzeitschriften. Sich lesend und schreibend mit solchen Textsorten zu befassen, schult nicht nur das Auge und die Hand in Bezug auf die Möglichkeiten knapper, teilweise auch bewusst aussparender Inhaltswiedergabe, sondern macht auch deutlich, dass und wie schriftlichkeitsbezogene Tätigkeiten lebensweltlich integriert und kommunikativ funktional sind.

Das öffnet den Blick auf einen offenen, themazentrierten Deutschunterricht (vgl. KOPFERMANN 2002): Er betreibt Schreiben und Lesen funktional in größeren Zusammenhängen anstatt in Aufsatzarten zerlegt; er bezieht textwiedergebende, -besprechende und -gestaltende Tätigkeiten aufeinander und auf ein Thema (das ein literarisches sein kann, aber nicht muss). Eventuell geschieht dies auch fächerübergreifend.[6] „Themazentrierter Deutschunterricht" (vgl. auch ABRAHAM 2003) ist in diesem Sinn ein Unterricht, der Lese- und Schreibstrategien viel mehr als bisher vermittelt, also an die Lernenden bringt, und sie in einem zweiten Sinn *vermittelt*, nämlich zusammenbringt mit Arbeit an Themen. In Anlehnung an RUTH COHNS Begriff der *themenzentrierten Interaktion* kann man Lese- und Schreibunterricht als schriftlichkeitsgestützte Interaktion verstehen, in der sich eine Lerngruppe einem Thema verpflichtet fühlt, ja *verschrieben* hat. Konzepte integrativen Deutschunterrichts, wie sie in den 1990er Jahren entwickelt worden sind (vgl. im Überblick SCHINDLER 2002) haben zwar die Verbindbarkeit, wenn nicht innere Verbundenheit, der Lernbereiche stark betont. Aber sie haben die Einheit eines Schreib-Lese-Zusammenhangs noch nicht wirklich herausarbeiten können. – Vermutlich deshalb nicht, weil sie noch eher an Unterrichtsplanung, an Themen und Gegenständen aus den Lehrplänen – kurz: am *input* –

---

6 Zwei Beispiele: Das Thema „Zeit" bei GROSS 2002 im Anschluss an ALAN LIGHTMANS Bestseller *Einstein's Dreams*. – Das Thema „Zukunft" (Veränderungen im Lebensraum Stadt im 3. Jahrtausend) im Anschluss u. a. an ein Gedicht von LUDWIG FELS („Natur"); vgl. ABRAHAM/ LAUNER 1999.

orientiert waren, wogegen es seit der PISA-Studie zunehmend um den *outcome* geht, das heißt um das, was an Wissen, Fähigkeiten und Fertigkeiten als Folge von Unterricht tatsächlich entsteht.

Diese neue Sichtweise schärft uns unter anderem heute den Blick für Kompetenzen und Qualifikationen, die sich in schriftlichkeitsbezogenen Tätigkeiten Lernender zeigen: In einem Thema- oder Projektzusammenhang müssen/können sie Texte zusammenfassen, vorformulierte Thesen vortragen, Bildmaterial oder Grafiken schriftlich kommentieren, strittige oder unklare Begriffe durch Nachschlagen klären usw. Ein solches funktionales Schreiben zu Texten also schließt nichtliterarische Textsorten als *Vorlagen* und *Zielformen* ein. Fähigkeiten (kognitiv) und Fertigkeiten (sprachlich-stilistisch) schriftlichen Zusammenfassens bilden insbesondere bei längeren und komplexeren poetischen Texten oft die Voraussetzung für fruchtbare Interpretationsgespräche und schriftliches Interpretieren. Zudem werden sie lebensweltlich in verschiedenen Zusammenhängen benötigt, besonders beim Protokollieren (vgl. Altenberg 1986). Dort spielen freilich dann pragmatische Texte eine größere Rolle: Werden diese in der Schule häufig zusammengefasst, um das Verständnis zu sichern bzw. das Erreichen eines Lernziels zu kontrollieren, so ist außerhalb der Schule der Zweck einer Textzusammenfassung in der Regel ein kommunikatives Erfordernis. Lange und eventuell komplexe Vorlagen (zum Beispiel Expertengutachten) müssen in leichter und schneller lesbare, übersichtliche Form gebracht werden. Stellt man sich etwa das Gutachten eines Experten über die Risiken eines wirtschaftlichen Wagnisses vor, über das in einer Sitzung abgestimmt werden soll, so wird an diesem Beispiel etwas deutlich, was man bei textzusammenfassenden Aufgaben nie vergessen sollte: Es gibt nicht *die Zusammenfassung* eines Textes, sondern immer nur in bestimmtem Interesse erstellte, für bestimmte Adressaten gedachte Zusammenfassungen. Am ehesten neutral, das heißt am wenigsten von einer Absicht des Bearbeiters abhängig ist der *Précis*.[7]

Am schwersten funktional zu integrieren dürften die schriftliche Textanalyse und der Interpretationsaufsatz sein, denen am deutlichsten auch die erwähnte Ergebnisorientierung anhaftet: Solche Arbeitsformen sind vor allem stets *Prüfungs*formen gewesen; die BearbeiterInnen sollen ihre Fähigkeiten und ihr Wissen unter Beweis stellen.

Es ist aber heute keineswegs mehr selbstverständlich, dass eine schriftliche Äußerung über einen Text diskursiv und analytisch sein muss. Besonders Sekundarstufenlehrer(anwärter) neigen gelegentlich zu diesem Irrtum, weil sie die im Studium erworbenen Schemata, Prinzipien und Ideale philologischer Wahrnehmung und Beschreibungsgenauigkeit einfach auf ihre Schüler übertragen wollen, und damit ihr eigenes Scheitern in die Wege leiten. Lernende in der Schule sind keine Philologen, wollen in ihrer Mehrheit keine werden und sollten deshalb nicht zu „Textwissenschaftlern" (vgl. Kreft 1984) ausgebildet werden. Auch auf der Sekundarstufe II, und darunter sowieso, müssen sich Lernende, wenn sie sich

---

7 *Am wenigsten* heißt nicht gar nicht: Ein „Risiko formaler Rigorosität", das Matthiessen (2003, 131) hier zu bedenken gibt, kann ich so nicht sehen; vgl. dazu auch Ricken 1984.

schriftlich zu und aus ihren Leseerfahrungen äußern, subjektiver, assoziativer und emotionaler äußern dürfen, als man das dem Literaturwissenschaftler zugesteht (der sich im Übrigen gottlob auch nicht immer dran hält); Lernende sollen nicht oder nur ausnahmsweise vorher schon fix und fertige Erkenntnisse über den Text zu Papier bringen, sondern den Schreibprozess dazu benutzen, in den Text gleichsam einzudringen: Schauplätze, Figuren, Details konkretisieren; Steckbriefe zu Charakteren schreiben; Urteile über Charaktere, Handlungsweisen und Motive abgeben; sich einmischen, als seien sie selbst eine mit-handelnde oder mit-leidende Person (Briefe schreiben, Anklage- und Verteidigungsschriften verfassen usw.). Der Interpretationsaufsatz auch und gerade als Prüfungsleistung bleibt dabei legitim, vor allem im gymnasialen Deutschunterricht. Wir haben aber zu überlegen, wie Schreiben aus und über Leseerfahrungen *auch* auf den anderen Schulstufen und *auch* in Haupt- bzw. Regelschule sowie in der Realschule aussehen könnte oder sollte. Interpretieren geschieht ja bereits *lesend* und nicht erst nach Abschluss der Textrezeption, und es geschieht oft zunächst im Gespräch, das heißt im Bemühen um „Intersubjektivität". Der Interpretations*aufsatz* ist demgegenüber eine sekundäre Erscheinung von institutioneller Künstlichkeit. Noch immer wird in Schule und Universität die Fähigkeit monologischen Interpretierens überbetont und ist das oft nicht erreichte Fernziel des Sprechens und (vor allem) Schreibens über Texte.

Methodisch sinnvoll ist (vgl. ABRAHAM u. a. 1998)

für Lernende:

- sich ihre Schreibmuster nicht nur unter den vom Lehrer eventuell angebotenen (Auszügen von) philologischen Fachtexten zu suchen, sondern auch subjektbezogen, mit steigender Klassenstufe zunehmend essayistisch zu schreiben,
- gleichwohl textbezogene Behauptungen grundsätzlich durch Belege abzusichern,
- vorschnelle Generalisierungen zu vermeiden und *nicht* sofort zu behaupten, der Text sei typisch für seine Zeit, seinen Autor, eine Textsorte usw.; das Verhalten einer Figur sei typisch für eine Klasse, einen Berufsstand, ein Geschlecht usw.

für Lehrende:

- Stilsignale, die von subjektivem und affektivem Herangehen an den Text zeugen, nicht zu unterdrücken,
- auch bildliche (metaphorische) Beschreibungsversuche zuzulassen,
- keinesfalls mit inhaltsleeren Formeln („Der Text soll zum Nachdenken anregen") zufrieden zu sein,
- die häufig auftretenden Klischees der Wahrnehmung, der Formulierung und des Urteils nicht pauschal zu stigmatisieren, sondern mit ihnen zu arbeiten,
- die Frage nach der „Autorintention" möglichst zurückzustellen oder ganz zu unterlassen.

3.1.3 Schülertexte als Rezeptionsdokumente

Praxis Deutsch 45 (1981) trug den Titel „Schülertexte als Unterrichtstexte". Die Herausgeber (Lohr/Ludwig/Menzel) schlugen seinerzeit vor, „die Klasse oder Lerngruppe für Texte von Schülern als eine tatsächliche Öffentlichkeit zu begreifen" (ebd., 13). In einem weiteren, im Rahmen dieses Beitrags nicht zu verfolgenden Zusammenhang ging es zu Beginn der 1980er Jahre um „das Dilemma kommunikationsloser Schreibakte" (ebd., 14) ohne einen wirklichen Adressaten, das heißt um eine Kritik der *Schulschriftlichkeit*. Ein engerer Rahmen lässt sich aber aufmachen, in dem der Vorschlag, mit Schülertexten im Unterricht (weiter-)zuarbeiten, hohe Relevanz gewinnt. In der „Veröffentlichung" von Schülertexten im Unterricht oder – oft besser – Schreibkonferenzen stehen zwar zunächst die Planungs-, Formulierungs- und Überarbeitungsfähigkeiten der Lernenden zur Diskussion. Basieren aber die Erstentwürfe, die da zu verbessern sind, auf *Textvorlagen*, so offenbaren sie auch, was *wie* verstanden oder verfehlt wurde. Und sie zeichnen, wenn entsprechende Schreibaufträge gestellt oder Schreibgewohnheiten entwickelt werden, auch *Wege des Textverstehens* nach – nicht nur in eigenen „kreativen" Texten und schriftlich ausgeführten „Literarischen Rollenspielen", sondern auch in *Lesetagebüchern* und anderen Arbeitsjournalen. Hintz (2002, 256–261) unterscheidet auf einer empirischen Basis[8] „deskriptiv-dokumentarische" Auseinandersetzungsweisen in Lesetagebüchern von „imaginativ-identifikatorischen" und „kommunikativ-metakognitiven". Wichtig daran ist der Gedanke, dass Texte aus Leseerfahrungen entstehen und diese verarbeiten und mitteilbar machen. Solche Texte sollen in der Tat nicht nur für die Lehrkraft geschrieben, sondern immer wieder auch in den Lernprozess der Gruppe zurückgespielt werden können; Schülertexte werden damit auch Verständigungsmedien im Literaturunterricht, indem sie Anschlusskommunikation ermöglichen.

Konkret werden solche Überlegungen etwa in dem für die Laborschule Bielefeld von Heide Bambach entwickelten Konzept der „Leseversammlung", bei der nicht nur Auszüge aus Büchern, sondern auch von Lernenden nach solchen Anregungen entstandene eigene Erzählungen vorgelesen werden (vgl. Bambach 1989).

In anderen Konzepten für einen solchen Schreib-Lese-Unterricht rücken die Textvorlagen oft in die zweite Reihe; sie liefern ein Thema und regen Vorstellungsbildung an (wie im „Lüge-Wahrheit"-Projekt von Dehn/Schüler 1998), sie fordern neue Wahrnehmung altbekannter Umgebungen heraus (wie im „Stadtimpressionen"-Projekt von Gross 1998). Wenn man „das Schreiben immer schon als Ergebnis von Leseprozessen sieht – von länger zurückliegenden, aber auch von den aktuellen beim Vorgang des Schreibens" (Dehn/Schüler 1998, 231), so ist die aktuelle Textrezeption sozusagen nur Spezialfall eines noch nicht lange zurückliegenden („rezenten") Leseprozesses, der im allgemeinen Fall aufgeht: *Wir können immer nur schreiben auf der Basis all dessen, was wir schon gelesen haben.* Und das gilt, obwohl sich diese Anwendung natürlich aufdrängt, nicht

---

8 Sie untersuchte 375 Lesetagebücher aus 24 Schulklassen der Jahrgangsstufen 5–10 (Orientierungsstufe, Haupt- und Realschule) im Raum Hildesheim (vgl. Hintz 2002, 103).

nur für Philologen. Es gilt tatsächlich allgemein. Nie sind die „Primärerfahrungen", die wir in unserer hochkomplexen Umwelt mit einigermaßen anspruchsvollen Themen machen können, für sich genommen schon eine ausreichende Basis für eine schriftliche Auseinandersetzung damit. Immer brauchen und nutzen wir selbstverständlich „Sekundärerfahrungen" zum Thema, die wir aus den Medien beziehen.

Die Frage ist lediglich, wie bewusst und wie ausdrücklich wir uns beim Schreiben auf Leseerfahrungen und Leseprozesse beziehen. Dies zu lernen, hilft nun allerdings die rezente, unmittelbar dem Schreiben vorausliegende Textrezeption. Dazu können literarische oder pragmatische Texte von der Lehrkraft oder anderen gleichsam in die Auseinandersetzung über ein Thema *eingespeist* werden. Solche didaktischen Arrangements simulieren, was im täglichen Leben dauernd geschieht: Wenn uns ein Thema wirklich beschäftigt, dann fallen uns immer wieder Texte ins Auge, die geeignet sind, uns mehr Klarheit darüber zu verschaffen. Und viele andere Texte, die uns in der Zeitung oder anderer Freizeitlektüre unterkommen, lesen wir zu solchen Zeiten sehr selektiv, auf der mehr oder weniger bewussten Suche nach Anschlusspunkten für die anstehende Klärung.

Ein Schreib-Lese-Unterricht dieser Art kann nicht nur zu Publikationsprojekten wie etwa dem Freiburger *3Journal* und damit zu „Textarbeit in Realsituationen" hinführen (vgl. BRÄUER 2003); er konkretisiert auch, was gemeint ist, wenn man von heuristisch-epistemischem Schreiben spricht. So hat ORTNER (1995, 324) die Schriftsprache als eine Produktivkraft bezeichnet und das Schreiben als „Bewegung durch Wissensbestände", deren Vielfalt in der Tat, wie BAURMANN (2002, 75) anmerkt, „nicht zu unterschätzen" ist. Was ich über ein Thema wirklich weiß, was wirklich nicht und was nur diffus, das merke ich beim Schreiben.

Automatisches Schreiben, *Clustering* und *Mindmapping* sind so betrachtet nur die Spitze des Eisbergs: Auch wenn ich erzähle, berichte, beschreibe oder argumentiere, und auch wenn es dabei um Sachverhalte aus meinem persönlichen Erfahrungskreis geht, wird mir während des Schreibens oft (erst) klar, was ich eigentlich noch nie wirklich durchdacht, geklärt oder nachgeprüft habe. Und wenn ich gelernt habe, Schreiben als Produktivkraft einzusetzen und Schriftlichkeit heuristisch zu nutzen, dann werde ich nicht meinen Text abbrechen, um erst einmal das Versäumte nachzuholen, sondern ich werde schreibend klären, was zu klären ist. Aufgeschrieben wird dann nicht, was am Ende eines Lernprozesses steht, sondern was geeignet ist, den Lernprozess zu befördern. Es geht darum, „schreibend die Dinge zum Reden zu bringen" (ORTNER 1995, 330).

Texte Lernender können, als Rezeptionsdokumente betrachtet, damit insgesamt eingeordnet werden auf einer Skala zwischen ganz persönlicher Dokumentation eines Verstehensprozesses für den Schreiber selbst und öffentlicher Präsentation von Arbeitsergebnissen aus dem Umgang mit Texten. Texte, die im Unterricht öffentlich werden, nehmen eine Mittelstellung ein: *„privat"* – *„unterrichts-/schulöffentlich"* – *„öffentlich"*.

Einige Verfahren, rezeptionsbegleitendes und textbezogenes Schreiben zu organisieren, seien zur Verdeutlichung entlang dieser Skala aufgelistet:

- Führen eines Arbeitsjournals, das neben Leseeindrücken auch Vorstufen eigener Texte festhält und Anstrengungen der Schreibplanung (zum Beispiel Cluster, Mindmap) sichtbar macht (vgl. BRÄUER 2000 a),
- Führen eines Lesetagebuchs, das den Prozess einer Lektüre oder eines themazentrierten Literaturunterrichts begleitet (vgl. im Überblick HINTZ 2002, 67–85),
- Schreiben zu Bilderbüchern (vgl. SPINNER 1992),
- Schreiben in literarische Texte hinein, zum Beispiel „Subtexte" zu dramatischen Dialogen (vgl. FROMMER 1995),
- Briefschreiben an fiktive Partner (vgl. FÖRSTER 1993) – auch als Stilarbeit, nämlich im Stil einer Romanvorlage aus dem 19. Jahrhundert (vgl. STADTER 2000),
- Erarbeiten von *Pastiche-* oder *Précis*-Versionen zu literarischen oder pragmatischen Texten für Zwecke des Unterrichts und/oder einer Publikation (Klassen-, Schüler-, Jugendzeitung),
- Zusammenstellen eigener Texte aus einem größeren Arbeitszusammenhang bzw. Thema zu einem Portfolio, das von MitschülerInnen und Lehrkraft eingesehen, auch bewertet werden kann (vgl. WINTER 2003).

3.1.4 Beispiele

Als Beispiele für Texte als Rezeptionsdokumente im Schreib-Lese-Unterricht seien sechs Anfänge von Schülerarbeiten zu MAX VON DER GRÜNS Kinderbuchklassiker *Vorstadtkrokodile* vorgestellt. Die Schreibaufgabe hatte gelautet: *Erzählt den Anfang des Romans (Hannes' Mutprobe) noch einmal, und zwar aus Marias Perspektive.*[9]

Text a (Werner[10])
Wir kamen wie üblich auf das Ziegeleigelände, damit ein neues Mitglied der Krokodilerbande seine Mutprobe ablegen konnte. Diesmal war es Hannes, auch genannt: „Milchstraße". Die Mutprobe bestand darin: Man muß auf eine wackelige Leiter steigen, die zehn Meter hoch zum Dach eines alten Gebäudes führt, dann aufs Dach steigen, bis zum First und sich darauf stellen und laut „Krododil" rufen. [...]

Text b (Anne)
„Du traust dich nicht, du traust dich nicht. Milchstraße, mach ein wenig schneller. Ich wäre in fünf Minuten oben," prahlte Olaf. „Milchstraße traut sich nicht, er traut sich nicht", sagte Frank mit spöttischen Lachen. Hoffentlich stürzt er nicht ab, dachte ich, warum haben wir so eine blöde Mutprobe ausgesucht.
„Olaf, ruf ich zurück, er stürzt ab, ruf ihn bitte runter", rief ich. „Hör auf. Du kannst ja heimgehen, wenn du Angst hast," zischte Olaf wütend. Doch da! „Krokodil, Krokodil. Ich hab es geschafft, ju-hu-ju-hu." [...]

---

9 Zur Erinnerung: Maria ist das einzige Mädchen der Krokodilerbande; sie missbilligt die Mutprobe von Anfang an, also schon bevor der Unfall passiert.

10 Alle Namen geändert, der Unterricht wurde in einer 6. Klasse Gymnasium vom Verfasser gehalten.

Text c (Susanne)

Hannes mußte eine Mutprobe machen, denn er wollte zu uns in die Krokodiler-Bande aufgenommen werden. Mein Bruder und seine Freunde sagten zu ihm immer, er sei zu klein, zu jung und zu schwach und noch dazu hatte er Sommersprossen und deshalb nannten sie ihn Milchstraße.

An einem schönen Tag war es dann soweit, Hannes, mein Bruder, seine Freunde und ich fuhren mit dem Rad auf das Ziegelei-Gelände, wo ein heruntergekommenes altes großes Haus stand. Auf dem Gelände stand: „Betreten verboten!" Dies, fand Olaf, sei ein genialer Platz für eine Mutprobe.

Ich war da anderer Meinung, noch dazu empfand ich etwas für Hannes! An dem hohen, alten haus ging eine Leiter an der mauer bis an die Dachrinne hinauf. Olaf sagte: „Hör zu Hannes, deine Aufgabe besteht darin, die lange Leiter hinauf zu klettern, auf die Dachziegeln zu steigen, bis zum Schonstein zu klettern und dort 2 mal „Krokodil, Krokodil!" zu rufen. Hast du verstanden?" Hannes nickte. Er stieg von seinem Fahrrad ab, lief zur Leiter und kletterte langsam hinauf. Ich konnte gar nicht hinschauen, wenn ich ehrlich bin, hatte ich um Hannes Angst,. Nach einer ganzen Weile, als Hannes es dann fast geschafft hatte und mit schon schlecht vor lauter Angst war, schrie er: „Krokodil, Krokodil!" […]

Text d (Dirk)

„Er wird abstürzen!" flüstere ich Olaf zu. „Dumme Ziege, laß mich in Ruhe!" schrie Olaf so laut, daß es alle hören konnten. Gespannt blickte ich wieder auf Hannes, der langsam am Dach hochkletterte. „Angsthase, Angsthase!" riefen die Krokodiler, doch Hannes mühte sich weiter ab. Hört auf, wollte ich sagen, aber ich hatte zu große Angst, daß sie mich auslachten. Endlich war Hannes am Dachfirst angekommen. Er ruhte sich ein paar Minuten aus, so daß ich Angst hatte, ob er ohnmächtig war. Dann richtete er sich auf die Knie und schrie laut „Krokodil!" […]

Text e (Johannes)

Als Hannes langsam die rostige Leiter hochkletterte um aufs Dach und danach auf den First zu gelangen, auf dem er „Krokodil!" rufen musste (so war die Aufnahmebedingung der „Krokodilerbande") schrien die übrigen Mitglieder der Bande, außer mir, ihm Sachen zu wie: „Traust dich nicht! Traust dich nicht!" zu. Ich hatte Angst um den Zehnjährigen, der zeigen wollte daß er ebenso viel Mut wie wir hatte. Man sah ihm seine berechtige Angst an, schließlich war er nicht schwindelfrei.

Ich hatte das nie gemacht weil die alte Ziegelei, bei der wir meistens sind, schon baufällig ist, wie das Warnschilder außerhalb des Geländes anzeigen.

Ich bin sowieso nur dabei, weil der Anführer Olaf mein Bruder ist. Ich glaube, ich hatte mehr Angst um Hannes, als er selbst. Er wagte nicht hinunterzuschauen. Er hatte nur sein Ziel vor Augen. Ich fürchtete, daß er doch abstürzte. Was da wohl los sein würde. Aber die Jungs schrien obwohl die Sprossen knirschten: „Los!! Weiter!! Ich sagte leise zu Olaf: „Laß ihn runterkommen! Er wird abstürzen!" Denn es kam mir alles sehr wacklig vor. Doch Hannes stieg in diesem Moment schon zum Dach hinüber und robbte langsam und vorsichtig Zentimeter für Zentimeter hoch. Er war zwar vorsichtig doch die Sache machte mir immer mehr Bedenken. Manchmal fiel auch ein Ziegel herunter von dem Hannes glaubte an ihm festen Halt zu haben. Immer dann, wenn das geschah, blieb er eine Weile vor Schreck liehen. Doch er kam oben an, ruhte sich lange aus, setzte sich vorsichtig auf und rief: „Krokodil! Krokodil!" […]

Die Textanfänge sind so angeordnet, dass der erste (a) die Schreibaufgabe am wenigsten, das heißt nur formal erfüllt (Marias Perspektive geht sozusagen in einem neutralen „Wir" unter und wird nicht wirklich eingenommen), die beiden letzten (d) und (e) am besten: Wie auch schon Text (b), nutzen sie die Chancen eines szenischen Einstiegs und erzählen dann wirklich das, was *Maria* wahrnimmt, denkt und fühlt. Interessant ist, dass diese beiden Texte im Gegensatz zu Text (c), der ebenfalls eine gute, wenn auch sprachlich unsaubere Lösung der Schreibaufgabe bietet, *nicht* von Mädchen stammen. Die Verfasser haben das

Schreiben benutzt, um sozusagen Maria zu erforschen. Ihre Texte sind Rezeptionsdokumente, die Schlüsse auf das erlauben, was sie als „Maria" für sich entworfen haben; und diese Akte der Vorstellungsbildung machen die Schülertexte beobachtbar und *diskutabel* im doppelten Sinn.

Weiterführende Literatur:

Abraham, Ulf (1994): Lesarten – Schreibarten. Formen der Wiedergabe und Besprechung literarischer Texte. Stuttgart: Klett.

Bräuer, Gerd (2000 a): Schreiben als reflexive Praxis. Tagebuch, Arbeitsjournal, Portfolio. Freiburg im Breisgau: Fillibach.

Hintz, Ingrid (2002): Das Lesetagebuch: intensiv lesen, produktiv schreiben, frei arbeiten. Bestandsaufnahme und Neubestimmung einer Methode zur Auseinandersetzung mit Kinder- und Jugendbüchern im Deutschunterricht. Baltmannsweiler: Schneider.

Paefgen, Elisabeth K. (1996): Schreiben und Lesen. Ästhetisches Arbeiten und Literarisches Lernen. Opladen: Westdeutscher Verlag.

Schubert-Felmy, Barbara (2003): Umgang mit Texten in der Sekundarstufe I. In: Kämper-van den Boogaart, Michael (Hrsg.): Deutschdidaktik. Leitfaden für die Sek. I und II. Berlin: Cornelsen Scriptor, 95–116.

Kaspar H. Spinner

3.2 Kreatives Schreiben zu literarischen Texten

3.2.1 Theorie

Kreatives Schreiben zu literarischen Texten ist in den vergangenen Jahren immer mehr zu einem selbstverständlichen Teil des Deutschunterrichts geworden und entsprechend in fast allen Lehrplänen verankert. Es verbindet schreib- und literaturdidaktische Unterrichtsziele und ist deshalb auch ein Beispiel für integrativen Deutschunterricht. Zudem ordnet es sich ein in eine Unterrichtskonzeption, für die fachübergreifend die Förderung der Kreativität ein wesentliches Ziel ist. Damit ist gemeint, dass Schülerinnen und Schüler ermuntert und befähigt werden sollen, eigene Ideen zu entwickeln und einzubringen, eingefahrene Denkbahnen zu verlassen und ihre individuellen gestalterischen Kräfte zu entwickeln. In der Fachdidaktik erscheint das kreative Schreiben unter zwei sich überlappenden Diskussionssträngen: einem schreibdidaktischen und einem literaturdidaktischen. Entsprechend ist in der Regel entweder von kreativem Schreiben oder von (handlungs- und) produktionsorientiertem Literaturunterricht die Rede.

Sprachdidaktischer Begründungszusammenhang: Kreatives Schreiben

Konzepte des kreativen Schreibens sind in Abgrenzung von einem an Aufsatzgattungen orientierten und von einem die alltagsnahen Sachtexte bevorzugenden kommunikativen Schreibunterricht entwickelt worden; dieser Reformschub geht im Wesentlichen auf die 80er Jahre des 20. Jahrhunderts zurück. Mit dem kreativen Schreiben soll dem subjektiven Ausdruck der Schülerinnen und Schüler, ihrer Gestaltungskraft, ihrem Einfallsreichtum und ihrer Fantasie Raum gegeben werden. Literarische Schreibformen wie Gedichte, Erzählungen, Schilderungen und Ähnliches rücken dabei in den Vordergrund. Kreatives Schreiben setzt auf Intuition und will allzu strikte Verstandeskontrolle, die Schreibhemmungen auslösen kann, zurückhalten. Oft wird das kreative Schreiben auch als ganzheitlich bezeichnet, weil es emotionale und imaginative Verarbeitungsweisen mit dem vorwiegend rational-kognitiven Charakter von Sprache verbindet. Ein Zitat aus einem Interview, das der Hirnforscher Wolf Singer zur Erziehung gegeben hat, mag verdeutlichen, was dies in neurobiologischer Sicht bedeutet:

Sprache erfordert ja das Erzeugen von Sequenzen, sowohl in Schrift als auch in Worten, während sehr viele unserer Wahrnehmungsleistungen, hier besonders die visuellen, parallel ablaufen. Hier wird gleichzeitig sehr vieles erfasst, was im Hirn parallel repräsentiert wird. Die große Schwierigkeit beim Erlernen von Sprechen und Schreiben ist, dass man dieses parallele Vorhandensein von Bezügen und Wissen im Gehirn in eine Sequenz von Zeichen bringen muss. Das ist für das Gehirn ein ganz unnatürlicher Vorgang. [...] Deshalb versucht ja auch jemand, der mehr ausdrücken will, als sich nur in einfachen Aussagesätzen sagen lässt, zum Beispiel Gedichte zu schreiben, in denen die Informationen ja nicht nur in den Sequenzen von Worten enthalten sind, sondern auch in der Melodie und in dem, was zwischen den Zeilen ist, in der *Form*, wie es geschrieben ist, dies sind alles Versuche, die enge Begrenzung des Sprachkanals zu überwinden (Singer 2003, 99).

In neurobiologischer Sicht kann das kreative Schreiben als eine Möglichkeit gesehen werden, den Gegensatz zwischen dem simultan vernetzten Wissen im Gehirn und der Linearität der Sprache zu überbrücken. Das erklärt, warum kreatives Schreiben insbesondere für die Anfänge des Schreibenlernens und für die Überwindung von Schreibblockaden wichtig sein kann und auch in therapeutischer Absicht eingesetzt wird.

Der Begriff des kreativen Schreibens hat allerdings auch mancherlei Kritik erfahren, etwa mit dem Argument, dass eigentlich jedes Schreiben eine kreative Leistung darstelle (Abraham 1998; Hornung 2002, 294 ff.). Doch angesichts der Tatsache, dass die derzeit vorherrschende prozessorientierte Konzeption der Schreibdidaktik die kognitiv-rational ausgerichteten Planungs- und Überarbeitungsstrategien betont, dürfte es wichtig sein, den Begriff des kreativen Schreibens weiterhin beizubehalten, weil er die intuitiven Anteile beim Schreiben in den Blick rückt.

Kreatives Schreiben lehnt sich an literarische Schreibmuster an, ist aber nicht notwendigerweise ein Schreiben zu literarischen Texten. Bilder, Musik (vgl. den Beitrag 4.4 in diesem Band), Erfahrungen in der Natur oder städtischen Räumen oder Assoziationsverfahren (zum Beispiel Clustering oder automatisches Schreiben) sind typische Zugänge zum kreativen Schreiben. Das Schreiben zu literarischen Texten ist also nur eine Teilmenge des kreativen Schreibens; ihm kommt allerdings eine hervorgehobene Rolle zu, weil durch die literarischen Texte Schülerinnen und Schüler Anregungen für die sprachliche Gestaltung erhalten.

Literaturdidaktischer Begründungszusammenhang:
Handlungs- und produktionsorientierter Literaturunterricht

Wesentlich angestoßen durch die Rezeptionsästhetik, die die aktive Mitwirkung des Lesers am literarischen Sinnbildungsprozess betont, hat der so genannte handlungs- und produktionsorientierte Literaturunterricht dem kreativen Umgang mit Texten einen neuen Stellenwert in der Schule verschafft (vgl. SPINNER 2003): Texte sollen nicht nur gelesen, besprochen, mündlich und schriftlich analysiert werden, vielmehr sollen Schülerinnen und Schüler auch gestaltend, das heißt literarisch schreibend, szenisch spielend, malend, musizierend mit Texten umgehen. Ein solches Vorgehen erfüllt mehrere Funktionen:

- Es schafft eine Verbindung zwischen subjektiver Erfahrungswelt und Wahrnehmung des Textes,
- es unterstützt die imaginative Vergegenwärtigung des Textes im Kopf des Lesers,
- es richtet den Blick auf die Machart von Texten, weil der Leser auch die Perspektive eines Produzenten übernimmt,
- es regt die Fantasie an und fördert einen wahrnehmungsintensiven, ästhetischen Zugang zu Texten.

Wie erwähnt, umfasst der handlungs- und produktionsorientierte Literaturunterricht auch szenische, bildnerische, akustische und andere Zugänge, bezieht sich also nicht nur auf das kreative Schreiben zu Texten. Auch sind nicht alle schriftlichen Verfahren des Ansatzes als kreativ zu bezeichnen (etwa wenn es nur darum geht, zwischen vorgegebenen Formulierungsvarianten zu einer Textstelle auszuwählen). Aber das kreative Schreiben zu Texten bildet doch den Hauptanteil an den Verfahren eines handlungs- und produktionsorientierten Literaturunterrichts.

3.2.2 Kreativität und Imitation – ein Widerspruch?

Kreatives Schreiben und handlungs- und produktionsorientierter Literaturunterricht gelten zwar als neuere Konzeptionen der Schreib- und Literaturdidaktik; sie haben jedoch durchaus eine weit zurückreichende Tradition. Als der Sprachunterricht noch rhetorisch ausgerichtet war, galt das Schreiben nach literarischen Mustern als selbstverständliche Übung (vgl. MERKELBACH 1993). Erst gegen Ende des 18. Jahrhunderts traten Schreib- und Literaturunterricht auseinander, unter anderem weil sich durch die Vorstellung vom Dichter als Genie (und nicht als poetischer Handwerker) eine Kluft zwischen Produktion und Rezeption auftat und das Kopieren literarischer Muster in Misskredit kam (vgl. den Beitrag 2.1). Kreatives Schreiben zu Texten versteht sich heute offener als der frühere musterorientierte rhetorische Unterricht. Es soll den Schülerinnen und Schülern die Entfaltung eigener kreativer Potenziale ermöglichen. Hier wirkt sich unter anderem der Einfluss der Reformpädagogik aus, die in der pädagogischen und didaktischen Diskussion eine Renaissance am Ende des 20. Jahrhunderts erlebt hat.

Damit verbunden ist die Gefahr, dass die imitativen Prozesse beim kreativen Schreiben unterschätzt und allzu sehr einer diffusen Vorstellung von kindlicher Genialität gehuldigt wird (zum Schreiben nach literarischen Mustern vgl. MERKELBACH 1993 und PAEFGEN 1996). Aus diesem Grunde soll hier auf das Verhältnis von Kreativität und Imitation beim Schreiben etwas ausführlicher eingegangen werden.

Wenn jemand etwas imitiert, ist er – so unser geläufiges Verständnis – nicht kreativ. Ein genauerer Blick auf Texte, die im Rahmen des kreativen Schreibens (in der Schule oder auch in außerschulischen Schreibgruppen) entstehen, zeigt nun allerdings, dass sich in ihnen vielfältige literarische Vorbilder spiegeln. Schon wenn Kinder eine Fantasieerzählung mit den Worten „es war einmal ..." beginnen, wird deutlich, dass sie eine solche Formulierung nicht selbst erfunden haben, sondern – bewusst oder unbewusst – auf ihre Märchenerfahrung zurückgreifen. Man kann grundsätzlich sagen, dass Imitation zu den Grundelementen des kreativen Schreibens gehört; das entspricht auch der modernen Literaturtheorie, die mit dem Begriff der Intertextualität betont, dass jedes literarische Schreiben ein Um- und Fortschreiben des je schon Geschriebenen ist. In der Praxis des kreativen Schreibens, aber auch in den einschlägigen Handbüchern spielt Anregung durch Textvorlagen durchaus schon immer eine große Rolle. Als kreativ kann man dieses Schreiben bezeichnen, weil es – anders als das bloß musterorientierte Schreiben – nicht einfach auf Regelerfüllung zielt, sondern weil ein Spielraum eröffnet wird, der auch eine Differenz zur Vorlage erlaubt, etwa dadurch, dass ein anderer (zum Beispiel persönlich gefärbter) Inhalt mit der übernommenen Form verbunden wird, dass eine parodistische Distanzierung erfolgt, dass eine Verbindung mit anderen Stilmitteln vorgenommen wird usw. (zur Arbeit am Stil vgl. den Beitrag 2.1).

Man kann, um sich die Bedeutung des Imitierens zu vergegenwärtigen, eine Parallele zum elementaren Spracherwerb ziehen: Genauso wie das Kind die Sprache, die schon vor ihm da ist, imitierend übernimmt und sie zugleich von Anfang an spielerisch-kreativ umsetzt in seinen Monologen und Rollenspielen, speist sich das literarische Ausdrucksvermögen der heranwachsenden Kinder und Jugendlichen aus der Bekanntschaft mit Ausdrucksformen, die sie sich anverwandeln. Ein Unterricht, der nur auf die Kreativität der Kinder setzt und kein Sprachangebot als Anregungspotenzial macht, führt nicht zu kreativen Texten, wie die empirische Untersuchung zum kreativen Schreiben von CLAUDIA WINTER gezeigt hat (WINTER 1998).

An einem einfachen Beispiel sei hier die Rolle der Imitation gezeigt: In einer sechsten Gymnasialklasse ging es darum, das Gedicht „Verlassene Alm" von GÜNTER EICH zu behandeln. Ich begann mit Assoziationen der Kinder zum Stichwort „Herbst", und zwar ausgehend von den Fragen „Was sehe ich?", „Was höre ich?", „Was rieche ich?", „Was fühle ich?". Dann zeigte ich das EICH-Gedicht auf dem Tageslichtprojektor und die Kinder verglichen es mit ihren Assoziationen. Ein kurzer Durchgang durch das Gedicht mit der Leitfrage zu jedem Satz „Was stelle ich mir bei dieser Satzaussage ganz konkret vor?" sicherte das inhaltliche Verständnis. Anschließend erhielten die Kinder den Auftrag, ein Frühlingsgedicht zu schreiben, und zwar in Anlehnung an die Art und Weise, wie Eich geschrieben habe, aber genau überlegend, was man ändern müsse, damit ein Frühlingsgedicht entstehe. Die Schülergedichte zeigen, wie in mehreren Fällen Merkmale der poetischen Gestaltung von Eich übernommen worden sind, obschon im Unterricht vorher in keiner Weise über Form und Struktur gesprochen worden war.

Ein Schülertext:

Verlassene Alm

Regenwasser
in den Trittspuren der Kühe.
Ratlose Fliegen
nah am November.

Der rote Nagel wird den Wind nicht überstehen.
Der Laden wird in den Angeln kreischen,
einmal an den Rahmen schlagen,
einmal an die Mauer.

Wer hört ihn?

Günter Eich[1]

Lebendiger Frühling

Tauwasser am Wegesrand,
Kühe auf der Alm.
Fliegen und Bienen,
ihre Kreise drehen.

Blüten rot, rosa, gelb und weiß.
Die letzten tropfen Wasser,
des Schnees getaut.
Vögel fangen an zu zwitschern.

Übernommen sind von Eich die Bildung von vierzeiligen Strophen, die Reimlosigkeit, die Verwendung von Sätzen ohne Prädikat. Fast Zeile für Zeile wird die Aussage des Eich-Gedichts aufgegriffen und verwandelt: Statt Regenwasser Tauwasser, statt ratlose Fliegen nun Fliegen und Bienen, die ihre Kreise drehen, statt eines einzelnen roten Nagels Blüten in verschiedenen Farben, statt des Kreischens und Schlagens des Ladens das Zwitschern der Vögel. Ein anderes Schülerbeispiel:

Frühlingsgedicht

Zwitschernde Vögel
und summende Bienen.
Das Rauschen des Bachs
und spielende Kinder.

Tiere, die den Winter überstanden haben
Bäume mit ihren Blättern.
Die Wärme in der Sonne.
Hast du die Maus gesehen, die aus ihrem Loch kommt?

Dieser Text folgt inhaltlich nicht Satz für Satz der Vorlage. Wieder sind aber wesentliche formale Gestaltungsmerkmale aufgegriffen, hier nun auch die Frage als wirkungsvoller Abschluss des Gedichts. An diesem Satz kann man besonders schön zeigen, wie einerseits das Muster des Eich-Gedichts übernommen, aber zugleich ein altersgemäßer Sprachgestus realisiert wird. Es ist diese Verbindung von Anregung durch literarische Vorlagen und eigenem Ausdruckswillen, die die

---

1 Günter Eich (1991): Gesammelte Werke in 4 Bänden. Revidierte Ausgabe. Frankfurt a. M.: Suhrkamp, Bd. 1, 86.

Leistung imitativen Schreibens ausmacht und es von einer Musterpoetik abgrenzt.

Wenn man im Unterricht nach der Textproduktion einzelne Schülergedichte mit dem Ausgangstext vergleicht, kann man feststellen, dass den Schülerinnen und Schülern das (für den Erwerb von Textanalysekompetenz wichtige) Erkennen und Benennen von Gemeinsamkeiten und Unterschieden ausgesprochen schwer fällt. Darin zeigt sich, dass sie beim Schreiben intuitiv etwas realisiert haben, was ihnen nur teilweise bewusst ist. In der kognitiven Lernpsychologie spricht man heute von unbewusstem und bewusstem Wissen; ein Unterricht, der in der hier vorgestellten Weise imitierendes Schreiben anregt, nutzt die Möglichkeiten der Vermittlung unbewussten Wissens als Grundlage, auf der dann auch das bewusste Wissen aufgebaut werden kann.

Die Imitation ist – auch dies sei hier festgehalten – nicht auf formale Aspekte beschränkt. Die Verwendung von prädikatslosen Sätzen zum Beispiel mag als rein grammatisches Phänomen erscheinen; aber es stellt auch ein Modell der Weltbetrachtung dar: Nicht nur was geschieht, ist der Beachtung wert, sondern auch die reine Wahrnehmung. Das ist für Sechstklässler, die noch stark im handlungsbezogenen literarischen Verstehen und Welterleben verwurzelt sind, eine für ihr Alter wichtige Entwicklungsaufgabe. Kreatives Schreiben zu literarischen Texten ist also nicht nur als Baustein für die Entwicklung von Schreibfähigkeit und literarischer Kompetenz zu sehen, sondern auch als eine Möglichkeit, Wahrnehmungsweisen und Verstehen von Welt zu unterstützen. Bei erzählenden Texten wird das etwa darin deutlich, dass durch die Formulierung von inneren Monologen psychologisches Verstehen oder durch das Umschreiben eines älteren Textes in einen gegenwärtigen Kontext das Bewusstsein für sozialgeschichtliche Unterschiede geschärft werden kann.

3.2.3 Zusammenfassung der Zielsetzungen

Kreatives Schreiben zu literarischen Texten dient, wie die Begründungszusammenhänge gezeigt haben, einem komplexen didaktischen Zielgefüge. Es soll
- einen intensiven Kontakt zwischen Schüler bzw. Schülerin und Text herstellen (dazu vor allem HAAS 1997, 22),
- die für literarisches Lesen unverzichtbare Vorstellungsbildung anregen (dazu vor allem ABRAHAM 1999 b),
- die empathiefördernde Wirkung literarischer Lektüre und die Fähigkeit zur differenzierten Perspektivenübernahme zur Entfaltung bringen (dazu zum Beispiel SPINNER 2001, 126 ff.),
- ein intensiveres Verstehen von literarischen Texten anregen (vgl. ZABKA 1995),
- mit formalen Strukturen von Dichtung vertraut machen (besonders deutlich zum Beispiel bei WALDMANN 1988),
- stilistische Fähigkeiten im Schreiben schulen (zum Beispiel PAEFGEN 1991).

3.2.4 Typologie der Verfahren und ihre Leistung

Die Möglichkeiten des kreativen Schreibens zu literarischen Texten sind ausgesprochen vielfältig. Mit der folgenden Zusammenstellung werden die Haupttypen charakterisiert (ausführlicher KELLNER 1999, 16–85) und im Hinblick auf die Zielsetzungen begründet. Ihr Einsatz in der Praxis ist jeweils abzustimmen auf die Zielsetzungen und den Bezugstext. Ein allzu sorgloses und beliebiges Anwenden kreativer Verfahren, das in den letzten Jahren oft zu beobachten gewesen ist, hat den Ansatz zum Teil in Misskredit gebracht.

Antizipierendes Schreiben

Das Antizipieren ist ein gängiges Verfahren im Unterrichtsgespräch über literarische Texte. Man tauscht ausgehend von Titelbild oder Klappentext Erwartungen zum Text aus, man überlegt sich am Ende eines Kapitels, wie die Geschichte weitergehen könnte, man erfindet beispielsweise einen Schluss. Das lässt sich alles auch schriftlich machen, mit dem Vorteil, dass dann expliziter auch die Antizipationen mit dem tatsächlichen Text verglichen werden können. Anspruchsvollere Formen des antizipierenden Schreibens ergeben sich, wenn zum Beispiel bei einem erzählenden Text zunächst nur die Schilderung des Schauplatzes in der Exposition oder bei einem Theaterstück nur die Szenenanweisung gelesen und dann eine mögliche, darauf bezogene Handlung ausgedacht wird. Verwandt damit ist das Entwerfen einer Handlung ausgehend von Figurenbeschreibungen aus dem Text. Auch das Schreiben eines eigenen Textes ausgehend vom Handlungskern, den die Lehrkraft zum literarischen Text formuliert hat, oder zu Stichwörtern, die zentrale Motive markieren, gehören zu den aufwändigeren antizipierenden Verfahren.

Das Antizipieren ist ein Grundelement des Lesens von Prosa und Dramen: Ohne Antizipieren wäre Literaturrezeption nicht spannend – die ständige Erwartungshaltung, wie es wohl weitergehen mag, gehört wesentlich zum Lesegenuss. Sie regt eine intensive emotionale, rationale und imaginative Verarbeitung des Gelesenen und Gesehenen an. Durch die Anregung zum Antizipieren kann im Unterricht also ein wesentlicher Beitrag zum aufmerksamen Lesen geleistet werden. Darüber hinaus schaffen Antizipationen Verknüpfungen zwischen der eigenen Erfahrungswelt und dem Text, sei es, dass Vertrautes wiedergefunden, sei es, dass die Fremdheit des Textes durch den Vergleich mit den Erwartungen ins Bewusstsein tritt. Das betrifft sowohl formale Gestaltungsmerkmale (jüngere Schüler würden zum Beispiel beim Zu-Ende-Schreiben einer Kurzgeschichte kaum ein offenes Ende formulieren) als auch Inhaltliches auf wörtlicher und übertragener Bedeutungsebene (zum Beispiel eine überraschende Wendung des Geschehens am Schluss).

Texterweiterungen

Vom Antizipieren unterscheiden sich Texterweiterungen dadurch, dass etwas ausformuliert wird, was im Text keine Entsprechung besitzt, aber als Zusatz denkbar wäre. Ein typisches Beispiel ist das Verfassen des inneren Monologes, den eine Figur an einer bestimmten Textstelle halten könnte. Damit kann eine intensive Vergegenwärtigung des psychischen Geschehens angeregt werden. Das Schreiben von Briefen und Tagebüchern, die Figuren verfasst haben könnten, sind ähnlich ausgerichtete Verfahren; dabei werden nichtliterarische Textmuster aufgegriffen (Brief und Tagebuch kennen Kinder und Jugendliche vom Alltag), die jedoch in diesem Zusammenhang nun fiktionalisiert werden (wie das zum Beispiel auch beim Briefroman der Fall ist). Mehr handlungsbezogen ist das Entwerfen eines Figurendialoges oder die Ausgestaltung einer im Originaltext nur raffend erzählten Szene. Auch genauere Schilderungen von nur skizzenhaft dargestellten Schauplätzen können eingefügt werden.

Texterweiterungen dienen in erster Linie einer inhaltlichen Vertiefung der Lektüre; sie können aber auch mit stilanalytischer und -bildender Zielsetzung verbunden werden, wenn der Schülertext sprachlich an den Ausgangstext angepasst sein soll.

Eine besondere Form stellt die verfremdende Texterweiterung dar, bei der gezielt abweichende Textteile eingefügt werden – zum Beispiel Hinweise auf die heutige Konsumwelt in ein Weihnachtsgedicht aus dem 19. Jahrhundert. Damit wird eine spielerische Form kritischen Lesens erreicht.

Analoges Schreiben

Von analogem Schreiben kann man sprechen, wenn nach dem Vorbild eines literarischen Textes ein eigener Text geschrieben wird. Das oben ausgeführte Unterrichtsbeispiel zum Gedicht von GÜNTER EICH gehört zu diesem Typ. Neben dem mehr intuitiv-imitativen Vorgehen ist auch das Schreiben im Anschluss an eine genauere Analyse des Ausgangstextes möglich. Analoges Schreiben ist meist gattungs-/genreorientiert: Man schreibt ein Märchen, eine Fabel, ein konkretes Lautgedicht und wird damit mit deren Merkmalen und Ausdrucksmöglichkeiten vertraut. Um eine vorwiegend stilistische Übung handelt es sich, wenn im Stil eines bestimmten Autors ein Text geschrieben werden soll.

Die Spannbreite analogen Schreibens reicht von einfachen Aufgaben für den Anfangsunterricht oder für Fremdsprachenlernende bis zur Erkundung und Aneignung anspruchsvoller stilistischer Möglichkeiten; auch das parodistische Schreiben ist hier anzusiedeln, zum Beispiel das Schreiben eines Trivialromans, was ein vergnügliches Durchschauen der Stereotypen bewirkt (vgl. WALDMANN 1980).

Verändern von Texten

Bei diesem Typ geht es darum, dass ein vorgegebener Text umformuliert wird. Berühmt sind die Stilübungen von RAYMOND QUENEAU (QUENEAU 1961), der die Schilderung einer alltäglichen Situation in über 90 Variationen transformiert hat. Ein solches Umformulieren ist intensive stilistische Arbeit, die zugleich vergnüglich sein kann. Da bei solchem Umschreiben zum Teil bestimmte Textsortenmuster umgesetzt werden, ergeben sich Überschneidungen mit dem analogen Schreiben.

Mehr inhaltlich orientiert ist die Arbeit, wenn ein Text in einen anderen Kontext umgesetzt wird, etwa ausgehend von der Frage, wie Emilia Galotti als heutige Frau sich am Ende des Dramas verhalten hätte oder wie eine heutige Margarete ihrem Liebhaber Faust die Schwangerschaft mitteilen würde.

Eine komplexe Aufgabe stellt das Umerzählen aus veränderter Perspektive dar. Das Geschehen wird in erzählenden Texten meist mehr oder weniger aus der Sicht des Protagonisten wiedergegeben; wenn Schülerinnen und Schüler einzelne Szenen aus der Perspektive einer anderen Figur nacherzählen, ergibt sich ein aspektreicherer Blick auf den Inhalt und zugleich wird das psychologische Verstehen geschult (ein Beispiel dazu mit Schülertexten im Beitrag 3.1).

Wiederum etwas anders akzentuiert ist das Umschreiben unter Veränderung eines Handlungsmerkmals: Man nimmt zum Beispiel an, eine Figur hätte sich an einer bestimmten Textstelle anders entschieden oder sie hätte entdeckt, was ihr verschwiegen wird, oder sie hätte ihren Gegenspieler überraschend getroffen: Wie könnte nun die Geschichte weitergehen?

Diese verändernden Verfahren regen wie das Antizipieren intensive inhaltliche Vorstellungen an und können auch die reflexive Auseinandersetzung vertiefen, zum Beispiel wenn es um Szenen zu moralischen Entscheidungssituationen geht. Exakte Spracharbeit ist gefordert, wenn mit verschiedenen überlieferten Fassungen eines Textes in der Weise verfahren wird, dass die Schülerinnen und Schüler anhand einer früheren Fassung sich überlegen, was verbesserungswürdig sein könnte, und Formulierungsvorschläge machen. Es ist dann spannend zu sehen, ob der Autor in der gleichen Richtung Änderungen vorgenommen hat. Ein solches Vorgehen stellt einen Beitrag zum Überarbeiten von Texten dar, das im Rahmen der neuen prozessorientierten Schreibdidaktik wichtig geworden ist.

Freies Schreiben zu Textvorlagen

Bei den bislang genannten Typen ist jeweils eine bestimmte Zielrichtung vorgegeben (Erweitern, Imitieren, Verändern ...). Es gibt jedoch auch freiere Formen des kreativen Schreibens zu literarischen Texten. Das ist etwa dann der Fall, wenn zu einem bestimmten Thema – zum Beispiel Erinnerung an die Kindheit – Texte oder Textauszüge verschiedener Autoren gelesen werden und als Anregung für einen eigenen Text dienen. Den Schreibenden ist es dann freigestellt, in welchem Maße sie sich an ein Muster anlehnen oder ob sie einen ganz eigenen Stil verwirklichen wollen.

Auch ohne spezifische Aufträge und Themenbindung ergibt sich eine intensive Wechselbeziehung zwischen Lesen und Schreiben, wenn in Vorlesesituationen Texte von Kindern bzw. Jugendlichen und Ausschnitte aus Büchern ohne weitere Didaktisierung vorgestellt werden. Welche Wirkungen dabei erzielt werden, hat vor allem HEIDE BAMBACH aufgrund ihrer Erfahrungen an der Bielefelder Laborschule gezeigt (zum Beispiel BAMBACH 1989).

3.2.5 Klassenarbeiten und Bewertungsproblematik

In welchem Maße kreatives Schreiben in die Leistungsbewertung eingehen soll, ist umstritten. Da seine Funktion vor allem in seinem experimentellen, heuristischen Charakter liegt, steht es in einem Spannungsverhältnis zur Möglichkeit von Bewertung. Nun sind allerdings auch andere Bereiche des Deutschunterrichts nicht problemlos in Bewertungsschemata einzupassen. Sollen also die zweifellos wichtigen Fähigkeiten, die im kreativen Schreiben zum Ausdruck kommen, in der Leistungsbeurteilung unberücksichtigt bleiben? Heute zeigt sich eine eindeutige Tendenz, kreatives Schreiben in die Benotung einzubeziehen, und zwar bis zum Abituraufsatz. In unteren Klassen ergibt sich dadurch keine grundsätzlich neue Situation, weil kreative, literarische Schreibformen wie die Fantasieerzählung hier seit langem gebräuchlich sind. In höheren Klassen ist die Einbeziehung kreativer Aufgaben in die Leistungsbewertung für viele Lehrkräfte ungewohnt. Oft werden deshalb kreative und analytische Aufgaben miteinander kombiniert. Das ermöglicht, dass man ggf. unterschiedlichen Fähigkeitsprofilen von Schülerinnen und Schülern gerecht werden kann; zum Teil bietet der analytische Teil auch Hinweise, welcher Stilwille hinter der kreativen Gestaltung steht. Das ist besonders dann der Fall, wenn eine analytische Auseinandersetzung mit dem eigenen Text verlangt wird.

Die folgende Zusammenstellung zeigt die wichtigsten Modelle, die heute in höheren Klassen praktiziert werden.

1. Interpretationsaufgabe – produktive Aufgabe: zum Beispiel *Beschreiben Sie den Konflikt … Verfassen Sie einen inneren Monolog …*

2. Interpretationsaufgabe – analytische Aufgabe – produktive Aufgabe: zum Beispiel *Charakterisieren Sie X (Figur) … Analysieren Sie die Redeweise von X in den Dialogen … Verfassen Sie einen Brief von X, der dessen Einschätzung …*

3. Produktive Aufgabe – Interpretationsaufgabe: zum Beispiel *Verfassen Sie eine Rollenbiografie von … Erläutern Sie die Personenkonstellation …*

4. Produktive Aufgabe – Vergleich Ausgangstext/selbst verfasster Text: zum Beispiel *Schreiben Sie ein Gedicht in Anlehnung an … Vergleichen Sie …*

5. Produktive Aufgabe – Reflexion der gestalterischen Entscheidungen: zum Beispiel *Erfinden Sie eine mögliche Fortsetzung … Erläutern Sie Ihre inhaltlichen und sprachlichen Gestaltungsabsichten …*

6. Analytische Aufgabe – Produktive Aufgabe – Reflexion oder Vergleich: zum Beispiel *Analysieren Sie das Gedicht … Schreiben Sie eine Schlussstrophe … Kommentieren Sie Ihre Strophe …*

7. Produktive Aufgabe – Reflexion oder Vergleich – Interpretationsfrage zum Ausgangstext: zum Beispiel *Erzählen Sie die Episode in Ich-Perspektive um … Vergleichen Sie die Leistungen der Erzählperspektiven … Interpretieren Sie die Erzählung unter besonderer Berücksichtigung von Titel und Schlusssatz …*

8. Produktive Aufgabe – Reflexion oder Vergleich – Kontextbezogene Aufgabe: zum Beispiel *Entwerfen Sie eine mögliche zusätzliche Szene … Begründen Sie … Ordnen Sie das Drama in sozialgeschichtliche Zusammenhänge ein …*

Es ist möglich, bei diesen Aufgaben die Reihenfolge auch den Schüler(inne)n zu überlassen: zum Beispiel Entscheiden Sie selbst, mit welchem Teil der Aufgabe Sie beginnen wollen.

Weiterführende Literatur:

BRUNNER, MARIA E. (1997): Schreibgesten: Die Entdeckung des Schreibens im Akt des Schreibens; Schreibkompetenz durch Literaturunterricht. Neuried: Ars Una.

MERKELBACH, VALENTIN (Hrsg.) (1993): Kreatives Schreiben. Braunschweig: Westermann.

PAEFGEN, ELISABETH K. (1996): Schreiben und Lesen. Ästhetisches Arbeiten und literarisches Lernen. Opladen: Westdeutscher Verlag.

WALDMANN, GÜNTER/BOTHE, KATRIN (1992): Erzählen. Eine Einführung in kreatives Schreiben und produktives Verstehen von traditionellen und modernen Erzählformen. Stuttgart: Klett.

WALDMANN, GÜNTER (1998): Produktiver Umgang mit Literatur im Unterricht: Grundriss einer produktiven Hermeneutik. Baltmannsweiler: Schneider.

VOLKER FREDERKING

3.3 Schreiben und literarische Texte am Bildschirm

Dass Deutschunterricht medienintegrativ ausgerichtet sein sollte, ist innerhalb der Deutschdidaktik mittlerweile unstrittig (vgl. WERMKE 1997; ABRAHAM 2002; FREDERKING 2003). Das gilt auch und gerade für den fachspezifischen Einsatz von Computer bzw. Internet (vgl. KEPSER 1999; BLATT u. a. 2001; JONAS/ROSE 2002; FREDERKING 2003), der besonders für die Schreibdidaktik interessant ist. Denn im Unterschied zum Bildmedium Fernsehen regt der Computer zu vielfältigen Lese- und Schreibprozessen an, weil er in vielen Nutzungsformen Schrift integriert bzw. auf Schrift basiert. Mit JAY D. BOLTER (1997, 37) lassen sich Computer und Internet in diesem Sinne „als eine neue Technologie des Schreibens" verstehen. Dabei gibt es allerdings grundlegende Unterschiede zwischen dem computerbasierten Schreiben (und Lesen) im Offline- und im Onlinemodus. Diese herauszuarbeiten und in ihren didaktischen und methodischen Optionen für den Deutschunterricht zu hinterfragen, wird Aufgabe der nachfolgenden Ausführungen sein.

3.3.1 Computerbasierte Schreib- und Leseprozesse im *Offline*-Modus

Der Computer fand als Massenmedium zunächst allein im Offline-Modus Anwendung. Zwei in diesem Zusammenhang bedeutsame Innovationen, die elektronische Textverarbeitung und die vielfältigen Möglichkeiten zur digitalen Informationsspeicherung auf Festplatte, Diskette, CD-ROM, DVD etc. sollen nachfolgend in ihrer Bedeutung insbesondere für Schreibprozesse im Deutschunterricht erläutert werden.

Textverarbeitung und Schreibprozesse

Eine der ersten Nutzungsmöglichkeiten des Computers, die innerhalb der Deutschdidaktik auf breiteres Interesse stieß, war die elektronische Textverarbeitung. Dieser Sachverhalt erklärt sich aus dem grundlegenden Wandel, den die Schreibkultur durch die Möglichkeiten elektronischer Textproduktion erfahren hat. Tatsächlich beginnt diese zunehmend an die Stelle handschriftlicher oder mechanischer Formen zu treten. Ihre Vorteile sind offenkundig: „Mühelose Korrektur von Tippfehlern, das Umstellen und Kopieren ganzer Textblöcke, automatisches Ersetzen eines oder mehrerer Wörter und das Erstellen eines semiprofessionellen Layouts" (KEPSER 1999, 9).

Diese neuen computerspezifischen Schreibmöglichkeiten lassen sich auf vielfältige Weise im Deutschunterricht nutzen. In den Sekundarstufen I und II bietet sich der Einsatz von Textverarbeitungsprogrammen beispielsweise im Lernbereich „Schriftlicher Sprachgebrauch" an. So können Schüler zu computer- bzw. textverarbeitungsbasierten Schreibprozessen im Zusammenhang mit Lebenslauf, Protokoll, Bericht, Sachbriefen, Bewerbungsschreiben etc. angeregt werden (vgl. beispielsweise MAXLMOSER/SÖLLINGER 1993). Der Vorteil des Computers: Fehler lassen sich problemlos korrigieren und Texte beliebig oft modifizieren, überarbeiten und verbessern. Auch im Zusammenhang mit kreativen Schreibarrangements kann der Computer didaktisch sinnvoll genutzt werden – beispielsweise auf der Grundlage von Reizwörtern oder in Form von Textcollagen (vgl. MAXLMOSER/SÖLLINGER 1993, 37; WAGNER 1994, 61 ff.). Kooperative Offline-Schreibprojekte haben INGE BLATT und WILFRIED HARTMANN (zum Beispiel BLATT/HARTMANN 1992, 13 ff.; BLATT 1998, 49 ff.) wiederholt durchgeführt und dabei gezeigt, dass sich die bei der Zusammenarbeit notwendigen Überarbeitungs- und Kompilationsprozesse auf Textverarbeitungsbasis besonders einfach realisieren lassen. Diese Vorteile werden auch bei den in der Fachliteratur zahlreicher beschriebenen computerbasierten Zeitungsprojekten genutzt, wobei hier die freie Gestaltung des Layouts als weiterer Vorteil hinzukommt (vgl. WAGNER 1994, 69 ff.; JANßEN 1997, 24 ff.; KEPSER 1999, 31 ff.). Umfangreiche Einsatzmöglichkeiten elektronischer Textverarbeitung ergeben sich überdies im Zusammenhang mit computerbasierten Formen handelnd-produktiver Verfahren. Dazu gehören die (Re-)Konstruktion von Gedichten aus Einzelzeilen, die Vervollständigung von Gedicht- oder Textfragmenten, die Texttransformation, ästhetische Gestaltungen literarischer Texte durch Grafikprogramme usw. (vgl. WICHERT 1992, 1994; MAXLMOSER/SÖLLINGER 1993, 45 ff.; WAGNER 1994, 4 ff.; KEPSER 1999, 34 ff.). Doch Textverarbeitungsprogramme lassen sich auch in der Grundschule und hier sogar schon im Anfangsunterricht sinnvoll nutzen, wie HANS BRÜGELMANN (1984 b), BARBARA KOCHAN (1993) oder FRANZ ARENHÖVEL (1994) gezeigt haben. Die Vorteile des Computers: Neben einer erhöhten Motivation und einer im Vergleich zum handschriftlichen Schreiben geringeren Ermüdung erhalten die Kinder in Verbindung mit Anlauttabellen sehr früh die Möglichkeit, selbst produktiv schreibend tätig zu werden und dabei Erfolgserlebnisse zu haben. Denn die elektronische Textverarbeitung erlaubt es ihnen, Texte leichter zu überarbeiten, Fehlerhaftes zu löschen, kooperativ zu schreiben und Geschriebenes in ästhetisch ansprechender Weise ausdrucken zu können.

Literatur-CD-ROMs und Lernsoftware

Spezifische Möglichkeiten zum computerbasierten Schreiben ergeben sich auch durch Literatur-CD-ROMs. Seit Ende der 1990er Jahre gibt es didaktisch aufbereitete Angebote, denen weniger instruktionistische als konstruktivistische Prinzipien zugrunde liegen und die den Lernern selbstbestimmte Schreibaktivitäten ermöglichen. Für den Rechtschreibunterricht steht mit „Ulk 1 – Rettung für die Zeitreisenden" (1996), „Alfons Lernwelt 5–6" (2000) oder der 2002 mit dem Bildungssoftware-Preis „digita" ausgezeichneten CD-Rom „Deutsch Rechtschreibung 5./6. Klasse" (2001) Lernsoftware zur Verfügung, die Schülern Raum gibt, in selbstbestimmter und entdeckender Form ihre Rechtschreibkompetenz zu verbessern. Anregungen zu kreativen Schreib- und Gestaltungsprozessen bieten neuere Software-Entwicklungen – so die CD-ROM „Literatur des 20. Jahrhunderts" (2001) im Rahmen so genannter „multimedialer Erfahrungs- und Handlungsräume" oder das Selgo-Projekt (2003). Hier ergeben sich vielfältige Formen computergestützten Schreibens, die der Deutschunterricht nutzen sollte, auch wenn sich im mediengeschichtlichen Rückblick wahrscheinlich erweisen wird, dass rein Offline-basierte Konzepte mediale Übergangsphänomene darstellen, die mittel- bis langfristig durch die ungleich vielschichtigeren Handlungs- bzw. Nutzungsoptionen im Online-Modus ersetzt werden.

3.3.2 Computerbasierte Schreibprozesse im *Online*-Modus

Computervermittelte Schreibprozesse im Online-Modus (bzw. mit dem Ziel einer späteren Online-Nutzung) haben eine sehr spezifische Erweiterung der menschlichen Sprachnutzung und Sprachgestaltung zur Folge. Ihre technische Grundlage ist das Internet. Dieses hat sich innerhalb von einem Jahrzehnt zu einem sehr komplexen Informations- und Kommunikationsmedium entwickelt. Schreibdidaktisch sind damit vielfältige Möglichkeiten verbunden:

Homepages – Schreiben zur virtuellen Selbst- und Informationspräsentation

Ein wesentlicher Bereich in der Nutzung des Internets ist das Erstellen bzw. Sichten von Homepages, Titelseiten im Netz, die zur virtuellen Selbst- und Informationspräsentation genutzt werden. In der Regel enthalten diese über „Hyperlinks" vielfältige Informationen zu unterschiedlichen Themengebieten. Technisches Fundament sind besondere Programmier- bzw. Auszeichnungssprachen. Die verbreitetste ist die Hyper Text Markup Language, abgekürzt HTML. Über den „HTML-Editor" lassen sich Dokumente erstellen, die später im Netz unter einer URL-Adresse (Uniform Resource Locator) weltweit als Homepage zur Verfügung stehen.

Schule im Allgemeinen und Deutschunterricht im Besonderen eröffnen sich mit diesen hypertextuellen Schreibformen bzw. hyperlinkbasierten Verknüpfungen weitreichende neue Betätigungsfelder (vgl. MAIWALD 2001). Zum einen ist die Reflexion und systematische Aufarbeitung dieser neuen schriftbasierten Äußerungsformen notwendiger Bestandteil einer zeitgemäßen medienintegrativen Reflexion über Sprache (vgl. JONAS 1998). Dabei bietet sich der Vergleich zwischen print- und netzbasierten medialen Präsentationsformen ebenso an wie die detaillierte Analyse von hypertext- bzw. hyperlinkspezifischen Verweisstrukturen auf der Grundlage ausgewählter oder von den Schülern selbst im Netz recherchierter Seiten.

Neben der Analyse sollten allerdings auch konkrete Erfahrungen mit hypertextuell ausgerichteten Schreibprozessen Bestandteil modernen Deutschunterrichts sein. So kann die gemeinsame Erstellung von Homepages zu einem zu behandelnden Themengebiet sehr motivierende Lern- bzw. Arbeitsprozesse initiieren. Dabei wird für die Schüler sowohl bei der Rezeption als auch bei der Produktion von Webseiten eine Besonderheit des Computers im Vergleich zum Printmedium Buch erfahrbar: Die inhaltliche Gestaltung von Homepages ist über die rein literale Inhaltspräsentation hinaus zumeist stark durch die Verbindung mit anderen Medien geprägt. Besonders Text und Bild-Kombinationen sind verbreitet. Daneben gewinnen auditive und audiovisuelle Ergänzungen in Form von Sound-Unterlegung, digitalen Videoclips usw. zunehmend an Einfluss. Zur Bezeichnung dieses Phänomens finden sich in der Fachliteratur deshalb neben „hypertextuell"' zunehmend auch Bezeichnungen wie „hypermedial" (LANDOW 1992, 3), „intermedial" (HEIBACH 2002, 182 ff.; SIMANOWSKI 2002, 15 ff.) bzw. „symmedial" (BERGHOFF 1998, 283; FREDERKING 2004), um terminologisch „den Faktor der Nichtlinearität um den der Multimedialität zu erweitern" (SIMANOWSKI 2002, 15). Als Rezeptionserfahrung ist vielen Schülern diese netzspezifische Ästhetik bereits vertraut. Die schulische Nutzung des Internets kann zur reflexiven Aufarbeitung dieser spezifischen Ästhetik Raum geben. Gleichzeitig sollten die Schüler die Möglichkeit erhalten, sich auch produktiv mit den netzspezifischen multimedialen Formen des Schreibens im Rahmen von Homepages auseinander zu setzen, indem zum Beispiel Arbeitsergebnisse zu einem gemeinsam behandelten literarischen Werk in einer hypermedial gestalteten Homepage fixiert und präsentiert werden – unter Verwendung von Text-, Bild-, Ton-, Film- bzw. Multimedia-Dokumenten.

E-Mail, SMS und Chat – computergestütztes Schreiben zur virtuellen Kommunikation und Kooperation

Computervermittelte Schreibprozesse im Online-Modus beschränken sich aber nicht auf die Ebene der Informationspräsentation. Sie sind zu einem wesentlichen Teil kommunikativ eingebettet bzw. motiviert (vgl. WEINGARTEN 1997; HAASE u. a., 1997). Dabei stehen mit E-Mail und Chat asynchrone und synchrone

Formen zur Verfügung. Beide können den Deutschunterricht in fruchtbarer Weise erweitern, wie nachfolgend verdeutlicht werden soll.

Das bekannteste computergestützte asynchrone Kommunikationsmedium auf schriftsprachlicher Basis ist die E-Mail, der elektronische Brief. Dieser hat Anfang der 1990er Jahre einen globalen Siegeszug angetreten. Wie der traditionelle, postalisch zugestellte Brief ermöglicht die E-Mail schriftsprachliche Kommunikationsprozesse in zeitunabhängiger Form, anders als ihr papierner Konkurrent erreicht die E-Mail ihr(e) Ziel(e) zumeist aber in wenigen Sekunden bzw. Minuten. Außerdem sind Informations- und Datenübermittlungen in digitaler Form mittels so genannter *attachments* möglich. Auf diese Weise können Text-, Bild-, Ton- oder Film-Dokumente relativ rasch versandt und weiterverarbeitet werden. Damit ist die E-Mail zumindest im gegenwärtigen Stadium der technischen Entwicklung das ideale schriftsprachliche Kommunikationsmedium der entstehenden vernetzten Weltgesellschaft. Im Deutschunterricht können und sollten E-Mail-Kommunikationen aus mehreren Gründen in den Mittelpunkt der Aufmerksamkeit rücken. Zum einen gilt natürlich auch hier – wie bei den meisten technischen Medien –, dass Schülern im Unterricht Raum zur Bewusstwerdung und reflexiven Verarbeitung ihrer eigenen (außer- wie innerschulischen) Medienerfahrungen gegeben werden sollte. Zum anderen ergibt sich ein wichtiger didaktischer Begründungszusammenhang aus dem Sachverhalt, dass die Schüler im neuen Medium zumindest gegenwärtig in der Regel gern tun, wozu sie ansonsten nicht selten nur unter Überwindung größerer Widerstände anzuhalten sind: schreiben. Die E-Mail ist gerade für die meisten Heranwachsenden ein Medium zum ebenso spielerischen wie lustvollen schriftsprachlichen Selbstausdruck und zur schriftbasierten Kommunikation. Möglicherweise hat sich der Reiz des Neuen in einigen Jahren schon etwas abgenutzt – dennoch sollte der motivationale Mehrwert der E-Mail für den Deutschunterricht so lange genutzt werden, wie es möglich ist.

Dies setzt allerdings didaktisch reflektierte kommunikative Rahmenkonzepte bzw. Anlässe voraus. Fachspezifisch sinnvolle Nutzungen der E-Mail-Technologie ergeben sich vor allem auf der Grundlage authentischer Kommunikationssituationen. Zu denken ist hier an den Einsatz der E-Mail als zeitgemäßes Kontaktmedium zwischen schulischem Lernraum und gesellschaftlicher Wirklichkeit – beispielsweise zur Ermittlung von Informationen bei Repräsentanten des öffentlichen Lebens im Rahmen fachübergreifender Projekte oder zum Kontakt mit Autoren, Verlagen, Medieneinrichtungen. Bewährt hat sich die asynchrone computerbasierte Kommunikation allerdings auch zwischen zwei oder mehreren lokal entfernten Lerngruppen im Rahmen virtueller fachspezifischer bzw. fachübergreifender Kooperationen (vgl. BLATT 1996; FREDERKING u. a. 2000). Dass diese sich sogar schon im Anfangsunterricht der Grundschule fruchtbar realisieren lassen, weil die Kinder hier in authentischen Kommunikationssituationen zu Lese- und Schreibprozessen im Sinne von JÜRGEN REICHEN angeregt werden, haben Projekte mit Erstklässlern gezeigt (vgl. FREDERKING/STEINIG 2000).

Begrenzter scheint hingegen das didaktische Potenzial der SMS-Kommunikationen, die in den letzten Jahren in Konkurrenz zur E-Mail gerade unter Jugendlichen eine rasante Verbreitung gefunden haben. Der Vorteil der SMS ist ihre orts- bzw. situationsunabhängige Nutzbarkeit. Gleichwohl werden SMS-Kommunikationen im Deutschunterricht in der gegenwärtig verfügbaren technischen Form wohl keine zentrale Rolle spielen, denn Kurzmitteilungen erlauben keine komplexeren kooperativen Arbeitsprozesse. Zum Gegenstand des Deutschunterrichts kann die SMS hingegen vor allem im Rahmen medienspezifischer Sprachbetrachtung werden, das heißt im Kontext einer Auseinandersetzung mit den für die neuen digitalen schriftbasierten Kommunikationsmedien typischen Symbolisierungsformen (vgl. WIRTH 2002, 224 ff.). In der SMS gelangen nämlich – wie in der E-Mail und im Chat auch – verstärkt neue sprachliche Codes zur Anwendung, die im Deutschunterricht zu reflektieren sind, um Sprachbewusstheit zeitgemäß zu fördern (vgl. KEPSER 1999, 215 ff.). Zu nennen sind hier beispielsweise so genannte „Emoticons" (zum Beispiel für Freude, Lächeln), mit denen die im digitalen schriftlichen Diskurs nicht möglichen nonverbalen mimisch-gestischen Kommunikationen kompensiert werden, oder Akronyme, das heißt Kürzel (zum Beispiel: FYI für *For Your Information*), die dem Wesen einer Kurzmitteilung entsprechend durch ein Minimum an Buchstabenkombinationen ein Optimum an semantischer Botschaft übermitteln.

Auch im Zusammenhang mit dem Chat können die neuen medialen Codes wie Emoticons und Akronyme (QUASTHOFF 1997, 23 ff.; WIRTH 2002, 224 ff.) als Beispiele medienspezifischen Sprachwandels im Unterricht thematisiert werden. Dennoch bietet der Chat weiterreichende Möglichkeiten. Zuvorderst ist der „oraliterale" Charakter chatbasierter digitaler Synchron-Kommunikation zu nennen. Dieser tritt zwar auch bei E-Mail- oder SMS-Kontakten in Erscheinung, im Chat vereinen sich Merkmale von Mündlichkeit und Schriftlichkeit, Oralität und Literalität allerdings in paradigmatischer Weise (vgl. HAASE u. a. 1997, 51 ff.; WIRTH 2002, 210 ff.). Denn der schriftsprachliche Ausdruck wird hier aufgrund der unmittelbaren zeitgleichen Interaktion zwischen den Kommunikationspartnern stark durch Prinzipien des mündlichen Sprachgebrauchs bestimmt. Der Inhalt prägt die Form, kommunikative Intentionen überlagern orthografische Prinzipien. WIRTH spricht in Anlehnung an PETER KOCH und WULF OESTERREICHER (1994, 588) von „medialer Schriftlichkeit und konzeptioneller Mündlichkeit" (Wirth 2002, 210 ff.; vgl. auch WEINGARTEN 1997, 8). Gleichzeitig lassen sich im Chat – ähnlich wie bei der E-Mail oder beim postalischen Brief – neben mündlichen aber auch schriftsprachliche Strategien feststellen, die sich aus dem besonderen Trägermedium der Kommunikation ergeben (vgl. BEIßWENGER 2000, 44; WIRTH 2002, 211 f. und 214 ff.).

Didaktisch eröffnet der Chat die Möglichkeit, im Sinne einer zeitgemäßen Reflexion über Sprache diese neuen computer- bzw. internetspezifischen „oraliteralen" Kommunikationsformen mit den Schülern im Deutschunterricht zu analysieren und ihre Besonderheiten bewusst werden zu lassen. Gleiches gilt für die kommunikativen Konsequenzen der nicht-sukzessiven Abfolge von Beiträgen im Rahmen eines digitalen Schreibgespräches, die besondere Lese- bzw. Gesprächsstrategien erzeugt (vgl. WIRTH 2002, 212). Dies sollte nach Möglichkeit auf der Grundlage praxisorientierter Unterrichtssequenzen erfolgen. Erst ein handlungsorientierter Zugang nämlich ermöglicht für die Schüler Erfahrungen, die sich kognitiv vertiefen und zu erkenntnisreichem Erfahrungswissen weiterverarbeiten lassen.

Doch über die erfahrungsorientierte Fundierung sprachreflexiver Sequenzen hinaus sind auch weitergehende Nutzungsvarianten denkbar und in der Praxis erprobt. Hierfür ist allerdings der Einsatz von Chat-Tools empfehlenswert, die über die Möglichkeit zur Begrenzung bzw. Auswahl von Teilnehmern verfügen. Für den schulischen bzw. hochschuldidaktischen Bereich ist zu diesem Zweck ein „Didaktischer Chat-Raum" (DCR) entwickelt worden (vgl. STEINIG u. a. 1998), der über die passwortgestützte Möglichkeit zur Teilnehmer-Selektion u. a. auch noch das Speichern, Weiterverarbeiten und Ausdrucken der Chat-Kommunikationen ermöglicht.[1] Auf der Grundlage solcher geschlossener bzw. zu schließender Chats sind Synchron-Kommunikationen und -Kooperationen zwischen zwei Klassen in virtuellen Kleingruppen möglich. Der didaktische Mehrwert des Chats resultiert dabei aus dem Sachverhalt, dass alle gruppeninternen Interaktionen schriftsprachlich erfolgen und in diesem Sinne Schreibförderung bzw. Motivierung zum schriftsprachlichen Selbstausdruck in authentischen kommunikativen Situationen bewirkt wird. Hinzu können (je nach thematischer Einbettung) natürlich auch unterschiedliche Schwerpunkte inhaltlicher Aspekte treten – beispielsweise indem ein literarischer Text in zwei lokal getrennten Lerngruppen aus unterschiedlichen Perspektiven, Fragestellungen bzw. literaturwissenschaftlichen Bezugssystemen behandelt wird und die daraus resultierenden unterschiedlichen Teilergebnisse im Rahmen einer virtuellen Kooperation im Internet präsentiert und im Chat diskutiert werden (vgl. BERGHOFF/FREDERKING 1999 b). Als didaktisch reizvoll haben sich auch interkulturelle Kontakte auf Chat-Basis erwiesen, beispielsweise, indem Lerngruppen aus unterschiedlichen Ländern zu einem Thema arbeiten und ihre kulturspezifischen Perspektiven im Rahmen internetbasierter Synchron-Kommunikation austauschen und reflektieren (vgl. STEINIG u. a. 2000; BERGHOFF/FREDERKING 2001, 169 ff.).

Hyperfiction, Interfiction und Netzliteratur – literarisches Schreiben im Netz

Internet- bzw. Netzliteratur ist für das Internet geschriebene und nur im Netz rezipierbare Hyperfiction-Literatur. Diese besteht aus einem oftmals sehr verzweigten Netz von Hyperlinks, die zu multilinearen Leseprozessen herausfordern (vgl. IDENSEN 1995; SIMANOWSKI 2002). Internet- bzw. Netzliteratur ist nur im Online-Modus zugänglich und nutzt die besonderen Charakteristika des Internets gezielt. Aus diesem Grunde gehört Literatur, die zwar im Netz „steht", aber außer dem reinen Leseakt und der Möglichkeit zum Abspeichern und Ausdrucken von Textdokumenten keinerlei weitere Anwendungsmöglichkeiten bietet, nicht zur Internetliteratur im engeren Sinne, weil sie die besonderen Mög-

---

1 Vgl. www.deutschdidaktik.ewf.uni-erlangen.de/chat
  (Anmeldung: vrfreder@ewf.uni-erlangen.de).

lichkeiten des Internets ungenutzt lässt (so zum Beispiel das Projekt Gutenberg http://gutenberg.spiegel.de). Internetliteratur weist demgegenüber mit anderen Worten eine internetspezifische Ästhetik auf. Diese lässt sich an den Aspekten „Hypermedialität" und „Interaktivität" festmachen. So gibt es zunehmend Formen von Internetliteratur, die hyper- bzw. intermedial ausgerichtet sind, das heißt auditive, pikturale oder audiovisuelle mediale Präsentationsweisen nutzen. Auch die „Interaktivität", verstanden als „aktive Einbeziehung des Rezipienten/Nutzers" (HEIBACH 2002, 182), ist ein Grundcharakteristikum dieser Form webbasierten Schreibens.

Die interaktiven Optionen der Internetliteratur haben neue Formen der Literaturrezeption und -produktion zur Folge. Mit CHRISTIANE HEIBACH (2002, 182) lassen sich zwei Grundtypen des Schreibens im World Wide Web unterscheiden – „Schreiben im Netz" und „vernetztes Schreiben". Ersteres realisiert sich entweder in Kooperationen kleiner, abgeschlossener Gruppen von Autoren oder in partizipativer Form. Diese sind prinzipiell offen für beliebige andere Co-Autoren. Die Erkennbarkeit individueller Autorschaft bleibt in diesen virtuellen literarischen Gemeinschaften aber gewahrt. Vernetztes Schreiben findet seine Umsetzung zum einen in kollaborativen Schreibprozessen, bei denen die Grenzen zwischen Autor und Rezipient, Produktion und Rezeption verschwimmen und die traditionelle Autorschaft aufgehoben wird. Zum anderen gibt es kommunikative Formen vernetzten Schreibens, das heißt Schreibprozesse, bei denen Synchron-Kommunikationen in Chat oder MUD (siehe unten) in künstlerischer bzw. literarischer Weise genutzt wird.

Die schulischen Potenziale von Internet- bzw. Netzliteratur sind durchaus vielfältig (vgl. dazu JONAS 1998, 4–16). Kooperative, partizipative und kollaborative Formen digitalen Schreibens können den Deutschunterricht bereichern, beispielsweise indem eine Lerngruppe – oder eine Kleingruppe im Rahmen einer entsprechenden Lernzirkelstation – eine der zahlreichen Web-Seiten besucht, auf denen die Nutzer zum Lesen, Weiterschreiben und anschließenden Online-Publizieren literarischer Texte im Netz angeregt werden (vgl. zum Beispiel www.poetron-zone.de [Poesie-Meister-Wettbewerb] oder www.schreib-lust.de [Schreib-Lust]). Alternativ könnte aber auch eine eigene Schreibumgebung gestaltet werden, die dann für kooperative, partizipative oder kollaborative Formen kreativen Schreibens im Netz genutzt werden kann.

Auch für die kommunikativen literarischen Schreibprozesse gibt es eine ganze Reihe interessanter didaktischer Entsprechungen. Zunächst sind hier chatbasierte virtuelle Rollenspiele zu nennen. Diese nutzen die spezifischen theatralen Optionen der digitalen Online-Kommunikation. So kommt es im privat genutzten Chat nicht selten zu Formen experimentell-spielerischer schriftsprachlicher Selbstkonstruktion bzw. Selbsterprobung (vgl. TURKLE 1995; DÖRING 1997). Didaktisch lassen sich im Rahmen geschlossener Chats weitergehende theatrale Arrangements in Form virtueller literarischer Rollenspiele entwickeln – beispielsweise indem in Kleingruppen die Schüler in die Rolle von Protagonisten eines literarischen Textes schlüpfen, von dem ihnen nur der Anfang ausgeteilt wurde. Im Chat interagieren sie im Horizont ihres literarisch vorgeprägten Rollenprofils miteinander und konstruieren dabei einen möglichen Fortgang der Geschichte. Anders als beim normalen Theater- bzw. Rollenspiel verläuft das virtuelle Rollenspiel und die durch dieses vollzogene handelnd-produktive Fortsetzung der Geschichte allerdings rein schriftsprachlich und offeriert damit weitergehende Möglichkeiten: das Speichern und Ausdrucken der Dialoge, das schriftliche Überarbeiten, das Nachspielen und Erproben in „realen", *face-to-face* Rollenspielen etc. (vgl. BERGHOFF/FREDERKING 1999 a; FREDERKING/KROMMER 2003).

Ähnliches ist im Zusammenhang mit dem Einsatz so genannter MUDs (Multi User Dungeons oder Multi User Dimensions) denkbar. Hier tritt der schrift-basierten Rolleninterpretation und -realisation eine visuelle Erweiterungsmöglichkeit zur Seite – die Verortung der sprachlichen Interaktion und die Erzeugung von virtuellen Handlungssequenzen. Da beide Optionen schriftsprachlich realisiert werden – jeder Ortswechsel bzw. jede Fortbewegung muss zunächst mit Worten beschrieben werden, ehe auf dem Bildschirm virtuelle Alter-Egos, so genannte Avatare, auf der digital erzeugten Symbolebene im Netz in entsprechender Weise agieren – wird hier das Feld literal-schreibender Interaktionsfelder in ungewöhnlicher Form erweitert. Dabei sind „diese rein textbasierten Spiele [...] insofern literarisch, als sie Räume, Objekte, Personen rein durch sprachliche Beschreibung entwerfen, sich dann allerdings in diesen bewegen, als wären sie existent" (HEIBACH 2002, 188 ff.). Mehrere Spieler interagieren in chat-ähnlichen „delinearen Überkreuzdialogen" (ebd., 189) miteinander und realisieren so spezifische vernetzte literarische Schreibprozesse im Web. Dass der Deutschunterricht zumindest an der reflexiven Aufarbeitung derartiger experimenteller poetischer Schreib- bzw. Artikulationsformen Interesse haben muss, steht außer Frage. Ihre handlungsorientierte Erprobung ist aber ebenso deutschdidaktisch begründbar – beispielsweise im Horizont einer das Internet einschließenden Erweiterung produktiv-kreativer Prinzipien und Ziele. Im gegenwärtigen Stand der technischen Entwicklung könnte sie allerdings noch an dem bei vielen Lehrenden zu geringen medienspezifischen Vorwissen scheitern, das zur sinnvollen Nutzung notwendig ist.

3.3.3 Fazit

Alle aufgezeigten Möglichkeiten einer deutschdidaktisch motivierten bzw. fundierten Nutzung des Computers im Offline- bzw. im Online-Modus können ebenso interessante wie fruchtbare Schreib- und Reflexionsprozesse im Deutschunterricht initiieren helfen. Dabei verwirklichen sie in besonderer Weise Zielsetzungen fachspezifischer Medienintegration, wie sie die Mediendidaktik Deutsch für unverzichtbar hält.

Weiterführende Literatur:

ABRAHAM, ULF (2002): Soll Deutsch ein Medienfach werden? Kulturhistorische, didaktische und bildungspolitische Streitfragen. Streitgespräch mit ELISABETH K. PAEFGEN (digitalisiertes Filmdokument). www.uni-jena.de/~x9krmi/SDD2002

BLATT, INGE (1998): Schreibberatung und kooperatives Schreiben am Computer. In: Praxis Deutsch, H. 149, 49–52.

FREDERKING, VOLKER/STEINIG, WOLFGANG (2000): „Mit dem Computer geht's viel leichter als mit der Hand". Bericht über ein Projekt zur E-Mail- und Chat-Kommunikation im Anfangsunterricht. In: BLATTMANN, EKKEHARD/FREDERKING, VOLKER (Hrsg.): Deutschunterricht konkret. Baltmannsweiler: Schneider, 166–205.

FREDERKING, VOLKER (2003): Auf neuen Wegen ...? Deutschdidaktik und Deutschunterricht im Zeichen der Medialisierung – eine Bestandsaufnahme. In: WERMKE, JUTTA (Hrsg.): Literatur und Medien. Jahrbuch Medien im Deutschunterricht 2002. München: KoPäd, 143–159.

HEIBACH, CHRISTIANE (2002): Schreiben im World Wide Web – eine neue literarische Praxis. In: MÜNKER, STEFAN/ROESLER, ALEXANDER (Hrsg.): Praxis Internet. Kulturtechniken der vernetzten Welt. Frankfurt a. M.: Suhrkamp, 182–207.

KEPSER, MATTHIS (1999): Massenmedium Computer. Ein Handbuch für Theorie und Praxis des Deutschunterrichts. Bad Krotzingen: D-Punkt.

WEINGARTEN, RÜDIGER (Hrsg.) (1997): Sprachwandel durch Computer. Opladen: Westdeutscher Verlag.

WIRTH, UWE (2002): Schwatzhafter Schriftverkehr. Chatten in den Zeiten des Modemfiebers. In: MÜNKER, STEFAN/ROESLER, ALEXANDER (Hrsg.): Praxis Internet. Kulturtechniken der vernetzten Welt. Frankfurt a. M.: Suhrkamp, 208–231.

4.
Schreiben als
interdisziplinäre Aufgabe
im Fächerkanon

DIETER MARENBACH

4.1 Lernbereichs- und fächerübergreifende Schreibförderung

Wer hat sich noch nicht über unverständliche Beipackzettel, vieldeutige Gebrauchsanweisungen, missverständliche Beschreibungen geärgert! Die nachsichtige Bereitschaft, manches Verständnisproblem den Schwierigkeiten bei der Übersetzung aus dem Chinesischen zuzuschreiben, verwandelt sich allerdings in Unmut, wenn man entdeckt, dass das Gerät nicht aus Taiwan, sondern aus Landau an der Isar kommt. Manche Hersteller von Möbeln aus der Schachtel verzichten völlig auf verbale Information und setzen auf die Macht des Bildes. Doch auch hier bleibt der Leser manchmal mit den wichtigen Entscheidungen zwischen innen und außen, links und rechts, oben und unten allein. Wer selbstbewusst genug ist, die Schuld für Misserfolge im Umgang mit solchen pragmatischen Texten nicht bei der eigenen unterentwickelten Lesekompetenz zu suchen oder gar – unter Verlagerung des Problems von der Sprache auf die Sache – mit angeblicher technischer oder handwerklicher Ungeschicklichkeit zu kokettieren, stellt sich die unvermeidliche Frage: Warum gibt es so viele unbrauchbare „Gebrauchstexte"? Hat es die Schule versäumt, das nötige Gewicht auf die Fähigkeit zu legen, Sach- und Fachtexte zu formulieren? Damit sind wir beim Kern des Problems: Muss es nicht Ziel schulischer Unterweisung sein, Schreibkompetenz für alle Arten von Texten, die uns im Alltag begegnen, zu vermitteln? Und wie kann Schule das leisten?

4.1.1 Dimensionen des Schreibens

Der Aufsatzunterricht, der im ersten Zugriff für das Erlernen der Textproduktion zuständige Ort, orientiert sich bei der Auswahl von Textarten nachweislich zu stark am Literaturunterricht und dessen Ausrichtung auf literarische Texte (vgl. die Beiträge in Kapitel 3), als dass hier pragmatische Texte mit ihrem konstitutiven Bezug zur realen Welt eine angemessene Rolle spielen könnten. Die zahlreichen Versuche einer Erweiterung des Aufsatzrepertoires auf alle denkbaren Texte sollen allerdings nicht verschwiegen werden – erinnert sei an die kommunikative Wende in den 1970er Jahren mit ihren Forderungen nach Adressatenbezug und Situationsangemessenheit oder die Umbenennungsvorschläge des betreffenden Lernbereichs in verschiedenen Lehrplänen während der letzten 30 Jahre. Dabei ging der Trend von eher an Text- oder Stilnormen orientierten Bezeichnungen (Aufsatz- oder Ausdrucksunterricht) zu offenen, möglichst umfassenden Benennungen wie „Schriftlicher Sprachgebrauch" oder „Schreiben" (vgl. BEISBART 1998 b, 23).

Wir sollten also den Fokus hier nicht auf den „Aufsatzunterricht", sondern auf die anderen Teile des Deutschunterrichts und auf die übrigen Fächer richten und den dort praktizierten vielfältigen Formen des Schreibens nachgehen. Einen systematischen Zugriff hierzu bietet LUDWIG (1995 b) mit seiner Theorie des Schreibens. Er unterscheidet vier Dimensionen des Schreibens, die er dem nicht-integrierten und dem integrierten Schreiben zuordnet.

Nicht-integriertes Schreiben		Operative Dimension (Schreiben im Dienst einer komplexen Handlung)	**Integriertes Schreiben** (zum Beispiel Textproduktion, Wissenserzeugung, Wissensaneignung)
	Textaufzeichnung	Linguistische Dimension (Produktion/Organisation sprachlicher Einheiten)	
Schreibtechnik		Semiotische Dimension (Zeichenproduktion)	
		Technologische Dimension (Schreiben als Handwerk)	

Dimensionen des Schreibens (nach LUDWIG 1995 b).

Bei den nicht-integrierten Formen nennt LUDWIG die technologische, die semiotische und die linguistische Dimension des Schreibens. Eine Trennung der nach landläufigem Verständnis unter dem Begriff Schreibtechnik zusammengefassten ersten beiden Dimensionen (Schreiben als Handwerk und als Zeichenproduktion) ermöglicht die Erweiterung der semiotischen Dimension auf andere Zeichenexemplare neben den Schriftzeichen, zum Beispiel mathematische Symbole oder Noten in der Musik. Das Verständnis von Schreiben erhält so eine neue, im alltäglichen Sprachgebrauch nicht ungewöhnliche Perspektive: Ein Programm für den PC (Folge von Kommandos in einer Programmiersprache) wird „geschrieben", ebenso eine Melodie oder ein Klavierkonzert.

Von der linguistischen Dimension spricht LUDWIG dann, wenn die Produktion und Organisation sprachlicher Äußerungen gemeint ist, wenn die Analogie zwischen Gesprochenem und Geschriebenem hergestellt wird. Unter Einbeziehung der vorgenannten Dimensionen kann man von Textaufzeichnung sprechen.

Dieses nicht-integrierte oder autonome Schreiben kommt im Unterricht – nicht nur im Fach Deutsch – in unterschiedlichen Formen vor, als kalligrafisches Schreiben, Abschreiben, Aufschreiben und Nach-Diktat-Schreiben. Gemeinsam ist diesen Formen die Orientierung am Schreibprozess selbst, während die Textproduktion keine Rolle spielt. Der Verzicht auf die Ganzheitlichkeit des Schreibens bedeutet allerdings auch Verzicht auf die motivierende Sinnorientierung an Textinhalten. Hinzu kommt, dass Schüler angesichts der Diskrepanz zwischen schulischer und außerschulischer Praxis isoliertes Üben nicht-integrierten Schreibens häufig als funktionslose Aktivitäten ablehnen. Warum mit der Hand schreiben, was der Drucker bequemer und sauberer schafft; warum abschreiben, was kopiert werden könnte; warum Rechtschreibregeln beherrschen, die der PC bei Bedarf anbietet? Hier ließe sich die Schulpraxis sicher in vielen Fällen ohne

Verlust didaktischer Effizienz verändern. Soweit die Schule die Einübung nicht-integrierter Schreibformen für unverzichtbar hält, sind motivationsunterstüt-zende Maßnahmen unerlässlich: zur Beherrschung der linguistischen Dimension etwa abwechslungsreiche Arbeitsformen, vor allem Spielformen, Einsatz ansprechender Arbeitsmittel, Berücksichtigung der subjektiven Bedeutsamkeit einzelner Übungswörter (vgl. RICHTER 1998). So könnten „tätigkeitsspezifische Vollzugsanreize" (RHEINBERG 1989) auch das Schreiben um des Schreibens willen akzeptierbar machen, vergleichbar dem Radfahren um des Radfahrens willen.

Die vierte Dimension des Schreibens nennt LUDWIG (1995 b) die operative, weil Schreiben hier in einem größeren Handlungszusammenhang die Funktion einer Operation übernimmt. Mit dem Hinzutreten der operativen Funktion verliert die Schreibhandlung ihre Autonomie und wird zum integrierten Schreiben. Das bekannteste Beispiel eines solchen Handlungszusammenhangs ist die Textproduktion, in die Schreiben als Teilhandlung neben anderen Teilhandlungen wie Planen, Konzipieren, Formulieren integriert ist.

Die Isolierung der Textherstellung von der Aufzeichnung des Textes war lange Zeit geübte Praxis. „Die Integration der Schreibhandlung in die Handlung der Textherstellung lässt sich auf breiter Front erst seit dem 15. Jahrhundert nachweisen" (LUDWIG 1995 b, 286). Vorher waren Autorschaft und Skriptorschaft in der Regel personell getrennte Funktionen. Die von heutigen Schülern geforderte Leistung erfährt damit eine Aufwertung.

Schreiben in der operativen Funktion lässt sich nicht nur im Rahmen der Textproduktion sehen. Von der epistemischen Funktion des Schreibens spricht man, wenn es zur Teilhandlung beim Erzeugen von Wissen wird, etwa im Bereich der Mathematik. Auch in den Handlungszusammenhang der Aneignung des Wissens ist Schreiben zu integrieren.

Im Folgenden sollen diese und weitere Formen integrierten Schreibens analysiert werden. Dabei gilt es, auch eine Verortung der unterschiedlichen Formen zu versuchen, beginnend bei den Lernbereichen außerhalb des Aufsatzunterrichts.

4.1.2 Lernbereichsübergreifendes Schreiben

Schreiben und Sprechen

Der Mündliche Sprachgebrauch steht in enger Verbindung mit dem Schreiben. Dabei ist nicht nur an das Phänomen der von Schriftlichkeit beeinflussten Mündlichkeit (vgl. BEISBART 1998 a) zu denken, wenn durch den „sensomotorischen Mitvollzug der Sprechorgane bei Lesen und Schreiben" (GUTENBERG 1989, 111) die Entwicklung von Mustern mündlicher Kommunikation von Mustern schriftlicher Kommunikation geprägt wird. Vielmehr sollen hier konkrete Schrifttextformen aufgelistet werden, die vor allem zur Bewältigung der Aufgaben des Sprechplanens und des mündlichen Referierens unverzichtbar sind.

Für die Stoffsammlung vor einem Referat bietet sich das Clustern oder das Mindmapping an: Um das Kernwort werden assoziativ Gedanken in Stichworten angeordnet, die anschließend mit Strichen verbunden, zu Gruppen gebündelt werden. Beim Mindmapping erfolgt ein zusätzlicher Einsatz von grafischen Symbolen (Pfeilen, Gleichheitszeichen), Farben, zeichnerischen Elementen, auch verbalen Verbindungen (zum Beispiel „folgt aus" oder „wenn ... dann").

Für die Gliederung könnte das Schema des Fünfsatzes mit ausformuliertem Startsatz gewählt werden oder eine der zahlreichen Strukturierungshilfen, etwa das MISLA-Modell, benannt nach den Anfangsbuchstaben der fünf Schlüsselwörter Motivation, Ist-Zustand, Soll-Zustand, Lösungen, Appell oder das AIDA-Modell (Attention, Interesting, Desire, Action).

Für den Vortrag selbst sind gut vorbereitete Stichwortzettel sinnvoll, für deren Gestaltung unterschiedliche Empfehlungen vorliegen, etwa zum Papierformat (DIN-A6-Karteikarten oder DIN-A4-Bogen), zur Textanordnung (etwa Dreispaltenkonzept), zur Schrift (Handschrift oder Computerausdruck). Für die Präsentation stehen verschiedene Formen von Begleitmaterialien zur Wahl: vom Handout mit Gliederungspunkten und Kurzinformationen über die Overheadfolie mit Stichpunkten bis zur in der Sekundarstufe II durchaus möglichen Projektion eines etwa mit Power-Point gestalteten Computer-Textes.

Die Zuhörer eines Referats könnten einen Beurteilungsbogen anlegen, der Kriterien mit Möglichkeiten zum Ankreuzen enthält oder Verbalbeurteilungen vorgibt (zum Beispiel Gestik: übertrieben, angemessen, nicht wahrnehmbar). (Zu den Textformen vgl. WAGNER 1999; BEISBART 2003 a; MARENBACH 2003.)

Gemeinsames Merkmal aller für den Bereich des Mündlichen Sprachgebrauchs genannten Textformen ist ihr eindeutiger, auch für Schüler erkennbarer Anwendungsbezug. Schreiben hat hier seinen Charakter als Selbstzweck (oder als Zweck der Notengebung) verloren. Die Integration des Schreibens in den Handlungszusammenhang des Referierens rechtfertigt auch die Überarbeitung der Texte zum Zweck der Optimierung der Referatsleistung. Dabei können alle Dimensionen des Schreibens auf ihren Beitrag hin bewusst gemacht und genutzt werden: Experten-Tipps für die Verbesserung der technologischen Dimension (besonders nötig beim Umgang mit dem PC), Erfahrungen mit dem vielfältigen Zeichen-Inventar, die Möglichkeiten der Raumaufteilung auf den Stichwortzetteln oder den Präsentationsunterlagen als zusätzliche Informationsebene in der linguistischen Dimension.

Schreiben und Lesen

Die Rolle des Schreibens im Literaturunterricht als einem Bereich des Deutschunterrichts, der nicht primär mit der Aufgabe des Schreibens befasst ist, war Thema des vorausgehenden Kapitels in diesem Band. Hier soll auf die Verbindung des Schreibens mit Informationstexten eingegangen werden, gleichgültig, in welchen Unterrichtsbereichen sie angeboten werden.

Die PISA-Studie brachte den Literaturunterricht in deutschen Schulen verstärkt in die öffentliche Diskussion. Dabei wurde nicht nur die unzulängliche Lesekompetenz deutscher Schüler beklagt, es geriet auch die einseitige Ausrichtung unseres Literaturunterrichts auf die Rezeptionskompetenz für literarische Texte ins Blickfeld. In Anlehnung an die angelsächsische Literacy-Konzeption orientierte sich PISA im Verständnis der Lesekompetenz an der Funktionalität für die Lebensbewältigung, die Teilnahme am gesellschaftlichen Leben, das eigene kontinuierliche Weiterlernen. Die zugrunde gelegte Definition der OECD lautet: „Lesekompetenz (Reading Literacy) heißt, geschriebene Texte zu verstehen, zu nutzen und über sie zu reflektieren, um eigene Ziele zu erreichen, das eigene Wissen und Potenzial weiterzuentwickeln und am gesellschaftlichen Leben teilzunehmen" (zit. nach Deutsches PISA-Konsortium 2001, 80). Damit bekommen pragmatische Texte ein stärkeres Gewicht als in unseren Schulen üblich, es „werden dabei auch bildhafte Darstellungen wie Diagramme, Bilder, Karten, Tabellen oder Grafiken einbezogen" (ebd.). Etwa ein Drittel aller Aufgaben des internationalen Lesetests galt diesen „nicht-kontinuierlichen" Texten.

Die Förderung einer so verstandenen Lesekompetenz kommt ohne die Integration des Schreibens nicht aus – nicht nur im Blick auf die generellen Vorteile des Lernens mit allen Sinnen. Erkenntnisse der neueren Leseforschung hinsichtlich der Teilkomponenten der Lesekompetenz, etwa der aktiven Auseinandersetzung mit Texten, der spezifischen Textverarbeitungsstrategien, der Bewusstheit eigener Lesefähigkeiten belegen die wichtige Rolle des Schreibens für eine effektive Informationsverarbeitung (vgl. Abraham/Beisbart 1995).

Im Einzelnen kann das Schreiben von Informationstexten etwa unter der Verständlichkeitsperspektive zum Einsatz kommen. Bereits 1974 wurden vier Dimensionen der Textverständlichkeit als Hamburger Verständlichkeitsmodell (Langer u. a. 1974; auch Groeben 1982) entwickelt, nämlich:

- sprachliche Einfachheit,
- (kognitive) Gliederung, Ordnung,
- Kürze, Prägnanz,
- zusätzliche (motivationale) Stimulanz.

Diese Dimensionen lassen sich sinnvoll nur durch eigene Textgestaltungsversuche erfassen, in der Hoffnung, dass eine Sensibilisierung für diese Merkmalsbereiche der Textstruktur entsteht, die sich beim lesenden Umgang mit Informationstexten auswirkt. Groeben/Christmann (1995, 170) sprechen von den „Verständlichkeitsdimensionen als Manifestationen aktiver Verarbeitungsmöglichkeiten/-notwendigkeiten".

Innerhalb der einzelnen Dimensionen lassen sich manche der zahlreichen in der empirischen Forschung belegten Befunde im Rahmen der Textverständlichkeit als Anstöße zu detaillierter Textbearbeitung einsetzen, etwa bei der sprachlichen Einfachheit die Rolle von Passivsätzen, von Nominalisierungen, von Satzschachtelungen. Oder bei der Dimension der zusätzlichen Stimulanz interessesteigernde Fragen, widersprüchliche Informationen, überraschende Elemente (vgl. Groeben/Christmann 1995, 173 f.). Allerdings ist hier davor zu warnen, Textverständlichkeit als rein textimmanentes Merkmal misszuverstehen und die Text-Leser-Interaktionen zu vernachlässigen.

Die Verbindung von Textproduktion und Textrezeption ist vielfältig möglich: Überarbeitung eigener Erstentwürfe, Verbesserung oder „Umschreiben" (vgl. Abraham/Beisbart 1995) vorgegebener Texte, Neuentwurf optimierter Paralleltexte. Vor allem bei der Dimension der kognitiven Gliederung ist eine Integration des Schreibens in die Arbeit am vorgegebenen Text selbstverständlich. Eine Reihe von Techniken bietet sich hier an: Überschriften, Randbemerkungen, Hervorhebungen durch Unterstreichungen oder farbige Markierungen, Fragen zum Text; daneben umfangreichere Textformen wie Zusammenfassung oder Vorstrukturierung, ein Vorspann für den Text, in der Form eines Ausblicks auf die Textinformationen oder als Ankeridee, worauf sich die folgenden Textinformationen beziehen lassen. Der letztgenannte Vorschlag, der in der Literatur unter dem Begriff Advance Organizers diskutiert wird (vgl. KOHLER 1998), gehört allerdings zu den anspruchsvollen Aufgaben. Solche vorgeschalteten Hilfen zur Wissensstrukturierung entsprechen aber am besten dem derzeitigen Stand der Diskussion um das Textverstehen, weil sie der konstruktivistischen Vorstellung gerecht werden, jeder Leser konstruiere je nach individuellem Vorwissen und eigenen Interessen ein mentales Modell des im Text vorgegebenen Sachverhalts (vgl. SCHNOTZ 1994), woraus eine auf den Text bezogene Problemsituation, ein Anker, entworfen werden könnte.

4.1.3 Fächerübergreifendes Schreiben

Mit dem Motto „Über das Fach hinaus" drückt Ivo die „Unzufriedenheit mit der fachlich bestimmten Struktur von Schule" aus (Ivo 1999, 90). Kritisieren ließe sich dabei die Abschottung der Fächer, die Erzeugung von Wissensballast durch Verfestigung von Wissensbeständen und die Lebensferne, die durch Arbeitsteilung erzeugt wird. Die durch die Fächerung bewirkte Sterilität ließe sich überwinden, wenn jedes Fach „über sich hinaus auf weitere Fachwerke verweist, die zusammen ein funktionales Ganzes bilden" (ebd., 93), und wenn schulisches Lernen nicht den Bezug zum außerschulischen Leben verliert. Dies zu gewährleisten, ist in verschiedenen methodischen Ansätzen möglich.

Projekt und außerschulische Lernorte

Als didaktischer Königsweg gilt der Projektunterricht, der sowohl hinsichtlich der Fächerkoordination als auch hinsichtlich der Integration in die Lebenswelt unterschiedliche Realisierungsformen kennt:

- Der Grundgedanke der Ablösung der Fachsystematik durch eine (selbst gewählte) thematische Orientierung kann im Deutschunterricht dazu führen, dass die Aktivitäten im Umgang mit Sprache (Sprechen, Lesen, Schreiben) in Abfolge und Intensität durch die Arbeit am Thema bestimmt werden, das auch aus einem der Sachfächer stammen kann (vgl. den Beitrag 4.3 zur fachlichen Verzahnung mit dem Geschichtsunterricht).
- Die sprachliche Arbeit könnte weitgehend durch andere (musische, sportliche, handwerkliche) Aktivitäten verdrängt werden.
- Der Ort des Unterrichts kann sich vom Klassenzimmer auf den gesamten Schulbereich oder auf außerschulische Lernorte verlagern.

- Auf den schulischen Lehr-Lern-Kontext könnte während längerer Phasen verzichtet werden, etwa bei Exkursionen, bei Praktika, in Lernwerkstätten oder – zeitlich unbegrenzt – beim „Lernen durch die Hintertür" (WEDEMEYER 1984), dem selbst gesteuerten Lernen oder dem Selbststudium.

In allen genannten Fällen werden Schüler mit Anreizen zum Schreiben konfrontiert. Dabei lassen sich zwei Gruppen von Textformen unterscheiden: Texte, die zur Organisation der Projektarbeit nötig sind, und „Fachtexte", die an außerschulischen Lernorten geschrieben werden. Durchgängig handelt es sich um Formen integrierten Schreibens, um zweckorientierte pragmatische Texte. Die erste Gruppe der organisierenden Textformen ist teilweise deckungsgleich mit Vorschlägen, die unter dem Motto „Das Lernen lernen" gemacht werden. Unter dem Begriff Arbeitstechniken haben entsprechende Anregungen sogar Eingang in manche Lehrpläne gefunden. In Abschnitt 4.1.2 wurden bereits einige dieser Techniken besprochen (zur Organisation mündlicher Beiträge). Das dort vorgestellte Clustern wie das Mindmapping sind für jedwede gedankliche Durchdringung von Themen, Sachverhalten, Wissen einsetzbar. Sie eignen sich für den ersten Zugriff auf ein Projektthema genauso wie für die Strukturierung der Arbeitsplanung oder für die abschließenden Reflexions- oder Präsentationsphasen.

Daneben sind Formen des konzipierenden (entwerfen) und des konservierenden (bewahren) Schreibens zu nennen, um zwei der neun Funktionen geschriebener Sprache aufzugreifen, die LUDWIG (nach BEISBART 2003 b, 56) vorgeschlagen hat. Wichtig ist etwa der Plan als nicht-kontinuierlicher Text, der den linearen Textablauf aufgibt und die Informationen stichwortartig in zwei Dimensionen – in waagerechten Zeilen und senkrechten Spalten – anordnet. Hier können zum Beispiel die zeitliche Abfolge, die Zuordnung von Aktivitäten zu Personen, die Vollzugsmeldungen übersichtlich und schnell lesbar eingetragen werden.

Weiter werden Textzusammenfassungen von gelesenen Artikeln oder ein Exposé anzufertigen sein. Für größere Arbeiten empfiehlt sich die Anlage eines Arbeitsordners, dessen Funktionsfähigkeit durch Trennblätter (Register), sinnvolle Beschriftungen, den Einsatz verschiedener Farben erfahren werden sollte. Der Expertenrat der Schulsekretärin wäre hier hilfreich. Checkliste, Thesenpapier, Lernheft sind als weitere Textformen zu erarbeiten. Für längere Phasen der Kleingruppenarbeit dient ein Lerntagebuch als Hilfsmittel.

Der Blick auf die oben genannten Dimensionen des Schreibens hilft, nötige Entscheidungen zu treffen. So gilt es, im Bereich der technologischen Dimension des Schreibens unterschiedliche Möglichkeiten abzuwägen: ob Zettelwand, Plakat oder das DIN-A4-Blatt für die Sammlung von Planungsideen sinnvoller ist, welche Art von Schreibgeräten geeigneter scheint. In der semiotischen Dimension geht es sowohl um das eingeführte Zeicheninventar, um Ordnung zu schaffen und sich zurechtzufinden, als auch um individuelle Vorschläge zur Orientierung. Balance zu halten zwischen der nötigen und erwünschten Selbstständigkeit der Lernenden und der lehrergeleiteten Instruktion über die zu erwerbenden Schreibformen, ist keine leichte Aufgabe des Lehrers (vgl. zu den Textformen MEYER u. a. 1997 a und b).

Eine Reihe weiterer Texte kommt an außerschulischen Lernorten auf Schüler zu. Für das Fach Deutsch ist das Konzept der außerschulischen Lernräume nicht gleichermaßen selbstverständlich wie etwa für Sachfächer, obwohl der didaktische Stellenwert dieser Arbeit unbestritten ist. „Nur zögernd nähert sich die Deutschdidaktik den außerschulischen Lernräumen wie Literaturausstellungen, Museen und Gedenkstätten, dem Besuch von Autorenlesungen, Verlagen, Buchhandlungen und Bibliotheken" (Koß 1998, 69). Die Auflistung lässt sich erweitern: Theater (vom Straßentheater über das Puppentheater zu Musical und Oper), natürlich auch der Besuch hinter der Bühne, Universität, mit dem Besuch einer Vorlesung, der Universitätsbibliothek, der örtliche Radiosender, das Fernsehstudio. Mit Blick auf Praktika, etwa das für Haupt- und Realschulen übliche Betriebspraktikum, kann die Liste fast beliebig verlängert werden: Firmen, Banken, Krankenhaus, Institutionen der Wirtschaft, der Technik, der Verwaltung. In dieser außerschulischen Welt kann die Authentizität des Umgangs mit Texten und der Rolle der Textproduktion erlebt werden. Der Lehrer sollte hier in den Hintergrund treten und den Experten vor Ort, der Verwaltungsangestellten, dem Banker, dem Redakteur die Vermittlerfunktion überlassen.

Textformen aus der Arbeitswelt wie Formulare, Rechnungen, Verträge, Geschäftsordnungen, Arbeitspläne, Beurteilungen, Berichte in unterschiedlichen Variationen (Protokoll, Praktikumsbericht, Krankenbericht) zeigen in ihren unterschiedlichen fachspezifischen Strukturen die Abhängigkeit von Form und Inhalt, wobei in Abweichung zu schulischen Texten die Aufhebung der Linearität, der Anteil grafischer Elemente, die Bedeutung formaler Aspekte häufig bestimmend sind.

Der Forderung nach *situiertem* Lernen, das die höchste Anwendungseffektivität verspricht (vgl. Mandl u. a. 1995), wird hier bestens entsprochen. Zum Teil lässt sich Schreiben in dieser Praxis auch in ungewohnten sozialen Formen erleben, als gemeinsame Textproduktion mit einem Partner oder in der Gruppe, als sukzessive Fertigung durch verschiedene Schreiber.

Auch schulische Begleitformen des Lernens vor Ort sind zu erwähnen: In der Vorbereitungs- und der Auswertungsphase fallen unterschiedliche Schreibanlässe an, vom Fragen-Katalog über die Mitschrift bis zur Wandzeitung oder die Schautafel. Manchmal kann die Nacharbeit sogar eine intensivere Textproduktion beinhalten als die Exkursion, wenn etwa beim Besuch der Zeitungsredaktion vor allem fertige Texte angeboten wurden und die eigene Textproduktion im Rahmen eines Projekts „Wir machen eine Zeitung" nachfolgt. Dies wäre ein Modell gelungener Integration schulischen und außerschulischen Lernens.

Beispiel Mathematikunterricht

Es klang bereits an, dass integriertes Schreiben in Abhängigkeit von den jeweiligen Inhalten zu sehen ist. Am Beispiel des Mathematikunterrichts lässt sich zeigen, wie Schreiben an der Erzeugung von mathematischem Wissen beteiligt ist. Ludwig (1995 b) verweist auf das schriftliche Dividieren als Beispiel einer komplexen mathematischen Aufgabe, wo jeweils erst nach schriftlicher Fixierung der einzelnen Schritte „an den sichtbaren Produkten weitergearbeitet werden kann" (Ludwig 1995 b, 283). Was prinzipiell auch gedanklich zu lösen ist, wird in der Praxis nur mit Hilfe des Schreibens vollzogen. Dabei verfestigt sich der einmal erlernte Problemlösungsmodus so weit, dass er auch angewendet wird, wenn eine andere mündliche Form möglich wäre. Eine solche Automatisierung schriftlicher Lösungsmodi bietet im Mathematikunterricht eine Entlastung, die Konventionalisierungen dürfen aber den gedanklichen Zusammenhang mit den zugrunde liegenden Operationen nicht verlieren, um nicht als Leerformeln gedankenlos am falschen Ort zum Einsatz zu kommen.

Auch bei den so genannten Textaufgaben wird die Rolle des Schreibens beim Rechnen sichtbar. Die Aufgabe: „Ein Auto benötigt x Liter Kraftstoff für y km, wie viel Liter verbraucht es auf z km?", wird nur als gelöst gelten, wenn einmal der richtige „Ansatz" schriftlich fixiert wurde, dann die schriftliche Division ausgeführt ist und ein Lösungssatz die Aufgabe abschließt, auch wenn mancher Schüler nur unwillig der Forderung des Lehrers nach einem Antwortsatz nachkommt.

Generell gilt für Textaufgaben, dass ein lebensweltlicher Sachverhalt aus der Alltagssprache in die Sprache der Mathematik, das heißt in einen mathematischen Ansatz, übersetzt werden muss, was häufig bereits daran scheitert, dass die verwendeten Begriffe für manche Schüler unverständlich sind – Beispiele aus Zahlenrätseln für die Grundschule: „vermindere", „vermehre", „vergrößere um". Erst in zweiter Linie sind fehlende mathematische Techniken ursächlich für Versagen.

Neben unverstandenen Begriffen können unverständliche oder zu komplexe Satzkonstruktionen den Weg zum mathematischen Verständnis blockieren. Auch hier kann der Weg über das Schreiben zum mathematischen Wissen führen: Das schriftliche Notieren aller dem komplexen vorgegebenen Text entnehmbaren Einzelinformationen – unter der Leitfrage: Was weiß ich? – wird in der Regel über die kognitive Aktivität des Strukturierens zu einem mathematischen Lösungsansatz führen. Die Funktion des Schreibens kann hier mit dem „lauten Denken" verglichen werden: Ein Problem wird entzerrt, in eine Abfolge fixierter Elemente gebracht.

Schneiter/Zimmermann (1985) zeigen am Beispiel des mathematischen Phänomens der zentrischen Streckung auf, wie Deutschunterricht und Mathematikunterricht zusammenarbeiten können, um Definitionen für den mathematischen Sachverhalt zu finden. Die Produktion der Definition ist wiederum nur schreibend möglich.

Textproduktion in Sachfächern

Schreibend Wissen zu schaffen, aber auch zu speichern, also neben der epistemischen die memorative Funktion der Schriftsprache zu aktivieren, ist in den Sachfächern alltägliche Praxis. Hier seien stellvertretend der Biologie- und der Geografieunterricht herausgegriffen, weil dort der Umgang mit einer Reihe im Deutschunterricht vernachlässigter Textformen gefordert wird. Zu denken ist an den Einsatz eines eigenständigen Zeicheninventars, an den Umgang mit Tabellen und Grafiken. In einem Lehrplan für die Realschule (Bayern 2001) wird etwa im Fach Erdkunde der 5. Jahrgangsstufe unter der Überschrift „Grundfertigkeiten" das Anwenden u. a. folgender fachgemäßer Arbeitstechniken verlangt: einfache Kartierungen vornehmen – Messungen durchführen und in einfache grafische Darstellungen umsetzen – die Legende einer Karte lesen – Wetterkarten mit einfachen Symbolen lesen – einfache grafische Darstellungen lesen. Arbeitstechniken aus den folgenden Jahrgängen lauten etwa: einen Fragebogen entwerfen – Klimadiagramme erstellen, lesen und miteinander vergleichen – Tabellen erstellen und verbalisieren – Inhalte von Texten in Merkbilder umsetzen.

Wenn einige Male „lesen" als Aktivität gefordert ist, bedeutet das gerade bei dieser Art der Texte, dass die Lesekompetenz nur in Verbindung mit der eigenen Textproduktion zu erwerben ist.

Ähnlich wird der Umgang mit nicht-kontinuierlichen Texten im Biologieunterricht praktiziert, wobei hier die tabellarische Anordnung von Informationen sowie die Verbindung mit bildhaften Darstellungen besonders ausgeprägt sind. Dazu gehören realistische (Zeichnungen, Fotos), analoge (Darstellung einer Analogie zum Gegenstand) und logische Bilder (ohne Ähnlichkeit mit dem Dargestellten). So lauten Arbeitsaufgaben aus dem Biologieunterricht einer 6. Klasse etwa: Stellt in einer Tabelle die in der Nahrung enthaltenen Nährstoffe und ihre Bedeutung für den Körper zusammen. – Entwerft ein Werbeplakat für ein gesundes Frühstück. – Erstellt ein Informationsplakat mit Beispielen für gesunde Pausenmahlzeiten (Bilder, kurze Texte, Symbole usw.) (vgl. GRAF 1997).

Die genannten nicht-kontinuierlichen Texte erhalten in der Öffentlichkeit unserer Informationsgesellschaft einen immer höheren Stellenwert, vor allem beim Einsatz multimedialer Systeme. Unter kognitionspsychologischem Aspekt sind Visualisierungen von Informationen auch deswegen bedeutsam, weil sie den Aufbau von Wissensstrukturen besonders unterstützen. Die Konstruktion eines mentalen Modells eines dargestellten Sachverhalts wird etwa durch das Angebot von Diagrammen erleichtert, weil, wie SCHNOTZ (1995) darlegt, aus phylogenetischer Sicht aufgrund unserer Fähigkeiten zum Erkennen räumlicher Konfigurationen eine Interaktion zwischen dieser Darstellungsform und dem kognitiven menschlichen System bestehe.

Wer selbst nicht-kontinuierliche Texte zu schreiben gelernt hat, beherrscht damit eine sehr ökonomische Art der Wissensspeicherung.

Daneben spielt in Sachfächern natürlich auch die Produktion traditioneller Texte eine wichtige Rolle, die ANTOS (1996) in sechs Punkten zusammenstellt:

- Wissensaneignung geschieht schreibend, der besseren Behaltensleistung willen.
- Für exakte Wissensproduktion, etwa in schriftlichen Prüfungen, ist Schreiben besonders wichtig.
- Fachspezifische schriftsprachliche Stilelemente und Stilmuster werden in den Sachfächern erlernt.
- Die Lektüre von Unterrichtsmaterial hat Auswirkungen auf das aktive Schreiben der Schüler.

- Schreiben dient als „Medium der Ideengenerierung", wenn Zusammenhänge selbst gefunden, strukturiert und kontrolliert werden müssen.
- Besonders beim Einsatz von Computern spielt Schreiben eine immer größere Rolle.

Als Fazit sieht Antos eine zentrale Bedeutung des Schreibens in den Sachfächern, wenn es um die „fachsprachlich getönte Schriftsprachlichkeit ergänzt" wird (1996, 190). Gerade diese Fachsprachlichkeit stellt ein entscheidendes Problem dar. Biologisches oder geografisches Wissen erwerben heißt weitgehend, die biologische oder geografische Fachsprache erlernen, Fachtermini ebenso wie bestimmte Sprachmuster – auch in Prüfungen muss die Beherrschung dieser Sprache nachgewiesen werden –, andererseits ist den Lehrern der Sachfächer die Wichtigkeit des Fachsprachlernens nicht unbedingt bewusst. Oftmals wird diese Aufgabe dem Deutschunterricht zugeschoben. Die nötige oder optimale Arbeitsverteilung zwischen Deutschunterricht und den anderen Fächern soll Inhalt des nächsten Abschnitts sein.

4.1.4 Für ein fächerübergreifendes Schreibcurriculum

Unterschiedliche Positionen sind zu sehen. Eine Extremposition könnte lauten: Der Deutschunterricht ist für die sprachliche Bildung allein verantwortlich, alle in den Sachfächern benötigten sprachlichen Fähigkeiten sind im Deutschunterricht vorab zu erwerben. Diese Vorstellung ist zum einen unrealistisch, weil sie zu einer Überfrachtung des Deutschunterrichts führte, zum anderen läuft sie der Erkenntnis von der engen Verzahnung von Sprache und fachspezifischen Inhalten zuwider.

Als Alternativposition könnte gefordert werden: Jeder Unterricht ist Sprachunterricht. Diese Vorstellung ist vordergründig vom Wunsch nach besserer Beachtung sprachlicher Normen getragen, sie geht von der Klage über den Verlust an Schreibfähigkeit in unseren Schulen aus. Für die Sachfächer bedeutet diese Forderung allerdings auch die volle Eigenverantwortlichkeit für den Erwerb aller fachspezifischen sprachlichen Fähigkeiten.

Die Situation in der Praxis stellt sich nach Antos (1996, 195) so dar: „Die Fähigkeit des Schreibens wird in den Sachfächern faktisch als gegeben unterstellt. Teilweise werden sogar schreibcurriculare Fähigkeiten vorausgesetzt, die in Deutsch erst später behandelt werden." Gemeint sind hier etwa in Prüfungsarbeiten gefordertes Argumentieren oder Beschreiben. Außerdem würde in Sachfächern weder auf orthografische Korrektheit bei fachspezifischen Bezeichnungen noch auf das Erlernen des facheigenen Codes Wert gelegt. Diese dritte Position ließe sich so kennzeichnen: Weder der Deutschunterricht noch die Sachfächer fühlen sich verantwortlich.

Als Wunschbild wird eine vierte Position gezeichnet (vgl. Antos 1996; Jürgens 1999; Jansen 2001): Ein fächerübergreifendes Schreib-Curriculum regelt die Arbeitsteilung zwischen Deutschunterricht und Sachfächern. In einer Dezentralisierung des Schreibens und bei einer Reduktion von Schreibkomplexität ent-

stehen bewältigbare „Schreibprozeduren" (Antos 1996), überschaubare Schreibaufgaben, die in Sachfächern zu leisten sind und leicht habitualisiert, das heißt
automatisiert werden können. Die orthografisch korrekte Erlernung fachspezifischer Termini (etwa im Geografieunterricht) wäre so eine Schreibprozedur.
In funktionsgerechten Schreibkontexten in den Sachfächern werden diese
Schreibprozeduren eingeübt. Aufgabe des Deutschunterrichts ist die „Einübung
der Integration und Koordination der Teilfähigkeiten" (Antos 1996, 192). Dazu
gehört sicher auch, das in Sachfächern erworbene Textwissen im Deutschunterricht wiederholend zusammenzufassen, zu strukturieren und so reflexive
Bewusstheit der eigenen Textherstellungskompetenz zu schaffen. Darüber hinaus wird der Deutschunterricht sprachliche Basisfähigkeiten vermitteln müssen,
die sich nicht nur auf orthografische und grammatische Normgerechtigkeit
beschränken. So schlägt Menzel (1998) vor, die wichtige Rolle von Beziehungs-
wörtern im Deutschen zu thematisieren und die sprachliche Darstellung räumlicher, zeitlicher, kausaler Beziehungen im zweiten bis sechsten Schuljahr zu
üben. Fix (2003) möchte das Thema „Wege beschreiben" behandelt wissen, wenn
im Sachunterricht der Grundschule die Erkundung der Gemeinde auf dem Pro-
gramm steht.

„Absprachenkatalog" nennt Jansen (2001) das Schreibcurriculum und macht
damit deutlich, wie wichtig die gemeinsame Verständigung zwischen dem
Deutschlehrer und den Lehrern der Sachfächer ist. Er möchte vor allem solche
zentrale sprachliche Aufgaben festgelegt sehen, die in allen Fächern gebraucht
und auch in allen Fächern geübt werden können. Dazu sollten mögliche
Schüleraktivitäten erläutert, Vereinbarungen der Lehrer beschrieben werden. Auf
diese Weise entstünde ein sprachliches Lernportfolio, das für das Schreiben etwa
Absprachen über Regeln für Protokolle, für die Heftführung, für Textgliederung
oder die Standardisierung der grafischen Gliederung von Texten enthält.
Zu erhoffen wäre nicht nur eine Entlastung der Fachlehrer, sondern auch eine
Vervielfachung wichtiger sprachlicher Übungen.

Gleichgültig, welcher Aspekt des fächerübergreifenden Schreibcurriculums betont wird, immer wird es darum gehen, die Sachfächer für die sprachliche Bildung
etwas stärker in die Pflicht zu nehmen, ganz im Sinne des für den Zweitsprach-
erwerb entwickelten Language-Awareness-Konzepts, das zum Ziel hat, „sprachliches Lernen fächerübergreifend als Unterrichtsprinzip im Schulalltag zu verankern" (Kupfer-Schreiner 2003, 75).

Im Blick auf das Schreiben als Unterrichtsmedium in allen Fächern fordert
Ossner (1995, 30) zu Recht: „Schreiben wird dann als externer Speicher und mehr
noch als Problemlösungsmodus in den verschiedenen Fächern thematisiert werden müssen."

Weiterführende Literatur:

ABRAHAM, ULF/BEISBART, ORTWIN (1995): Sachkompetenz und Sprachkompetenz. Verstehen durch Umschreiben und Umschreiben durch Verstehen „fachexterner" pragmatischer Texte im Deutschunterricht. In: RAAbits Deutsch/Sprache. Impulse und Materialien für die kreative Unterrichtsgestaltung. 2. Ergänzungslieferung. Heidelberg: Raabe, V, 2, 1–14.

ANTOS, GERD (1996): Textproduktion: Überlegungen zu einem fächerübergreifenden Schreib-Curriculum. In: FEILKE, HELMUTH/PORTMANN, PAUL R. (Hrsg.): Schreiben im Umbruch. Schreibforschung und schulisches Schreiben. Stuttgart: Klett, 186–197.

BEISBART, ORTWIN (1998 b): Texte schreiben – Schriftlicher Sprachgebrauch. In: Abraham, Ulf u. a.: Praxis des Deutschunterrichts. Donauwörth: Auer, 22–33.

GROEBEN, NORBERT/CHRISTMANN, URSULA (1995): Lesen und Schreiben von Informationstexten. Textverständlichkeit als kulturelle Kompetenz. In: ROSEBROCK, CORNELIA (Hrsg.): Lesen im Medienzeitalter. Weinheim/München: Juventa, 165–194.

LUDWIG, OTTO (1995 b): Integriertes und nicht-integriertes Schreiben. Zu einer Theorie des Schreibens: eine Skizze. In: BAURMANN, JÜRGEN/WEINGARTEN, RÜDIGER (Hrsg.): Schreiben. Prozesse, Prozeduren und Produkte. Opladen: Westdeutscher Verlag, 273–287.

ISOLDE SCHMIDT

4.2 Schreiben im Fremdsprachenunterricht

4.2.1 Formen des Schreibens

Die Schriftlichkeit ist auch und besonders im Fremdsprachenunterricht Gegenstand und Medium des Lernens.

Im Bereich des Schreibens im Fremdsprachenunterricht lassen sich mit PORTMANN (1991, 10) zwei Formen unterscheiden, nämlich präkommunikatives und kommunikatives Schreiben.

- *Präkommunikatives Schreiben* wie zum Beispiel das Aufschreiben von Wörtern, Schreiben von Diktaten, Übungen usw. dient primär der Einübung, Festigung und Wiederholung von Lexik und grammatischen Strukturen.

- *Produktives Schreiben* (von PORTMANN [ebd.] definiert als „das formulierende Schreiben von Sätzen, vorzüglich aber von Texten, in denen Schreibende eigene oder in geeigneter Weise vorgegebene gedankliche Zusammenhänge sprachlich ausdrücken") umfasst sowohl Textproduktionen, die sich an den Textproduzenten selbst als Leser richten (zum Beispiel Tagebucheinträge), als auch solche, die an einen Leser gerichtet sind, der nicht mit der Person des Schreibenden identisch ist (= kommunikatives Schreiben im engeren Sinne).[1] Dazu gehört zum Beispiel das Schreiben einer Bildergeschichte oder anderen Erzählung, eines Briefes, Berichts, einer Zusammenfassung oder einer Stellung-

---

1 Vgl. dazu auch JECHLE 1992, 40 und 44.

nahme, Textformen, die – mit Ausnahme der Grundschule – in den Lehrplänen aller Schularten im Fremdsprachenunterricht vorgesehen sind.

4.2.2 Der Stellenwert des Schreibens

Schreiben (in der Form des *produktiven Schreibens*) gilt unter den vier Grundfertigkeiten *Hören – Lesen – Sprechen – Schreiben* als die komplexeste (Börner 1998, 287), doch nahm diese Fertigkeit in der fremdsprachendidaktischen Diskussion lange Zeit einen untergeordneten Stellenwert ein:
Unter dem Einfluss der *audiolingualen Methode* der 1960er Jahre wie auch des *kommunikativen Ansatzes* der 1970er Jahre galt das Primat der gesprochenen Sprache bzw. des Mündlichen.[2] Während die Zweitrangigkeit des Schreibens in der *audiolingualen Methode* zeichen- und spracherwerbstheoretisch begründet war, ging der *kommunikative Ansatz* zwar von einer prinzipiellen Gleichrangigkeit der vier Grundfertigkeiten aus, jedoch wurde der Begriff der Kommunikation nahezu ausschließlich mit Sprechen gleichgesetzt (Wolff 1997, 52) und somit das Schreiben „stillschweigend aus dem Bereich der didaktisch interessanten Tätigkeiten hinausgedrängt" (Portmann 1991, 24).
Dies bedeutet nicht, dass nicht geschrieben wurde. Doch waren es sowohl im *audiolingualen* als auch im *kommunikativen* Ansatz die *präkommunikativen* Formen des Schreibens, die in den ersten Lernjahren Anwendung fanden. Schreiben hatte Hilfsfunktion, war Lernhilfe bei der Festigung von sprachlichem Material; produktives Schreiben wurde erst für den fortgeschrittenen Fremdsprachenunterricht – vor allem für die Oberstufe – als relevant erachtet, ohne dass konkretisiert wurde, *wie* die Lernenden an produktives Schreiben herangeführt werden sollen.
Doch hat sich in der Fremdsprachendidaktik mittlerweile ein Umschwung in der Einschätzung des Schreibens vollzogen: So geht man heute von einem Kommunikationsbegriff aus, der Kompetenzen im mündlichen und schriftlichen Bereich gleichermaßen umfasst. Unter Bezugnahme auf Erkenntnisse der kognitiven Psychologie und der Fremdsprachenerwerbsforschung betont man zudem die besondere Bedeutung des Schreibens für den Fremdsprachenerwerb. Neben der lernunterstützenden Funktion von visuellen Perzepten und der Rückmeldefunktion bezüglich des Kompetenzstandes des Lernenden verweist man hierbei unter anderem auf folgende Aspekte (Wolff 2002, 380 f.):

- Der Modus des Schreibens (Notwendigkeit der vollständigen Kontextualisierung der Aussagen; explizite Referenzen; Strukturierung des Textes etc.) zwingt den Lernenden, einen Vorstellungsinhalt präziser und komplexer zu versprachlichen und sich gedanklich genauer mit ihm auseinander zu setzen als dies im Modus des Sprechens in der Regel der Fall ist. Schreiben kann von

---

2 Für eine ausführliche Darstellung der Grundannahmen der beiden Ansätze und der daraus resultierenden didaktischen Konsequenzen für die Fertigkeit des Schreibens vgl. Portmann 1991, 10–27.

daher als eine *cognitively demanding interaction* angesehen werden, die nach Cummins (1991) für erfolgreiches Sprachenlernen notwendig ist. Auch Swain (1985) weist auf die Bedeutung von Schreiben als *comprehensible output* für erfolgreiches Sprachenlernen hin.

- Der überlegte und bewusste Einsatz von sprachlichen Mitteln, wie ihn das Schreiben verlangt, trägt zum Aufbau von Sprachbewusstsein und damit ebenfalls zur Förderung des Spracherwerbs bei.

Darüber hinaus wird Schreiben als ein Modus angesehen, der nicht nur die intellektuellen, sondern auch die kreativen Fähigkeiten der Lernenden fördern kann (vgl. zum Beispiel Mummert 1987; Wernsing 1995; vgl. dazu auch den Beitrag 3.2). *Kreatives Schreiben* ist in besonderer Weise geeignet, die Lernenden zu motivieren und zu einer Stärkung des Selbstkonzepts beizutragen.

Damit Schreiben diese positiven Wirkungen für das Fremdsprachenlernen entfalten kann, darf es sich nicht auf die *präkommunikativen* Formen beschränken, sondern muss vor allem *produktive* Formen umfassen. *Produktives Schreiben* jedoch bedarf einer systematischen Schulung, an der es im Fremdsprachenunterricht bislang allerdings häufig fehlt. Zwar wird im Fremdsprachenunterricht durchaus geschrieben, doch dient dieses Schreiben in der Unter- und Mittelstufe primär der schriftlichen Festigung von Lexik und grammatischen Strukturen, ist also *präkommunikativ* ausgerichtet. Schriftliches Üben von grammatischen Strukturen – zum Beispiel als Substitutions-, Komplementations- oder Transformationsübungen in den Lehrbüchern und Workbooks der Schüler häufig zu finden – und *produktives Schreiben* sind jedoch verschiedene Formen des Schreibens, die völlig unterschiedliche Anforderungen an die Schüler stellen (Wernsing 1995, 76):

- Beim Schreiben, das dem Einüben von grammatischen Strukturen *(präkommunikatives Schreiben)* dient, muss der Schüler unter Beachtung einer bewusst eingegrenzten Zahl an sprachlichen Regeln richtige Sätze formulieren. Sinn bzw. Inhalt des Satzes sind dabei oft weitestgehend vorgegeben, so dass sich der Schüler beim Üben ganz auf den sprachformalen Aspekt konzentrieren kann.

- Beim *produktiven Schreiben* liegt hingegen ein Vorstellungsinhalt (in der Regel noch muttersprachlich kodiert) vor, der in der Fremdsprache versprachlicht werden muss. Dabei ist die Zahl der infrage kommenden sprachlichen Regeln nicht mehr eingegrenzt, sondern unbestimmt; der Schüler muss sich zudem auf den Inhalt konzentrieren, seinen Text strukturieren und für Kohärenz sorgen, textsortengemäß schreiben und potenzielle Leser mit einbeziehen. Auf diese komplexen Anforderungen bereiten isolierende Grammatikübungen und das *präkommunikative Schreiben* nicht vor.

Wie man schreibt, das wird in der Praxis des Fremdsprachenunterrichts bislang nur selten thematisiert, offensichtlich in der Annahme, dass die Erweiterung des fremdsprachlichen lexikalischen und grammatischen Repertoires automatisch auch die Schreibfähigkeit fördere. Zudem besteht angesichts der knappen Unterrichtszeit die Tendenz, das Schreiben von produktiven Formen als eine zeitraubende Tätigkeit in die häusliche Arbeit der Schüler zu verlagern. Doch erfährt man als Lehrer *so* nichts über den Schreibprozess der Schüler, man richtet das Augenmerk ausschließlich auf das Schreibprodukt, das die Schüler in der nächsten Stunde präsentieren. WOLFF berührt einen wunden Punkt in der auch heute noch gängigen Schreibpraxis, wenn er konstatiert:

> Im Fremdsprachenunterricht beschränkt sich die Schreibförderung bisher vor allem darauf, dass Lehrer die Schreibprodukte ihrer Schüler korrigieren und mit ihnen gemeinsam die gemachten Fehler besprechen und verbessern. Solche Verbesserungen beziehen sich vor allem auf die sprachliche Form des Textes. Die fremdsprachliche Schreibförderung ist vor allem produktorientiert und nimmt kaum Einfluss auf die Strategien und Prozesse, die dem Schreiben zugrunde liegen (WOLFF 1991, 37).

Produktives Schreiben ist ein hochkomplexer Prozess, der vom Schüler den Einsatz vieler unterschiedlicher Kenntnisse und Fertigkeiten in vielen verschiedenen Bereichen erfordert, ehe am Ende des Prozesses ein befriedigendes Produkt stehen kann. Wird der Prozess nicht beherrscht, so kann auch das Produkt nicht gelingen. – Der Paradigmenwechsel hin zum *prozessorientierten Schreiben* (vgl. den Beitrag 1.2) hat sich mittlerweile auch in der Fremdsprachendidaktik vollzogen.

4.2.3 Prozessorientiertes Schreiben: Grundlagen, Ziele und Prinzipien

Die *prozessorientierte Schreibdidaktik* ist kognitionspsychologisch orientiert und stützt sich vor allem auf Ergebnisse der Schreibforschung, die sich in den 1970er Jahren in den USA und Kanada entwickelte und sich zunächst hauptsächlich auf das muttersprachliche Schreiben konzentrierte. Das wohl einflussreichste Modell des Schreibens ist das von HAYES und FLOWER (1980). Es hat zwar – gerade für das Schreiben im Fremdsprachenunterricht – inzwischen zahlreiche Modifikationen und Ausdifferenzierungen erfahren (BÖRNER 1987; GÖTZ 1992; KRINGS 1992 a; WERNSING 1995; ZIMMERMANN 1997; WOLFF 2002), ist aber in seinen Grundkomponenten für eine prozessorientierte Schreibdidaktik nach wie vor bestimmend.

Aus dem Schreibmodell von HAYES und FLOWER ist keine feste und für alle Schreiber verbindliche Phasenabfolge im Schreibprozess ableitbar (KRINGS 1992, 67; BEISBART/MARENBACH 2003, 60). Es hängt vom einzelnen Schreiber sowie von der Komplexität der Schreibaufgabe und der geforderten Textsorte ab, ob dem Formulieren eine Phase der Planung vorausgeht und wie intensiv diese ist. – Dennoch: *Prozessorientierte Schreibschulung* zielt darauf ab, dem Lernenden die Bedeutung der einzelnen Teilkomponenten bewusst und die Strategien, die er zur Bewältigung der Teilprozesse braucht, auch verfügbar zu machen, so dass er den Schreibprozess bewusst steuern und je nach Notwendigkeit die Strategien für bestimmte Teilprozesse aktivieren kann. Denn ein kompetenter Schreiber zeichnet sich weniger dadurch aus, wie viele Strategien er tatsächlich verwendet, sondern dadurch, dass ihm viele verschiedene Strategien vertraut sind, die er nach den Erfordernissen der Schreibaufgabe angemessen einsetzt (PLAG 1996, 252). Schreiben ist eine Fähigkeit, die im Menschen nicht natürlicherweise angelegt ist, sondern die erlernt werden muss.[3] Schreibanfänger sind mit der Vielzahl von Teilprozessen und Strategien, die für den Schreibprozess notwendig sind, in der Regel überfordert. Ein wesentliches Prinzip der *prozessorientierten Schreibschulung* ist es deshalb, den Schreibprozess prozedural zu entlasten (Prinzip der prozeduralen Erleichterung). Dies ist methodisch möglich (vgl. WOLFF 1997; BÖRNER 1998) zum Beispiel durch

- das Zerlegen des komplexen Schreibprozesses in einfache Teilprozesse und die Konzentration auf zunächst einen Teilaspekt (zum Beispiel „Bereitstellen von Inhalten"), ohne dass sofort ein ganzer Text produziert werden muss,
- das Erarbeiten von Techniken zur Meisterung dieser Teilprozesse (zum Beispiel für das Bereitstellen von Inhalten: Techniken wie *Brainstorming* oder *Mindmapping*),
- vorausgehende thematische Vorbesprechung, Bereitstellen von entsprechenden Ausgangs- und Modelltexten sowie Hilfsmitteln wie Wörterbüchern und Grammatiken oder
- das Verteilen von Lasten während des Schreibprozesses durch Partner- und Gruppenarbeit (sehr hilfreich und wichtig in der Phase der Planung und vor allem bei der Textrevision).

4.2.4 Schreiben in der Fremdsprache: Problemfelder

Dass Schreiben nicht nur in der Muttersprache, sondern vor allem auch in der Fremdsprache für die Lernenden ein Problem ist, wird in der Unterrichtspraxis tagtäglich offensichtlich. Aus Untersuchungen zum Schreiben in der Fremdsprache (CLYNE 1984 und 1987; BÖRNER 1987; KRINGS 1989; WOLFF 1989; DAM u. a. 1990; KRAPELS 1990; KNAPP 1997; ZIMMERMANN 1997; EßER 2000; HUFEISEN 2000; ZYDATIß 2002)[4] geht hervor, dass Probleme des Schreibens in der Fremdsprache im Wesentlichen in drei Faktoren ihre Ursache haben. Es sind dies vor allem

a) defizitäres Sprachwissen in der Fremdsprache,
b) fehlende schreibstrategische Kompetenzen und
c) fehlendes kulturspezifisches textuelles Wissen.

---

3 Bereiter (1980) skizziert die Ontogenese des Schreibens als einen Entwicklungsprozess, der über die Stufen des *associative writing* (die kindlichen Schreibprodukte entsprechen noch den Sprechprodukten; es fehlen Planung, Kohärenz und Leserbezug), des *performative writing* (Anpassung der Schreibprodukte an die Konventionen der geschriebenen Sprache, Gliederung des Textes in Sätze und Abschnitte, Beachtung von Orthografie und Interpunktion), des *communicative writing* (Berücksichtigung der Wirkung des Textes auf den Leser) und des *unified writing* (neben der Berücksichtigung der Leserperspektive auch kritische Beurteilung der eigenen Schreibprodukte) zu *epistemic writing* führt (Wissenserzeugung durch Schreiben: Reflexion über zu Schreibendes und bereits Geschriebenes führt zu neuen Einsichten).

4 Diese Untersuchungen wurden bis auf wenige Ausnahmen mit Studierenden durchgeführt. Von daher ist von einem fortgeschrittenen Niveau der Probanden in Bezug auf das Sprachwissen und die generelle Schreibkompetenz auszugehen.

zu a): Die Probleme beim fremdsprachlichen Schreiben umfassen ein großes Spektrum (vgl. zum Beispiel Börner 1987 oder Krings 1992 a): Sie reichen von orthografischen über lexikalische, grammatische und stilistische bis hin zu textpragmatischen Problemen, wobei Schwierigkeiten im lexikosemantischen Bereich besonders häufig sind. Die sprachbedingten Probleme führen dazu, dass der Schreibprozess unterbrochen wird, Planungs-, insbesondere aber Formulierungs- und Überarbeitungsprozesse modifiziert und Reduktionsstrategien eingesetzt werden. Aufgrund der sprachlichen Defizite ist die Verarbeitungsbelastung deutlich höher als beim Schreiben in der Muttersprache. Die Konzentration auf einen Aspekt, zum Beispiel die Suche nach einem adäquaten fremdsprachlichen Lexem, führt dazu, dass andere wichtige Aspekte wie das Herstellen von Kohärenz vernachlässigt werden.

zu b): Untersuchungen (vgl. zum Beispiel Wolff 1989 oder Krapels 1990) zeigen, dass Probleme beim Schreiben nicht nur auf fehlendes fremdsprachliches Sprachwissen zurückzuführen sind, sondern dass ganz generelle Defizite im schreibstrategischen Bereich ebenfalls eine wesentliche Rolle spielen. Die in der Muttersprache entwickelte Schreibkompetenz (hier zu verstehen als schreibstrategische Kompetenzen und textuelles Wissen) bestimmt das Schreiben in der Fremdsprache wesentlich mit (vgl. Portmann-Tselikas 2001 oder Wolff 2002, 319 f.). Die bereits erworbenen textuellen und schreibstrategischen Kenntnisse und Fertigkeiten sind nicht einzelsprachlich gebunden, sondern auch beim Schreiben in der Fremdsprache nutzbar. Mit Cummins (1976, 1981, 1991) ist allerdings davon auszugehen, dass erst ein gewisses Niveau in der Fremdsprache erreicht worden sein muss, damit die muttersprachlich erworbene Schreibkompetenz auch in der Fremdsprache wirksam werden kann.

zu c) Auch fehlendes Wissen über kulturspezifische Schreib- und Textkonventionen (Textschemata) kann zu Problemen bei Schreibprodukten in der Fremdsprache führen; dies ist jedoch ein Bereich, der in der Regel erst für den fortgeschrittenen fremdsprachlichen Schreibunterricht in der Oberstufe bzw. vor allem auf universitärer Ebene relevant ist.

4.2.5 Schreiben im Fremdsprachenunterricht: Implikationen für die Unterrichtspraxis

Aus den oben genannten Problemfeldern ergeben sich die Hauptbereiche der fremdsprachlichen Schreibförderung, wobei für den schulischen Bereich, und hier vor allem für die Sekundarstufe I, das Hauptaugenmerk auf dem Ausbau des fremdsprachlichen Repertoires und der Vermittlung von Schreibstrategien liegt. Für die Praxis des schulischen Fremdsprachenunterrichts erscheinen in Bezug auf Schreibförderung folgende Aspekte wichtig:

- *Schreiben als Lernmedium anerkennen:* Die Anerkennung des Schreibens als eine Fertigkeit, die das kognitive und kreative Potenzial der Schüler fördert und den Fremdsprachenerwerb wirkungsvoll unterstützt, darf sich nicht nur auf die Diskussion unter Fremdsprachendidaktikern beschränken, sondern muss auch in der Lehrerschaft mitvollzogen werden.

- *Schreibanlässe bieten:* Der Fremdsprachenunterricht muss möglichst viele Anlässe zu produktivem Schreiben bieten – und dies bereits zu Beginn des fremdsprachlichen Lehrgangs auf der Sekundarstufe I. Um die Motivation der Schüler zu wecken, sollten die Schreibanlässe möglichst authentisch sein bzw. sich an den Erfahrungen der Schüler orientieren; zudem sollten auch Formen des kreativen Schreibens einbezogen werden.

- *Schreibkompetenz schulen:* Produktives Schreiben muss von Beginn des Fremdsprachenunterrichts an systematisch geschult werden. In dem Bewusstsein, dass ein gelingender Schreibprozess Voraussetzung für ein gelungenes Schreibprodukt ist, muss dabei der Blick vor allem dem Schreibprozess gelten, Schreiben also prozessorientiert geschult werden: Der Schüler muss lernen, Inhalte bereitzustellen, diese zu ordnen und zu gliedern; er muss lernen, sein Sprachwissen zu aktivieren und textsortengemäß zu schreiben, den potenziellen Leser in seinen Text einzubeziehen und seinen eigenen Text zu bewerten und zu korrigieren (zu konkreten Vorschlägen zur Förderung der einzelnen Teilkomponenten vgl. zum Beispiel Hedge 1988; WHITE/ARNDT 1996; BÖRNER 1998).

- *Fremdsprachenunterricht integrativ ausrichten:* Der Ausbau des grammatischen und lexikalischen Repertoires der Schüler ist eine wesentliche Voraussetzung für einen gelingenden Schreibprozess und ein gelungenes Schreibprodukt. Im Fremdsprachenunterricht dürfen Grammatikunterricht, Wortschatz- und Textarbeit jedoch nicht als isolierte, voneinander unabhängige Teilbereiche betrachtet und betrieben, sondern müssen integriert werden. So darf sich beispielsweise die Erweiterung des Wortschatzes nicht in einem „Mehr" an isoliert gelernten Vokabeln erschöpfen; Wortschatzarbeit in einem integrativ ausgerichteten Fremdsprachenunterricht sollte die Schüler – zum Beispiel über den Einsatz von Konkordanzprogrammen – dazu anleiten, neben der Haupt- auch die Nebenbedeutungen eines Wortes, seine Konnotationen und seinen stilistischen Wert zu entdecken sowie seine syntagmatischen Beziehungen zu untersuchen. Auch sollten die Schüler zu einem aktiven und kreativen Gebrauch der neu eingeführten Wörter in eigenen kleinen Texten angeregt werden (zu konkreten Beispielen eines integrativen Fremdsprachenunterrichts vgl. SCHMIDT 2000).

- *Deutsch- und Fremdsprachenunterricht vernetzen:* Wenn die Schüler in der Sekundarstufe I mit dem Erlernen einer Fremdsprache unter systematischer Einbeziehung des Schreibens beginnen, ist der Erwerb der Schreibkompetenz in der Muttersprache längst noch nicht abgeschlossen. Die Schüler haben hier noch einen langen, für viele auch mühevollen Weg vor sich. Schreibkompetenz zu vermitteln, ist eine Aufgabe, die in Kooperation der Fächer untereinander effektiver gelöst werden kann als von einem Fach allein: Textsortenwissen und Schreibstrategien müssen nicht nur vermittelt, sondern vor allem Schreibstrategien müssen, um automatisiert zu werden, auch immer wieder angewendet werden, und dazu bieten andere Fächer gute Möglichkeiten. Was an

Textsortenwissen und Schreibstrategien im muttersprachlichen Unterricht angelegt worden ist, kann im Fremdsprachenunterricht aufgegriffen, auf einen Text angewendet und somit vertieft werden; es kann aber auch aus einer anderen Perspektive beleuchtet und um neue Elemente erweitert werden, die dann wiederum beim Schreiben in der Muttersprache angewendet werden können.

Wie fächerübergreifendes Schreibenlernen konkret aussehen kann, wird im Folgenden unter Einbeziehung eines unterrichtspraktischen Vorschlages von HOLTWISCH (1996) zur prozessorientierten Schreibschulung im Englischunterricht einer fünften Klasse kurz skizziert:

In der fünften Klasse sind die Schüler bereits durch den Deutschunterricht mit bestimmten erzählenden Textsorten vertraut, in der Regel steht im Aufsatzunterricht die Erlebniserzählung im Vordergrund (vgl. den Beitrag 2.4). Den Schülern wird hierbei auch Textsortenwissen vermittelt (Aufbau, sprachliche Gestaltung). Dabei wird – implizit oder auch explizit – immer auch die Frage thematisiert: „Was macht eine gute Erzählung aus?", so dass die Schüler gleichzeitig mit ihrem Textsortenwissen auch über Beurteilungskriterien verfügen. Vor allem in diesem Alter fällt es Schülern in der Regel schwer, ihre eigenen Texte nach solchen Kriterien zu revidieren: So empfiehlt es sich, zunächst an fremden Texten diese Kriterien anzulegen, um so über diesen „Umweg" Revisionsstrategien aufzubauen, die die Schüler dann zunehmend auch auf ihre eigenen Schreibprodukte anwenden können.

Als ein solcher „Umweg" bieten sich fremdsprachliche Texte an. In den Englischlehrwerken für die 5. und 6. Klassen finden sich oft erzählende Texte, die man dazu einsetzen kann. Es handelt sich hierbei in der Regel um didaktisierte Texte, die in Lexik und Grammatik auf die Lehrwerksprogression abgestimmt sind, von daher vielen inhaltlichen und sprachlichen Restriktionen unterliegen und deshalb oft auch verbesserungswürdig sind.

Nach dem Lesen des englischen Textes kann man die Schüler als „Erzählexperten" heranziehen und mit ihnen darüber reflektieren: Welche Art von Text ist das? Woran erkennt man das? Ist der Text gelungen oder weniger gelungen? Warum? Was ist gelungen/weniger gelungen? Wie könnte man das, was weniger gelungen ist, besser machen?

Dabei empfiehlt es sich, die Aufmerksamkeit der Schüler auf jeweils einen Aspekt zu fokussieren, so zunächst die Handlung, dann aber auch strukturelle und sprachliche Aspekte zu betrachten. Kritik der Schüler zum Beispiel an für die Handlung unwichtigen oder unstimmigen Details oder aber an einem zu wenig spannungsreichen Handlungsverlauf kann zu dem Vorschlag führen, diese Geschichte zu verbessern. Dazu müssen Ideen gesammelt und ein neues Handlungsgerüst entworfen werden, es müssen also Techniken der Ideengenerierung und -ordnung angewendet werden, die die Schüler vom Deutschunterricht bereits kennen oder die ihnen im Englischunterricht neu vermittelt werden. Ein grobes Handlungsgerüst, auf das man sich in der Klasse einigt, wird dann in Gruppen ausgearbeitet. Die Schreibergebnisse werden vorgestellt und nach vorher festgelegten Kriterien (Handlungsführung, sprachliche Ausgestaltung) im

Plenum beurteilt, um sich anschließend auf eine Version zu einigen, die nach einer nochmaligen Überarbeitung und Endredaktion als die gemeinsam erarbeitete Version der Klasse zugleich auch eine – bessere – Alternative zum Lehrwerkstext darstellt.

Statt auf eine gemeinsame Version hinzuarbeiten, können auch mehrere alternative Handlungsgerüste entworfen werden, die in verschiedenen Gruppen ausgearbeitet werden, wobei die so entstandenen Entwürfe von den jeweils anderen Gruppen revidiert und deren Kritik und Verbesserungsvorschläge dann für die Endfassungen berücksichtigt werden.

Zu welchen Ergebnissen ein Schreibunterricht führen kann, der prozessorientiert ausgerichtet ist und auch auf die muttersprachlich erworbenen Textkompetenzen der Schüler rekurriert, sei hier an einem authentischen Beispiel aus dem Englischunterricht einer fünften Klasse durch die Gegenüberstellung des Ausgangstextes (Lehrbuchtext) mit der von der Klasse erarbeiteten Version demonstriert (HOLTWISCH 1996, 98 ff.):[5]

Lehrbuchtext:

The mysterious piano player

Anne Carson likes music. She is learning to play the piano at school, but the Carsons haven't got a piano at home yet. A neighbour has got an old piano and says Anne can have it. The lid is broken, but Anne's father says he can repair it.

One day Mr Carson and three neighbours take the piano to the Carsons' house. Now Anne is very happy. Anne's baby sister Jane likes the piano, too, because she can make a lot of noise on it. In the evening Mr and Mrs Carson are out. Little Jane wants to play the piano, but Anne says, "No, Jane. You must go to bed now."

So Anne goes to bed. Then Anne does her homework and watches TV. At nine o'clock she goes to bed, too.

But what is that? She sits up in bed and listens. It is her piano. Someone is playing it. – Well, somebody is making a lot of noise on it! It is Jane, of course! Anne jumps out of bed, rushes downstairs and switches on the light in the sitting-room. But there is nobody there. "Jane, come here! I know you're there!" she calls. But there is no answer. Is Jane playing a trick on her? Anne switches off the light and goes upstairs to Jane's room. Jane is in bed. She is sleeping.

Then Anne hears the piano again! Who can it be? Are her parents back? Perhaps they are playing a trick on her! She rushes downstairs and calls, "Are you there, Mum and Dad?" she switches on the light in the sitting-room. But there is nobody there. And there is nobody in her parents' room and nobody in the kitchen.

Now Anne is afraid. Somebody is playing her piano. It isn't her sister and it isn't her father or her mother. What can she do? There is no telephone in the house. And she cannot run out and leave her sister alone. She sits down and thinks. Then she has an idea. She switches off all the lights, goes into the hall, and waits behind the open sitting-room door. The sitting-room is dark, and everything is quiet. Suddenly Anne hears the piano again. She switches on the light and looks into the room. Puddles, the family cat, is walking up and down the keys of the piano.

---

5 Ich danke HERBERT HOLTWISCH für die Erlaubnis, seine Materialien zu verwenden. (Der Lehrbuchtext stammt im Original aus: Learning English, Green Line 1. Stuttgart: Klett 1992, 116.)

Von Schülern verfasste Version:

Who is the Mysterious Piano Player?

Mary Masters likes music very much. She is in the school band of Fulford Comprehensive. So every day she plays her new piano for two hours. But her little brother doesn't like this because the noise is too loud.

One evening her mother says: "Mary, Dad and I must go to your grandmother. She is ill. We will be back home at ten o' clock. You may watch TV now, but Denny and you must go to bed soon." Of course Mary is not very happy because her brother Denny is always so terrible to her. And sometimes he cries when his parents are away.

At eight o'clock Mary says to her brother: "We must go to bed." Together they go to their bedrooms. It's nine o'clock now, Mary cannot sleep and so she reads her story book. There are some exciting pictures about ghosts in it.

After some time Mary hears a noise. Someone is playing her new piano. "My parents are back", she thinks. Immediately she jumps out of bed and runs down to say hello. But there are no lights on. Slowly she goes to the living room and switches a lamp on. She looks round, but there is nobody there. The lid of the piano is standing up, so she puts it down and rushes upstairs to her room and jumps into bed.

Now Mary's heart is beating fast. For a long time she listens. At last she falls asleep and dreams about her story. Suddenly she wakes up. What is that? The piano again! She sits up in bed. At first Mary is very much afraid but soon she walks downstairs again because she wants to phone her parents. When she is in the hall, the noise stops. Mary cannot find grandmother's telephone number. Then she goes to the living room and waits. After a minute or so she switches the lights on again. Oh dear, the lid is standing up again. She wants to run away but then she sees a small hand that comes from behind the piano. The piano plays again and somebody is laughing. Suddenly she understands. It's her brother Denny. He is not in bed but sitting behind the piano. Mary shouts: "Denny, come here at once. You are terrible. Go to bed immediately."

Of course Mary is very angry but she is also happy that there are no ghosts or burglars in the house.

Dass bei solchen Um- und Neugestaltungen die sprachlichen Mittel der Schüler oft nicht ausreichen, um das in der Fremdsprache zu versprachlichen, was die Schüler ausdrücken wollen, ist unter prozess- und spracherwerbsorientierter Perspektive als Vorteil zu sehen: Es bietet sich hier die Chance, Schüler an den sachgerechten Umgang mit Wörterbüchern heranzuführen, eine Technik, die für das Fremdsprachenlernen unerlässlich ist. Die Wörter, die hier nachgeschlagen oder vom Lehrer neu eingeführt werden, decken zudem – im Gegensatz zu dem vom Lehrwerk vorgegebenen Wortschatz – ein von den Schülern ausgehendes Ausdrucksbedürfnis und haben damit weitaus bessere Chancen, dauerhaft im mentalen Lexikon der Schüler verankert zu werden.

Weiterführende Literatur:

Tribble, Christopher (1996): Writing. Oxford: Oxford University Press.
White, Ron (1995): New Ways in Teaching Writing. Alexandria, VA: TESOL.

ANDREA STADTER

4.3 Schreiben im Geschichtsunterricht

4.3.1 Geschichtsschreibung und Geschichtswissenschaft

„Letzten Endes ist der, der am besten schreibt, auch der beste Historiker."
Geschichte liegt nach BARBARA TUCHMAN (1982, 47) nicht bereits in den vergangenen Ereignissen, Zuständen und Entwicklungen *(res gestae)* vor. Sie wird erst
rekonstruiert in der Darstellung der Forschungsergebnisse *(historia)*, und damit
diese gelingt, muss der Historiker bestimmten Regeln folgen, die *Geschichtsschreibung* und *Geschichtswissenschaft* in Antike und Neuzeit begründet haben.
Schon die griechischen und römischen Autoren verknüpfen in ihren Texten Erzählung und Argumentation und konstituieren damit die bis heute typische
Doppelstruktur historiografischer Texte (HARTH 1997, 171). Diese unterscheiden
sich von epischer oder dramatischer Literatur dadurch, dass sie sich nachweislich
auf empirische Grundlagen – eigene Anschauungen, Zeugen, Überlieferungen,
Sekundärliteratur – stützen (HUG 1982, 101). Ein „Doppelmaß an wissenschaftlicher Findigkeit und historischer Imagination" (ebd., 172) ist nötig, um disparate
und nur unvollständig rekonstruierbare Geschehnisse zu verstehen und zum
Sprechen zu bringen.
Das Verhältnis von Forschung und Darstellung unterliegt allerdings dem historischen Wandel. Im Altertum wird die Geschichtsschreibung der Rhetorik zugeordnet. Die Autoren erschließen wie bei Gericht geschichtliche Zusammenhänge aus Einzelindizien, destillieren moralisch-metaphysische Lehrbeispiele
und engagieren sich politisch für oder gegen bestimmte gesellschaftliche Gruppen. So bilden sie verschiedene Erzählmuster aus:

Herodot schreibt neben „storys" und szenischen Geschichten vor allem Ereignisberichte.
Thukydides arbeitet historische Zusammenhänge analytisch heraus und beschreibt Sachverhalte mit exakter Akribie. Sallust und Tacitus entwerfen historische Essays, schreiben Zeit-
kritiken oder politische Plädoyers, Plutarch zeichnet in seinen Biographien zugleich Zeit- und
Kulturbilder (HUG 1982, 101 f.).

Bis in die Mitte des 18. Jahrhunderts verstand man unter „historischer Methode"
solche Darstellungsarten (RÜSEN 1997 a, 103), unter dem Eindruck von Aufklärung und Historismus änderte sich das. Jetzt galt das Hauptinteresse der
geschichtlichen Suche, die von der historischen Frage ihren Ausgang nahm und
im Dreischritt Heuristik – Kritik – Interpretation geschichtliche Daten fand, bewertete und in einen sinnvollen Zusammenhang stellte. Die Darstellung sollte
dann durch literarische und rhetorische Kunstgriffe die Forschungsergebnisse für
die Lebenswelt der Leser nutzbar machen. Entsprechend schlug LEOPOLD RANKE
die Historie sowohl der Wissenschaft als auch der Kunst zu (RÜSEN 1990 a, 3) und
gewann THEODOR MOMMSEN 1902 den Literaturnobelpreis für seine „Römische
Geschichte". Parallel zur Ästhetisierung der Historiografie entwickelte sich die
akademische Geschichtswissenschaft mit einer eigenständigen Wissenschafts-

prosa und dem Gebot der größtmöglichen Objektivität. Sie empfand Darstellungsfragen als fachfremd. Bis heute werden handwerkliche Probleme der Auswahl und Anordnung des Materials, der Erzähltechnik und des Stils fast nur in Werkstattberichten (VIERHAUS 1982; MEIER 1995) reflektiert und begreifen sich viele Fachgelehrte eher als Forscher denn als Verfasser historischer Texte.

Im Laufe des 20. Jahrhunderts rückte der Forschungsschwerpunkt von der politischen auf die soziale, von der Ereignis- auf die Strukturgeschichte. Die hermeneutische Methodik wurde durch Integration analytischer Verfahren aus anderen Humanwissenschaften erweitert. Die neue Vielfalt der Forschungstechniken ergänzte auch das Darstellungsrepertoire. Dessen Schwerpunkt lag in den 1960er und 1970er Jahren auf der Analyse, was als Zugewinn an Rationalität begrüßt wurde.

Unter dem Eindruck von Postmoderne, Dekonstruktivismus und *linguistic turn* ist in den 1980er und 1990er Jahren die Erzählung wieder aufgewertet worden, weil die Dichotomie „hier Wissenschaft, da Rhetorik" angesichts der „sprachliche[n] Verfaßtheit wissenschaftlich konstruierter Welten" (HARTH 1997, Sp. 869) als falsch empfunden wurde. Denn „die sprachliche Ausdrucksform wissenschaftlicher Ergebnisse […] prägt nicht erst die ‚Ergebnisse' der Forschung im nachhinein, sondern gibt den Inhalten erst diejenige Form, die sie zu ‚Ergebnissen' macht" (DANIEL 1997, 271). Die „Nähe des geschichtswissenschaftlichen Erzählens zum dichterischen Erfinden" (ebd.) diskreditiert die Forschung nicht. Schließlich ist jede Explikation geschichtlicher Veränderung narratives Erklären: Weder Gesetzmäßigkeiten noch absichtsvolles Handeln können historischen Wandel schlüssig begründen. Historiker beschreiben den Vorgang der Veränderung, nomologische und intentionale Erklärungen, zum Beispiel ein Rekurs auf die Fortschrittsidee bzw. auf verlautbarte Regierungsziele, stellen nur untergeordnete Argumentationen dar (RÜSEN 1997 b, 164 ff.).

4.3.2 Geschichtsschreibung im Schulfach Geschichte

Obwohl die praktische und theoretische Beschäftigung mit dem Schreiben von Geschichte eine lange Tradition hat, ist das Schulfach Geschichte bis in die 1970er Jahre hinein überwiegend mündlich konzipiert gewesen. Wegen der Komplexität der Gegenstände, ihrer zeitlichen, räumlichen und lebensweltlichen Entfernung und wegen der moralisch-politischen Intentionen der Lehrpläne war dem Lehrer und seinem – meist erzählenden – Vortrag die Aufgabe der Geschichtsdarstellung, dem Schüler die des aneignenden Zuhörens oder Reproduzierens von Lehrererzählung oder Lehrbuchtext zugedacht. Quellen hatten nur illustrativen Charakter, gelenkte Unterrichtsgespräche zielten auf die Nennung historischer Begriffe, Zahlen oder Namen ab (HUG 1982, 88). Bei mündlichen Abfragen und ihrer Verschriftlichung, den Stegreifaufgaben, wurden dieselben Lehrerfragen für Leistungsnachweise benutzt. Ein solcher Unterricht reduzierte die Schreiberziehung auf meist mechanisches „Abpinseln" vorfabrizierter Tafelbilder (KOHLER/SCHUSTER 1994), die mit Einzelwörtern und grafischen Zeichen den Stoff einer Stunde schematisierten, oder auf das Aufnehmen der vom Lehrer diktierten

Merksätze (Krieger 1969, 147 ff.; Metzger 1970, 108 ff.). Erst in der Oberstufe traute man den Schülern selbstständiges, schriftliches Arbeiten zu (Kuss 1994, 746).

Um 1970 gewinnt das schriftliche Arbeiten im Geschichtsunterricht eine neue Qualität – zum einen durch die Quellenarbeit, die die Lehrererzählung als zentralen Bestandteil der Geschichtsstunde mehr und mehr ablöst (Pandel 2000, 86), zum anderen durch die Einführung der reformierten Oberstufe, die zum Beispiel in Bayern als Leistungsnachweise in Grund- und Leistungskursen wie im schriftlichen Abitur mehrstündige Klausuren vorsieht. Die „Einheitlichen Prüfungsanforderungen" verlangen aus wissenschaftspropädeutischem Impetus auch hier eine Quellenvorlage, deren Analyse in größere Sachzusammenhänge einzubetten ist.

Die Quellenarbeit im Unterricht kann sich auf eine neue Generation von Lehrwerken stützen. War die didaktische Geschichtsdarstellung über weite Strecken des 18. Jahrhunderts noch geprägt von Katechesen, einer Wissenskompilation in Frage- und Antwortreihen, so hatten die Historiker der Aufklärung die erzählende Darstellung durchgesetzt (Pandel 1982). Die Quellenorientierung verlangte nun einen neuen Schulbuchtyp. Das leitfadenartige Lehrbuch wurde durch Verständnishilfen und Arbeitsaufgaben zum Lernbuch umgestaltet. Es entstand außerdem der Typ des reinen Arbeitsbuches: H. D. Schmid legte ab Mitte der 1970er Jahre mit „Fragen an die Geschichte" eine vierbändige Reihe für die Sekundarstufe I vor, die Text- und Bildquellen nur durch wenige, kurze Überblickstexte verband. Schmids Konzept überforderte Schüler und Lehrer: Wenn Kinder und Jugendliche Geschichte selbstständig darstellen sollen, dann ist diese „narrative Rekonstruktion nur auf der Folie einer ‚Hintergrundnarration' möglich" (Pandel 1982, 41). Es etablierte sich folglich eine Kombination von Lern- und Arbeitsbuch (Rohlfes 1994), die das Kriterium wissenschaftlicher Exaktheit erfüllte und den didaktischen Prinzipien der produktiven Aneignung, der kritischen Auseinandersetzung und der narrativen (das heißt historischen) Kompetenz folgte (Becher 1982).

Den „Mühen des Schreibens" (Wunderer 2000, 121) von Klausuren und Facharbeiten begegneten Schulpraktiker mit Überlegungen zum Aufbau und zur Anweisungsformulierung (Müller 1986; el Darwich/Pandel 1995). Sie greifen – wie im Schulbuch – auf eine Kombination von Quellenarbeit und Geschichtsdarstellung zurück, formulieren einzeln zu bewertende Aufgaben und bedienen sich dabei der Anweisung statt der Frage. Der Klausurenaufbau folgt dem historischen Erkenntnisdreischritt Analyse – Sachurteil – Wertung, die Anweisungen sollen durch Wahl geeigneter Verben und Adverbien („Erläutern Sie kurz …/Erörtern Sie ausführlich …") die Art und Intensität der erwarteten Lösung angeben. Dabei müssen Kollegiaten die Topoi historischer Argumentation (Kategorien wie *Herrschaft, soziale Ungleichheit*) oder Zeitverlaufsvorstellungen wie *genetisch, telisch, zyklisch* (Pandel 1997, 403) und die Technik historischer Untersuchungsverfahren wie *Chronologie, Längsschnitt/Querschnitt, Fallstudie* oder *Vergleich* (Sauer 2001, 43 ff.) beherrschen.

Ab 1970 institutionalisiert sich die akademische Geschichtsdidaktik. In den

1970er und 1980er Jahren befasst sie sich vor allem mit den theoretischen Grundlagen. Die Geschichtstheoretiker (Leitziel: Geschichtsbewusstsein) setzen sich gegen die Gesellschaftstheoretiker (Leitziel: Emanzipation) durch: Geschichtsunterricht soll auf Problematisierung angelegt sein, damit die Schüler lernen, „sowohl das Zustandekommen wie die Funktion geschichtlicher Aussagen im gesellschaftlichen Kontext zu bewerten und zu deuten" (JEISMANN 1988, 182), und durch Fragen, die sie aufgrund ihrer heutigen lebensweltlichen Situation an die Vergangenheit haben, Perspektiven für ihr zukünftiges Handeln entwickeln (SAUER 2001, 9 ff.). Durch diese Anbindung von Geschichtsbewusstsein an die aktuelle Lebenspraxis und die Ausdehnung des Fokus vom Geschichtsunterricht zur Geschichtskultur kommen auch die Intentionen historischer Sinnbildung in den Blick. Denn das „historische Erzählen", das Reden und Schreiben über Geschichte, lässt sich idealtypisch in vier Arten gliedern (RÜSEN 1990 b):

- *Traditionales Erzählen* erinnert an Ursprünge von Weltordnungen und Lebensformen und will Einverständnis über ihre Kontinuität herstellen.
- *Exemplarisches Erzählen* appelliert an die Einsicht und präsentiert Geschichten, die Vorbilder fürs eigene Leben oder überzeitlich geltende historische Entwicklungsprinzipien vorstellen.
- *Kritisches Erzählen* stellt aktuelle Deutungen in Frage, entlarvt historische Klischees und betont Brüche in der geschichtlichen Entwicklung.
- *Genetisches Erzählen* fördert das Geschichtsbewusstsein in dem von RÜSEN (1990 b) geforderten Sinn, denn es reflektiert verschiedene Standpunkte und Perspektiven und entwirft Geschichte als dynamischen Prozess, der Lebenschancen eröffnet.

Nach 1990 erhalten Geschichtsunterricht und Geschichtsdidaktik neue Impulse durch fachliche und didaktische Fortentwicklungen (BERGMANN u. a. 1997). Die stärkere Einbeziehung von Kultur-, Mentalitäts- und Alltagsgeschichte, von Geschlechterperspektiven, Umweltfragen und Interkulturalität knüpft an eigenes Erleben der Schüler an: Erfahrungen etwa mit geschlechtsspezifischen Rollenunterschieden, den negativen Folgen von Konsumverhalten oder das Zusammenleben mit Menschen aus anderen Kulturkreisen. Moderne historische Untersuchungsverfahren wie die *oral history*, das Befragen von Zeitzeugen, oder die Mikro-Historie, die kleinste Lebenseinheiten analysiert, geben auch jugendlichen Nicht-Experten Methoden an die Hand, um eigenständige Forschungen zu betreiben. Der „Schülerwettbewerb Deutsche Geschichte" (SCHNEIDER 1997) und die ihn tragende Körber-Stiftung haben maßgeblich dazu beigetragen, die Projektarbeit (DITTMER/SIEGFRIED 1997) auch im Geschichtsunterricht zu etablieren. Oft werden dabei lokal- und regionalgeschichtliche Bezüge genutzt, in denen sich nationale und internationale Entwicklungen widerspiegeln.

Die Geschichtsdidaktiker fördern aber nicht nur diese eher rationalen Zugänge, sie rehabilitieren auch die imaginativen Kräfte, die angesichts der lückenhaften Quellensituation für die Rekonstruktion historischer Prozesse unerlässlich sind. Dies bewirkt im Unterricht eine Zunahme der Personifizierung (im Gegensatz zur Personalisierung, die geschichtliche Veränderungen überwiegend dem Tun einzelner Individuen zuschreibt), die Wiederbelebung des Erzählens (durch Lehrererzählungen, erzählende Quellen oder Literatur) und die Einführung kreativer Schreibverfahren (vgl. PRAXIS GESCHICHTE 1997, 2).

Im Zuge konstruktivistischer Modellierungen von Lehren und Lernen wird die Handlungs- und Produktionsorientierung aufgewertet. Das Schreiben gewinnt an Status: Denn spielerische und dramatische Aufgaben, Referate oder Debatten, Videoarbeiten oder Hörspiele enthalten immer auch schriftliche Anteile.

Der erweiterte Lernbegriff lenkt die Aufmerksamkeit der Schulpraktiker vor allem auf die Methodenkompetenz. Als Reflex erhalten Schulbücher – neben „Geschichtswerkstätten" mit Ideen für Projektarbeit, die Schüler in Museen und Archive, zu Denkmälern, Gedenkstätten und an andere Orte der Geschichtskultur führt – auch Methodenseiten, auf denen Quellentypen, geschichtswissenschaftliche Fragestellungen und Verfahren der Präsentation vorgestellt werden. Unter dem Begriff *Arbeitstechniken* werden meist fachübergreifende Umgangsweisen mit Texten und Themen gezeigt. Schließlich eröffnen die neuen elektronischen Medien Chancen für historisches Lernen im Bereich der Veranschaulichung und Vorstellungsbildung (etwa durch virtuelle Spaziergänge im alten Rom), der Recherche und des Verfassens und Veröffentlichens von Texten (HARTWIG 2001).

4.3.3 Schreiben im Geschichtsunterricht: die „historische Methode"

Die bis jetzt skizzierten Entwicklungen von Geschichtsschreibung und Geschichtsdidaktik stecken den Rahmen ab für das Schreiben im Geschichtsunterricht. Obwohl in Geschichtsstunden immer wieder geschrieben wird – in Stichworten, Sätzen und Texten, rezeptiv beim Hefteintrag und produktiv bei der Quellenarbeit, lehreradressiert wie bei schriftlichen Leistungserhebungen und schüleradressiert wie bei Referaten oder Wandzeitungen, sachorientiert wie beim Beschreiben und Katalogisieren bzw. kreativ beim Verfassen fiktiver Tagebücher oder Rollenspiele –, interessieren sich Geschichtslehrer und Geschichtsdidaktiker kaum für die Funktionen, Prozesse und Textmuster des Schreibens. In Geschichtsbüchern etwa werden Aufgaben für schriftliches Arbeiten nicht von Denk- und Diskussionsaufträgen unterschieden; selten werden explizit bestimmte Textsorten verlangt oder Schreibsituationen fingiert. Weder das „Handbuch Medien im Geschichtsunterricht" (PANDEL/SCHNEIDER 1999) noch das seit 1979 in fünf Auflagen erschienene „Handbuch der Geschichtsdidaktik" (zuletzt BERGMANN u. a. 1997) enthalten Artikel zum Schreiben im Geschichtsunterricht. Monografien oder Aufsatzbände zum Thema liegen nicht vor. Aktuelle Einführungen in die Geschichtsdidaktik subsumieren es unter Rubriken wie „Methoden und Arbeitsformen", wobei zwischen Schriftlichkeit und Mündlichkeit zum Teil unterschieden wird (ROHLFES 1986), oder vereinen einige „schriftliche Ausarbeitungen" unter der Überschrift „Dokumentation und Präsentation", nachdem bei der Behandlung von Methoden und Medien das Schreiben passim mitbedacht wurde (SAUER 2001).

Vorarbeiten für ein Schreibcurriculum des Faches Geschichte gibt es einzig im

Bereich der Formulierungen. Lucas (1975) wies in Lehrwerken Tendenzen zu Verschleierung und Suggestion nach, denen er durch die gezielte Auswahl von Wertungen (War Frankreich im Ersten Weltkrieg „Gegner" oder „Feind"?) und die Reduktion von blumigen Metaphern und abstrakten Oberbegriffen begegnen wollte. Seine aktivische, Vorstellungsbilder evozierende Charakterisierung des Ersten Weltkriegs (wie zum Beispiel: „Tausende junger gesunder Männer töteten einander mit Giftgasgranaten und Bajonetten.") will zur Auseinandersetzung mit historischen Problemen animieren. Auch die für das Schülerschreiben vorbildhaften Lehrwerksdarstellungen sollen sich von den wissenschaftsnahen Normen größtmöglicher Objektivität, Entkonkretisierung und affektiver Distanz lösen (Hannig 1986).

Warum haben sich Geschichtsdidaktiker kaum mit dem Schreiben im Unterricht beschäftigt? Warum sind sie Deutschdidaktikern wie Harro Müller-Michaels gefolgt, der die „Rezeption historischer Fakten, Annahmen und Modelle dem Geschichtsunterricht" und die „Produktion von Sprache" (Müller-Michaels 1979) dem Deutschunterricht zusprach?

Das Ziel fachübergreifender Förderung von Schriftkompetenz wird in der Geschichtsdidaktik nur dann ernst genommen werden, wenn es als Chance begriffen wird, das historische Bewusstsein zu vertiefen, und es nicht als weitere Erschwernis für das Geschichtelernen (Borries 1995, 415) erlebt wird.

Schreiben als „historische Methode" basiert auf der Intention geschichtlicher Sinnbildung. Das „Denk- und Arbeitsfach" Geschichte (Wilms 1986) kann auf die schriftliche Auseinandersetzung der Schüler mit der Vergangenheit – auf Nachlesbarkeit, Korrigierbarkeit, Intensität der gedanklichen Durchdringung, Intertextualität – nicht verzichten. Geschichtsbewusstsein wird nämlich nicht „erredet" oder „erdacht", sondern „erschrieben".

Die *Themen* der Texte decken sich mit den Inhalten des Geschichtsunterrichts. Jüngere Schreiber werden lieber über Ereignisse und Entwicklungen schreiben, die einen Konnex mit ihrer Erfahrungswelt („Meine Stadt im Mittelalter") oder ihren Träumen haben (Ritter, Entdeckungsreisen), ältere Schreiber sind für Modellbildungen und abstraktere Probleme aufgeschlossener. Historische Sinnbildung wird gefördert, wenn Schüler – wie bei Facharbeiten – selbst Themen finden und formulieren bzw. Fragen stellen, mit denen sie ein Thema aufschlüsseln. Neben dem fachimmanenten Schreiben bieten sich auch Texte an, in denen geschichtliche Positionen als Argumente im öffentlichen Diskurs genutzt werden (Calließ 1997).

Die *Formen* des Schreibens sind fast so vielfältig wie im Deutschunterricht, denn sie schließen fiktionale wie nicht-fiktionale Texte ein, erzählende, beschreibende, analysierende und argumentierende Texte, Texte, die wissenschaftliche Vorgehensweisen nachahmen und solche, die der Lebenswelt entnommen sind (wie journalistische Formen, Briefe und Tagebücher). Spätestens in der Sekundarstufe II überwiegen wissenschaftsnahe Texte; die historische Facharbeit fordert sogar eigene Forschungen. Dennoch sollte stets die Vielfalt der Formen genutzt werden, damit eine dem Gegenstand angemessene Textsorte gewählt wird: Eine Reportage fängt den Erlebnischarakter von historischen Exkursionen ein. Eine neuhochdeutsche Quelle wird erschlossen, indem Schüler sie „übersetzen" oder frei wiedergeben (ZURWEHME 1996). Mit fiktiven Briefen oder Tagebucheinträgen wird das Leben niederer Schichten nachgezeichnet, von denen keine eigenen Schriftzeugnisse existieren. Das Erstellen von Kleiderordnungen für unsere Zeit (REICH 2001) verdeutlicht Differenzen und Parallelen von postmodernen und mittelalterlich-neuzeitlichen Gesellschaftsstrukturen. Während die detaillierte Arbeit an einer Quelle die Grenzen und Bedingungen historischen Erkennens aufzeigt, machen Großprojekte wie Ausstellungen und Geschichtszeitungen (STEELE 1998) historische Klassifizierungen (in verschiedene Lebensbereiche etwa) und Darstellungsparadigmen (wie Quer- und Längsschnitte) plausibel.

Schreiben kann in allen Phasen des Geschichtsunterrichts zum Einsatz kommen: bei der Annäherung an das Thema, bei der Erarbeitung, Sicherung und Zusammenfassung der historischen Erkenntnisse, bei Klassenarbeiten und Präsentationen inner- und außerhalb der Schule, bei der Reflexion von Lernprozessen. Für die historische Sinnbildung wichtig ist die Integration des gesamten Denk- und *Schreibprozess*es: von Randnotizen, Mindmaps oder Karteikarten über erste Textversuche bis hin zur überarbeiteten Endfassung. Die Textgenese vollzieht dabei die Einzelschritte des Forschers nach – wenn zum Beispiel nach Quellenstudium und Zwischenstufen (Fotobeschreibungen, Mini-Lebensläufe) fiktive Texte oder aus Exzerpten und Übungsarbeiten Lexikonartikel, Essays oder Erörterungen entstehen.

Wie der Geschichtsschreiber bezieht der jugendliche *Autor* in seinen historischen Texten Stellung. Zusammen mit dem Vermögen, seine eigene Positionierung zu reflektieren, sollte auch sein Mut zum eigenen Stil wachsen, der „Fähigkeit, das, was man meint, so zu sagen, dass man sich mit dem Formulierten identifizieren kann" (BLECKWENN 1990, 18; vgl. auch den Beitrag 2.1). Das Aneignen von Begriffen und Kollokationen der historischen Wissenschaftssprache ist nämlich nur eine Bedingung für historische Kompetenz; die andere ist der Wert, den geschichtliche Orientierung für das eigene Leben gewinnt.

Richtet sich Schreiben im Geschichtsunterricht nur an die Lehrkraft, wird der öffentliche Charakter von Geschichtsschreibung verfehlt. Gruppenarbeiten, Referate und Wandzeitungen haben die Klasse als *Adressat*, Internetprojekte und Veröffentlichungen in Schul- und Lokalzeitungen schaffen ein großes Publikum, vor dem die Darlegungen der Schüler Bestand haben müssen. Sein „Plädoyer für das Schreiben von Hypertexten" im Geschichtsunterricht begründet MICHAEL KLEIN aber auch mit der Tatsache, dass die Hypertextstruktur die Sach- bzw. Argumentationsstruktur abbildet, weil die von der Schülergruppe zu erstellenden Links historische Erschließungsmuster und Modellierungen repräsentieren, zum Beispiel „die Abstraktion vom historischen Einzelfall, das Verständnis einer Quelle auf der Grundlage einer anderen, das Spannungsverhältnis von Absicht und tatsächlicher Wirkung einer Maßnahme" (KLEIN 1998). [1]

---

1 KLEIN, MICHAEL (1998): Ein Plädoyer für das Schreiben von Hypertexten am Beispiel des Geschichtsunterrichts.
www.learn-line.nrw.de/angebote/neuemedien/medio/gl/bauern/bauernkrieg

Als besondere *Leistungen* des Schreibens im Geschichtsunterricht sind zu nennen:

1. die Darstellung und Problematisierung zeitlicher Zustände, Ereignisse und Entwicklungen (im Geografieunterricht stehen räumliche Bezüge im Mittelpunkt, im Fach Biologie werden Arten klassifiziert),
2. die Verarbeitung von Alteritätserfahrungen, die durch die Begegnung mit zeitlich und kulturell entfernten Individuen und Gemeinschaften entstehen und die Imaginierung des Fremden und seine Bewertung aus heutiger Sicht erfordern,
3. die Kombination von Bild und Text in Geschichts- und Wandzeitungen, auf Schulbuch- und Internetseiten, wobei statt naiver Illustration eine enge Verknüpfung von visuellen und literalen Aussagen anzustreben ist.

4.3.4 Ein Unterrichtsbeispiel: Reportagen über eine Museumsexkursion

Lernen vor Ort eröffnet gerade im Geschichtsunterricht immense Lernchancen. Das gilt jedoch nur, wenn die Lernenden den Tag aktiv mitgestalten und dokumentieren. Durch bloßes Zuhören oder Ausfüllen vorbereiteter Arbeitsblätter lernen sie wenig, weil ihnen trotz der Anschauung der persönliche Zugriff fehlt. Über ihren Aufenthalt im Dokumentationszentrum Reichsparteitagsgelände in Nürnberg sollte eine elfte Gymnasialklasse deshalb Reportagen schreiben. Die Teilnehmer sollten nicht den ganzen Studientag festhalten, sie konnten wie professionelle Reporter die *Themen* ihrer Arbeiten so wählen, dass diese ihre stärksten Eindrücke vom Besuch der 1300 Quadratmeter großen Dauerausstellung und dessen Nachbereitung im Studienforum widerspiegelten.

Inhaltliche Schwerpunkte der Schülerarbeiten bildeten die Ausstellung, das historische Lernen mit Hilfe von Audio-Guides und Gruppenarbeiten oder die spannende Architektur des Hauses.

Als *Form* bietet sich die Reportage an, denn sie verbindet Tatsachenorientierung mit eigenem Erleben. Keinen scheinbar objektiven Handbuchartikel, aber auch kein privates Tagebuch-Statement ist zu leisten, sondern ein allgemein verständlicher, fachlich korrekter Text, dessen Reiz in individuell versprachlichter, subjektiver Geschichtskonstruktion liegt. Diese entsteht gerade durch den *Schreibprozess*: Die Schüler machen sich im Museum Notizen, arbeiten diese zu Hause aus und erhalten durch ihre Mitschüler und die Lehrkraft Rückmeldungen für ihre Textüberarbeitungen. Der jugendliche *Autor* hat größere Freiheiten bei Themenauswahl, Darstellungsperspektive und Stil, er muss aber seinen *Adressaten* stets im Auge behalten: einen historisch interessierten Leser, der das Museum nicht kennen muss und die Exkursion nicht mitgemacht hat. Die besten Texte sollten dann in der Schülerzeitung, im Jahresbericht oder im Internet einer größeren Öffentlichkeit vorgestellt werden.

Die *Leistungen* eines solchen Unterrichtsprojekts umfassen nicht nur die fächerübergreifende Schreiberziehung (Vorarbeiten leistet der Deutschunterricht mit informierendem, expressivem und argumentierendem Schreiben), sondern vor allem die Verknüpfung von Geschichte mit der eigenen Lebenspraxis:

Ein ernüchterndes Gefühl. Die Schreie von Hitler und seinen Anhängern. Tausende Soldaten, die still stehen. Völlig meinungslos, völlig abhängig, völlig gehorsam. „Wollt ihr den totalen Krieg?" Wie aus einem Mund ertönt Jubelgeschrei. Auf der Leinwand sind sie zu beobachten, die vielen Soldaten, die unwissenden.

Gleichzeitig „marschiert" eine Einheit junger Bundeswehrler durch die kalten Backsteinmauern auf dem ehemaligen Parteitagsgelände. Ein seltsamer Anblick: auf der einen Seite die jungen Soldaten der Bundeswehr, auf der anderen die uniformierten Anhänger Hitlers, in die Gegenwart transportiert durch die modernen Bildschirme des gut ausgestatteten Dokumentationszentrums.

Automatisch kommen mir Fragen in den Sinn: Wie hoch ist die Wahrscheinlichkeit, dass uns ein zweiter Tyrann mit Seitenscheitel wieder in Versuchung bringt, die Macht über ganze Länder an uns zu reißen, die Grundrechte anderer zu verletzen und diese Menschen skrupellos zu töten, zu exekutieren, zu vergasen? Inwiefern unterscheiden wir uns eigentlich von den Deutschen damals? Treten wir die Rechte der Dritte-Welt-Länder nicht ebenso mit Füßen? Lassen wir sie nicht unsere materiellen Güter für einen Hungerlohn produzieren? ...

4.3.5 Ein Schreibcurriculum für das Fach Geschichte

Da die Reflexion von Schriftlichkeit als Chance für historisches Lernen noch am Anfang steht, seien einige *Desiderata* formuliert:

- In einem Schreibcurriculum ist eine Abfolge von Schreibkompetenzen und Schreibaufgaben festzulegen. Dabei ist zum einen auf die Ontogenese von Schreibfähigkeiten zu achten, zum anderen auf die Abstimmung mit anderen Fächern. Denn noch werden im Geschichtsunterricht zum Teil Schreibfertigkeiten vorausgesetzt, die im Deutschunterricht noch nicht geschult wurden. Ansätze für ein Schreibcurriculum haben die nordrhein-westfälische (NRW 2000, 19 ff.) und die hessische Kultusbehörde (HESSEN 2003) vorgelegt.
- Zu entwickeln sind Instrumente der Schreibförderung, vor allem geeignetes Übungsmaterial (vgl. zum Beispiel HEINZ 2002, 21; SCHNEUWLY 1995, 120 f.; Klippert 1994, 174). Auf den Methodenseiten der aktuellen Geschichtsbücher finden sich nach einer Explikation der Textsorte bzw. des Arbeitsvorhabens meist nur einige Anweisungen, die den Schreib- bzw. Arbeitsprozess gliedern. Abhilfe schaffen könnten lehrwerkbegleitende Arbeitshefte, die neben der Stoffsicherung auch dem Schreibtraining dienen, und jahrgangsübergreifende Methodenkompendien (BAUER u. a. 1998; SAUER 2000).
- Die Schreibleistung müsste über das bisherige Maß hinaus – wissenschaftsadäquate Begrifflichkeit, klare Textstruktur und Verständlichkeit – beurteilt und bewertet werden. Hierzu fehlen Kriterienraster und Bewertungsschlüssel.
- Geschichtslehrer, die selbst nicht gerne und gut schreiben, werden schriftliches Arbeiten auch nur ungenügend mit ihren Schülern üben. Deshalb sollte die Schreibausbildung im Geschichtsstudium reformiert werden. Neben den großen Formen Referat, Seminar- und Examensarbeit (NÜNNING/SAAL 1995) würden Geschichtsstudenten dann auch kürzere, innovative Texte verfassen wie Arbeitstagebücher, Ausstellungskataloge, Rezensionen, Essays oder Reportagen (SCHMALE 1999).

Weiterführende Literatur:

Bergmann, Klaus u.a. (Hrsg.) (1997): Handbuch der Geschichtsdidaktik (5. Auflage). Seelze-Velber: Kallmeyer.

MÜLLER, BERND (1986): Klassenarbeiten und Klausuren im Geschichtsunterricht. Anmerkungen zur Aufgabenstellung und Vorschläge für die Unterrichtspraxis. In: WILMS, EBERHARD (Hrsg.): Geschichte: Denk- und Arbeitsfach. Frankfurt a. M.: Hirschgraben, 113–131.

PRAXIS GESCHICHTE (1997), H. 2: Geschichte(n) schreiben im Unterricht.

SCHMALE, WOLFGANG (Hrsg.) (1999): Schreib-Guide Geschichte. Wien/Köln/Weimar: Böhlau.

SAUER, MICHAEL (2001): Geschichte unterrichten. Eine Einführung in Didaktik und Methodik. Seelze-Velber: Kallmeyer.

HELMUT HOLOUBEK

4.4 Schreiben nach Musik

4.4.1 Musik auf dem Sklavenschiff?

Schule ist, man muss es wohl als Tatsache hinnehmen, für viele Schüler eine eher unerfreuliche Erfahrung. Manche mögen bei der Lektüre von HEINES berühmter Ballade „Das Sklavenschiff" (1853/54) ihre eigene – häufig als trostlos empfundene – Schulsituation trefflich beschrieben wiederfinden: Wie die „spottwohlfeil am Senegalflusse" erworbene Ladung Neger finden sich die Schüler in eine Lernsituation gezwungen, die ihnen kaum Luft zum Atmen lässt. Der Lehrer sitzt wie der „Superkargo Mynher van Koek" vor der Klasse, die im Laufe der zwölf- bis dreizehnjährigen Schiffspassage zum Abitur immer kleiner wird. An bayerischen Gymnasien überlebt nicht einmal – wie bei HEINE – die Hälfte der Ladung, die meisten werden nach und nach den Haien des „wirklichen Lebens" überlassen. In der Ballade fragt der um seinen Profit besorgte Superkargo schließlich seinen „Schiffschirurgius", den Doktor van der Smissen, was die Gründe für die hohe Sterblichkeit der Sklaven sei. Dieser konstatiert, dass neben der selbstverschuldeten schlechten Luft im Schiffsrumpf vor allem die Melancholie der Sklaven für die vielen Ausfälle verantwortlich sei: „Auch starben viele durch Melancholie, dieweil sie sich tödlich langweilen." (Manch Schüler würde auch dieser Diagnose von Herzen zustimmen.) Doch als erfahrener Schiffsarzt weiß van der Smissen Rat: „Durch etwas Luft, Musik und Tanz / läßt sich die Krankheit heilen." Van Koek ist von dieser Kur begeistert:

Musik! Musik! Die Schwarzen solln
Hier auf dem Verdecke tanzen.
Und wer sich beim Hopsen nicht amüsiert,
Den soll die Peitsche kuranzen (HEINE 1972, Bd. 2, 201 ff.).

So raten denn auch die schulischen „Schiffschirurgen" – das sind in diesem Zusammenhang, es versteht sich von selbst, die Didaktiker – inzwischen in vielen Publikationen zum Einsatz von Musik beim schulischen Schreiben. Manch ein Lehrender lässt sich gerne auf diese Kur ein, sieht sich dann jedoch vor Probleme gestellt, die so nicht vorgesehen waren: Wie soll man denn nun genau vorgehen? Was soll er mit Schülern machen, die zum Beispiel mit absolutem Unverständnis auf einen Arbeitsauftrag reagieren wie: „Ich spiele jetzt mal ein Musikstück ein, und ihr verfasst einen Text dazu…"? Da entstehen zum Teil verwirrende Texte. Wie soll man mit diesen umgehen? Kann oder soll man sie werten? Und wenn ja: Wie? In welchem Zusammenhang stehen die Texte zum eingespielten Musikstück? Und wie soll man mit pejorativen Schüleräußerungen zu der Musik umgehen, die einen – man hat das Stück ja bewusst ausgewählt – zu Hause selbst so ergriffen hat? („Hören Sie *so* eine Musik etwa auch privat?!") Sollte man da nicht vielleicht doch mal mit der Peitsche…?

Nein, Musik ist nicht das Zaubermittel, mit dem man strukturelle Probleme von Schule und Unterricht lösen könnte. Aber gerade im Zusammenhang mit schulischem Schreiben bietet Musik eine Reihe von fruchtbaren Möglichkeiten, von deren Kenntnis sowohl der Deutschlehrer als auch der Musiklehrer profitieren kann. Wenn im weiteren Verlauf vom Einsatz von Musik im Deutschunterricht die Rede sein wird, so allerdings nicht (primär) deshalb, weil man den Schülern Abwechslung und Amüsement bieten oder weil man über die „Magie der Musik" zum Beispiel erstaunliche Schülertexte „hervorzaubern" kann. Auch mit Musik bleibt das Erstellen von Texten „Arbeit", und zwar für alle Beteiligten: für die Lernenden, weil sie an ihren Texten nach wie vor werden feilen müssen, und für die Lehrenden, weil sie sich damit werden vertraut machen müssen, was denn nun genau passiert auf dem Wege zwischen „musikalischem Input" und „sprachlichem Output" (sprich Text). Nur ein Wissen um die bei einer solcherart initiierten Textproduktion ablaufenden Prozesse ermöglicht didaktisch verantwortbares Handeln und macht den Einsatz von Musik bei der Textproduktion zu mehr als einem methodischen Glücksspiel mit überraschendem Ergebnis.

4.4.2 Deutschunterricht und Musik – Verknüpfungen

Schreiben nach Musik ist nicht bloß eine methodische Variante des Deutschunterrichts. Sprache ist und bleibt einerseits das primäre Medium im Musikunterricht, mit dem man sich Musik nähert. Andererseits liegt Musik dem Deutschunterricht nah. Dies liegt nicht zuletzt an den zahlreichen „Familienähnlichkeiten" zwischen Sprache und Musik. Beide sind Phänomene, die stets gleichzeitig in allen menschlichen Kulturen – und nur dort – zu beobachten sind. Wir erlernen beides „durch bloßes Zuhören". Mit Sprache und mit Musik umgehen zu können, scheint in mehr oder minder starker Ausprägung zu den natürlichen und angeborenen Fähigkeiten des Menschen zu gehören. Musik und Sprache sind primär akustische Medien, die beide jedoch auch schriftlich fixiert, gelesen und „verstanden" werden können. Mit beiden Medien kann man auch höchst unterschiedliche Dinge tun: trösten; beruhigen oder aufstacheln; Botschaften übermitteln (man denke zum Beispiel an die Hornsignale bei der Jagd) etc.

Bei genauerem Hinsehen erweist es sich als schwierig, das eine vom anderen abzugrenzen. Die Grenzen zwischen dem, was wir eindeutig als Sprache, und dem, was wir eindeutig als Musik zu benennen gewohnt sind, sind nahtlos und fließend. Haben wir es beim Sprechgesang des Rap überhaupt noch mit Musik zu tun? Sind Intonation und Modulation der gesprochenen Sprache nicht primär musikalische Elemente? Wo hört Sprache auf und wo fängt Musik an?

Mitunter stößt man auf Gleichsetzungen. Musik wird zum Beispiel häufig als die einzige universelle Sprache angesehen. Über Sprachgrenzen hinweg könne man sich mit ihr, so heißt es, „verständigen". Ist dies nun eine Metapher? Es scheint mehr zu sein. Seit Jahrhunderten haben Wissenschaftler immer wieder versucht, den Sprachcharakter der Musik nachzuweisen. Der Reiz, solches zu tun, ist in der Tat groß.

Die Frage, ob und inwiefern Musik eine Sprache sei, wird allerdings durch eine Vielzahl von Aspekten verkompliziert. Der Sprachcharakter der Musik ist wohl nicht zuletzt darauf zurückzuführen, dass beide Medien nach dem Prinzip generativer Hierarchien funktionieren, die es ermöglichen, aus einem beschränkten Vorrat an Material theoretisch unendlich viele und immer neue komplexe Gebilde entstehen zu lassen. Daher hat es auch nicht an mehr oder weniger erfolgreichen Versuchen gefehlt, musikalische Strukturen und das der Sprache zugrunde liegende Regelwerk, die Grammatik, miteinander zu vergleichen. „Phrase", „Thema", „Satz" – es ist mehr als semantischer Zusammenfall, dass diese und andere Begriffe sowohl in sprachlichen als auch in musikalischen Zusammenhängen Verwendung finden. Man spricht von „musikalischem Verstehen" oder von „musikalischer Bedeutung", was zu heftigen musikwissenschaftlichen Diskussionen und philosophischen Debatten geführt hat und Ausgangspunkt für viele Missverständnisse war.

Viele Musikwissenschaftler bestreiten, dass Musik etwas anderes als sich selbst mitzuteilen vermag. Gleichwohl gab und gibt es den erklärten Willen von Komponisten, mit ihren Kompositionen außermusikalische Inhalte auszudrücken. Davon zeugen nicht zuletzt die großen Werke der Programmmusik des 19. Jahrhunderts. Und Musik bietet eine ganze Reihe von Möglichkeiten, die Komponisten hierfür nutzen können und genutzt haben:

Musik kann zum Beispiel räumliche Gegebenheiten nachahmen und „räumlich wahrgenommen" werden. Dafür werden gelegentlich übergeordnete, intersensorische bzw. intermodale Anschauungskategorien verantwortlich gemacht, die vor den spezifischen Erfahrungen der Einzelsinne zu denken wären. Solche Anschauungskategorien könnten erklären, warum beispielsweise die Begriffe „hoch" und „tief" für die Beschreibung sowohl räumlicher als auch musikalischer Gegebenheiten eingesetzt werden können – und das nicht nur im Deutschen. Weiterhin ist eine Melodie immer die zeitliche Abfolge von Tönen, wodurch – wie bei einer Erzählung – der Eindruck von Dynamik und Entwicklung in einem Musikstück erzeugt werden kann. Musik kann dadurch und durch die ihr zur Verfügung stehenden Parameter wie Tempo, Lautstärke und Tonhöhe Bewegung nachahmen. Eine anfahrende Lokomotive ist als solche eindeutig vom Hörer zu identifizieren. Die Bewegung eines vom Wind davongewehten Blattes kann musikalisch beschrieben werden. Mag auch das, was da davongeweht wird, ohne Kenntnis des Titels der Komposition nicht eindeutig festlegbar sein – das Blatt könnte auch ein Hut sein –, eine semantische Einengung ist musikalisch gleichwohl gegeben: Für die Darstellung der Bewegung eines schweren Gegenstandes etwa würde der Komponist andere Mittel einsetzen als für einen leichten, für einen kleinen Gegenstand andere als für einen großen. Musik öffnet gleichsam semantische Räume, ohne sich im Detail festzulegen – und gibt dadurch Platz für Interpretation.

Häufig wird gerade an diesem Mangel an semantischer Eindeutigkeit die Begründung dafür festgemacht, dass Musik eben doch keine Sprache sei; mit dem Wort „Giraffe" werde eindeutig Bezug genommen auf ein Tier mit langem Hals, das man im Zoo besichtigen kann. Eine dem Wort „Giraffe" entsprechende Einheit mit Verweisungscharakter gebe es in der Musik nicht. Dem mag so sein. Andererseits erscheint dies vielen nicht als Mangel, sondern gerade als Stärke der musikalischen Botschaften: Sprache sei gerade durch die Eindeutigkeit ihrer Worte viel zu beschränkt, um wichtige Gedanken (?) ausdrücken zu können. Und wer hätte die Erfahrung noch nicht gemacht, dass die Ausdrucksmöglichkeiten der Sprache recht beschränkt sind, wenn die Rede auf bestimmte Bereiche (nicht nur der emotionalen Ebene) kommt. Moderne Lyrik gibt sich gerne vorsätzlich uneindeutig und dunkel, versucht die Illusion der sprachlichen Eindeutigkeit, in der wir uns im Alltag so sicher wähnen, bewusst zu verwischen. Musik wäre insofern also für bestimmte Zwecke sogar eine der Sprache überlegene Ausdrucksform …

Natürlich birgt die Rede von Musik als Sprache auch Implikationen, die erhebliche Probleme aufwerfen. Von ihnen soll später noch die Rede sein. Grundsätzlich gilt gleichwohl, dass eine Ausnutzung der „Familienähnlichkeiten" zwischen Sprache und Musik für den Deutschunterricht höchst befruchtend sein kann.

Nur einige Andeutungen – oder auch Anregungen – sollen und müssen im gegebenen Rahmen genügen, um eine Vorstellung von der Weite des hier behandelten Feldes zu geben:

Ohnehin findet „Musikalisches" oft wie selbstverständlich den Weg in den Deutschunterricht: Lyrik (ursprünglich „das zur Lyra Vorgetragene") wird – zumindest in seiner traditionellen Form – erst durch musikalische Parameter zu dem, was es ist, nämlich durch Metrum (Takt), Rhythmus und bestimmte Klangqualitäten (Reim, Alliterationen, „tiefe" und „hohe" Vokalqualitäten …). Was Schülern an poetischen Texten „gekünstelt" erscheint, das nehmen sie in Popsongs als „natürliche Gegebenheit" hin. Warum sollte man davon nicht profitieren, wenn lyrische Texte zur Betrachtung anstehen? In zahllosen Varianten bieten sich auch andere Wort-Ton-Verbindungen als Betrachtungsgegenstände und/oder Handlungsanstöße für den Deutschunterricht an: Was passiert mit einem lyrischen Text, wenn er so (oder anders) vertont wird? Was ändert sich genau? Was kommt hinzu? Warum passiert das? Welche Musik würde man zu einem bestimmten lyrischen Text auswählen? Und warum? Mit welcher Wirkungsabsicht wird bei einer bestimmten Werbung mit gerade dieser Musik gearbeitet? Und welche Musik wählen wir aus, um unsere Hörspiel- oder Theaterproduktion noch eindringlicher zu gestalten?

Schier unübersehbar ist weiterhin die Zahl der Autoren, die sich neben ihrem literarischen Schaffen auch musikalisch betätigten und/oder ihre musikalischen Interessen literarisch nutzbar zu machen suchten. Unter Titeln wie „Musik-Erzählungen" oder „Musikalische Novellen" (vgl. STAIGER 1995) sind solche Texte in Sammlungen leicht zugänglich, und die Menge der darin enthaltenen Autoren belegt das immer wiederkehrende Interesse der Literatur an „Musikalischem". Eine Thematisierung der „musikalischen Aspekte" derartiger Texte kann nicht nur den Zugang zu musikoliterarischen Texten erleichtern, sondern auch Anregungen für die eigene Textproduktion geben.

Textproduktion im Zusammenhang mit Musik ist inzwischen eine durchaus gängige und vielfältig dokumentierte Praxis im Schreibunterricht. Kaum ausgenützt wird jedoch die enorme Bandbreite der sich anbietenden Möglichkeiten. Sie reicht vom rein deskriptiven Beschreiben musikalischer Strukturen über die Protokollierung von Gefühlsreaktionen bis zum „Nacherzählen" programmusikalischer Handlungen, vom Verfassen von Musikkritiken über das sprachliche Nachahmen musikalischer Effekte bis zum assoziativen Schreiben. Jeder dieser Schreibimpulse impliziert eigene Möglichkeiten – und Schwierigkeiten, die es zu reflektieren gilt.

4.4.3 Musik als Schreibimpuls – ein Beispiel

Ein Beispiel aus der schulischen Praxis soll die bisherigen Ausführungen zumindest punktuell konkretisieren und Ausgangspunkt für weiterführende Überlegungen sein.

Zum Verfahren: Einer Gruppe von ungarischen Schülern und Schülerinnen, deren Muttersprache nicht Deutsch ist, die jedoch über sehr gute Deutschkenntnisse verfügen, wurde die für sie zunächst überraschende Mitteilung gemacht, dass sie Texte nach einem Musikstück verfassen sollten. Die Schüler erhielten keinerlei weitergehende Informationen, weder über den Komponisten noch über das Werk oder den Hintergrund der Entstehung der Komposition. Als Hilfestellung wurden die Schüler lediglich aufgefordert, beim erstmaligen Hören der Musik ein *Wort-Cluster* anzulegen, das ihnen als Arbeitsgrundlage für das Verfassen der Texte von Nutzen sein könnte. Um Startschwierigkeiten zu überwinden, wurde weiterhin die Möglichkeit genannt, sich die Musik als Filmmusik zu denken und Handlungen und Bilder, die zu dieser Musik passen könnten, sprachlich festzuhalten. Auf diese Weise entstand zum Beispiel folgender Schülertext:

Ein Mörder geht ins Haus. Im Haus ist es dunkel, alle Menschen, die dort leben, schlafen schon. Der Mörder geht in den ersten Stock. Dort sind vier Zimmer. Die Tür eines Zimmers ist geöffnet. Dort schläft der Chef einer großen Firma. Der Mörder geht in das Zimmer hinein und schneidet dem Chef die Kehle durch. Aber vor seinem Tod wacht der Chef auf und schreit laut. Dadurch weckt er den Hausmeister auf, der in das Zimmer läuft. Er sieht den Mörder. Der Mörder flüchtet durch das Fenster.

Der Hausmeister läuft zum Telefon und ruft die Polizei. Sie ist nach fünf Minuten da. Aber der Mörder ist schon weg. Er läuft schon auf einer Straße weit weg von dem Haus, aber er wird sehr müde. Es ist Winter und Abend. Das Wetter ist sehr kalt und die Straßen sind mit Schnee bedeckt. Der Mörder hat einen langen Mantel an, in dem er nicht so gut laufen kann, und er wird schnell müde. Die Polizei kann ihn durch seine Fußabdrücke im Schnee finden. Er versucht noch immer zu flüchten, doch die Polizei kann ihn festnehmen. Er wird verhaftet.

Welche Musik lag diesem Text zugrunde? Es handelte sich um eine rein instrumentale Passage aus der Komposition „Il canto sospeso" (deutsch in etwa „unterbrochener/schwebender Gesang"), die der italienische Komponist Luigi Nono im Jahre 1956 beendete. Das Werk beruht auf einer Sammlung mit Abschiedsbriefen von zum Tode verurteilten Widerstandskämpfern, die zwei Jahre zuvor auf italienisch erschienen waren und die Nono mit seiner Komposition zu einem Kunstwerk erhob. „Il canto sospeso" ist ein recht typisches Werk der klassischen Moderne, wobei die Briefe nicht im herkömmlichen Sinne „vertont" sind. Sie liefern – zerlegt in Silben und Wortfetzen – allenfalls Ton- und Klangmaterial für Chorpassagen. Einen verständlichen Text enthält die Komposition nicht. Vielmehr wurde die Botschaft der Briefe vollkommen in die ästhetische Ausdrucksform Musik transformiert.

Einige Beispiele für die zugrunde liegenden Briefe seien zitiert:[1]

Brief-Beispiel 1:

Im September 1942 wurden diejenigen der 10 000 Einwohner von Kowel in Wolhynien, die noch nicht getötet worden waren, in die Synagoge eingesperrt. Gruppenweise wurden die Gefangenen rausgelassen und erschossen. Eine Frau überlebt, sie wurde wahnsinnig. In den Trümmern der Synagoge fand man Botschaften in jiddischer Sprache.

Die Tore öffnen sich. Da sind unsere Mörder. Schwarzgekleidet. An ihren schmutzigen Händen tragen sie weiße Handschuhe. Paarweise jagen sie uns aus der Synagoge. Liebe Schwestern und Brüder, wie schwer ist es, vom schönen Leben Abschied zu nehmen. Die Ihr am Leben bleibt, vergeßt nie unsere kleine jüdische Straße. Schwestern und Brüder, rächt uns an unseren Mördern.

Esther Srul, ermordet am 15. September 1942

Brief-Beispiel 2:

Anton Popov. 26 Jahre – Lehrer und Journalist. Stammt aus einer Familie politisch Verfolgter, veröffentlichte Erzählungen und Gedichte. Er wurde am 23. Juli 1943 in Sofia füsiliert.

Liebe Mama, lieber Bruder, liebe Schwester,

Ich sterbe für eine Welt, die mit so starkem Licht, solcher Schönheit strahlen wird, daß mein eigenes Opfer nichts ist. Tröstet Euch im Gedanken, daß für sie Millionen von Menschen in Tausenden von Kämpfen auf den Barrikaden und an den Kriegsfronten gestorben sind. Tröstet Euch im Gedanken, daß unsere Ideen siegen werden.

Anton

1 Die Briefe sind entnommen der deutschen Ausgabe „Lettere di condannati a morte della Resistenza Europea" – Letzte Briefe zum Tode Verurteilter aus dem europäischen Widerstand. Mit einem Vorwort von Thomas Mann. Zürich: Steinberg 1955.

Vergleichen wir auch diesen Brief mit einem weiteren Schülertext:

Die Bürger sind mit dem Regierungssystem nicht zufrieden, sie wollen es abschaffen. Es ist Winter, es schneit und natürlich ist es kalt. Die Bürger wollen für die Freiheit kämpfen. Sie organisieren Gesellschaften, weil sie wissen, dass sie den König nur so besiegen können. Der Krieg beginnt.
Die Soldaten im Heer des Königs haben Pferde und gute Waffen. Die Bürger haben keine richtigen Waffen. Aber sie haben Mut, sie wissen, dass sie für ihre Freiheit kämpfen. Im Krieg sterben sehr viele Menschen, die Häuser brennen ab. Es ist schon dunkel und wir hören nichts. Das Heer des Königs hat die Bürger besiegt. Gestorbene Bürger liegen unter den Ruinen ihrer Häuser. Der König steht auf seinem Thron und lacht. „Niemand kann mich besiegen" – denkt er. Während der König in seinem Zimmer sitzt, kommen die Kinder und ihre Mütter in die Stadt zurück. Sie sehen, dass ihre Verwandten gestorben sind. Bluttropfen sind im Schnee, gestorbene Männer liegen nebeneinander. Die Kinder verstehen nichts, die Frauen wissen, dass ihre Männer gestorben sind. Niemand kann ihnen helfen. Sie sind alleine.

Weitere Beispiele könnten angeführt werden.[2] Die Übereinstimmungen, teilweise bis in den Wortlaut hinein, sind verblüffend. Mögen die jeweiligen Schülerarbeiten sich auch im Detail unterscheiden: Der semantische Raum scheint recht eng abgegrenzt zu sein. In keinem Text geht es um einen Sommertag oder um eine Blumenwiese. Immer wieder kreisen die Texte um Krieg, Mord und Tod. Häufig findet sich auch das Bild von Schiffen in Seenot, von Menschen, die sich unverschuldet und unbegründbar in aussichtslosen Situationen wiederfinden. Hat hier ein Kommunikationsprozess stattgefunden? Dies wäre allerdings ein erstaunliches Beispiel für die Leistungsfähigkeit ästhetischer Bedeutungsübermittlung über Zeit-, Sprach- und Kulturgrenzen hinweg: 50 Jahre, nachdem ein italienischer Komponist sprachliche Dokumente in Musik „übersetzt" hat, gelingt ungarischen Schülern eine Rückübersetzung des „ursprünglich Gemeinten" in die deutsche Sprache.

Umberto Eco scheint Ähnliches im Sinn gehabt zu haben. In einer Rede zur Vorführung der Videoproduktion „Luigi Nono – Il canto sospeso" funktionalisierte er die Botschaft der ästhetischen Gestaltung folgendermaßen:

Die jungen Leute erleben es täglich, wie mit dem Fernseher, dem PC-Programm bearbeitete Realität erzeugt werden kann. So erscheint die Geschichte, die viele von uns erinnern, sie erlebt zu haben, für Jugendliche wie eine Hollywood-Legende, in der General Custer, Buffalo Bill, Indiana Jones, Hitler und Mussolini sich vermischen.
Was ist wahr: Auschwitz oder die Stadt von Bladerunner?
Wo uns die Geschichte nicht mehr zu überzeugen vermag und sich mit der Legende vermischt, kann uns die Kunst wieder die Wahrheit sagen.[3]

Hat die eingespielte Komposition von Nono den Schülern also „die Wahrheit" über Auschwitz gesagt?

---

2 Weitere Schülerarbeiten und Links zu den Briefen sind abrufbar in der Projektbeschreibung auf der Web-Seite www.dasan.de/UDBZ/aktiv/Projekte/akt-proj-home.htm (Stichwort Nono 01)
3 Rede von Umberto Eco am 26. März 1997 in der Bonner Kunsthalle.

4.4.4 Rückfragen an die Musikwissenschaft

Setzen wir noch einmal bei den Komponisten an. LUIGI NONO wollte mit seinem Werk ausdrücklich außermusikalische Inhalte übermitteln. Natürlich gab und gibt es aber auch Komponisten, die es weit von sich weisen würden, wenn man ihnen unterstellte, sie wollten außermusikalische Inhalte vermitteln. Diesem erklärten Nicht-Wollen des Komponisten steht nun aber der Hörer gegenüber, der oft gar nicht anders *kann*, als die Intention des Komponisten zu unterlaufen und einer Komposition Inhalte zuzuschreiben, die diese vielleicht ursprünglich gar nicht hatte. Es gibt eine Reihe von berühmten Beispielen, die zeigen, dass solche „Missverständnisse" nicht nur musikalischen Laien unterlaufen. Wie ein Mensch Musik hört und wie er sie „versteht", hängt nämlich entscheidend von einer ganzen Reihe von Faktoren ab, die nicht im Bereich des Komponisten liegen. Man ist manchmal fast dazu geneigt zu sagen, es sei der Hörer, der die Musik erst „macht". Denn was und wie zwei Hörer das gleiche Stück hören, kann so unterschiedlich sein, dass man kaum noch glauben möchte, dass beide mit der gleichen Komposition in Berührung gekommen sind.

Was wir hören, ist zunächst stark abhängig von der Zeit und dem kulturellen Hintergrund, in dem wir leben. Ein Zeitgenosse BACHS hat eine Fuge sicherlich anders gehört als wir, die wir uns das gewünschte Musikstück per Knopfdruck jederzeit und in perfekter Qualität präsent machen können. Schon insofern hat Musik für uns eine ganz andere „Bedeutung".

Auch der situative Kontext, in dem wir Musik hören, spielt eine entscheidende Rolle. Als Zuhörer in einem Konzertsaal erleben wir Musik anders, als wenn uns die gleiche Musik zu Testzwecken über Kopfhörer in einem Labor eingespielt wird. An vielen Plätzen (in Supermärkten, in Restaurants, in Aufzügen …) sind wir dazu verdammt, Musik als Teil des Umgebungsdesigns zu hören. Musik kann in vielerlei Weise funktional eingesetzt werden, und man hört immer wieder von verblüffenden Wirkungen: Mit Musik kann man die Kauflust steigern, aber auch randalierende Jugendliche fernhalten; mit Musik kann man meditative Zustände hervorrufen, aber auch Aggressionen auslösen. Hinzu kommen unsere Hörgewohnheiten. Der eine fühlt sich beim Arbeiten durch Musik angeregt, der andere fühlt sich durch die gleiche Musik gestört. Der eine hört Musik analytisch, der andere benutzt Musik als Auslöser von Assoziationen und Bildern, ein weiterer setzt musikalische Energie motorisch in Tanz um. Es hat nicht an mehr oder weniger erfolgreichen Versuchen gefehlt, aus solchen unterschiedlichen Hörgewohnheiten Hörertypologien zu erstellen (vgl. zum Beispiel BEHNE 1986).

Beeinflusst wird unser Hören auch durch unsere musikalischen Präferenzen. Was dem einen als vollendetes Meisterwerk erscheint, das nimmt ein anderer als unerträglichen Krach wahr. Geschmackssache? Der Musikgeschmack und damit die Bereitschaft, sich auf bestimmte Musik überhaupt einzulassen, entwickelt sich bei den meisten Menschen in der Jugend und ist für den Rest des Lebens erstaunlich konstant. Dabei spielt die Qualität der Musik oft eine eher untergeordnete Rolle. Jede Musikrichtung hat vielmehr einen bestimmten Symbolcharakter, der den einen Hörer „anspricht", den anderen eben nicht. Die Vorliebe für klassische Musik kann auch als Teil des persönlichen Lebensstils gedeutet werden, ebenso wie Punk-Musik in erster Linie der Identifikation mit einer Gruppe und einem Set von Wertvorstellungen und Lebenseinstellungen dienen kann und bei der Bildung von *Peergroups* von entscheidender Bedeutung ist. Musikalische Präferenzen werden so oft als tiefgründende, gar als persönlichkeitsstiftende Merkmale empfunden. Mit der persönlichen Präferenz gehen auch die mitunter heftigen musikalischen Abneigungen einher: Viele Liebhaber klassischer Musik blicken abschätzig herab auf den, der Jazz bevorzugt; und mit Vehemenz lehnt der eine Pop-Liebhaber die Musik eines anderen Pop-Liebhabers ab, der eine andere Pop-Gruppe bevorzugt.

Wie und was wir hören, hängt aber auch ganz entscheidend davon ab, wie und was wir zu hören gelernt haben. Unsere musikalischen Erfahrungen entscheiden zum Beispiel darüber, ob wir ein Stück reizvoll und interessant finden. Das hängt mit unseren Antizipationen, mit dem Erfüllen und Nichterfüllen von Erwartungshaltungen zusammen. Wird eine Melodie immer genau so weitergeführt, wie wir das erwarten bzw. wie wir das von anderen Melodien kennen, dann erscheint uns eine Melodie als reizlos, ebenso wie uns ein Buch als trivial erscheinen würde, dessen Verlauf oder sprachliche Wendungen wir schon nach wenigen Seiten voraussagen können. Ist uns eine Musik hingegen so fremd, dass wir überhaupt keine Erwartungen mehr aufbauen können, so verlieren wir an ihr ebenso schnell das Interesse wie an einem Text, der in einer uns fremden Sprache geschrieben ist. Interessant erscheint uns eine Musik dann, wenn unsere Erwartungshaltungen im für uns richtigen Maße gleichermaßen erfüllt und mit überraschenden Wendungen gestört werden.

Geprägt wird unser Hören auch durch die musikalische Vorbildung. Grob gesagt: Musiker hören anders. Aufgrund ihrer musikalischen Ausbildung und Erfahrung tendieren sie dazu, eher bestimmte Harmoniefolgen oder rhythmische Muster zu erkennen, wo ein Nichtmusiker vielleicht hört, wie ein Tiger durchs Unterholz schleicht. Es scheint in der Natur des Menschen zu liegen, seine Wahrnehmungen *verstehen* zu wollen. *Verstehen* bedeutet aber letztlich nichts anderes, als die Erfahrungen, die wir machen, mit bestimmten Verstehensmustern zu erfassen. Dabei müssen wir stets auf die Muster zurückgreifen, die uns zur Verfügung stehen. Wer wollte es dem musikalisch ungebildeten Hörer verbieten oder es ihm auch nur verübeln, dass er – in Ermangelung musikalischer Muster – auf Muster zurückgreift, die ihm geläufig sind?

Dass Musiker anders hören als musikalische Laien, ist inzwischen sogar anhand von Gehirntomografien nachweisbar. In didaktischen Publikationen wird häufig die Ansicht vertreten, Musik eigne sich deshalb als Schreibanlass, weil über Musik ein Ausgleich der Gehirnhemisphären herstellbar sei: Insbesondere schulisches Schreiben sei zu sehr links-hemisphärisch orientiert, sei zu kontrolliert und rational; mit Musik spreche man hingegen die rechte Gehirnhemisphäre an, die eher für Gefühle zuständig sei. Durch musikalische Impulse könne man daher ein eher assoziatives Schreiben anregen. Ganz so einfach ist es jedoch nicht. Es ist wohl eher davon auszugehen, dass sowohl Sprache als auch Musik immer beide Gehirnhemisphären in Anspruch nehmen – wenn auch in individuell jeweils unterschiedlicher Ausprägung. Musiker tendieren dazu, bestimmte Musik eher linkshemisphärisch zu verarbeiten; sie hören analytisch. Bestimmte Typen von Nichtmusikern scheinen Musik eher rechtshemisphärisch zu verarbeiten; sie könnte man als emotionale Hörer bezeichnen. Innerhalb eines gewissen Rahmens lassen sich mit einem entsprechenden Hörauftrag (zum Beispiel: „Zu welchen Bildern würden Sie diese Musik auswählen?", „Wie viele Instrumente lassen sich unterscheiden?", „Wie oft wird das Leitmotiv wiederholt?" etc.) die Hörweisen gleichwohl zumindest ansatzweise steuern.

4.4.5 Kommunikation oder Sinnkonstruktion?

Zurück zum oben beschriebenen Schreibversuch. Nach den nun angestellten Überlegungen erscheint es als zu vereinfacht anzunehmen, dass bei der Schülergruppe ein „musikalischer Kommunikations- und Verstehensprozess" stattgefunden hat. Vielmehr ist eine Reihe von Faktoren für die inhaltliche Beschaffenheit der Texte auszumachen. Dazu gehört zunächst, dass die Schüler mit der Art von Musik, die ihnen präsentiert wurde, nach eigenen Angaben gänzlich unvertraut waren. Noch keiner hatte sich theoretisch oder praktisch jemals mit den Prinzipien der seriellen Musik oder den Kompositionstechniken der Zwölftonmusik auseinander gesetzt. Keiner gab an, „so eine Musik" freiwillig hören zu wollen. Musikalische Verstehensmuster standen ihnen folglich nicht zur Verfügung. Die Musik hatte auch insofern kaum Reiz für sie, weil sie beim Hören keine entsprechenden Antizipationen aufbauen konnten. Die Fremdheit des Gehörten dürfte – zusammen mit der Ungewohntheit der Schreibsituation – eher ein diffuses Gefühl der Ablehnung, vielleicht sogar der Bedrohung bei den Schülerinnen und Schülern hervorgerufen haben.
Weiterhin zu berücksichtigen ist die Hilfestellung, die für das Schreiben gegeben wurde: „Denken Sie sich die eingespielte Musik als Filmmusik!" Es hätte allen Medienerfahrungen der Schüler widersprochen, sich zu dieser Musik eine friedliche und idyllische Szene vorzustellen; Tatsache ist, dass die Zwölftonmusik nur dort Massenwirkung entfalten konnte, wo sie es sicherlich überhaupt nicht wollte: als Funktionsmusik bei Horrorfilmen.
Eine weitere semantische Steuerung erfolgte aber wohl durch die Beschaffenheit des Tonmaterials selbst. Das Neben- und Gegeneinander von sehr hohen mit sehr tiefen (Instrumental-)Stimmen, die Abwechslung zwischen leisen und – mitunter abrupt einsetzenden – extrem lauten Passagen, die Dynamik in der Gestaltung des Tempos – all diese Elemente gaben Stimmungen, Entwicklungen und semantische Räume vor, die sprachlich dingfest zu machen waren. Dass sie tatsächlich dingfest gemacht wurden – lag das an der kommunikativen Absicht LUIGI NONOS, etwas mitzuteilen, oder am Willen der Schüler, etwas für sie musikalisch Unverständliches sprachlich verständlich zu machen? Diese Frage ist nicht nur schwer zu beantworten, sondern – zum Glück! – aus deutschdidaktischer Sicht letztlich wohl irrelevant.
Die Kriterien zur Beurteilung solcherart entstandener Texte werden stets aufs Neue zu reflektieren sein, im Idealfall zusammen mit den Schülern. In manchen

Fällen und bei entsprechendem Hör- und Schreibauftrag mag die strukturelle Nähe zum eingespielten Musikimpuls ein Evaluationskriterium bieten. Wenn – wie im hier beschriebenen Projekt – jedoch assoziatives Hören angepeilt wird, dann scheint mir eine Beschränkung auf rein textinterne Kriterien angebrachter zu sein. Dieses sollte den Schülern – spätestens vor der nötigen Überarbeitung der Texte – bewusst gemacht werden.

4.4.6 Fazit

Schreiben nach Musik „funktioniert".

Es funktioniert, weil Sprache und Musik Parallelen aufweisen und es eine lange europäische Tradition ist, Musik wie Sprache „zu verstehen". Es funktioniert, weil assoziatives Hören – man mag es begrüßen oder bedauern – weithin verbreitet ist. Es funktioniert, weil die neurophysiologische Verarbeitung von Musik Parallelen aufweist mit der neurophysiologischen Verarbeitung von Sprache und insofern musikalische Aktivitäten (und dazu sei hier auch das konzentrierte Hören von Musik gerechnet) sprachliche Aktivitäten vorbereiten können. Es funktioniert *besser* als anderes schulisches Schreiben, weil die Schreibsituation, der vorgegebene semantische Raum offener ist. Es funktioniert aus dem gleichen Grund aber auch *anders* als das sonstige schulische Schreiben, denn auch das Ergebnis ist offener.

Mehr als bei vergleichbaren Schreibanregungen muss man sich darauf einstellen, dass die Bandbreite der zu erwartenden Texte größer ist. Man hüte sich vor allem davor, die eigenen Hörerlebnisse auf andere übertragen zu wollen. Assoziatives Hören lässt sich nicht erzwingen, ist aus musikpädagogischer Sicht nicht einmal unbedingt wünschenswert. Man muss – mitunter gerade den musikalischen Schülern – Auswege offen halten, die zu ganz anderen Arten von Texten führen: Ein Musikstück kann auch analysiert, beschrieben, rezensiert oder in einen Funktionszusammenhang gestellt werden („Würden Sie diese Musik zu therapeutischen Zwecken einsetzen? Warum [nicht]?"). Natürlich kann auch die Schreibblockade thematisiert werden.

Begehen wir also nicht den Fehler von HEINES „Superkargo Mynher van Koek": Es ist sinnlos, Schüler, die durch die eingespielte Musik nicht zum assoziativen Schreiben angeregt werden, mit der Peitsche zu „kuranzen". Und es ist erfahrungsgemäß auch völlig unnötig. Denn die bisherige Unterrichtserfahrung quer durch alle Altersstufen zeigt: Schreiben nach Musik macht Spaß!

Weiterführende Literatur

BEHNE, KLAUS ERNST (1986): Hörertypologien. Zur Psychologie des jugendlichen Musikgeschmacks. Regensburg: Gustav Bosse.

BRANDSTÄTTER, URSULA (1990): Musik im Spiegel der Sprache. Theorie und Analyse des Sprechens über Musik. Stuttgart: Metzler.

HOLOUBEK, HELMUT (1998): Musik im Deutschunterricht. (Re-)Konstruierte Beziehungen, oder: Thema con Variazioni. Frankfurt a. M. u. a.: Peter Lang.

JANSON, STEFAN (Hrsg.) (1990): Musik-Erzählungen. Stuttgart: Reclam.

STAIGER, EMIL (Hrsg.) (1995): Musikalische Novellen. München: Manesse im Deutschen Taschenbuch Verlag.

5.
Schreibberatung und Überarbeitung von Texten

Paul R. Portmann-Tselikas

5.1 Schreiben und Überarbeiten von Texten

5.1.1 Überblick

Ausgehend von Überlegungen zum Zusammenhang von Prozess und Produkt im Schreiben werden in einem ersten Schritt grundlegende Konzepte der prozessorientierten Didaktik skizziert. In einem zweiten Schritt steht das Überarbeiten als potenziell entwicklungsförderndes Moment der Schreibdidaktik im Vordergrund. Der dritte Schritt führt dann anhand von drei Stichworten erweiterte, den Gesichtspunkt des Prozesses überschreitende Perspektiven auf das Schreiben ein. Ziel der Darstellung ist es, prozessdidaktische Gesichtspunkte mit weitergehenden (schreib)didaktischen Positionen zu vermitteln. Grundlegend für diese Sichtweise ist die Feststellung, dass „technische" Fragen der Organisation des Schreibprozesses direkt oder indirekt verknüpft sind mit weit darüber hinaus reichenden Phänomenen des Wissens, mit Voraussetzungen und Normen schriftlicher Kommunikation und schließlich mit sozial geprägten Formen des literaten Denkens und des schriftlich geprägten Sprachgebrauchs.

5.1.2 Schreiben zwischen Prozess und Produkt

Das Schreiben als Lernsituation

Schreiben bedeutet, eine Vielzahl von Kenntnissen (sprachlichen, sachlichen, kommunikativen, textuellen ...) zu mobilisieren und im Hinblick auf den zu schreibenden Text neu zu konfigurieren. Was im Text stehen soll und wie es zu formulieren ist, dies kann vor der Niederschrift nicht im Detail festgelegt werden. Schreiben ist nicht ein Nachaußenbringen von Dingen, die im Kopf schon feststehen, sondern das Konstruieren einer Mitteilung für andere im Medium der Schrift. Schreibkompetenz ist die Fähigkeit, diesen Prozess der Textherstellung so zu steuern, dass das Resultat den Kenntnissen, Einsichten und Absichten der oder des Schreibenden entspricht und gleichzeitig den gesellschaftlichen Anforderungen (an textuelle Verständlichkeit, Korrektheit etc. sowie an kommunikative Angemessenheit) gerecht wird. In diesem Prozess werden die zugrunde liegenden Wissensbestände und Fähigkeiten aufgerufen und angewendet; gleichzeitig werden sie auch umgeformt: In der Praxis und der Erfahrung des Schreibens wird bestehendes Wissen geklärt, gefestigt und dichter vernetzt; sprach-, schreib- und textbezogene Strategien und Einsichten werden erweitert und vertieft.
Dieses kurze Fazit einer extensiven Schreibforschung umreißt bereits einige der wichtigsten Themen und Einsichten, die die prozessorientierte Schreibdidaktik in ihrer Sicht auf die Aufgabe des schulischen Schreibunterrichts aufgreift. Den vielfältigen und vielgestaltigen Konzepten und Modellen dieser Richtung ist dies eine gemeinsam, dass sie die *Arbeit am Text* zum Dreh- und Angelpunkt schreibdidaktischer Eingriffe machen. Das Schreiben als Akt bleibt nicht länger ein pri-

vates, kaum beachtetes Nebenereignis, sondern wird zum Kernpunkt des Schreibunterrichts. „Nichts ist im Text, was nicht durch den Schreibprozess gegangen ist" – so könnte man die Maxime einer Sichtweise formulieren, die den Akt des Schreibens als Lernsituation begreift und nach Möglichkeiten sucht, Schreibanlässe so zu gestalten, dass die Auseinandersetzung mit der Aufgabe der Texterzeugung die dabei aufgerufenen Kenntnisse und Kompetenzen effizient und nachhaltig fördert (vgl. hierzu auch den Beitrag 1.4).

Der didaktische Leitgedanke der Prozessorientierung ist der, dass die grundsätzlichen Aufgaben beim Schreiben – *Ideen sammeln, den zu schreibenden Text situieren, einen Textplan erstellen, den Text formulieren, ihn überarbeiten* und schließlich *ihm eine endgültige Form geben –*[1] als Orientierungspunkte genommen werden können, um Schreibprozesse zu strukturieren, Strategien der Problemlösung zu erarbeiten und textuelle bzw. kommunikative Anforderungen herauszustellen. Die verschiedenen prozessorientierten Ansätze unterscheiden sich dadurch,

- wie stark die angesprochenen Momente des Schreibprozesses entfaltet werden,
- wie explizit Textanalysen durchgeführt bzw. textbezogene Informationen formuliert werden,
- wie stark die Schreibaufgabe kontextualisiert und mit anderen unterrichtlichen Themen verknüpft wird,
- schließlich auch dadurch, ob der Fokus auf einem einzelnen zu schreibenden Text liegt oder ob ein Thema über Stationen hinweg verfolgt wird und dabei zwei oder mehr aufeinander bezogene Texte geschrieben werden.[2]

Voraussetzungen und Vorannahmen

Warum sind Eingriffe in den Schreibprozess nötig und fruchtbar?
Schülerinnen und Schüler sind oft nicht sehr erfolgreich beim Schreiben ihrer Texte. Ein wichtiger Grund dafür ist, dass viele ihren Schreibprozess kaum bewusst moderieren können. Sie sind angewiesen auf das Funktionieren eines schreiberischen „deus ex machina", etwa darauf, dass ihnen ein „guter erster Satz" einfällt oder dass der Stress des Schreibens in letzter Minute Unsicherheiten und rigide Selbstkontrollen zu überspielen erlaubt. Dies sind keine schlechten, aber sehr begrenzte Strategien: Sie beschränken die Komplexität (und oft auch die Qualität) der Texte, die so geschrieben werden. Und sie unterbinden interessantere, weiterführende Formen des Schreibens. Schon moderat komplexe

---

1 Vgl. dazu den Überblick über die einschlägigen Modelle zum Schreibprozess bei Molitor-Lübbert (1996) und Wrobel (2000) sowie die Ausführungen von Jürgen Baurmann (in diesem Band, Kap. 1.4).

2 Die Schreibforschung hat sich praktisch ausschließlich mit dem Schreiben von Sachtexten beschäftigt. Ihre Begriffe und Modelle sind auf die bei diesem Typ von Schreiben beobachtbaren Phänomene hin ausgerichtet. Für die hier vorliegende Darstellung gilt die gleiche Einschränkung. Vgl. aber die Bemerkungen in Abschnitt 3.2, sowie die Beiträge 2.3, 3.2 und 4.4 zu diesem Band.

Schreibaufgaben können im Normalfall nicht mehr im Routineverfahren des einfachen Hinschreibens adäquat bewältigt werden, auf das Lösungsstrategien dieser Art hinzielen.[3] Erstrebenswert, sogar notwendig ist eine Entwicklung über dieses Stadium hinaus. Manche Schülerinnen und Schüler scheinen den Weg zu einem weiterentwickelten, besser an die steigenden Anforderungen angepassten Schreibverhalten wie von selbst zu finden. Viele aber benötigen Hilfestellungen, strukturierte Erfahrung und Anleitung (vgl. dazu auch OSSNER 1995). Damit ist möglichst früh zu beginnen, weil die Schreibfähigkeit als Schlüsselkompetenz auch und gerade in der Welt der Schule als Lernmedium von Wichtigkeit ist.

Der Punkt, an dem diese Förderung ansetzen kann, sind die eingangs angesprochenen Grundaufgaben, die jedem Schreiben implizit sind. Dass es sie „gibt", zeigt sich schon in der Beobachtung des eigenen Schreibens. Es gelingt selten, einen Text ganz ohne Pausen, nochmaliges Durchlesen des eben Geschriebenen oder Revisionen hinzuschreiben. In solchen kurzen Augenblicken des Innehaltens und der Kontrolle wird der Schreibfluss unterbrochen, einzelne „Probleme" werden fokussiert und separat abgearbeitet. Werden Schreibaufgaben komplexer, zerfällt der Prozess sichtbar in Einzelaktivitäten (etwa: sich Informationen beschaffen, Einfälle stichwortartig festhalten, den Gang der Darstellung planen). Die dabei entstehenden Resultate müssen dann in den bereits bestehenden Text eingepasst bzw. im Formulieren von Textsegmenten miteinander in Übereinstimmung gebracht werden. Insgesamt stellt sich der Text dann dar als Resultat einer Menge von aufeinander bezogenen und miteinander verschränkten Einzelhandlungen.[4]

Zu den Aufgaben der Schreibentwicklung gehört, die in diesem Aufbrechen des Schreibflusses liegenden Chancen zu nutzen und das Schreiben als Möglichkeit zu erkennen, sprachliche Produkte zu erzeugen, die inhaltlich, strukturell und ästhetisch bündiger, reicher und interessanter sind als das, was normalerweise spontan und in einem Zuge hervorgebracht werden kann. Schreibdidaktisch wird diese Entwicklung unterstützt dadurch, dass die genannten Teilaufgaben herausgehoben und bewusst gemacht werden. Damit können Strategien und Techniken eines kompetenteren Umgangs mit Texten, als sie vielen SchülerInnen spontan zugänglich sind, verfügbar gemacht werden. Durch entsprechende Aufgabenstellungen und durch wiederholte Erfahrung werden sie so weit an das Handlungsrepertoire der Schreibenden angeschlossen, dass sie als Verfahren eines erweiterten Schreibverhaltens zunächst in der didaktisch gestützten Texterarbeitung zur Verfügung stehen. Letztlich sollen sie dann durch die Schreibenden auch autonom verwendet werden können.

---

3 Natürlich bieten ein guter Anfangssatz oder der Stress der letzten Minute auch erfahrenen Schreibenden durchaus machtvolle Hilfen. Nur beschränkt sich deren Inventar an Schreibstrategien nicht auf diese Mittel.

4 Die „Verrechnung" unterschiedlicher Ansprüche im Moment des Formulierens ist seit Beginn der Schreibforschung ein Thema (FLOWER/HAYES 1980; vgl. PORTMANN-TSELIKAS 1997 oder ORTNERS Begriff des „Äquilibre": ORTNER 2000, 159 ff. u. a.)

Diese Zielvorstellung wird in der Schreibforschung und teilweise auch in der Schreibdidaktik an der Figur des *Experten* fassbar. Das (in empirischen Untersuchungen vielfach belegte) Schreibverhalten von erfahrenen Schreibenden ist der Gegenpol zu dem von Lernenden, den schreiberischen *Novizen* prototypischerweise an den Tag gelegten Vorgehensweisen. ExpertInnen verfügen über die entscheidende Fähigkeit, Distanz zu nehmen, Formulierungen im Hinblick auf ihren „Sitz" im Gefüge des Textes und seiner Kontexte wahrzunehmen und das einmal Geschriebene auch aus der Leseperspektive zu sehen. Mit dieser Fähigkeit ist ein ganzer Komplex von Einsichten und Verhaltensweisen verbunden, die auch den Lernenden zugänglich gemacht werden sollen. Sie äußern sich vorab in der Bereitschaft

- das zu Schreibende bzw. das Geschriebene als *Version* zu betrachten, als eine von verschiedenen Möglichkeiten, das Gemeinte zu sagen;[5]
- diese Version darauf hin zu betrachten, ob sie (gemessen an internen und externen Anforderungen) optimal oder zumindest gut genug ist;
- wahrgenommenen Unzulänglichkeiten nachzugehen und sie durch die Formulierung einer neuen Version zu beseitigen.

Bei alledem spielt der klare Blick auf die zur Diskussion stehende Sache, den Text als strukturiertes sprachliches Gebilde und die potenziellen LeserInnen als AdressatInnen der Kommunikation eine herausragende Rolle (vgl. Augst 1992; Feilke 1996; sowie in diesem Band den Beitrag 1.4).

Für die prozessorientierte Schreibdidaktik ist die Strukturierung des Schreibprozesses die Möglichkeit der Wahl, den Weg von einem weitgehend schemagesteuerten Hinschreiben zu einem differenzierten und situierten Erarbeiten von Texten im Unterricht zu gestalten. Drei zentrale Möglichkeiten, diese Arbeit im Unterricht zu strukturieren, sind in der Diskussion immer wieder in den Vordergrund gestellt worden: einerseits das Planen, die Vorbereitung auf das eigentliche Schreiben, andererseits die prozessbegleitende Schreibberatung, schließlich das Überarbeiten und Redigieren.

Beim Vorbereiten ist die sprachliche Gestalt des Textes noch ungreifbar; entsprechend werden hier vorab Inhaltselemente und ihre Beziehungen sowie die Abfolge ihrer Darstellung thematisiert, also das „Material" des Textes. Dieses Ideen-Sammeln und Planen bereitet auf die Arbeit der Versprachlichung und Textbildung vor, kann diese aber nicht eigentlich determinieren.[6]

Prozessbegleitende Schreibberatung dient dazu, während der Schreibarbeit die von den Schreibenden selbst ins Spiel gebrachten Überlegungen zu ihrem Text an der Aufgabe, aber auch an den bereits geschriebenen Textteilen zu messen. Dies in der Absicht, Klärungen zu ermöglichen und neue Impulse zu geben, die unmittelbar in die Schreibarbeit einfließen und sie bereichern können.

---

5 Zum Begriff der Version vgl. Ortner 2000, Kap. III.3.
6 Zum Ideen-Sammeln und Planen vgl. den „Klassiker" von Rico (1984). Eine frühe und immer noch informative Studie zum Planungsverhalten vor allem junger Schreibender ist Burtis u. a. 1983.

Beim hier im Vordergrund stehenden Überarbeiten liegt ein bereits geschriebener Text vor. Seine Gestaltqualitäten und seine kommunikative Wirksamkeit lassen sich konkret überprüfen: Die textuellen Details können in Bezug aufs Ganze beurteilt und dieses wiederum kann bis in die Einzelheiten seiner Realisierung hinein nachvollzogen werden. Dabei stellt sich fast von selbst die Frage, wie der bereits bestehende Text optimiert, also überarbeitet werden könnte. Im Versuch, dies wirklich zu tun, wird die „Arbeit am Text" greifbar und kann didaktisch inszeniert werden mit dem Ziel, besonders textnahe und gleichzeitig bewusste Lernerfahrungen zu ermöglichen. Gerade weil Schülerinnen und Schüler spontan eher selten Anlass zum Überarbeiten ihrer eigenen Texte finden, können didaktisch angeleitete Schritte in diese Richtung neue Einsichten und Entwicklungen eröffnen.[7]

5.1.3 Texte überarbeiten

Die folgenden Ausführungen haben die speziellen Voraussetzungen, Formen und Schwierigkeiten der Wiederaufnahme und Weiterführung der Schreibarbeit nach Vorliegen eines Textes zum Thema.[8]

Sinn der Thematisierung bereits geschriebener Texte ist es, Geglücktes zu identifizieren sowie Ungleichgewichte, Lücken und Fragwürdiges zu entdecken, das heißt, Texte in ihrer Eigenart zu erfassen, und Wege zum „besseren" Text zu finden. Dabei stehen die drei oben als Merkmale „distanzierten" Zugangs zum Text genannten Punkte im Vordergrund. Der letzte dieser drei Schritte ist das eigentliche Überarbeiten. Die zwei anderen sind Voraussetzungen dafür. In ihnen steht das aufmerksame Lesen im Vordergrund. Überarbeiten ist demnach charakteristischerweise ein stark kontextualisierter Lese-Beurteilungs-Schreib-Vorgang.

Im Folgenden gehe ich davon aus, dass das Überarbeiten im Layout einer Schreibaufgabe als Arbeitsschritt vorgesehen und für die Schreibenden erwartbar ist. Die Aussicht auf die Möglichkeit der Überarbeitung beeinflusst die Art und Weise, wie die erste Version gesehen wird: Diese ist Grundlage für die Weiterarbeit; entsprechend sollte ein entspannterer und offenerer Zugang zum Schreiben möglich sein.[9]

Texte als Version erscheinen lassen

Distanz zum eigenen Text zu gewinnen, ist schwer, wenn dies unmittelbar im Anschluss an die Schreibarbeit geschehen soll. Zeitliche Distanz erlaubt einen

---

7 Vgl. Baurmann/Ludwig (1985), eine der frühen und folgenreichen Publikationen zum Überarbeiten im schulischen Kontext.

8 Zum Folgenden vgl. etwa Baurmann 2002; August 1988.

9 Das Wissen, dass Weiterarbeit ansteht und unvermeidlich ist, ist schreibtheoretisch zentral. Es ist der Punkt, an dem das Formulieren von Text nicht als Endpunkt des Schreibprozesses, sondern als Element der zielgerichteten *Arbeit am Text* aufgefasst wird. Vgl. dazu auch die Beiträge 1.2 sowie 1.4.

besseren Überblick über das, was man geschrieben hat. Zumindest in Österreich hat diese Einsicht zu einem Verfahren mit offiziellem Namen geführt: die Zwei-Phasen-Schularbeit. Ein Text wird von der Lehrkraft für einige Tage verwahrt und dann unkorrigiert noch einmal zur Nachkontrolle an die SchülerInnen zurückgegeben.

Bleibt es bei dieser einen Maßnahme, ermöglicht dies einen Neuzugang. Dieser ist allerdings beschränkt auf das, was den Einzelnen beim Wiederlesen des eigenen Textes einfällt. Der Neuzugang könnte um einiges reicher ausfallen, wenn die SchülerInnen die Gelegenheit erhalten, Texte der anderen in der Klasse zu hören bzw. zu lesen. Viele sind ja geradezu hungrig danach zu erfahren, was und wie die anderen geschrieben haben. Zu Recht. Texte anderer zur Kenntnis zu nehmen, versorgt jede und jeden mit neuen inhaltlichen und textuellen Impulsen und Einsichten. Schon der diese Kenntnisnahme begleitende implizite Vergleich ermöglicht Unterscheidungen, Wertungen, eröffnet Alternativen auch für das eigene Formulieren und gibt schließlich eine Vorstellung davon, welches das „beste erwartbare Niveau" in der Klasse ist. Dies ist ein wichtiger Maßstab, ist die Schule doch reich an Texten; die meisten davon sind jedoch der Art nach so weit von dem entfernt, was die SchülerInnen selbst produzieren, dass sie als Instanzen der Bewertung, aber auch als Muster für das eigene Schreiben nur vereinzelt in Frage kommen.

Dieses Zur-Kenntnis-Nehmen – gehört es einmal selbstverständlich zum Schreibunterricht – ist eine völlig unverfängliche und gleichzeitig fruchtbare Weise, den eigenen Text als „Version" zu sehen.

Texte zum Thema machen

Texte, ihre Machart und ihre Qualitäten werden unvermeidlich zum Thema, wenn (vor allem vergleichend) über sie gesprochen wird (oder wenn sie von anderen schriftlich kommentiert werden). Die impliziten Einsichten und Wertungen, die sich im Lesen oder Hören von Texten anderer einstellen, werden explizit gemacht und den anderen mitgeteilt. Die „äußeren" Leserinnen und Leser melden ihre Einschätzungen an und eröffnen jene distanzierten Perspektiven auf den eigenen Text, die die Schreibenden selbst entdecken sollen.

Das Bild, das diese Meldungen ergeben, ist bei weitem nicht immer eindeutig. Diese „Stimmen" sind das Material, das den Neuzugang zum eigenen Text begleitet und bereichert – wenn es ihn auch nicht in jedem Fall „leichter" macht und bei weitem nicht immer klare Richtlinien für eine Überarbeitung ergibt. Wichtig ist aber nicht nur dieser quasi instrumentelle Zweck des Sprechens über Texte. Ebenso relevant ist es, dass Texte überhaupt als Gegenstände betrachtet, in ihren Eigenheiten beachtet und als gemachte und damit veränderbare Gestalten besprochen werden (vgl. auch den Beitrag 3.1).

Wenn Lernende von sich aus über Texte sprechen, geraten entscheidende Gesichtspunkte der Textgestalt, des Textzusammenhangs, der kontextuellen Passung von Texten nicht immer genügend in den Fokus der Aufmerksamkeit. Es kann nötig und hilfreich sein, einzelne Dimensionen von Texten und Textqualitäten gezielt in den Blick zu nehmen und zu besprechen. In den Vordergrund gestellt werden können hier etwa

- die subjektive Reaktion auf Formulierungen und Textpassagen (wie gut gefallen sie, wie flüssig, interessant etc. sind sie geschrieben?),
- die Verständlichkeit von Einzelaussagen oder Textpassagen,
- der inhaltliche Reichtum und die Abdeckung der Erwartungen von Leserinnen und Lesern (was könnten die intendierten AdressatInnen vermissen, was bemängeln, wo weitergehende Auskunft verlangen?),
- die Haltbarkeit von Aussagen und die Stringenz von Argumenten (vgl. BURT 1992 sowie FEILKE in diesem Band, Beitrag 1.3),
- die Kohärenz des Textes, die nachvollziehbare Entfaltung der Information,
- die Erfüllung von sprachlichen und textuellen Textsortennormen (Textstruktur, Register und Stil, Idiomatik),
- die Erkennbarkeit bzw. Kennzeichnung von Textelementen (Abschnittgliederung, textstrukturierende Signale),
- die Passung des Textes (Entspricht er der Aufgabenstellung? Ist eine Textidee erkennbar? Wie gut ist sie realisiert? Erfüllt der Text seinen kommunikativen Zweck?),
- die Balance der Textgestalt (die Proportion der Teile, die Ausgewogenheit der Informationselemente, die ästhetische Qualität).[10]

In manchen Fällen wird es nötig sein, dass Lehrkräfte solche Fragen nicht nur stellen, sondern auch selbst Hinweise auf inhaltliche, textuelle und sprachliche Anforderungen geben und Konsequenzen für die Überarbeitung ziehen. Solche Informationen können extrem erhellend wirken; allerdings kommt die Sicht der Lehrkraft nicht nur von außen, sondern ebenso von oben. Sie kann in einer Sprache und aus einer Perspektive formuliert sein, die für die Schreibenden weniger leicht zu verstehen bzw. anzunehmen ist, als es die (vielleicht weniger präzisen, aber besser akzeptierbaren) Vorschläge von MitschülerInnen sind.[11]

Texte überarbeiten

Das Überarbeiten selbst ist ein neuer, allerdings hoch kontextualisierter Schreibprozess: Die Versprachlichung erfolgt hier unter vorgegebenen Rahmenbedingungen und im Bestreben, bestimmte als verbesserbar eingestufte Textpassagen zu optimieren. Diese Arbeit kann unter geeigneten Umständen auch kooperativ vorgenommen werden. Objekt des Überarbeitens brauchen nicht nur die je eigenen, sondern können auch Texte anderer sein. Das Resultat der Arbeit ist eine neue Version des Textes, die selbst wieder zum Gegenstand weiterer Betrachtungen gemacht werden kann.

---

10 Ich lasse hier Hinweise auf Orthografie, Zeichensetzung und Syntax aus. Diese sind seit je wichtige (leider oft die einzigen und damit überbetonte) Bereiche der Überprüfung im Schreibunterricht.

11 Zu einer kritischen Einschätzung des Potenzials von lehrergesteuerter Überarbeitung vgl. BLATT u. a. 2001, 26.

Das Reden über Texte und das Überarbeiten ist eine Chance, einen Blick und eine Sprache für Texte zu entwickeln (vgl. NUSSBAUMER 1994) und dies in einer offenen, kommunikativen Weise zu tun. Diesen Weg zu begleiten und zu moderieren, dies sei nicht verschwiegen, erfordert Wissen und Können und vor allem ein waches Interesse für Texte und das Schreiben auch aufseiten der Lehrkräfte.

Fazit und Fragen

Die Schreibforschung hat den Vorgang des Schreibens analysiert und besteht mit einigem Recht darauf, dass es letztlich dieser Prozess ist, der darüber entscheidet, wie gut der entstehende Text den Anforderungen entspricht und welches seine Qualität ist. Die prozessorientierte Schreibdidaktik hat die Aufgabe, den Lernenden Wege zum Text zu eröffnen, die es erlauben, die verfügbaren Strategien des Schreibens zu erweitern und zu differenzieren. Sie setzt dabei – und dies gilt ganz deutlich im Hinblick auf das Überarbeiten – auf Retardierung, auf das Aufbrechen des Schreibflusses, auf wiederholte Zugänge zum Text, auf Genauigkeit und Ausdauer.

Die damit verbundene Herausforderung an das Zeitbudget des Fachs, die Kompetenz der Lehrenden und die Motivation der Lernenden ist wahrscheinlich einer der Faktoren, die dazu führen, dass das Überarbeiten nicht den Stellenwert im Unterricht gefunden hat, den es, schreibtheoretisch gesehen, beanspruchen dürfte. Ein weiterer Grund liegt wohl darin, dass die prozessorientierte Schreibdidaktik (zumindest in mancher ihrer Ausprägungen) Fragen der Modellierung des Prozesses so ins Zentrum rückt, dass der Blick auf die mannigfaltigen Voraussetzungen verloren zu gehen droht, die sie für ihr Konzept mit in Anspruch nehmen muss. Im folgenden Abschnitt möchte ich auf drei dieser Voraussetzungen eingehen. Dies erlaubt es, Perspektiven für eine erweiterte Schreibdidaktik zu gewinnen, ohne das aufzugeben, was die Entdeckung des Prozesses an didaktischen und lerntheoretischen Erträgen gebracht hat.

5.1.4 An den Rändern des Prozesses

Im Folgenden kommen Aspekte zur Sprache, die in vielerlei Hinsicht das Schreiben beeinflussen, ohne dass sie durch die Moderation von isolierten Schreibprozessen allein auf adäquate Weise berücksichtigt werden könnten. Es sind dies

1. Fragen der Sachkenntnis in Bezug auf das Thema zu schreibender Texte,
2. Fragen der Textbeurteilung, wie sie gerade im Überarbeiten gehäuft auftreten, und
3. Fragen der Orientierung im Bereich der Schriftlichkeit, die sich nicht nur, aber besonders deutlich in der wachsenden Gruppe der zweitsprachigen Lernenden bemerkbar machen.

Sachkenntnis

Dass ein motivierendes Thema das Wichtigste an der Schreibaufgabe ist, ist ein altes Missverständnis der Schreibdidaktik. Schreiben beruht auf der Darstellung und Strukturierung von Wissen in verbaler Form für andere. Wer ein Thema für spannend hält, hat nicht schon allein deshalb Relevantes dazu zu sagen. Ohne einen minimalen Reichtum an Vorwissen, womöglich an strukturiertem Vorwissen, wird die Schreibarbeit kaum den erwarteten Erfolg haben, weder in Bezug auf den resultierenden Text noch in Bezug auf die erwarteten Lerneffekte. Damit sei die Relevanz von Motivation keineswegs geleugnet, aber Sachkenntnis ist ein wohl ebenso mächtiger (und selbst wiederum motivationsfördernder) Faktor im Schreiben.[12]

Dieser Umstand gerät leicht in Vergessenheit, vor allem in einer Schulorganisation, wo Lehrkräfte und Schreibende oft froh darüber sind, wenn sie in Schreibanlässen die zu bewältigende sachliche Komplexität möglichst niedrig halten können. Dies kann, besonders in höheren Klassen, aber nicht nur dort, negative Auswirkungen haben. Schreiben erfordert das Auswählen und Verknüpfen von Informationen. Wo die Sachbasis zu beschränkt ist, sind Schreibende gezwungen, quasi alles hinzuschreiben, was sie wissen. Ihre wichtigste Aufgabe besteht dann darin, einen linearen Ablauf zu finden, in dem sie die zur Verfügung stehenden Wissensbestände unterbringen können. Begriffliche und textbildende Operationen wie Fokussierung auf Wesentliches, die Bestimmung inhaltlicher Relationen, Verallgemeinerung, Perspektivierung, Raffung etc. werden dann, wenn überhaupt, eher nebenbei vorgenommen. Die sachliche und textuelle Arbeit an der Organisation des Stoffes bleibt (epistemisch und kommunikativ) auf niedrigem Niveau.

Anders ausgedrückt: Je mehr Wissen vorhanden ist, desto besser muss es im Hinblick auf das Schreiben verarbeitet werden. Dieser Prozess präformiert die Erarbeitung von Textstrukturen, wie umgekehrt das Schreiben ständig neue Fragen aufwirft, die eine Präzisierung und Explikation vorhandenen Wissens erfordern. Der oft beschriebene Effekt dieses Hin und Her ist Wissenstransformation durch Schreiben.[13] Es ist eine bekannte Erfahrung, dass Projektarbeiten manchmal bei sonst nicht gerade guten SchreiberInnen um einiges besser ausfallen, als dies die Lehrkräfte erwarten. Projektarbeiten entstehen nun typischerweise in einem Kontext, in dem eine Menge von Information – und zwar von einigermaßen strukturierter Information – vorliegt und im Schreiben das beschriebene „Hin und Her" nicht zu umgehen ist: Eine befriedigende Darstellung der gemachten Erfahrungen und des gesammelten Wissens ist nicht möglich, ohne dass ein konturiertes und profiliertes Bild von der Sache gebildet wird.[14]

---

12 Die Chance, dass auf solches Vorwissen zurückgegriffen werden kann, ist bei interessanten Themen oft deshalb höher, weil sich die Schreibenden mit größerer Wahrscheinlichkeit schon damit beschäftigt haben als mit anderen. Aber dafür gibt es keine Garantie.

13 Für ORTNER (2000, Kap. III) ist dieses „Ping-Pong" und die damit zusammenhängenden Effekte das zentrale weiterführende Moment des Schreibens. BEREITER und SCARDAMALIA haben in diesem Zusammenhang den Begriff des „epistemischen" Schreibens in die Diskussion gebracht (vgl. etwa SCARDAMALIA/BEREITER 1987).

14 Vgl. BLATT u. a. 2001, 218; ORTNER 2002, 242 f.

Didaktisch hat dies zwei Konsequenzen:

a) Eine differenzierte Wissensbasis kann im Zusammenhang mit einer isolierten Schreibaufgabe nicht immer separat erarbeitet werden, und auch ein gemeinsames Ideen-Sammeln und Planen fördert nicht immer genug Sachhaltiges zu Tage. Von daher legen sich Schreibanlässe nahe, die an vorhandene differenzierte Sachkenntnis anknüpfen – zum Beispiel im Fach selber oder über Fachgrenzen hinweg (vgl. Marenbach in diesem Band, Beitrag 4.1).

b) Überarbeiten als Strategie der Optimierung wird voraussehbar davon profitieren, wenn sich bei der Lektüre von Lernertexten für die SchülerInnen nachvollziehbar Sachfragen stellen und ihre Lösung Konsequenzen auf der inhaltlichen Ebene hat (vgl. die Beiträge von Stadter und Schmitt in diesem Band, Beitrag 4.2 und 4.3). Zumindest aus meiner eigenen Schreibbiografie weiß ich, dass ein eingreifendes Überarbeiten erstmals in einem in diesem Sinne reichen sachlichen Kontext erreichbar wurde, und zwar anlässlich einer Hausarbeit im Fach Religion (!), dessen Thema (die Mormonen) mich zwang, selbst auf die Suche nach Information über etwas zu gehen, wovon ich vorher keine Ahnung gehabt hatte. Die Suche ergab ein kleines, im Vergleich zur üblichen Situation des Aufsatzschreibens aber immer noch gewaltiges Korpus an Grundlagentexten, denen ich nur mit Planung und wiederholten Adaptationen meines Textes an neue Einsichten gerecht werden konnte.

Urteile über Texte

Nicht alles, was SchülerInnen beim Überarbeiten von Texten als Vorschlag vorlegen oder als Optimierung realisieren, ist nach den Maßstäben von Erwachsenen eine Verbesserung. Oft scheinen die Eingriffe eher zufällig ausgewählte Stellen zu betreffen, betreffen isolierte sprachliche bzw. inhaltliche Gegebenheiten und/ oder sie erfolgen nach Kriterien, deren Stellenwert eingeschränkt oder nicht ganz klar ist (etwa in Äußerungen wie „dies ist kein schönes Wort", „das kann ich nicht akzeptieren"). Es wäre kaum richtig, damit angesprochene Gesichtspunkte als unwichtig zu bezeichnen, aber für sich genommen genügen sie meist nicht, um textuelle Qualitäten angemessen zu identifizieren und alternative Formulierungen nach ihrer Leistung im Kontext einzuschätzen. Texte zu beurteilen ist eine anspruchsvolle Aufgabe.

In diesem Zusammenhang scheinen mir zwei Dinge besonders relevant zu sein.

a) Die Texte von jüngeren Schülerinnen und Schülern zeigen oft, wenn auch bei weitem nicht immer, ein gutes Gespür für Formulierungen und den Ausdruck von Zusammenhängen. Bei Gesprächen über die Texte (nicht nur über die eigenen) dagegen ist eine gewisse Hilflosigkeit und Unsicherheit der Beurteilung an der Tagesordnung. Was an „Gespür" in die Schemata der Sprach- und Textproduktion eingebaut ist und im Zuge des Schreibakts zur Geltung kommt, ist offenbar noch nicht oder nur ansatzweise der Reflexion zugänglich, die im Reden über Texte gefordert wird. Die Fähigkeit zur Betrachtung und Kommentierung schriftlicher Kommunikation aus der Beobachterperspektive und *ex post* kann im Überarbeiten also nicht einfach vorausgesetzt werden. Die entsprechenden Aktivitäten sind deshalb in einem weiteren Kontext zu sehen: Sie dienen nicht einfach der Verbesserung der jeweils vorliegenden Texte, sondern sind Teil einer zwangsläufig auf lange Sicht angelegten Schulung metakommunikativen, reflexiven Umgangs mit Kommunikation, die nicht nur, aber sicherlich auch im Schreibunterricht zu leisten ist (vgl. etwa FEILKES Hinweise zum Ausbau von Kohärenzstrategien, FEILKE 1996, 1185 ff.).

b) Eine weitere Facette zeigt sich bei eher reiferen SchülerInnen. Sie (und die Lehrenden!) tun sich oft schwer damit, andere von ihrem Urteil über Qualität bzw. Adäquatheit von Formulierungen oder Textpassagen zu überzeugen. Es gibt öfter, als einem lieb sein kann, keine für andere sofort einleuchtende Begründung für solche Bewertungen. Sogar dann, wenn sich Präferenzen intuitiv deutlich nahe legen, lassen sie keineswegs immer eine befriedigende Explikation zu.

Die Intuitionen, die hier zu Wort kommen, bilden sich auf der Grundlage der gesamten sprachlichen Sozialisation und prägen die Denk-, Rede- und Schreibpraktiken der Einzelnen nach Maßgabe ihrer höchst differenten Erfahrungen.[15] Auch hier gebieten wir in der Schreibdidaktik also nicht über ein Reservoir an problemlos verfügbaren und im Dienste des Textes sofort einsetzbaren Instrumenten der Optimierung, vielmehr ist das Überarbeiten selbst ein Ort, an dem einschlägige Grundlage und Kriterien erst vermittelt und geformt werden. Diese Entwicklung und Validierung von Gesichtspunkten und Kriterien für die Textbewertung ist ein eminent sozialer Akt, der zwar (teilweise) in der Klasse stattfindet, aber stets vor dem Hintergrund durchaus nicht immer eindeutiger gesellschaftlicher Traditionen und Ansprüche. In der Arbeit am Text werden Normen nicht einfach vermittelt, sondern in einem Prozess der Akkommodation und Assimilation aufgearbeitet. Dabei bilden sich auch „Interimsnormen" aus, Stufen auf dem Weg zur Beherrschung von Standards.[16]

Das hier Gesagte macht das Konzept des Überarbeitens nicht uninteressanter, im Gegenteil. Aber es verschiebt ansatzweise den Fokus weg von der Sorge um den Einzeltext und seine Qualität hin auf eine längerfristige Entwicklungsaufgabe, die der Ausbildung eines einigermaßen differenzierten Urteils über Texte.

Unter dieser neuen Perspektive stellt sich die Frage, ob diese Fähigkeit nicht auch durch andere als im engeren Sinne prozessorientierte Eingriffe zu fördern wäre. Hier kommen als unterstützende und potenziell fruchtbare Verfahren zunächst Modelle in Frage, die weniger das Optimieren von Einzeltexten als den

---

15 Zum Thema von „Literacy as social practice" vgl. KERN 2000 sowie in diesem Band den Beitrag 2.2.

16 Zu Akkommodation und Assimilation vgl. ORTNER 2000, Kap. III. – Der Terminus „Interimsnorm" ist der Spracherwerbsforschung entlehnt. Stufen des Erwerbs lassen sich auch in der Ontogenese der Textkompetenz feststellen, vgl. dazu die Arbeiten von FEILKE (etwa FEILKE 2001, 1996).

Neu-Zugang zu einem Thema in einem zweiten und dritten Text anderer Prägung anstreben (vgl. etwa Hornung 1995). Das Interesse, das experimentelles, personales, literarisches Schreiben oder das Schreiben nach Modellen in den letzten Jahren gefunden hat, lässt sich vor diesem Hintergrund interpretieren nicht als Ausweichen vor der „schwierigeren" Aufgabe des selbstständigen Sachtextschreibens, sondern als Suche nach Möglichkeiten, Schreiberfahrungen zugänglich zu machen, in denen direkt erfahrbar wird, was stilistische Entscheidungen bewirken, welchen Unterschied kleine sprachliche Differenzen ausmachen, wie der sprachlich-ästhetische Zugriff auf eine Sache diese selbst prägt.[17] Es braucht nicht betont zu werden, wie eng gerade unter diesem Gesichtspunkt die Querverbindungen auch zur Lesedidaktik sind (vgl. dazu auch den Beitrag 2.1 in diesem Band).

Orientierung in der Welt der Texte

Es gibt Lernende (oft, aber nicht nur Zweitsprachige oder Quereinsteiger), die in der Schule Texte schreiben, die kaum etwas von den Gestaltqualitäten zeigen, die auch von „schlechten" Texten noch erwartet werden. Inhaltliche und textuelle Ordnungen scheinen weitgehend zu fehlen, das Gesagte ist kaum nachvollziehbar.

Solche Schreibprodukte stellen ein Problem dar, von dem die Schreibdidaktik nicht spricht, das Lehrkräfte hilflos macht und dem auch die Forschung meines Wissens bisher noch wenig Aufmerksamkeit geschenkt hat.[18] Häufig wird von LehrerInnen und Schulbehörden der Grund für das Phänomen in der mangelnden Sprachkompetenz und in fehlender Flexibilität der Ausdrucksbildung gesehen. Dies trifft wohl in manchen Fällen zu. Es ist aber anzunehmen, dass ebenso oft etwas anderes fehlt. Die in jeder Schreibdidaktik stillschweigend gemachte Voraussetzung, dass die Schülerinnen und Schüler einen zwar unterschiedlichen, trotzdem ihrem Schulalter einigermaßen entsprechenden und berechenbaren Zugang zu Texten, zur Schriftlichkeit und zum Schreiben haben und sich in dieser Welt orientieren können, scheint hier nicht zuzutreffen. Zumindest lassen ihre Schreibprodukte kaum etwas davon erkennen (vgl. Portmann-Tselikas 2001). In einem Kapitel über das Schreiben und Überarbeiten bildet der Hinweis auf diese Lernenden den Kontrapunkt zur Figur des Experten. Sie stehen in gewissem Sinne am „Anfang" (sicherlich keinem absoluten). Ihre Situation stellt eine Herausforderung für die Didaktik dar. Es ist durchaus möglich, dass der hier notwendige Aufbau von „unten" einmal ebenso erhellende Einsichten für das Verständnis der Schreibentwicklung und für die Schreibdidaktik bereitstellen wird wie der Blick vom „Ende", vom Experten her. Vor allem macht der Blick auf diese Lernenden klar, dass die so genannten *Novizen*, also die den Erwartungen

---

17 Vgl. Bräuer 1998; Paefgen 1991; Hornung 1997; Abraham 1996.
18 Aufschlussreich ist hier die Studie von Knapp 1997. Vgl. Verhoeven 1997; Schmölzer-Eibinger 2002; Thonhauser 2002.

mehr oder weniger gut entsprechenden Schülerinnen und Schüler, keine Anfänger sind, sondern auf jeder Stufe bereits mitten in einer Entwicklung stehen. Zu dieser trägt die Schule zwar viel bei, sie wird aber auch und vor allem durch das familiäre und gesellschaftliche Umfeld gestützt und getragen. Schreiben, dies wird daraus noch deutlicher als aus den beiden anderen hier genannten Gesichtspunkten, ist nicht nur ein technischer Akt und auch nicht nur Teil der schulischen Welt, sondern ein Spiegel vielfältiger Bedingungen und Zufälligkeiten individueller und gesellschaftlicher Lebensform.[19]

Weiterführende Literatur:

BRÄUER, GERD (1998): Schreibend lernen. Grundlagen einer theoretischen und praktischen Sprachpädagogik. Innsbruck: StudienVerlag. (Das Buch beschreibt einen äußerst anregenden Ansatz der Schreibdidaktik. Der Autor verbindet biografischen Erfahrungsbezug und experimentelle Schreibformen höchst einfallsreich mit Fragen des formellen, textsortenorientierten Schreibens.)

KERN, RICHARD (2000): Literacy and language teaching. Oxford University Press. (KERN verbindet grundlegende Fragen der Diskussion um „literacy" mit dem schulischen Lese- und Schreibunterricht und zeichnet so ein differenziertes, informationsreiches und zugleich an der Praxis orientiertes Bild individueller und gesellschaftlicher Text- und Schriftkultur, bei dem auch die Frage der Mehrsprachigkeit nicht ausgeklammert wird.)

HORNUNG, ANTONIE (2002): Zur eigenen Sprache finden. Modell einer plurilingualen Schreibdidaktik. Tübingen: Niemeyer. (Eine engagierte Auseinandersetzung mit Fragen des Schreibens, vor allem auch des Schreibens in mehrsprachigen Kontexten. Ein Buch, das voll ist von Einsichten, Impulsen und unbequemen Fragen.)

MARTIN FIX

5.2 Prozess, Produkt und Bewertung

5.2.1 Einleitung

In den Beiträgen des vorliegenden Bandes wird einmal mehr betont, dass der Schreibunterricht prozessbezogen sein solle. Die schulische Praxis zeigt sich gegenüber dieser Forderung allerdings eher innovationsresistent, wie Untersuchungen zeigen (vgl. FIX 2000; MERZ-GRÖTSCH 2001). Zwar gibt es zahlreiche Vorschläge für motivierende Schreibprojekte, aber spätestens bei der Leistungsbewertung wird dann doch wieder der traditionelle, textsortenbezogene Aufsatzunterricht bevorzugt – mit der Begründung, dass für einen gerechten Leistungsvergleich möglichst klare Normen für die Produkte notwendig seien. Daher lohnt

---

19 Dieses Thema scheint deutlich auf in KERN 2000 oder, didaktisch völlig anders gewendet, in BRÄUER 1998.

sich die Auseinandersetzung mit der Frage, ob und wie sich Prozessorientierung und schulische Leistungsbewertung vereinbaren lassen.

Wenn hier der Sonderfall der Bewertung behandelt wird, soll dies nicht den Eindruck erwecken, als ginge es dabei um den Regelfall der Lehrerrückmeldung im Schreibunterricht. Dort sollte nicht nur zum Zweck der Bewertung geschrieben werden. Dagegen kann eine fördernde Beurteilung im Sinne eines Leser-Feedbacks permanent stattfinden (vgl. BAURMANN 2002). Sie dient der Beratung während des Schreibprozesses, durch die der Lernende Hilfen für die Textüberarbeitung bekommt. Bewertet wird aber nur dann, wenn es um das Festhalten einer Leistung in Form einer allgemeingültigen Kodierung geht, die auch zu Vergleichszwecken dient: der Zensur.

5.2.2 Funktionen schulischer Leistungsbewertung

Zensuren können durchaus eine (zweifelhafte) pädagogische Funktion zur Optimierung von Lernprozessen erfüllen, weil sie sowohl zu positiver Leistungsmotivation als auch zur Erzeugung von Druck oder zur Disziplinierung eingesetzt werden. Gleichzeitig ermöglichen sie die curriculare Kontrolle des Unterrichtsgeschehens, auch durch Außenstehende – beispielsweise Eltern (vgl. TILLMANN/ VOLSTÄDT 1999).

Ihre zentrale Aufgabe ist aber eine andere. Man muss sich hier ungeschminkt die Härte schulischer Selektion bewusst machen: Zensuren sind in erster Linie keine pädagogischen Instrumente, sondern gesellschaftliche. Sie geben keine Rückmeldung über die individuelle Lern*entwicklung*, sondern allenfalls über den Lern*stand*. Ihr Zweck ist die Zuweisung von Rangplätzen in der Klasse und später in der Gesellschaft, die sich aus Sicht der Benachteiligten verschärft als Auslese der Schwachen darstellen kann.

Problematisch ist dabei, dass Zensuren hinsichtlich ihrer Aussagekraft für Leistungsvergleiche häufig überschätzt werden. Die klassischen empirischen Gütekriterien gehen von einem eher technischen Verständnis der Leistungsmessung aus, das eine Trennschärfe impliziert, die nicht gegeben ist. Ihre Erfüllung ist aber kaum möglich und auch nicht in jedem Fall sinnvoll (vgl. FRITZSCHE 1994, 216): *Reliabilität* (Verlässlichkeit des Ergebnisses, zum Beispiel unabhängig von äußeren Umständen wie etwa der Korrekturreihenfolge) und *Objektivität* (verschiedene Bewerter sollen zum gleichen Ergebnis kommen) sind Kriterien, die den Entstehungskontext einer Leistung ausblenden. Das zu bewertende Produkt entsteht innerhalb eines sozialen Umfelds mit handelnden Subjekten. Eine Person, die nicht Teil dieses Kontexts ist, kann die Leistung nicht angemessen im Hinblick auf die Beteiligten einschätzen. Fremdbewerter, etwa in Prüfungsaufsätzen, sind daher eher als Korrektiv zu verstehen, das die kontextbezogene Bewertung um eine Außenperspektive anreichert (etwa zur Kontrolle von Halo-Effekten, bei denen Vorurteile innerhalb des Feldes zu einer Fehleinschätzung führen).

Etwas anders verhält es sich mit dem Kriterium der *Validität* (Gültigkeit der Zensur für den Sachverhalt, der auch gemessen werden sollte). Hier ist darauf zu achten, dass wirklich fachliche Leistungen bewertet werden, die im Unterricht vorher erarbeitet wurden – ein Argument, das unter anderem zur heftigen Kritik am Diktat geführt hat, bei dem vieles gemessen wird, das nicht mit der Fähigkeit zur Lösung orthografischer Probleme zu tun hat. Bei der Aufsatzbewertung kommt es ebenfalls zu Verzerrungen, etwa durch eine mangelhafte Orthografie, die den Blick auf eine gelungene Textkomposition verstellt; bei neuen Formen der Leistungsbewertung können neue Validitätsprobleme entstehen, die weiter unten zu diskutieren sind.

Es zeichnet sich ab, dass das Grundproblem jeder Leistungsbewertung in einer unauflösbaren Spannung besteht: Einerseits sollen die Anforderungen für alle gleich sein, damit die Selektion einigermaßen gerecht abläuft, andererseits postulieren alle Lehrpläne die individuelle Förderung jedes Schülers nach seinen Begabungen und Fähigkeiten. Die Deutschdidaktik hat also für ihre Kompetenzfelder zu klären, inwieweit die Kluft zwischen der Normierung von Leistungen und der Individualisierung von Schreibprozessen, kurz: zwischen Auslesen und Fördern, überbrückt werden kann (vgl. schon Ivo 1979). Dabei kann sie nicht ignorieren, dass in der Schule gerechte Selektionsinstrumente gesucht werden, auch wenn man hier pädagogische Bedenken haben mag. Wenn es um die Verteilung von Lebenschancen, zum Beispiel in Form von Noten für weiterführende Schulen, geht, muss für die Betroffenen transparent sein, wie diese Verteilung vorgenommen wird. Sie werden immer Vergleichbarkeit einfordern, um Benachteiligung zu vermeiden. Die Erfüllung des Transparenzkriteriums muss nicht bedeuten, dass Leistungsbewertung nur auf leicht messbare, dafür aber nicht immer sinnvolle Standards verengt wird. Aber die Kriterien müssen sich aus der Struktur des Unterrichtsgegenstands und der Lernprozesse ergeben.

5.2.3 Aufsatzbewertung als Produktbewertung

Die klassische Prüfungsform und damit zentrales Mittel der Leistungsbewertung im Deutschunterricht der Sekundarstufen I und II ist der Aufsatz. Erörterungsthemen der Realschulprüfung in Baden-Württemberg lauteten in den letzten Jahren beispielsweise: „Auch der Sonntag ein Einkaufstag?" oder: „Fernsehen rund um die Uhr". Hier muss also ein Text verfasst werden

- zu einem fremdbestimmten Thema,
- von allen zugleich,
- in einer bestimmten Zeit,
- in einem Durchgang.

Bei diesen Aufgaben entstehen inhaltlich oft schwache Texte, weil viele Schüler keine Argumente parat haben; das kontroverse Erörterungsmuster wird am unvorbereiteten Inhalt stereotyp abgearbeitet. Diese Prüfungsformen können nicht zufrieden stellen, weil sie lediglich abstraktes Wissen über den Textaufbau, nicht aber das Lernen im funktionalen Kontext erfassen (vgl. dazu auch Beitrag 2.4). Maßstab der Bewertung sind Textsortenmerkmale, die so in der Realität des Schreibens oft gar nicht vorkommen. Sie avancierten, wie FRITZSCHE es ausdrückt, vom Lernmedium zum Lerngegenstand: Statt ein heuristisches Mittel bei der

Textproduktion zu sein, sind die Normen selbst das, was gelernt und dargestellt werden soll (vgl. FRITZSCHE 1994, 29 ff.). Textsortenmerkmale kommen der oben genannten Selektionsfunktion entgegen, weil sie ein leicht anzuwendendes Instrument der Bewertung darstellen (vgl. auch den Beitrag 2.2).

Die Kritik an dieser schlichten Form der Leistungserfassung ist hinreichend bekannt (vgl. zum Beispiel SANNER 1988; BAURMANN 2002). Die Erfüllung der Merkmale zeigt nicht, wie jemand in einer konkreten kommunikativen Situation schreiben kann. Schon in den 1970er Jahren wurde die „ungerechte Aufsatzzensur" (SCHRÖTER 1971) kritisiert und der Verdacht erhärtet, dass Schüler bei Deutscharbeiten nur „schreiben müssen, was der Lehrer hören will" (FINGERHUT 2002, 46). Man forderte klare, mit den genannten wissenschaftlichen Testverfahren vergleichbare Kriterien. In der Folge wurden differenzierte Kriterienkataloge entwickelt, die möglichst wenig Interpretationsspielraum lassen sollten. Doch auch dieser Ansatz löst das Problem der Subjektivität nicht vollständig. GRZESIK und FISCHER verweisen auf drei Probleme, die auch bei zahlreichen Einzelkriterien bestehen bleiben:

- das Definitionsproblem (individuelles „Füllen" der Kriterien),
- das Abgrenzungsproblem (bei ähnlichen Feinkriterien größer als bei groben Kategorien),
- das Ökonomieproblem (Rückwirkungen auf die Motiviertheit des Bewerters) (vgl. GRZESIK/FISCHER 1985, 100 ff.).

In ihrer Untersuchung stellten sie fest, „dass die Übereinstimmung mit anderen Beurteilern umso größer ist, je globaler der Zugriff ist" (ebd., 211). Eine zu hohe Zahl von Kriterien erwies sich im Vergleich zu einem kleineren Kriteriensatz sogar als weniger reliabel. Deshalb geht man heute davon aus, dass eine Kombination von analytischen und holistischen Bewertungsverfahren sinnvoll ist (vgl. zum Beispiel FIX/MELENK 2000, 45 ff.), etwa durch eine ergänzende, schnell durchzuführende „Mehrfachbeurteilung nach globalem Ersteindruck" in einem Bewertungsteam (vgl. BAURMANN 2002, 127 ff.). Entscheidender als die Zahl der Kriterien ist dabei die Routine der Bewerter. Bei erfahrenen Lehrern erzielt ein globales Schätzurteil hohe Übereinstimmungen.

Eine wichtige Funktion haben Kriterienraster allerdings hinsichtlich der Transparenz für die Schüler. Auch mit dem schulischen Kontext weniger vertraute Personen sind stärker auf differenziertere Raster angewiesen. So hilfreich Kriterienkataloge aber im Einzelnen sind, sie können ihrerseits ungewollt dazu beitragen, dass sich schlichte Merkmalslisten weiter etablieren, weil vor allem die leicht erfassbaren Elemente von Anwendern herausgegriffen werden, etwa das Einhalten des Gliederungsmusters pro-contra bei argumentativen Texten oder die Tempuskontinuität bei Erzählungen. Anspruchsvollere Qualitätskriterien (zum Beispiel „ausdrückliche Rezipientenführung", „inhaltliches Wagnis", „Attraktivität" im Zürcher Textanalyseraster[1]) bleiben subjektiv und werden eher intuitiv eingeschätzt.

---

1 Vgl. das Raster und seine Erläuterung bei NUSSBAUMER 1996, 109.

Eine objektive Produktbewertung ist zwar anzustreben, dennoch bleibt sie schon aus rezeptionstheoretischer Sicht ein nicht einlösbares Konstrukt, weil jeder Text vom Leser selektiv und individuell rezipiert wird. Auch hier gilt, dass für eine gerechte Bewertung der Leistung der Einbezug des Kontexts, in dem sie entstanden ist, erforderlich ist: Der Erfahrungshorizont von Bewerter und Bewertetem sollte der gleiche sein. Dieser Erkenntnis tragen Verbesserungsvorschläge in der Schreibdidaktik Rechnung, die einhellig eine Abkehr von der reinen Produktorientierung der Leistungsbewertung fordern. ABRAHAM etwa spricht hier von der Erweiterung um die *Funktions- und Prozessorientierung* (vgl. ABRAHAM 2001): Die Funktion, die ein Schreibprodukt kommunikativ erfüllen soll, soll ebenso bei der Bewertung berücksichtigt werden wie der Entstehungsprozess.

5.2.4 Funktions- und Prozessorientierung

Das Klären der kommunikativen Funktion eines Textes ist in der Tat eine Voraussetzung für die Einschätzung der Qualität. Je nach vorgegebenem oder – beim freien Schreiben – selbst gewähltem Textmuster und gedachtem Adressaten sind jeweils andere Maßstäbe anzulegen. Ein Beispiel: Antje (Klasse 8, Hauptschule) schreibt eine kurze Geschichte zu einem Bildimpuls, auf dem drei Jugendliche zu sehen sind; im Verlauf der Unterrichtseinheit überarbeitet sie ihren Text in einer Schreibkonferenz (die Lücken entstehen in der Übersicht durch die parallele Anordnung):[2]

Entwurf	**Endfassung** (zwei Wochen später)
Das Verätnis	Das Verätnis
Sven, Stephan, Claudia waren die besten Freunde, sie redeten über alles und vertrauten sich alles gegenseitig an.	Jan, Sven und Claudia waren die besten Freunde, sie redeten über alles und vertrauten sich alles gegenseitig an.
Sven hatte daheim Probleme, er erzählte Stephan u. Claudia davon.	Sven hatte daheim Probleme, er erzählte Jan und Claudia davon.
	Er hatte mit seinem Vater Probleme. Sein Vater war Alkoholiker er schlug Sven immer öfter, bloß um seinen Frust an ihm aus zu lassen.
Sie schworen es niemanden zu erzählen. Bis auf einmal Ines Claudia es überall al rumerzählte.	Claudia und Jan schworen Sven das sie es niemanden weiter sagen. Doch Claudia erzählte es gleich überall rum, das Svens Vater Alkoholiker ist.
Von da an waren sie nicht mehr die besten Freunde.	Sie wollte nichts mit so einem zu tun haben, der so einen Vater hat. Sven wollte nichts mehr von Claudia wissen. Er hat ihr Vertraut doch sie hat das Vertrauen gebrochen.
[52W]	[109 W]

---

2 Der Text entstammt dem Ludwigsburger Aufsatzkorpus (FIX/MELENK 2000, CD-ROM, Datei H-F-1o2, Klasse 34, Text 566); zur Auswertung vgl. FIX 2000, 303.

Der Aufgabenkontext stellte von Anfang an klar, dass der Text veröffentlicht wird, zum Beispiel in Form einer Klassenzeitung. Von dieser kommunikativen Funktion her wäre er auch zu beurteilen; der Entwurf, in dem Antje sehr wenig auf das Papier gebracht hat, ist in dieser Hinsicht missglückt, weil er zu implizit geraten ist. Eine mögliche Erklärung könnte sein, dass die Idee aus einer typischen Daily-Soap-Szene stammt und Antje nicht in der Lage ist, ihren „inneren Film" in Sprache zu übersetzen. Möglicherweise war sie aber auch innerhalb einer ganz anderen Schreibfunktion befangen: Sie könnte Teile der Geschichte ja selbst erlebt haben und sie zur psychischen Entlastung niederschreiben. Bei einem solchen personalen Schreiben ist sie ihre eigene Leserin, folglich muss (und will) sie nicht explizieren, welcher Art ihre Probleme sind.

Leserorientierung war ihr in der ersten Phase des Schreibprozesses also nicht bewusst oder einfach kein Bedürfnis. Sollte die Hypothese zutreffen, dass sich Antje auf reale Erfahrungen stützt, könnte eine Bewertung problematisch sein. Hier kommt nun die Prozessorientierung ins Spiel: Im weiteren Verlauf muss ihr die Funktion der Aufgabe zunehmend klarer werden, sie muss auch im Dialog mit anderen ihr Schreibziel präzisieren. Die Mitschüler in der Schreibkonferenz kritisieren aus ihrer Sicht zu Recht, dass man mit den wenigen Zeilen kaum etwas anfangen kann. Antje steht nun vor der Entscheidung, einen neuen Text zu schreiben oder ihren Entwurf zu überarbeiten. Sie bleibt bei ihrem inhaltlichen Konzept, tauscht erneut einen Namen aus (Stephan wird zu Jan, Ines wurde schon bei der ersten Niederschrift zu Claudia – ein Indiz für den Erlebnischarakter der Erzählung) und konkretisiert das Alkoholproblem. (Die Überschrift *Das Verätnis* überstand die Schreibkonferenz.)

Der Konflikt zwischen der personalen und kommunikativen Schreibfunktion ist ein Spezialfall beim freien Schreiben, weil hier der funktionale Rahmen durch den Autor selbst mitbestimmt wird. Je nach Textsorte geht es hier um Originalität (zum Beispiel bei einer Fantasieerzählung), Authentizität (zum Beispiel bei einer Erlebniserzählung), Poetizität (zum Beispiel bei einem Gedicht; vgl. MÜLLER-MICHAELS 1993). Erzeugt der Text Überraschung, Irritation, Neugier, Spannung, Betroffenheit usw.?

Bei pragmatischen Aufgaben (etwa Berichten, Beschreiben, Instruieren, Argumentieren) ist eine funktionale Orientierung im Schreibprozess, die zugleich Maßstab für die Bewertung ist, zwingend: Ist es dem Autor gelungen, einen funktional angemessenen Text zu produzieren, der für den gedachten Adressaten und das gewählte Textmuster adäquat geschrieben ist? Diese Frage lässt sich nur unter Berücksichtigung des Situationskontextes beantworten, weshalb eine integrative Unterrichtsplanung in thematischen Zusammenhängen erforderlich ist. Hier ist auch die Rückmeldung in einer Schreibkonferenz wichtig. Ob zum Beispiel eine Bastelanleitung eines Schülers die angestrebte Funktion erfüllt, kann am besten im Rezeptionskontext geklärt werden. Aufgabe der Lehrperson ist es dabei, die richtigen Impulse zu geben und die Schreibkonferenzen zu unterstützen. Der Prozess selbst fließt in die Note ein, wenn man die überarbeitete Endfassung bewertet. In Antjes Fall ist ein deutlicher Sprung erkennbar, wenngleich der Text – gemessen am Leistungsstand der Klassenstufe 8 – noch immer Wünsche offen lässt.

5.2.5 Erweiterter Lernbegriff und Kompetenzerwerb

Die aktuelle Bildungsdebatte um Qualitätssicherung, die durch Vergleichsstudien wie PISA einen enormen Schub bekam, hat eine stärkere Output-Orientierung der Schule zur Folge. In zentralen Bildungsstandards soll nicht mehr aufgelistet werden, welche Inhalte in die Köpfe der Schüler zu bringen sind, sondern welche Kompetenzen sie am Ende besitzen sollen. Dabei wird mit einem erweiterten Lernbegriff operiert (vgl. zum Beispiel KLIPPERT 1994, 31 und GRUNDER/BOHL 2001, 12):

Sachkompetenz	Methodenkompetenz	Sozialkompetenz	Personalkompetenz
Inhaltlich-fachlich,	Methodisch-strategisch,	Sozial-kommunikativ,	Affektiv,
zum Beispiel Wissen (Fakten, Begriffe, hier: Textsortenwissen)	zum Beispiel exzerpieren, nachschlagen, ordnen …	zum Beispiel einfühlsam wahrnehmen, diskutieren, kooperieren, Konflikte lösen	zum Beispiel Selbstvertrauen, Selbsteinschätzung, Kritikfähigkeit, Frustrationstoleranz

Dieser Lernbegriff passt an sich gut zum Prozessparadigma, das die Schreibdidaktik prägt: Die Sachkompetenz ist um entsprechende Fähigkeiten zu erweitern. Insbesondere die Methodenkompetenz ist von Bedeutung (zum Beispiel Informationen beschaffen), aber auch Aspekte der Sozialkompetenz (zum Beispiel mit anderen in Schreibkonferenzen diskutieren) und der Personalkompetenz, zu der auch metakognitive Fähigkeiten gehören (zum Beispiel sein eigenes Schreibziel, seine Schreibstrategien überdenken) spielen im Schreibprozess eine Rolle. Allerdings ist zum jetzigen Zeitpunkt empirisch nicht klar, inwieweit Methoden-, Sozial- und Personalkompetenz im Deutschunterricht erarbeitet werden und ob diese bewertbar sind. Dennoch versuchen die Kultusverwaltungen dem bildungspolitischen Trend entgegenzukommen, indem die Schule in einer Art „Top-down"-Verfahren von den Abschlussprüfungen her verändert werden soll. Beobachtungen in der Praxis, etwa bei Projektprüfungen, lassen hier noch große Unsicherheit erkennen.

Auf der einen Seite gibt es Tendenzen, die frühere Dominanz der Inhalte durch eine der Methoden zu ersetzen, etwa indem das korrekte Nachschlagen im Wörterbuch überdimensional bewertet wird. War im alten Modell das zu erwerbende Wissen allein von der Seite fachlicher Lerngegenstände aus definiert, neigt man beim neuen Kompetenzenmodell dazu, nur von den Lernenden her zu denken. Bei einer fehlenden Anbindung an Inhalte besteht die Gefahr, dass die Methode zum Selbstzweck wird. Die erweiterten Kompetenzen müssen daher als „Wissen-Fähigkeiten-Kombinationen" (FINGERHUT 2002, 10) auf im Unterricht erwerbbare sprachliche Gegenstände bezogen werden.

Auf der anderen Seite kann die Suche nach gerechten Möglichkeiten der Evaluation von Schülerkompetenzen sogar zu einer Zementierung der alten Normenkonstrukte führen: Es besteht das Bedürfnis nach intersubjektiver Gültigkeit der Bewertungsformen; sie sollen analog zu empirischen Vergleichsstudien ein

Ranking erlauben. PISA-Testverfahren lassen sich aber nicht eins zu eins auf die Leistungsbewertung übertragen (vgl. FINGERHUT 2002, 16 f.).

Also greifen manche Entwürfe für Vergleichsarbeiten dann doch wieder auf die schon bekannten Standards – Merkmale von Textsorten – zurück, die leichter zu messen sind als etwa die funktionale Angemessenheit oder die ästhetische Qualität eines Textes.

Welche Einseitigkeit auch eintritt: Eine isolierte Bewertung einer Teilkompetenz ist problematisch. Besonders gilt dies für die Sozial- und Personalkompetenz. Wenn hier unabhängig von der Anbindung an inhaltliche Aspekte mit Punkten erfasst wird, ob ein Schüler zum Beispiel Konflikte in der Gruppe lösen kann oder Selbstvertrauen beim Schreiben entwickelt, entfernt sich diese Bewertung ziemlich weit von lehrbaren Bestandteilen des Deutschunterrichts. Die Notenverordnungen geben aber klar vor, dass Leistungsbewertung sich daran zu orientieren hat, was im Unterricht erarbeitet wird, zum Beispiel sprachliche Operationen. In einem Negativszenario bestünde daher die Gefahr, dass man in der Praxis hinter den Status quo zurückfallen könnte, indem den alten Kopfnoten „Verhalten" und „Mitarbeit" ein neues Etikett übergestülpt wird: Personal- und Sozialkompetenz.

5.2.6 Explizite oder implizite Prozessbewertung?

Die genannten Bedenken gelten auch für den Vorschlag, schon während des Prozesses Bewertungen vorzunehmen. Im Sinne einer fördernden Beurteilung müssen soziale und personale Fähigkeiten selbstverständlich im Prozess begleitet werden, aber nicht bewertet. GRUNDER und BOHL nennen als Möglichkeiten der Prozessbeurteilung die systematische langfristige oder die punktuelle Beobachtung durch Lehrkräfte (wie sie in Projektprüfungen bereits praktiziert wird), aber auch die Mitbewertung durch Gruppenmitglieder[3] sowie die Selbstbewertung.[4] Schüler schätzen solche „leistungsfordernden" Formen durchaus problematisch ein: „Vor allem schämt man sich da auch irgendwie. Wenn man merkt, der Lehrer beobachtet einen jetzt, guckt man, dass man das schnell macht."[5] In der Tat wird durch eine *explizite* Bewertung einzelner Arbeitsschritte der wichtige lernpsychologische Grundsatz durchbrochen, dass die *Lernphase* von der *Bewertungsphase* zu trennen ist. Es liegt nahe, dass sich viele Schüler im Bewusstsein einer permanenten Bewertung (nicht Beratung) während ihres Lernprozesses gehemmt oder im Sinne sozialer Erwünschtheit verhalten (nach dem Motto: „Blättert schnell im Lexikon, der Lehrer kommt vorbei!"). Sie experimentieren dann lieber nicht mit ausgefalleneren Problemlösestrategien, deren Erfolg unge-

---

3 Das Team erhält für das Ergebnis eine Gesamtnote, welche die Teammitglieder leistungsbezogen untereinander aufteilen.

4 Vgl. zum Beispiel GRUNDER/BOHL 2001, 283. Zur Selbstbewertung ist kritisch anzumerken, dass erfahrungsgemäß gerade bei schwachen Schülern Selbst- und Fremdbewertung am wenigsten kongruent sind.

5 Schülerzitat aus GRUNDER/BOHL 2001, 289.

wiss ist. Gerade dies wäre aber wünschenswert, wenn das Ziel prozessorientierten Unterrichts die Entfaltung und Anerkennung individueller Strategien ist. Jeder Schüler sollte die für ihn passenden Arbeitstechniken finden und anwenden können, um zum Ziel zu gelangen – diese Werkzeuge selbst brauchen aber nicht Gegenstand der Bewertung zu werden.

Explizite Prozessbewertungen werfen also neue Probleme auf. Somit bleibt doch vor allem das Endprodukt bewertbar, sei es ein Text oder eine Präsentation, durchaus auch einmal als Gruppenleistung. Dieses Fazit bedeutet aber keine Rückkehr zur reinen Produktorientierung der alten Aufsatzdidaktik. Prozessbezogene Methoden- und Sozialkompetenzen sind *implizit* im Produkt enthalten, wenn die Leistung nicht isoliert, sondern in einem funktionalen Kontext erbracht wird und die Entstehung durch passende Methoden (zum Beispiel selbstständige Materialrecherche, Lerntagebücher, Feedback über Schreibkonferenzen) begleitet wird.

5.2.7 Zwei Beispiele für Alternativen zum traditionellen Aufsatz

Im Folgenden sollen zwei Alternativen für eine Bewertung schriftlicher Leistungen vorgestellt werden, die den Entstehungsprozess so aufwerten, dass er implizit für die Bewertung eine größere Rolle spielt.

Portfolio

Die Bewertung eines „Graduation Portfolios" ist eine Prüfungsform aus den USA, bei denen Schüler verschiedene Facharbeiten aus dem Unterricht auswählen, sorgfältig aufbereiten und in einer Mappe sammeln, zum Beispiel Referate, kleine empirische Untersuchungen, Essays, Texte aus dem Bereich des „creative writing" etc. – eine Form, die im deutschen Bildungswesen eher aus dem künstlerischen Bereich bekannt ist („Kunstmappe"). Über Vorgaben können die Bereiche genauer geregelt sein, die in dem Portfolio abgedeckt sein sollen. Die Besonderheit besteht darin, dass der zu Bewertende selbst darüber entscheidet, welche Arbeiten er zur Leistungsbewertung vorlegt. Während des Arbeitsprozesses besteht die Möglichkeit zur Beratung und Unterstützung durch die Lehrperson oder Tutoren. Aus einem „Prozess-Portfolio" wird auf diese Weise ein „Produkt-Portfolio" (vgl. BRÄUER 2000 a, 23). Dabei werden die späteren Bewertungskriterien dialogisch entwickelt und transparent. Die Präsentation des Portfolios erfolgt in der Regel in einem Kolloquium, bei dem die Bewerter kritische Fragen stellen können (Disputation); es ist aber auch möglich, dass der Autor seine Auswahl in einem Begleitschreiben kommentiert. Kriterium der Bewertung ist somit neben der Produktqualität auch die Begründung der Auswahl selbst. Das Portfolio bietet die Möglichkeit für eine individuelle und zugleich sachbezogene Bewertung, muss aber auf eine nivellierende soziale Bezugsnorm weitgehend verzichten, wodurch die Vergleichbarkeit der Leistungen erschwert wird: „Ausschlaggebend ist dann nicht mehr die mathematisch (und zeitsparend) ermittelte Rangfolge, sondern die Leistung selbst (vgl. BOHL 2001, 78).

Mehrstufiger Prüfungsaufsatz

Ein Schreibprozess lässt sich – idealtypisch vereinfachend – in drei Sequenzen modellieren: Eine *Vorbereitungsphase* dient dazu, Informationen zu recherchieren oder Ideen zu erzeugen – am Ende wird ein Schreibplan entwickelt. In der *Entwurfsphase* befasst sich der Autor vor allem mit dem Formulieren und konzentriert sich auf den Inhalt. Die stärkere Berücksichtigung von Normen und Konventionen kann er auf die *Überarbeitungsphase* verlegen, in der Probleme im Hinblick auf die Leser revidiert werden. Diese Dreiteilung ist in der professionellen Schreibpraxis weniger zu spüren, da alle Phasen miteinander verknüpft sind (Interdependenz) und man immer wieder auf vorige Phasen zurückspringt (Rekursivität). Für Lernende besteht aber durch eine Mehrstufigkeit die Möglichkeit, sich im Prozess zu entlasten und die jeweils wichtige Ebene zu fokussieren. Diese Chance räumt der mehrstufige Prüfungsaufsatz (vgl. MERKELBACH 1986, 143 ff.; FELDER/FIX 2001) auch im Fall der Bewertung ein. Beim Schreiben informationsbezogener Texte (wie etwa eine Argumentation) bedeutet dies, dass die recherchierten Texte aus der Vorbereitungsphase auch in den beiden folgenden Phasen genutzt werden können, zum Beispiel in Form einer Materialmappe.[6] Dadurch wird auch die Rezeptionskompetenz in der Bewertung honoriert; außerdem fließen Methodenkompetenzen des Exzerpierens, Zusammenfassens usw. ein, die im Schreibprozess nutzbar gemacht werden können. Die Überarbeitung kann so organisiert werden, dass der Textentwurf vom Lehrer eingesammelt und einige Tage später wieder ausgeteilt wird, falls die Sorge besteht, dass die Schüler zu viel fremde Hilfe holen; man könnte aber auch bewusst Aspekte der Sozialkompetenz einbeziehen, indem Schreibkonferenzen abgehalten werden. Im zweiten Durchgang der Klassenarbeit konzentrieren sich die Schüler auf das Revidieren auf verschiedenen Ebenen (Aufbau, Gewichtung der Teile, Adressatenbezug sprachliche Richtigkeit usw.) – vielleicht geben sie ihren Entwurf dazu in den Computer ein. Die Anzahl der Schreibphasen und den Zeitpunkt der Abgabe kann man – wie beim Portfolio – die Schüler selbst festlegen lassen. In der Regel wird erst die Reinschrift bewertet; wer die Revision explizit erfassen möchte, kann aber Noten für die Entwürfe geben, zum Beispiel über eine Beurteilung nach globalem Ersteindruck, und diese mit der Endfassung verrechnen.[7]
Solche Aufgabentypen versuchen zwischen den konträren Polen der Zentralisierung und Individualisierung, zwischen einer für alle gleichen Prüfungsaufgabe und einem individuellen Schreibprozess zu vermitteln. Textrezeption und -produktion werden für die Lernenden auch im Sonderfall der Bewertung in ihren Funktionen situiert. Damit ist nicht nur eine Momentaufnahme Grundlage der Leistung, obwohl während des Prozesses keine Bewertungen erfolgen. Die Beispiele zeigen, dass Prozessorientierung und Prüfungsaufsatz zumindest bedingt miteinander vereinbar sind.

---

6 Eine solche Aufgabe wurde zum Beispiel in der Realschulprüfung in Baden-Württemberg 2002 eingeführt.

7 Vgl. die Darstellung verschiedener Möglichkeiten in FRITZSCHE 1994, 223 f.

Übersicht: Bewertung schriftlicher Leistungen im Deutschunterricht

Grundsätzlich:

Es sollte mehr geschrieben werden als nur bewertete Texte. Rückmeldung und Begleitung in der Lernphase sind von zentraler Bedeutung, sollten aber von der Bewertung getrennt werden.

Im Vorfeld:

Orientierung der Aufgabenstellung an Schreibfunktionen: Realitätsnahe Schreibsituationen schaffen, Schreiben in Kontexten. Aufwerten der Vorbereitungsphase: Erarbeitete Materialien (Kompendien, Portfolios) später in der Klassenarbeit nutzen lassen; nicht nur Textsortenmerkmale erarbeiten, sondern auch Arbeitstechniken (Methodenkompetenz, zum Beispiel Recherche) und thematische Aspekte. Überarbeitungstechniken begleitend im Unterricht vermitteln (Checklisten, Sprachproben, Schreibkonferenzen). Dabei konkretisieren sich auch die späteren Bewertungskriterien, die für alle Beteiligten transparent und möglichst gemeinsam erarbeitet sein sollen.

Im Schreibprozess:

Im Idealfall entscheidet der Schüler als Autor, wann er den Text zur Bewertung freigibt; mehrere Überarbeitungsstufen sind selbstverständlich (ggf. den PC zur Erleichterung einsetzen). Sollte aus prüfungstechnischen Gründen Interaktion mit anderen nicht erwünscht sein, werden die Textrevisionen in der Endphase alleine vorgenommen, aber unter Einsatz der erarbeiteten Hilfsmittel (Wörterbuch, Exzerpte etc.).

Bewertung:

Eine explizite Bewertung von Methoden-, Sozial- und Personalkompetenz im Rahmen einer Textproduktion erscheint weniger sinnvoll, da jeder unterschiedliche Strategien nutzt, um ans Ziel zu kommen. Möglich, aber aufwändiger ist eine Bewertung von Entwurf und Überarbeitung. Mindestens ein Bewerter muss den Textentstehungskontext kennen, um die Leistung gerecht einordnen zu können (Berücksichtigung der Lerngeschichte, der Unterrichtsschwerpunkte, der Schreibfunktion). Auf der Basis dieses Wissens kann eine Globalbewertung festgehalten werden. In einem zweiten Durchgang wird diese durch eine analytische Bewertung nach Kriterien, die sich aus dem Unterrichtskontext ergeben, überprüft, der auch Bewertungsfehler vermeidet (zum Beispiel festgefahrenes Erwartungsprofil, Blenden durch schlechte Oberflächenstruktur).

Weiterführende Literatur:

BAURMANN, JÜRGEN (2002): Schreiben – Überarbeiten – Beurteilen. Seelze: Kallmeyer.

BOHL, THORSTEN (2001): Prüfen und Bewerten im offenen Unterricht. Neuwied; Kriftel: Luchterhand.

BRÄUER, GERD (2000 a): Schreiben als reflexive Praxis. Tagebuch, Arbeitsjournal, Portfolio. Freiburg im Breisgau: Fillibach.

FELDER, MARKUS/FIX, MARTIN (2001): Recherchieren für die Klassenarbeit: Der „mehrstufige Aufsatz". In: Praxis Deutsch, H. 167, 39–43.

Monika Witt

5.3 Essayistisches Schreiben mit Deutsch-als-Fremdsprache[1]-Lernern

5.3.1 Schreiben mit DaF-Lernern an Schule und Hochschule

Drei schreibdidaktische Positionen

Die Frage nach Schreiberfahrungen im Deutschunterricht in der Schule konsterniert oft DaF-Studenten. Geschrieben haben sie schon, doch selten haben sie Schreiben wirklich gelernt. Weder in der Schule noch an der Hochschule fördert man gezielt die Schreibkompetenz. Paul R. Portmann stellt in seinem umfangreichen, der fremdsprachlichen Schreibdidaktik gewidmeten Buch drei schreibdidaktische Positionen dar: die *direktive*, die *textlinguistische* und die *prozessorientierte* (Portmann 1991, 373–387):

- Im *direktiven* Konzept wird das Schreiben dem Mündlichen untergeordnet und mit dem schriftlichen Üben von sprachlichen Elementen und Strukturen gleichgesetzt. Von einem Schreibunterricht, in dem Texte entstehen würden, ist hier keine Rede.
- Den Ausgangspunkt für den *textlinguistischen* Ansatz bilden Fragen der Textualität und Textkonstitution, wobei diese Position auf der didaktischen Ebene unterschiedlich ausgeprägt sein kann, sich dann einerseits durch streng kontrolliertes und auf strikte Fehlervermeidung ausgerichtetes Schreiben und andererseits durch weniger „überwachtes" Schreiben auszeichnet.
- Der *prozessorientierte* Ansatz schließlich legt den Schwerpunkt auf den Weg zum Text anstelle der ausschließlichen Orientierung am Endprodukt (vgl. den Beitrag 1.2).

Schreibunterricht an polnischen Hochschulen

Aus Gesprächen mit polnischen Germanistikstudenten des ersten Semesters, die sich noch gut an ihren Schulunterricht erinnern können, ergibt sich ein Bild des DaF-Unterrichts, bei dem das Schreiben dem Mündlichen untergeordnet ist und als solches nicht gezielt ausgebildet, sondern als ein Werkzeug betrachtet wird, das der Ausbildung anderer Fertigkeiten dienen soll. Aber auch dort, wo zielgerichtet Texte verfasst werden, dominieren Verfahren, die sich am eher stark ausgeprägten *direktiven* Konzept orientieren und deshalb vor allem strikte Kontrolle, schrittweise Vorbereitung und weitgehende Fehlervermeidung zum Ziel haben (Portmann 1991, 383).

An Studienanfänger werden Anforderungen gestellt, deren Profil für sie ganz neu ist. Die Bewältigung der Aufgabe, einen den Ansprüchen einer wissenschaftlichen Arbeit gerecht werdenden Text zu schreiben, überfordert sie.

---

1 Im Folgenden abgekürzt mit DaF.

Die Einsicht in die Schreibprobleme der Studenten hat sich auf die Lehre in den germanistischen Instituten ausgewirkt: Es werden nun Schreibseminare angeboten, die durchschnittlich 150 Stunden in den ersten sechs Semestern umfassen sollen. In den Lehrplänen konzentriert man sich auf das Auflisten der zu erlernenden Textsorten, die teils der Textsortendidaktik (vgl. dazu auch den Beitrag 2.2), teils der klassischen *Aufsatzlehre* entnommen sind. Besonders beliebt sind Lebensläufe, Bewerbungen und verschiedene Sorten offizieller Briefe sowie Berichte und Erörterungen. Die didaktisch-methodische Ausarbeitung bleibt den einzelnen Lehrkräften überlassen. Die an germanistischen Instituten durchgeführten Gesprächsrunden und Umfragen ergeben so insgesamt ein Bild des Schreibunterrichts, in dem man ein entschieden *instruktives* Schreiben nach Textmustern praktiziert. Die Merkmale der Textmuster werden im Unterricht gemeinsam bestimmt oder sogar nur vom Dozenten vorgegeben. Dabei herrscht bei den Lehrkräften das klassische Denkmodell der analytisch und anschließend synthetisch angelegten Instruktion vor: (Muster-)Texte werden im Sinne von Modellen analysiert und besprochen und bilden dann die Grundlage für eigene Textproduktionen. Die Studenten gewinnen auf diese Weise Kenntnisse über bestimmte Aufbauprinzipien, können sie aber nur schematisch verwenden.

Ein solcher Schreibunterricht, wie er ja auch im muttersprachlichen Aufsatzunterricht lange vorherrschend war, fördert lediglich die Anpassung an vorgegebene Muster. Das Muster bildet eine Art „Tarnkappe", die der Schreiber aufsetzt und damit die Verantwortung für den eigenen Text delegiert, ohne den unsicheren Boden einer originären Komposition und eines selbstständigen Formulierungsprozesses zu betreten. Diese Schreibhaltung garantiert Erfolg, weil die Lehrkräfte daraus Bewertungskriterien ableiten, die, werden sie befolgt, zu einer guten Beurteilung führen. Mit einer Vorbereitung auf das wissenschaftliche Schreiben hat dies aber nichts (oder nur sehr wenig) zu tun. Die bisherige Praxis des Schreibunterrichts führt eher dazu, sich vorgegebenen Regeln und Kriterien anzupassen, statt die Studenten zu befähigen, im Schreibprozess selbstständig zu werden und das Schreibprodukt auch verantworten zu können. Diese Defizite führen dann beim wissenschaftlichen Schreiben zu Problemen, mit denen die Studenten und die Lehrkräfte konfrontiert werden, wenn die Abschlussarbeit geschrieben wird.[2]

5.3.2 Essayistisches Schreiben als Alternative

Auf das *essayistische Schreiben* als eine Möglichkeit, die Schreibfähigkeit im Muttersprachenunterricht zu fördern, hat BEISBART hingewiesen (vgl. BEISBART 1990). STADTER betrachtet *essayistisches Schreiben* als eine Chance, Schreibfertig-

---

2 Die polnischen Germanistikstudenten schreiben während ihres Studiums zwei umfangreiche Arbeiten, die den Anforderungen einer wissenschaftlichen Arbeit gerecht werden müssen: die Magisterarbeit von ca. 100 Seiten zum Abschluss des Studiums und die Lizentiatsarbeit von 20–40 Seiten nach dem dritten Studienjahr als Zulassungsbedingung für die Hauptseminare. An manchen Instituten werden auch noch weitere Semesterarbeiten gefordert, deren Umfang selten zehn Seiten übersteigt.

keiten in der Sekundarstufe zu fördern, indem sie Essays als Texte bezeichnet, die Ergebnisse eines individuellen Reflexionsprozesses einem interessierten Leser vorstellen (vgl. STADTER 2003). Aus dieser Charakterisierung des Essays lässt sich dessen Nutzen für die Vorbereitung auf das wissenschaftliche Schreiben ableiten: Der Essayist stellt seinem Leser keine fertigen Argumente vor, sondern dokumentiert viel eher den Prozess, in dem sie entstanden sind und entwickelt wurden. Er reflektiert diesen Prozess, indem er nicht nur das behandelte Problem, sondern auch die genutzten Quellen und sogar seinen eigenen Gedankengang von verschiedenen Standpunkten aus zu beleuchten versucht. Dieser Weg und seine Stationen werden im Essay schriftlich fixiert, wodurch der Entscheidungsprozess zwischen Fakten, Perspektiven und Wertungen transparent wird. Die Reflexion über Entscheidungsmöglichkeiten wiederum fördert die Fähigkeit zu kritischer Distanz dem fremden und dem eigenen Wissen gegenüber und lässt die Studierenden sich ihrer Position als Schreiber (oder Leser) bewusst werden. Die Reflexion des eigenen Schreibprozesses fördert Selbstständigkeit und Souveränität, Kompetenzen, die besonders – aber nicht ausschließlich – für das wissenschaftliche Schreiben grundlegend sind.

In Bezug auf das Schreiben in der Fremdsprache bedeutet der Essay eine besondere Herausforderung: Der Schreiber beruft sich hier nicht nur auf Quellen, sondern dokumentiert viel mehr, wie er mit ihnen umgegangen ist und auf welche Weise sie ihn inspiriert haben. Die Quellen und damit die darin enthaltenen Gedanken und Inhalte können somit nicht unreflektiert in den studentischen Text eingebaut werden. Sie müssen nach ihrem Wert befragt und überarbeitet werden, was eine selbstständige Strukturierung und Organisation des gesamten Schreibprozesses erfordert und vor allem hohe Anforderungen an die Formulierungsarbeit stellt. Die Verantwortung für das Formulieren kann nicht an einen fremden Text delegiert werden, was sonst beim Schreiben in der Fremdsprache oft als Lösung für Probleme dient, die aus sprachlichen Defiziten oder Unsicherheiten resultieren.

Hinsichtlich ihrer Form und Ästhetik sind die Essays sehr vielfältig. Sie bieten daher den fremdsprachlichen Schreibern keine bequeme Möglichkeit, in formalisierte Muster zu schlüpfen. Ausgeprägte äußere Merkmale, wie sie zum Beispiel bei der Erörterung oder bei einem Geschäftsbrief gegeben sind, stellen für fremdsprachliche Schreiber sichere Anhaltspunkte dar, auch deswegen, weil sie mit entsprechenden Formen in der Muttersprache vergleichbar sind, sich also auf einer Ebene überprüfen lassen, auf der sich der Schreiber relativ sicher fühlt.

Das essayistische Genre bedarf aber einer individuell-„originären" Ausarbeitung, bei der die Persönlichkeit des Schreibenden eine wichtige Rolle spielt. BEISBART zitiert CHRISTA ROTH, wenn er darauf hinweist, dass es für das *(essayistische)* Schreiben unabdingbar ist, dass „man als Lehrende Ich- und Wir-Aspekte berücksichtigt, nicht gegen sie arbeitet, sondern mit ihnen" (BEISBART 2004, 15). Daneben sollte Schreiben auch als *kulturelle Kompetenz* betrachtet werden, wobei Studierende einerseits eigene Schreibprozesse reflektieren und organisieren, andererseits ihre Leser mit ihren Erwartungen und Erfahrungen berücksichtigen lernen sollten (ebd., 16). Natürlich müssen Schreibversuche, die auf diese Kompetenzen abzielen, durch entsprechende Verfahren im Unterricht begleitet werden und von einem Klima geprägt sein, das die Studierenden zum angstfreien Ausprobieren und Experimentieren ermuntert. Die intensive Beratung und Betreuung durch die Dozenten sowie gemeinsame Besprechungen der Texte im Seminar sind eine Voraussetzung dafür.

5.3.3 Erste Annäherung an den Essay: ein Erfahrungsbericht

Lektüre essayistischer Texte als Anregung für das eigene Schreiben

Angesichts der Vielfalt essayistischer Realisierungsmöglichkeiten und der Tatsache, dass eben diese Vielfalt didaktische Möglichkeiten für das *Lernen durch Schreiben* ermöglicht, darf die Textsorte Essay im Unterricht nicht auf enge Definitionen festgelegt werden. Die Annäherung an die essayistische Textform sollte vielmehr durch eine offene Beschreibung dieser Textsorte geschehen, die *induktiv* von und mit Studenten erarbeitet und entwickelt wurde (vgl. STADTER 2003, 83): „Es kommt beim Lesen und Verfassen von Essays wohl weniger darauf an, dass die Texte dem Genre eindeutig zuzuordnen sind, sondern darauf, dass ihre Machart und die Ziele der Verfasser erkannt und bei Bedarf nachgeahmt werden können" (STADTER 2003, 83).

Entsprechend ging ich in einem Projektseminar zum *essayistischen Schreiben*, das ich 2003 an der Fachhochschule Neisse durchführte, vor: Die polnischen Germanistikstudenten sollten sich zunächst der Lektüre von verschiedenen, ausgewählten *essayistischen* Texten widmen, erste Erfahrungen mit der neuen Textsorte sammeln und diese Erfahrungen schriftlich festhalten. Die Studierenden sollten sich also schreibend mit der „essayistischen Herausforderung" auseinander setzen, das Thema, hier also den Essay selbst, ohne enge Vorgaben aus verschiedenen Perspektiven beleuchten. Dieses Vorgehen war als Alternative zu den gängigen Definitionsversuchen, die den Studenten bereits vom Schreibunterricht her bekannt waren, gedacht. Weder mit der Textsorte Essay noch mit dem Umgang mit einer so angelegten Textanalyse waren die Studierenden bislang im Unterricht konfrontiert worden. Weder in der Schule noch an der Hochschule hatten sie auf diese Art und Weise über Texte gesprochen.

Die Ergebnisse der schreibenden Auseinandersetzung mit dem Essay möchte ich nun anhand ausgewählter Textauszüge vorstellen[3] und dabei insbesondere zeigen,

- wie die Studierenden versuchten, den Essay zu charakterisieren bzw. zu „definieren"
- und welche Eindrücke sie von der Art der Argumentation bzw. des Gedankengangs, wie sie sich im Essay zeigt (vgl. 5.3.2), gewannen.

---

3 Die Äußerungen wurden weitgehend in ihrer ursprünglichen Form belassen und nur in Einzelfällen aus Gründen der besseren Verständlichkeit geringfügig verändert.

Charakterisierung des Essays statt gängiger Definitionsversuche

Den Studenten fällt auf, dass der Essay keinem „Schreibmilieu" zuzuordnen ist, dass literarische, journalistische und wissenschaftliche Essays existieren, dass man also durch diese Textsorte Zugang zu verschiedenen Bereichen des Schriftlichen gewinnen kann, weil der Essay unterschiedlich abgefasst ist, „[...] mal in *literarisch-dichterischer Prosa, mal kritisch-analytisch, ironisch, gesellschaftskritisch, wissenschaftlich, eben jedes Mal anders"* (Sebastian P.).

Die Studierenden verzichten von sich aus ganz bewusst auf einen Definierungsversuch, nachdem sie anhand der Lektüre die essayistischen Möglichkeiten reflektiert haben: *„Ich sage nicht, denn ich würde lügen, dass mir alle Texte grenzenlos gefallen haben, aber was wichtiger ist, alle hatten ihre besondere Eigenart, eine Form, die jeden von den anderen unterschied. [...] Man erkennt, wie die Form des Essays variiert, wie sprachliche und literarische Mittel die Äußerung mal ironisch, mal ernsthaft erscheinen lassen"* (Sebastian P.). *„Für jeden Text aus der Sammlung ist ein anderer (aber konkreter) Stil charakteristisch"*, bemerkt eine andere Studentin, um dann festzustellen: *„Demzufolge ist die Suche nach eindeutigen Gemeinsamkeiten in Stil, Sprache und Form, um Regeln für eine essayistische Darstellung zu erstellen, irreführend"* (Justyna S.).

Die Definitionen in Nachschlagewerken genügen den Studierenden nicht: *„Ich kam nicht aus dem Staunen heraus, weil mir die vor mir liegenden Essays gar mehr boten als diese zimperliche Definition, die sich nur an das Thema Essay anschleichen wollte"* (Sebastian P.).

Die Studierenden begeben sich erkennbar auf einen anderen, selbst gefundenen Weg, um den Essay zu charakterisieren. Sie finden in den essayistischen Texten Gemeinsamkeiten und gehen dabei auch differenziert auf die Intentionen und Wirkungsweise des Essays ein: So erkennen sie, dass der Essay zum Nachdenken anregen will, dass keine fertigen Lösungen dargestellt werden, sondern der Leser motiviert wird, sich mit dem Problem weiterzubeschäftigen und die Argumentation zu ergänzen: *„Man kann den Text lesen, und er geht uns nicht gleich aus dem Kopf. Er bleibt und beunruhigt. Und das finde ich gut"* (Malgorzata W.).

„Ein ganz normaler und mit einer einfachen Sprache geschriebener Text, der ein solches Thema berührt, das fast jeden Menschen betrifft, führte mich in eine merkwürdige Stimmung. Mit Sicherheit erregte er mein Gehirn und verursachte, dass ich nach dieser Lektüre eine kurze Pause in meinen täglichen Pflichten machen musste. Das habe ich erfahren. Darüber habe ich nachgedacht. Darüber habe ich mit meinen Freunden diskutiert. [...] Darauf zielte der Autor dieses Textes ab. Man kann sagen, dass er die Leser dazu zwingen will, aus dem eigenen Leben einerseits neue, andererseits bereits bekannte Schlussfolgerungen zu ziehen" (Andrzej R.).

Natürlich spürt man in vielen studentischen Texten noch ein Staunen über die neue, unbekannte Form, die sich nicht so leicht definieren lässt: *„Manchmal hat man den Eindruck, dass die Gedanken nicht logisch zusammen verbunden sind, sondern die Abhandlung einen assoziativen Charakter hat. Am Anfang wird gewöhnlich das Thema des Textes dargestellt. Das ist meistens eine These, die* *dann weiter diskutiert wird. [...] Dieser Essay hier fängt mit der gleichen Fest-stellung an, mit der er auch endet. In den anderen Texten ist das sehr ähnlich: Zuerst wird das Thema präsentiert und am Ende wird die ganze Diskussion des Autors zusammengefasst"* (Ewa N.). Wenn die Studentin feststellt, dass der Essay „nicht logisch, sondern assoziativ" gebaut wird, spürt man wohl den Einfluss der Tradition des argumentativen Schreibens im Sinne der Erörterung. Die Studentin versucht, den Essay in ein Schema zu fassen, das sie aus ihrem bisherigen Schreibunterricht kennt.

Weiterhin fällt den Studierenden auch der ungewöhnliche Sprachstil und das sprachspielerische Moment in den Essays auf: *„Es wird also von den Verfassern der Versuch unternommen, aus einer breiten Wortschatzpalette ein passendes Wort herauszusuchen, das die Flüchtigkeit der Welt mit ihrem momenthaften Charakter mit höchster Exaktheit erfassen und ausdrücken würde"* (Marek S.). *„Die Gedanken der Autoren finden ihren Lauf in mit großer Präzision aus-gesuchten und zusammengesetzten Wörtern. [...] Wichtig ist auch die Tatsache, dass sehr oft mit Worten gespielt wird. Sie werden mit lebhaft-geistreicher Witzigkeit eingesetzt"* (Justyna S.).

Argumentieren im Essay

Die von Andrzej R. gemachte Äußerung zu „einerseits neue(n), andererseits be-reits bekannte(n) Schlussfolgerungen" knüpft an das *essayistische Spiel* mit Ar-gumenten an, die aus ganz verschiedenen Quellen gespeist werden. Die wissen-schaftlich fundierten können hier gleichberechtigt neben den alltäglichen auftre-ten: *„Man kann in Essays die eigene Lebenserfahrung, Erfahrungen von Bekann-tem als Beleg für eine These anführen. Es kommt auf die Ausarbeitung an, die den essayistischen Anspruch ausmacht"* (Dorota R.). Die Studierenden erkennen die nicht schematische Art der Argumentation und verstehen, dass der Reiz des Essays darin liegt, dass der Leser mit unerwarteten Argumenten konfrontiert und ständig überrascht wird: *„Ein Problem, das in einem Essay thematisiert wird, wird aus verschiedenen Sichtweisen präsentiert, so dass bei dem Leser ein Über-raschungseffekt auftreten kann. Er beruht darauf, dass der Essayist von dem üblichen Gedankengang abgeht und die Tatsachen in einem anderen, nicht üblichen Kontext darstellt"* (Dorota R.). *„Der Essayist verknüpft seine Argu-mente so, dass sie zwar nicht ins Banale und Triviale reinrutschen, aber doch einen Essay entstehen lassen, der wohl für Kindesaugen nicht gedacht wurde, aber doch solch einen Eindruck macht. [...] Der Essayist dosiert seine Argu-mente so, dass er Spannung im Text zu erzeugt, um den Leser zu fesseln und erst am Ende seinen eigenen Gedanken zu überlassen"* (Sebastian P.). Dabei darf der Essayist viel, nur darf er sich weder von Klischees noch von Tabus beeinflussen lassen: *„Der Essayist muss COOL sein. Cool im Sinn von abgebrüht, dass er eine leichte Feder haben sollte, die ohne Tabus und jegliche Grenzen arbeitet"* (Sebastian P.). Bezeichnenderweise wird in den studentischen Kommentaren auch die Tatsache erwähnt, dass das Essay-Schreiben eine Handlung ist, die Leserschaft braucht:

„Der Leser spielt eine entscheidende Rolle bei dieser Textsorte, weil der Text nicht argumentieren, sondern erwägen soll. Die Leser müssen bereit sein, ihre Denkweise auf andere Gleise zu leiten, sich für neue Ideen öffnen, neue Denkstrukturen entwickeln" (Dorota R.).

5.3.4 Schlussgedanke

Die meines Erachtens erstaunlichen Ergebnisse der Annäherung an den Essay zeigen deutlich, dass durch dieses *induktive* Verfahren eine wesentlich intensivere Auseinandersetzung mit dem Essay stattfindet als es durch gängige, reproduktive Definitionsversuche möglich wäre. Daneben zeigt sich, dass die schreibende Auseinandersetzung mit der unbekannten Textsorte die eigenreflexiven Fähigkeiten, die für das Schreiben (vgl. den Beitrag 1.2) von großer Bedeutung sind, in hervorragender Weise gefördert werden können. Dies erkennen auch die Studierenden, wenn sie unter Berufung auf Montaigne *essayistisches Schreiben* als individuelle Reflexion begreifen und feststellen: *„Man hat manchmal den Eindruck, als ob alles, was durch den Kopf eines Schreibenden geht, seinen Ausdruck in dieser literarischen Form finden könnte"* (Justyna S.). *„Ich habe es nie gemocht, Erörterungen zu schreiben, weil ich bereits am Anfang die Schlussfolgerung wissen musste. Während ich nun schreibe, reifen und verändern sich meine Ansichten. Ich studiere mich dadurch selbst mehr als jeden anderen Gegenstand. Schreibend denke ich nach"* (Edyta C.).

Weiterführende Literatur:

Beisbart, Ortwin (2004): Wie kann das Schreiben gelehrt werden? Neuere Überlegungen zu einer Didaktik des Schreibens in Schule und Hochschule. In: Germanistische Studien, 1, H. 1, 9–17.

Hufeisen, Britta (2002): Ein deutsches Referat ist kein englischsprachiges Essay. Theoretische und praktische Überlegungen zu einem verbesserten textsortenbezogenen Schreibunterricht in der Fremdsprache an der Universität. Innsbruck: StudienVerlag.

Pfammatter, Rene (2002): Essay – Anspruch und Möglichkeit. Plädoyer für die Erkenntniskraft einer unwissenschaftlichen Darstellungsform. Hamburg: Dr. Kovac.

Portmann, Paul R. (1991): Schreiben und Lernen. Grundlagen der fremdsprachlichen Schreibdidaktik. Tübingen: Niemeyer.

Stadter, Andrea (2003): Essayistisches Schreiben in der Sekundarstufe (I und) II. In: Der Deutschunterricht, H. 3, 81–91.

KRISTINA POPP

5.4 Schreibberatung an der Hochschule

5.4.1 Der Prozess wissenschaftlichen Schreibens im Spannungsfeld von Originalität und Normvorgaben

„Die Einübung in die Schriftlichkeit ist ein schwieriger und langwieriger Prozess" (BEISBART 2003 a, 59). Diese Aussage gilt insbesondere für das Schreiben an Hochschulen. Trotz vielversprechender Ansätze in der Forschung zum Herstellungsprozess wissenschaftlicher Texte und der wissenschaftlichen Schreibdidaktik ist gezielte Schreibberatung und Schreibförderung nur selten Teil der regulären Hochschullehre. In diesem Beitrag wird ein Überblick über die aktuelle Diskussion um Schreibberatung an der Hochschule gegeben.

Ausgehend von den Anforderungen, die sich aus der Realisierung einer wissenschaftlichen Arbeit ergeben und sowohl *Handlungskompetenzen* als auch spezifisches *Wissen* voraussetzen, wird gezeigt, an welcher Stelle Schreibberatung an Hochschulen ansetzen muss. Dabei steht die Überlegung im Zentrum, dass Schreibberatung an Hochschulen zwischen den Polen der Prozess- und Produktorientierung zu verorten ist. Nun trifft dies sicherlich auf jede Schreibdidaktik zu; BEISBART (2003 a) nennt als Zieldimensionen schreibdidaktischer Bemühungen „die zunehmende Bewusstmachung der Bedingungen des eigenen Schreibprozesses" einerseits und „das Vermitteln der spezifischen Regeln der Schriftlichkeit und ihrer unterschiedlichen Funktionalität" andererseits (ebd., 62). Für den wissenschaftlichen Schreibprozess gilt dieser Anspruch jedoch in besonderem Maße. Dabei umfasst der Begriff *Schreibprozess* alle Teilhandlungen, die an die Realisierung einer wissenschaftlichen Arbeit gekoppelt sind, also nicht nur das Schreiben im eigentlichen Sinne (vgl. hierzu den Beitrag 1.2).

- Erstens sind wissenschaftliche Schreibprozesse eine Form des wissenschaftlichen Arbeitens, Schreiben ist eine „die Wissenschaft konstituierende Handlung" (KRUSE/JAKOBS 1999, 20). Daher hat der *Schreibprozess* als solcher eine wichtige Funktion inne: Er dient sowohl der Gewinnung von Erkenntnissen als auch der Strukturierung von Wissen. Der Schreibprozess mit seiner „epistemisch-heuristischen Potenz" (JAKOBS 1999, 172) ist ein zentrales Instrument wissenschaftlicher Erkenntnisgewinnung. Das Ziel wissenschaftlicher Schreibprozesse besteht also nicht nur darin, eigene Gedanken öffentlich zu machen und neue Ideen zu präsentieren, sondern vorrangig darin, erst einmal eigene Gedanken zu entwickeln und neue Ideen zu generieren.
- Der zweite Grund für die erhöhten Anforderungen an den wissenschaftlichen Schreibprozess ist darin zu sehen, dass nur wenige Schreibprodukte derart rigiden Normen und Konventionen unterworfen sind wie ein wissenschaftlicher Text. KRUSE (1997) weist darauf hin, dass auf einen Verstoß gegen wissenschaftliche Normen und Konventionen gar Rezeptionsverweigerung der *scientific community* folgen kann (ebd., 150).

- Drittens muss ein wissenschaftlicher Text immer einen erkennbaren Gegenstand behandeln (Eco 1993, 40). Die Auseinandersetzung mit dem jeweiligen Gegenstand erfolgt im akademischen Kontext oftmals im Rückgriff auf entsprechende Fachliteratur. Der Autor muss also nicht nur die Regelhaftigkeit des eigenen Schreibprodukts, sondern auch die Struktur des *Systems Wissenschaft* (vgl. Kruse 1997) begreifen. Daher ist Produktorientierung hier im doppelten Sinne zu verstehen: einmal bezogen auf das entstehende Schreibprodukt, zum anderen bezogen auf den zu behandelnden Gegenstand, der sich zumeist erst im wissenschaftlichen Diskurs manifestiert.
- Viertens betont der universitäre Schreibrahmen, der vorrangig fremdbestimmte Schreibanlässe schafft, die „Auffassung vom Schreiben als produktgesteuerter Handlung" (Bräuer 1998, 19). Soll dagegen der „Dualismus von Prozess und Produkt" (ebd., 19) und vor allem die erkenntnisfördernde Funktion von wissenschaftlichen Schreibprozessen nachhaltig ins Bewusstsein der Studierenden gelangen, so muss Schreibberatung an Hochschulen Studierenden akademisches Schreiben verstärkt als ein Instrument des Lernens zugänglich machen.

Um solch ein Ziel zu realisieren, müssen Erkenntnisse der Schreibprozessforschung wie auch schreibdidaktische Konzeptionen in einen fruchtbaren Zusammenhang gebracht werden. Dies ist das Anliegen des vorliegenden Beitrags.

5.4.2 Der wissenschaftliche Schreibprozess als Realisierung verschiedener Teilhandlungen

Wie bereits angedeutet, reicht akademisches Schreiben weit über das Versprachlichen mentaler Modelle hinaus. Es umfasst zahlreiche Teilhandlungen, wie zum Beispiel das Erzeugen und Verändern von Informationen, Gliederungs- und Strukturierungsprozesse, Leseprozesse und Revisionen. Die Teilhandlungen des Schreibprozesses sollen in Anlehnung an Kruse/Jakobs (1999) den drei Bereichen Informationen, Sprache und Kommunikation zugeordnet werden. Für jeden dieser drei Bereiche werden die Anforderungen vorgestellt, die der Schreibprozess an den akademischen Autor stellt,[1] und didaktische Konzeptionen und Möglichkeiten genannt, um auf sich hieraus ergebende Schreibprobleme im Rahmen von Schreibberatung an Hochschulen zu reagieren.

Aneignen, Verändern und Strukturieren von Informationen

Ein wissenschaftlicher Text zeichnet sich dadurch aus, dass bereits Bekanntes mit neuen Erkenntnissen in Verbindung gebracht wird. Der Autor signalisiert Kenntnis der aktuellen Forschungslage, indem er den von ihm untersuchten Gegenstand in einer bestimmten Art und Weise positioniert, zum Beispiel in sei-

---

1 Die Darstellung textproduktiver Teilhandlungen ist weder als eine hierarchische Reihenfolge noch als chronologischer Ablauf zu verstehen.

ner Entwicklung dargelegt oder in einen Kontext eingebettet. Gleichzeitig muss der Autor jedoch auch neue Erkenntnisse über diesen Gegenstand integrieren oder diesen aus einer neuen Perspektive darstellen (Eco 1993, 40 f.). Dazu bedarf es einer flexiblen Wissensbasis (vgl. Kruse/Jakobs 1999) und verschiedener wissenschaftlicher Arbeitstechniken wie zum Beispiel Systematisieren, Analysieren, Interpretieren, Dokumentieren, Strukturieren und Kompilieren (vgl. Bünting u. a. 1996). Eine wichtige Kompetenz textproduktiven Handelns ist das Generieren von Wissen.

Der Rückgriff auf Fachliteratur ist die zentrale Möglichkeit der Wissensgenerierung. Leseprozesse, „die sich auf andere bereits vorhandene Texte in ihrer Eigenschaft als Vorlage, Bezugsobjekt oder Informationsquelle für das intendierte Textprodukt beziehen" (Jakobs 1997, 76), werden mit dem Begriff des *source reading* (ebd., 76) überschrieben.

Ein erfolgreiches *source reading* wird von zahlreichen Faktoren bestimmt; bezüglich schreibdidaktischer Bemühungen ist der Faktor „Voraussetzung des Autors als Rezipient" (ebd., 83) maßgebend. Der wissenschaftliche Autor muss in der Lage sein, das angelesene Wissen in einen sinnvollen Bezug zu seinem eigenen, noch zu schreibenden Text zu setzen. Dazu gehört vor allem die Fähigkeit, Wichtiges von Unwichtigem zu unterscheiden und die Informationen verschiedener Texte zu kompilieren und zu systematisieren. Sinnvolles *source reading* setzt sowohl Schreiberfahrung als auch Lesefertigkeit voraus (ebd., 81). Empirische Befunde, die im Rahmen schreibdidaktischer Beratungtätigkeit erhoben wurden, besagen, dass Studierende gerade bei der konstruktiven Verknüpfung von Lese- und Schreibprozessen Probleme haben (Furchner u. a. 1999, 64).

Studierende einen sowohl kritischen als auch kreativen Umgang mit Fachliteratur zu lehren, ist daher eine wichtige, in der Praxis allerdings kaum realisierte Aufgabe universitärer Schreibberatung. Jakobs (1997) beklagt zwar fehlende empirische Forschungsergebnisse über fachspezifische Leseprozesse, aus denen didaktisch zu nutzende „Leseoptimierungsstrategien" abzuleiten wären, doch gibt es didaktische Ansätze und Konzeptionen, die Aspekte des *source reading* mit in ihre Überlegungen einbeziehen. Neumann (1997) zum Beispiel möchte die Rezeptionskompetenz Studierender durch die Vermittlung rhetorischen Grundwissens verbessern. Wie aktuelle linguistische Forschungsergebnisse zeigen, weist wissenschaftliche Literatur einen großen Anteil rhetorischer Textherstellungsmuster auf (ebd., 160 ff.), so dass rhetorisches Können und wissenschaftlicher Fortschritt als zusammengehörig begriffen werden müssen. Mit Hilfe rhetorischer Kenntnisse würden die Studierenden Struktur und Aufbau wissenschaftlicher Texte besser erkennen und „kritischer, methodisch und theoretisch reflektierter das vorhandene Material bearbeiten" (ebd., 165), also genau jenen Anforderungen entsprechen, die ein erfolgreiches *source reading* bedingt.

Anders als Neumann (1997), der die strukturelle Dimension studentischer Probleme im Umgang mit Fachliteratur zum Ausgangspunkt seiner Überlegungen macht, setzen Kruse/Ruhmann (1999) mit ihrer Konzeption „Aus Alt mach Neu: Vom Lesen zum Schreiben wissenschaftlicher Texte" am Leseprozess an und schulen das Rezipieren von Fachliteratur. Die Studierenden üben die Zusammenfassung zentraler Aussagen des Quellentextes zu einem kohärenten Text, das Herstellen intertextueller Bezüge und einen kritischen und kreativen Umgang mit Fachliteratur. Durch konkrete Handlungsanweisungen sowie durch die Vorgabe sprachlicher Formulierungsmuster werden die Studierenden befähigt, den komplexen Prozess des *source reading* zu bewältigen.

Die vorgestellten didaktischen Ansätze, die die Befähigung zu einem effektiven *source reading* zum Ziel haben, setzen am *Leseprodukt* wie auch am *Leseprozess* an. Zum einen erhalten die Studierenden die für eine produktive Rezeption notwendigen Kenntnisse über die Textsorte „wissenschaftlicher Aufsatz", zum anderen erhalten sie durch gezieltes Training die notwendige Handlungskompetenz. Ein Zusammenspiel beider Ansätze würde die Studierenden zu einem *source reading*, das sowohl dem produktiven als auch dem reproduktiven Charakter dieses Vorgangs gerecht wird, befähigen.

Umgang mit (wissenschaftlicher) Sprache

Ein zweiter zentraler Aspekt des Schreibprozesses ist der kompetente Umgang mit Sprache. Auch dieser Aspekt ist zwischen Prozess- und Produktorientierung zu verorten: Ein versierter Schreiber verfügt über Kenntnisse wissenschaftlicher Textnormen, Textmuster und Stilistik und kann diese mit einer gewissen Routine im Formulieren verbinden. Ein wissenschaftlicher Autor muss den spezifischen Charakter der jeweiligen Wissenschaftssprache und vor allem die Normen der dazugehörigen Diskursgemeinschaft kennen. Normen wissenschaftlichen Textproduzierens sind „sozial verbindliche Regeln für fachliches Handeln, die sich im Laufe der Zeit in Fachgemeinschaften herausgebildet haben" (JAKOBS 1999, 171), also nicht immer logisch oder sachlich zu begründen, sondern auch von Traditionen und Konventionen abhängig (KRUSE 1997, 142). Zudem variiert der Status der vorgegebenen Regeln und ist im Einzelfall immer wieder neu zu definieren, sie reichen von Muss- über Soll- bis zu Kann-Vorgaben (JAKOBS 1999, 174). Wissenschaftssprache ist bisher kaum systematisch erforscht, die Ergebnisse der Fachtextlinguistik beziehen sich zumeist auf einzelne Aspekte wie zum Beispiel Deiktik und Argumentationsfiguren, so dass nur wenige Erkenntnisse über Vertextungsnormen vorliegen (ebd., 177).

Die Probleme der Studierenden beginnen daher bereits bei der Beschaffung von Informationen über wissenschaftliche Textnormen. Studierende können erstens auf Publikationsrichtlinien zurückgreifen; für geisteswissenschaftliche Fächer liegen solche Vorgaben jedoch selten als übergeordnete Standardisierungsbemühungen vor. Zweitens können sie sich an bereits vorhandener Fachliteratur orientieren, dazu muss aber erkannt werden, welche Texte auch tatsächlich als Vorbild geeignet sind. Der Rückgriff auf Ratgeberliteratur stellt eine dritte Möglichkeit der Informationsbeschaffung dar, ist aber nicht immer hilfreich: Wert und Gültigkeit von Normen werden zum Teil relativiert und deren Darstellung beschränkt sich oft auf die formal-technische Gestaltung von Texten (ebd., 176 ff.).

Das Wissen um Textmuster hilft bei der Planung von Schreibprozessen: „Wissenschaftliche Textmuster geben nicht nur die grobe Architektur eines Textes vor, sondern helfen auch bei der Organisation des Materials, bei der Auswahl rhetorischer Figuren und bei der stilistischen Gestaltung des Textes" (Kruse 1997, 148). Im wissenschaftlichen Kontext stehen Textmuster in engem Zusammenhang mit dem wissenschaftlichen Erkenntnisprozess. Studierende können Textmuster jedoch nur selten als Strukturierungshilfe nutzen, da sie ihnen nur unzureichend (als leere Formvorgabe, ohne Wissen um den Bezug zum Erkenntnisprozess) bekannt sind oder als zu komplex empfunden werden (ebd., 149).

Auch die Kenntnis stilistischer Formen ist ein den Schreibprozess konstituierendes Wissen. Wissenschaftliche Sprache ist hinsichtlich des Stils strengen Normen unterworfen. Kruse führt als generelles Stilgebot wissenschaftlicher Texte die *Window-Pane-Theorie* an, die besagt, dass wissenschaftliche Sprache derart gestaltet sein müsse, dass sie als Medium in den Hintergrund tritt. Dabei gelte das *Ich-Tabu*, das *Metaphern-Tabu* und das *Erzähl-Tabu* (ebd., 150 f.). Dieser Stil kollidiere jedoch mit dem kommunikativen Ziel wissenschaftlicher Texte (ebd., 154) und bleibe daher oftmals lediglich ein Sprach*ideal* (vgl. Neumann 1997). So fällt es Studierenden oft schwer, einen eigenen Stil, der den Konventionen der *scientific community* entspricht, zu entwickeln.

Formulierungsprozesse nehmen eine „Schnittstellenfunktion" (vgl. Wrobel 1997) im Schreibprozess ein: Hier treffen Geist und Materie, Kognition und Sprache aufeinander. Die Tätigkeit des Formulierens ist zu verstehen als „das Umsetzen von Intentionen und deren Inhalten beim Textherstellungsprozess im Rahmen einer situativen Gesamtintention in Ausdrücken, in Äußerungen und in Äußerungssequenzen" (Sandig 1997, 25). Sandig konnte in einer empirischen Untersuchung wissenschaftlicher Texte zeigen, dass die „überwiegende Mehrzahl der Formulierungen [...] auf Formulierungsvorgaben" beruht (ebd., 42). Formulierungsmuster entlasten den Schreibenden kognitiv, da er nicht jeden Inhalt neu vertexten muss, zum Teil können ganze Lexemketten reproduziert werden (ebd., 26). Innerhalb der *scientific community* liegen zum Beispiel Formulierungsmuster für die Deiktik und für Zusammenfassungen vor, es gibt konkrete Argumentations- und Gliederungssignale. Schreibkompetenz umfasst immer auch gewisse Schreibroutinen (Beisbart 2003 a, 64) wie das Verfügen über einen flexiblen Bestand an Formulierungsmusterwissen.

Studierende sollten also spezifisches Wissen um wissenschaftliche Textmuster, Normen und Stilistik besitzen und eine gewisse Routine im Formulieren aufgebaut haben. Im Folgenden werden didaktische Ansätze vorgestellt, die die Vermittlung eben dieser Kompetenzen zum Ziel haben.

Das Modell von Jakobs (1999) setzt an der Vermittlung von Informationen über den Charakter von Wissenschaftssprache an: Im Rahmen einer linguistischen Vorlesung werden zunächst die Rahmenbedingungen wissenschaftlichen Schreibens (Kulturraum, Institution, konkrete Schreibsituation) und deren Einfluss auf die Textnormen dargestellt (ebd., 184 f.). In einem zweiten Schritt wird das Zusammenspiel von „außersprachlichen Handlungsvoraussetzungen und [...] sprachlicher Umsetzung von Ideen" (ebd., 185) behandelt. Dabei lernen die Studierenden Textmuster und deren Funktion kennen. Dieser Ansatz macht den

Studierenden wissenschaftliche Normen nicht nur als einzuhaltende Vorschrift erfahrbar, sondern vermittelt auch Einblicke in deren Funktion. Dadurch werden die verschiedenen Textmuster und Vertextungsstrategien plausibler und sind dann auch besser für die eigene wissenschaftliche Textproduktion zu nutzen.

Der Ansatz LEHNENS (1999) hingegen fokussiert den Prozesscharakter des Formulierens. LEHNEN hat die „kooperative Textproduktion" (ebd., 147) hinsichtlich ihres Potenzials für den Erwerb wissenschaftlicher Schreibkompetenz untersucht. Für das Einüben von Formulierungsprozessen stellt LEHNEN die Methode der *konversationellen Schreibinteraktion* (ebd., 153) vor, in der mindestens zwei Personen in einer *face-to-face* Situation interaktiv einen Text verfassen. Zwar würde in solch einer Situation der Schreibprozess aufwändiger (jeder einzelne Handlungsschritt muss koordiniert werden), doch ebenso bewusster wahrgenommen (ebd., 154 f.). Handlungsbegründungen veröffentlichen kognitive Prozesse und lösen so Reflexionsprozesse zum Beispiel bezüglich alternativer Verfahren für die Lösung von Formulierungsproblemen aus. Auch an dieser Stelle wäre ein Zusammenspiel der beiden hier vorgestellten Verfahren wünschenswert, so dass auch bezüglich der sprachlichen Dimension des wissenschaftlichen Schreibprozesses das Spannungsfeld von Produkt- und Prozessorientierung ausgelotet wird.

Kommunikation

Eine dritte Dimension wissenschaftlicher Schreibkompetenz ist die kommunikative. Beim Verfassen wissenschaftlicher Texte muss stets die Kommunikationssituation berücksichtigt werden, der Text muss Informationen über den Absender wie auch über den Adressaten enthalten (vgl. KRUSE/JAKOBS 1999, 21 f.). Wissenschaftliche Texte transportieren Wissen, welches der Autor enkodiert und vom Leser wieder dekodiert werden muss. Die Wissensstruktur des Autors wird dabei in eine lineare Abfolge von Argumenten und Konzepten gebracht und in einem Verstehensprozess in die Wissensstruktur des Lesers überführt (ESSELBORN-KRUMMBIEGEL 1999, 122 f.).

Eine zentrale Möglichkeit, mit der *scientific community* in Kontakt zu treten, ist das Herstellen von Text-Text-Bezügen. KRUSE weist darauf hin, dass der Bezugnahme neben sachlicher Funktionen (Vernetzen von Wissen, Aufzeigen des eigenen Standorts, Angebot an zusätzlichem Wissen) auch kommunikative Funktionen, nämlich die „Selbstdarstellung und Beziehungsgestaltung" (1997, 147) zukommen. Dazu gehört zum Beispiel das Auf- und Abwerten anderer Wissenschaftler durch Erwähnen bzw. Nichterwähnen seiner Arbeiten oder auch die Selbstdarstellung durch Verweis auf eigene Arbeiten. Trotz der Einschränkungen des *Window-Pane-Stils*, der einen Verzicht auf rhetorische Mittel nahe legt (KRUSE 1997, 154), ist gezielte Rhetorik ein wichtiger Aspekt wissenschaftlicher Kommunikation (vgl. NEUMANN 1997).

Schreibprobleme Studierender entstehen oftmals dadurch, dass der kommunikative Charakter wissenschaftlicher Texte mit all seinen Auswirkungen auf den Schreibprozess und das Schreibprodukt nicht realisiert wird. KRUSE (1997) plädiert daher für den Wechsel von der Leser- zur Schreiberposition, um die Wirkung wissenschaftlicher Texte verstehen zu lernen, sowie für das Umschreiben von Texten (Änderung des Adressaten), um die Veränderung der eingesetzten Rhetorik erfahrbar zu machen.

ESSELBORN-KRUMMBIEGELS Ansatz hingegen ist umfassend auf die kommunikativen Anforderungen eines wissenschaftlichen Textes gerichtet, Ziel ist hier die Vermittlung kommunikativer Strategien wissenschaftlicher Texte. Die Autorin greift einzelne Elemente wissenschaftlichen Arbeitens auf und zeigt, auf welche Weise die Kontaktaufnahme mit dem Leser erfolgen kann. Zudem enthält ihr Ansatz konkrete Methoden, die Kommunikationssituation in den Schreibprozess zu integrieren. So empfiehlt sie zum Beispiel, ein fiktives Kurzportrait des Lesers zu entwerfen, um so dessen Standort, Vorwissen und Interessen berücksichtigen zu können (ebd., 124 f.) oder das Verfassen einer Rezension der eigenen Arbeit, um durch diesen Perspektivenwechsel die Rolle als Autor zu verdeutlichen. ESSELBORN-KRUMMBIEGEL berücksichtigt Aspekte des Schreibprozesses und des Schreibproduktes gleichermaßen.

5.4.3 Schreibberatung an Hochschulen – ein Modell der „Bamberger Schreibschule"

Im Folgenden soll das im Rahmen der „Bamberger Schreibschule"[2] von mir entwickelte Modell universitärer Schreibberatung dargestellt werden. Ziel des vorliegenden Modells ist es, das akademische Schreiben

1. in die reguläre Hochschullehre zu integrieren,
2. zwischen den Polen der Prozess- und der Produktorientierung zu verorten und
3. auch als kreative Tätigkeit im Erfahrungshorizont der Studierenden zu verankern.

Im Rahmen eines Seminars wurden daher die Auseinandersetzung mit einem deutschdidaktischen Thema und schreibdidaktische Ansätze miteinander verknüpft. Das Thema „Ziele und Aufgaben des Literaturunterrichts" wurde von den Studierenden schreibend erschlossen. Dabei sollten alle wichtigen Aspekte der Thematik aufgegriffen, alle Phasen eines akademischen Schreibprozesses gemeinsam durchlaufen und praktisch erprobt und auch Kenntnisse über das Schreibprodukt „Seminararbeit" vermittelt werden.

Im ersten Seminarblock bildeten die Vorerfahrungen der Studierenden zum akademischen Schreiben den Einstieg. In einer Diskussions- und Schreibrunde wurde gemeinsam eine Definition wissenschaftlichen Schreibens erarbeitet, wurden die für den Schreibprozess notwendigen Teilhandlungen und Kompetenzen ermittelt und die Funktionen akademischen Schreibens erörtert. Danach begann die inhaltliche Arbeit: Das Vorwissen der Studierenden zum Thema „Aufgaben und Ziele des aktuellen Literaturunterrichts" wurde durch ein *Brainstorming* aktiviert und in einem *Mindmap* sortiert. Die Lücken im Wissen der Studierenden wurden durch gezielte Recherche und Lektüre gefüllt. Ein Text

---

2 Vgl. hierzu auch Beitrag 1.2.

wurde nach der Methode „Aus Alt mach Neu" (KRUSE/RUHMANN 1999) bearbeitet; so übten sich die Studierenden im *source reading*.

Der zweite Seminarblock, auf den sich die Studierenden durch intensive Lektüre vorbereitet hatten, stand unter dem Motto „Zum Schreiben kommen". Jetzt war eine konkrete Themenauswahl möglich; ich ermunterte die Studierenden, den Titel ihrer Arbeit provokativ zu formulieren, um so ihren eigenen Erkenntnisgewinn zu verdeutlichen. Die ersten Worte der Arbeit wurden durch die Methode des *automatischen Schreibens* (vgl. HORNUNG 1993) zu Papier gebracht. Die Studierenden erfuhren so, dass zwischen ersten Schreibansätzen und einem fertigen Text viele Arbeitsschritte liegen und man keineswegs sofort „Perfektes" formulieren muss. Aus dem (inzwischen vervollständigten) *Mindmap* wurde ein „roter Faden" (PYERIN 2001, 134 f.) für den inhaltlichen Gang der Arbeit erstellt. Zusätzlich wurden den Studierenden Argumentationsstrategien (ebd., 136) und kommunikative Strategien wissenschaftlichen Schreibens vermittelt. Die einzelnen Textbausteine des „roten Fadens" wurden von den Studierenden zu Hause beendet.

Im dritten Seminarblock konnte mit dem Überarbeiten der fertig gestellten Texte begonnen werden. Im gegenseitigen Austausch korrigierten die Studierenden ihre Texte. Um die Komplexität dieses Vorgangs zu reduzieren, wurden zu den einzelnen Dimensionen (inhaltlich, strukturell, stilistisch) des Textes konkrete Fragestellungen vorgegeben. Schluss und Einleitung wurden gemeinsam verfasst, die Arbeit war damit abgeschlossen.

Auch wenn das wissenschaftliche Schreiben noch viele weitere Kompetenzen erfordert und für die Studierenden stets eine neue Herausforderung darstellen wird: Das Ergebnis war für alle Seiten gleichermaßen zufrieden stellend. Die Studierenden hatten neue Strategien des akademischen Schreibens kennen gelernt, sich intensiv mit einem deutschdidaktischen Thema auseinander gesetzt und eine Seminararbeit ohne Druck und Stress verfassen können; und ich selbst durfte eine gelungene Seminararbeit korrigieren.

Wie zu zeigen war, wäre im Gebiet der akademischen Schreibprozessforschung wie auch der Schreibdidaktik noch einiges zu leisten. Dennoch gibt es bereits vielversprechende didaktische Ansätze, Schreibberatung an Hochschulen im Spannungsfeld von Originalität und Normvorgaben zu verwirklichen.

Weiterführende Literatur:

BEISBART, ORTWIN (2003 a): Entwicklung von Schreibkompetenz. In: Beisbart, ORTWIN/MARENBACH, DIETER (Hrsg.): Bausteine der Deutschdidaktik. Ein Studienbuch. Donauwörth: Auer, 59–68.

JAKOBS, EVA-MARIA (1997): Lesen und Textproduzieren. Source reading als typisches Merkmal wissenschaftlicher Textproduktion. In: Jakobs, EVA-MARIA/KNORR, DAGMAR (Hrsg.): Schreiben in den Wissenschaften. Frankfurt a. M.: Peter Lang, 75–90.

JAKOBS, EVA-MARIA (1999): Normen der Textgestaltung. In: KRUSE, OTTO u. a.: Schlüsselkompetenz Schreiben. Konzepte, Methoden, Projekte für Schreibberatung und Schreibdidaktik an der Hochschule. Neuwied; Kriftel: Luchterhand, 171–190.

KRUSE, OTTO (1997): Wissenschaftliche Textproduktion und Schreibdidaktik. Schreibprobleme sind nicht einfach Probleme der Studierenden, sie sind auch die Probleme der Wissenschaften selbst. In: JAKOBS, EVA-MARIA/KNORR, DAGMAR (Hrsg.): Schreiben in den Wissenschaften. Frankfurt a. M.: Peter Lang, 141–158.

KRUSE, OTTO/JAKOBS, EVA-MARIA (1999): Schreiben lehren an der Hochschule: Eine Einführung. In: KRUSE, OTTO u. a.: Schlüsselkompetenz Schreiben. Konzepte, Methoden, Projekte für Schreibberatung und Schreibdidaktik an der Hochschule. Neuwied; Kriftel: Luchterhand, 19–34.

Resümee und Ausblick

Gerd Bräuer

Schreiben verändern und durch Schreiben verändern – Potenziale moderner Schreibdidaktik für die Schul- und Hochschulentwicklung

Vorbemerkungen

Im folgenden Beitrag möchte ich der Frage nachgehen, welches Potenzial moderne Schreibförderung und -erziehung in die Entwicklung der Bildungseinrichtungen Schule und Hochschule einbringen und – aus der entgegengesetzten Richtung betrachtet – welche Impulse aus institutionellen Entwicklungen in Schule und Hochschule die Schreibdidaktik derzeit beeinflussen: Genügen fächerverbindende Schreibprojekte, literarische Werkstätten, Schreibkonferenzen, Portfolios oder Schreibberatung, um den Umgang mit Texten im (Hoch-) Schulalltag produktiv zu verändern? Die Schulpraxis zeigt, dass zum Beispiel trotz vieler Jahre produktionsorientierten Deutschunterrichts immer noch die produktorientierte (punktuelle) Leistungsüberprüfung dominiert (vgl. Merz-Grötsch 2000): Texte aus einer in den Unterricht integrierten Schreibwerkstatt werden auf Grundlage der sprachlich-formalen Leistung benotet – ein Ausnahmefall?

Eine ähnliche Diskrepanz zwischen dem Stand der fachdidaktischen Diskussion und der Lehrpraxis des Faches Deutsch lässt sich an lehrerbildenden Einrichtungen finden: Die Zahl der Workshops und Einführungskurse zum wissenschaftlichen Schreiben wächst. Aus Referaten entstehen Hausarbeiten, und Seminare werden durch Portfolios begleitet. Verändert sich damit automatisch der Umgang mit Texten an den Hochschulen bzw. die Wahrnehmung des Schreibens als Lernmedium durch die Studien- und Prüfungsordnung? Nach wie vor werden Themen für Graduierungsarbeiten verordnet und, nach Wochen oder Monaten des Schweigens zwischen Schreiber und Betreuer, werden Arbeiten negativ bewertet, vielleicht mit diesem einzigen Kommentar, „So geht das nicht!" – ein Ausnahmefall?

Die Schulentwicklungsforschung stellt immer wieder fest, dass Veränderungen in Curriculum und Fachdidaktik entweder ministeriell verordnet oder durch den Einzelkampf von Enthusiasten an der Basis in den Bildungsalltag kommen. Die Institution – Schulverwaltung, SchülerInnen und Lehrende – bekommt auf diese Weise keine echte Chance eingeräumt, sich diesen Veränderungen lernend anzunähern oder, anders ausgedrückt, Neues strukturell und personell zu verinnerlichen (vgl. Krainz-Dürr 1999). Peter Senge (1990) spricht von der Schule als

„lernender Organisation", deren Bedürfnisse als solche oft leider nicht genügend wahrgenommen werden. Als Konsequenz stellen sich Frustration oder Beharrungswille ein: „Aussitzen" wird die letztgenannte Strategie auch genannt und von nicht Wenigen angewandt, die bereits mehrfach erleben mussten, wie das schnelle Kommen und Gehen von curricularen und didaktischen Neuerungen, wie sie auch im vorliegenden Handbuch thematisiert werden, langfristig betrachtet, relativ folgenlos für die Qualität von Lehre und Lernen blieb.

Im Folgenden soll am Modell des Schreib- (und Lese-)Zentrums gezeigt werden, wie neue Ideen im Umgang mit Texten in den Schul- und Hochschulalltag sinnvoll verankert und damit *nachhaltig* werden: An ihrer Einführung und Entwicklung sollen VertreterInnen unterschiedlicher Bereiche von Schule und Hochschule beteiligt werden, mit dem Effekt, dass nicht nur die jeweilige Idee verwirklicht wird, sondern ebenso bereits vorhandene Konzepte davon profitieren. Auf diese Weise nützen neue Ideen jedem Beteiligten. Um die Qualität von Nachhaltigkeit zu erreichen, müssen Erneuerungen, ganz gleich auf welcher Ebene von Lehren und Lernen sie stattfinden, *eingeschrieben* werden in die Entwicklung der jeweiligen Institution und der Menschen, die diese Institution tragen (vgl. Dubs 2003).

Das schulische Schreib- und Lesezentrum (SLZ): Integratives Element fächerübergreifender Schreibentwicklung und -förderung

Ingrid Spitz von der Marbacher Tobias-Mayer-Schule, Initiatorin des ersten SLZ in Baden-Württemberg, bezeichnet den Ort, an dem gemeinsam geschrieben, gelesen, recherchiert, beraten und präsentiert wird, als „sprachliches Kultur- und Dienstleistungszentrum", mit Angeboten zum Umgang mit Texten, die von den SchülerInnen selbstständig wahrgenommen werden können (vgl. Spitz 2004). Hauptanliegen dieser extra-curricularen Einrichtung, die sich in der Tradition der reformpädagogischen Lernwerkstatt, der Schreibwerkstatt des produktionsorientierten Deutschunterrichts und des anglo-amerikanischen *writing center* befindet, besteht im *Erleben* von Schreiben und Lesen als Quellen persönlichen Erkennens: Es soll schreibend und lesend gelernt werden und zwar über die Grenzen einzelner Fächer bzw. Unterrichtsstunden hinaus (vgl. Farrell 1989; Bräuer 2000 a). Im Unterschied zum universitären Schreibzentrum, das im zweiten Teil des Kapitels genauer vorgestellt werden wird, bemüht sich sein schulisches Pendant ganz bewusst um eine methodisch-didaktisch ausgewogene und sinnvolle Verknüpfung von Lese- und Schreibförderung bzw. -erziehung. Um diesen, für die Sprachentwicklung der SchülerInnen meines Erachtens wesentlichen Verbund zwischen Lese- und Schreibtätigkeit hervorzuheben, benutze ich den Begriff des Schreib- *und* Lesezentrums.

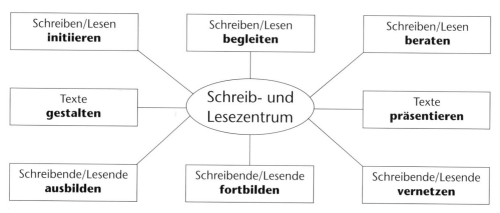

Konzeptionelle Schwerpunkte des schulischen Schreib- und Lesezentrums.[1]

Schreiben und Lesen initiieren, begleiten, beraten

Schreibwettbewerbe gibt es, ähnlich wie Lesewettbewerbe, wie Sand am Meer. Doch wann hat die einzelne Lehrkraft schon Zeit, diese Angebote aufzugreifen? Wenn das aber einmal in einer Klasse passiert, wie viele KollegInnen und Klassen profitieren davon, indem sie am organisatorischen und inhaltlichen Aufwand der bereits teilnehmenden Klasse partizipieren können?

Texte gestalten und präsentieren

Im Deutschunterricht wird oft und viel geschrieben. Wie oft eigentlich in anderen Fächern? Wann erreichen die produzierten Texte andere LeserInnen außer den Lehrer/die Lehrerin? Was passiert mit den fertigen Texten? Werden sie in Lesungen präsentiert? Oder werden damit Schulhauswände oder die örtliche Straßenbahn dekoriert?

Schreibende und Lesende aus- und fortbilden, vernetzen

Im Deutschunterricht wird gelesen. Auch manchmal laut. Wie oft passiert das eigentlich außerhalb der Unterrichtszeit? Lesen die Älteren den Jüngeren vor? Auch in der Stadtbibliothek? Wie viele regionale AutorInnen kommen für Lesungen in die Schule? Wie lange bleiben sie? Kommen sie wieder?
Ein SLZ vermag den Umgang mit Texten anzuregen, Schreib- und Leseprojekte zu organisieren und Textproduktion zu begleiten. Es macht Textarbeit öffentlich, so dass sie ebenso auf ihre Wirksamkeit hin reflektiert und entsprechend verändert werden kann. Schreib- und Leseerziehung bzw. -förderung in einem solchen komplexen Kontext erreicht Lernende wie Lehrende und wirkt deswegen nicht nur fachspezifisch, sondern auch fächerübergreifend bzw. fächerverbin-

---

1 Konkrete Beispiele zur Arbeit von Schreib-und Lesezentren finden sich in BRÄUER 2004.

dend. Auf diese Weise können Synergieeffekte zwischen den organisatorischen Bemühungen Einzelner von Vielen genutzt werden. Der Umgang mit Texten im Zusammenhang mit den unten genannten, möglichen Arbeitsschwerpunkten eines SLZ bewegt sich weg von einseitiger Produkt- und Notenfokussierung und orientiert sich an den Lernern und ihren Arbeits- und Entwicklungsprozessen.

Mögliche Arbeitsschwerpunkte eines SLZ.

Mit dem SLZ offene Türen in der Schule einrennen, denn ...

Der zunehmende Einsatz der Projektmethode erfordert Ansprechpartner für erweitertes Textsortentraining, gezieltes Feedback für Zwischenergebnisse, Publikationsmöglichkeiten für Projektergebnisse und Anlässe für öffentliche Präsentation und Evaluation unter Einbeziehung von ExpertInnen außerhalb der Schule.

Die verstärkte curriculare Forderung nach reflexiver Praxis als Teil des „Lernen Lernens" benötigt Bündnispartner für Schreibberatung außerhalb des Fachunterrichts, die Fortbildung und Beratung für LehrerInnen im Umgang mit Lerntagebuch bzw. Portfolio, die Koordination von fächerinternen Schreib- und Leseanforderungen und nicht zuletzt die Kooperation bei Bewertungsfragen.

Die fortschreitende Auflösung der traditionellen Stundentafel braucht Arbeitspartner für die Erschließung fächerübergreifender Themen und die Koordination fächerverbindenden Lehrens und Lernens.

Die Erweiterung der traditionellen Unterrichtszeit (zum Beispiel in der Ganztagsschule) erfordert Kooperationspartner für Lernangebote, durch die Aufgaben aus dem Unterricht gezielt weitergeführt werden, Angebote zur Schreib- und Leseförderung (auch im Internet) und zusätzliche Angebote, um individuelle Interessen ausprägen zu helfen.

Mit den möglichen Arbeitsschwerpunkten eines SLZ werden also im wahrsten Sinne des Wortes offene Türen bei KollegInnen, SchülerInnen und der Schulverwaltung eingerannt.

Arbeitsprinzipien des SLZ

Die Existenz eines SLZ allein garantiert jedoch in keiner Weise Veränderungen im Sinne einer *schreibenden und lesenden Geselligkeit*, um hier eine alte Forderung von GUNDEL MATTENKLOTT (1979) abgewandelt wieder aufzugreifen. Viele der bisher angedeuteten Inhalte könnten durchaus, wie so oft an Schulen, durch Enthusiasten aus dem Fach Deutsch bestritten werden. Um das Potenzial der modernen Schreibförderung und -erziehung mit in die Entwicklung der Bildungseinrichtung einzubringen und gleichzeitig Impulse aus der institutionellen Entwicklung für die Weiterentwicklung der Schreib- und Lesedidaktik nutzbar zu machen, sollten einige Prinzipien Berücksichtigung finden, die unten aufgelistet sind: Erst ihre praktische Umsetzung verspricht meines Erachtens, dass die Institution – Schulverwaltung, SchülerInnen und Lehrende – diesen *anderen* Umgang mit Texten strukturell und personell verinnerlicht.

- Textarbeit sichtbar machen
- Textsortenvielfalt organisieren
- Feedback-Kultur etablieren
- Öffentlichkeit für Lese- und Schreibleistungen schaffen
- Reflexive Praxis für Arbeitsprozesse und -produkte organisieren

Es ist sicher nicht vermessen zu behaupten, dass es das eingangs erwähnte Schreib- und Lesezentrum an der Marbacher Tobias-Mayer-Schule so nicht geben würde ohne eine entsprechende Initiative des Schreibzentrums der Pädagogischen Hochschule Freiburg (vgl. BRÄUER 2000 b). Sein aktuelles Profil hat es jedoch besonders im Austausch mit SLZ-Initiativen an anderen Schulen gefunden (vgl. dazu NIEMANN 2004 und FEIST 2004). Und indem INGRID SPITZ Studierende im Rahmen ihrer Arbeit im SLZ auf dem Gebiet der Schreibpädagogik ausbildet, sorgt sie dafür, dass die dort erprobten Konzepte der Schreib- und Lesedidaktik im Verlaufe der kommenden Jahre die Entwicklung weiterer Schulen nachhaltig prägen werden.

Das Schreibzentrum in der Lehreraus- und -weiterbildung: Entwicklung eines Multiplikatorensystems für einen *anderen* Umgang mit eigenen und fremden Texten

Um neue Wege der Schreib- und Lesedidaktik kennen lernen und erfolgreich begehen zu können, brauchen Studierende und Lehrende Experimentierfelder. Besonders effektive Bereiche zum Sammeln von Erfahrungen mit neuen Ideen befinden sich oft, so seltsam das vielleicht klingen mag, außerhalb der eigenen Schule und der vertrauten Fächer: Es ist der fremde Blick, der durch die Kooperation mit KollegInnen anderer Einrichtungen und Fächer auf die alltägliche Arbeit entsteht, der die Augen öffnen hilft, Irrwege zu erkennen und neue Richtungen einzuschlagen. Das Potenzial des fremden Blicks verbirgt sich vor allem in der Lehrerfortbildung, aber auch bereits im Studium, vor allem immer dann, wenn der Seminaralltag durch die Praxiserfahrung von LehrerInnen und SchülerInnen verfremdet wird. Im Folgenden möchte ich das Modell des Schreibzentrums (vgl. BRÄUER 2002) an lehrerbildenden Einrichtungen vorstellen und zeigen, wie dort derartige „verfremdende" Begegnungen zwischen LehrerInnen, SchülerInnen und Studierenden aus unterschiedlichen Bildungseinrichtungen bzw. Ausbildungsfächern initiiert werden können.

Mit dem Schreibzentrum offene Türen an der Hochschule einrennen ...

Die Bedürfnisse des aktuellen Lehrerstudiums hinsichtlich schreib- und lesedidaktischer Erfordernisse lassen sich auf ähnliche institutionelle bzw. curriculare Gründe zurückzuführen, wie sie in der Schule anzutreffen sind (siehe oben):

- zunehmender Einsatz der Projektmethode (oder wenigstens projektorientierten Lernens),
- verstärkte Forderung nach reflexiver Praxis,
- fortschreitende Ergänzung der traditionellen Fachausbildung durch Ausbildungsmodule,
- Straffung der bisher offenen Studienzeit, zum Beispiel durch BA- und MA-Studiengänge.

Daraus ergibt sich eine echte Chance, den für die Schule eingeforderten *anderen* Umgang mit Texten bereits im Studium individuell zu erfahren und sich entsprechende Kenntnisse für die weitere Berufspraxis anzueignen.
Damit aber auch hier, wie bereits für die Schule dargestellt, mit dem Potenzial der Schreib- und Lesedidaktik eine nachhaltige Wirkung erreicht werden kann, braucht es die sinnvolle Verknüpfung von Bildungsbereichen, organisatorischen Strukturen und nicht zuletzt den beteiligten Menschen. Das Prinzip dieser Verknüpfung, die letztlich individuell bedeutsames Lernen ermöglichen soll, lässt sich am Beispiel des Umgangs mit der mehrsprachigen Schüler- und Studierendenzeitung, *3Journal* wie folgt zusammenfassen (vgl. BRÄUER 2003, 23 f.):

Individuell bedeutsame Arbeits- und Lernprozesse im Umgang mit der Schülerzeitung[2]

- Die Redaktion von *3Journal* (Lehramtsstudierende) ruft in der jeweils aktuellen Ausgabe von *3Journal* alle LeserInnen auf, eigene Beiträge vorzuschlagen.
- Die Entstehung der Beiträge wird durch BeraterInnen aus dem Schreibzentrum der PH Freiburg (ausgebildete Studierende) begleitet.
- Die eingesandten Beiträge von SchülerInnen und Studierenden inspirieren die Redaktion von *3Journal* (Studierende) bei der Entwicklung eines thematischen Profils für die nächste Ausgabe.

---

2 Die Zeitung kann von www.ph-freiburg.de/schreibzentrum bzw. www.internationalstudent-journal.com heruntergeladen werden. Weitere Informationen zur Arbeitsweise vgl. SCHMIEDER/DAHLMANNS 2004.

- Die vorliegenden Beiträge für die nächste Ausgabe regen Studierende zum Entwerfen von Unterrichtsvorschlägen an.
- Die Lektüre der Zeitung regt SchülerInnen und Studierende zum Verfassen (Umschreiben oder Verknüpfen) von unterschiedlichen Textsorten im Fachunterricht an (zum Beispiel wird aus einer wissenschaftlichen Hausarbeit ein Zeitungsartikel).
- Die Zeitung wird im Unterricht u. a. anhand von studentischen Didaktisierungsvorschlägen (über das Internet abrufbar) eingesetzt.
- Die Lektüre der Zeitung regt LehrerInnen bei der Auswahl unterrichtsrelevanter Themen und dem fächerübergreifenden Verknüpfen derselben an.

Kern des Schreibzentrums: Schreibberatung und die Ausbildung von SchreibpädagogInnen

Anders als im schulischen SLZ, wo hauptsächlich die gemeinsame Produktion und Rezeption von Texten das Profil der Einrichtung prägen, steht im Mittelpunkt der Bemühungen des Schreibzentrums die Beratung von Textarbeit und die Aus- bzw. Weiterbildung von MultiplikatorInnen für den Bereich der Schreibpädagogik: TutorInnen für die Fachausbildung, zertifizierte BeraterInnen für das Schreibzentrum an der Hochschule oder für Schulen, WerkstattleiterInnen für Schreibgruppen und Projekte. Allen aufgelisteten Ausbildungsrichtungen ist die Aneignung der folgenden generellen Aspekte der Schreibberatung gemeinsame Grundlage.

Ziele und Methoden der Schreibberatung

Nicht bessere Texte sind das vordergründige Ziel der Beratertätigkeit, sondern die weitere Entwicklung der betroffenen Schreibenden. Erfahrenere Schreibende produzieren Texte in einer höheren Qualität. Die Verantwortung für die eigene Weiterentwicklung liegt zu jeder Zeit der Beratung in den Händen der Schreibenden. Beratende helfen beim Bewusstwerden dieser Verantwortung und dem Ausschöpfen des eigenen Entwicklungspotenzials:
Dafür vermittelt die Schreibberatung methodische Ansätze, wie schreibend gelernt, das heißt Wissen schreibend angeeignet werden kann (*writer-based/knowledge-telling*). Auf der Grundlage der Klarheit der eigenen Ideen ist es dann auch möglich, leserwirksame Texte (*reader-based/knowledge-transforming*) zu produzieren (vgl. SCARDAMALIA/BEREITER 1987). Auch dafür vermittelt die Schreibberatung methodisches Know-how. Aber Schreibberatung ist mit dem Abschluss eines Textes noch nicht am Ende, sondern initiiert und begleitet reflexive Praxis, das Nachdenken über das eigene Schreibhandeln, mit dem Ziel, es schrittweise zu optimieren und dabei als Schreibende zu wachsen.
Die grundsätzliche Methode, sich Texten auf eine solche Weise kommentierend zu nähern, dass die VerfasserInnen jederzeit die volle Verantwortung für ihren Text behalten, konstruiert sich aus den unten genannten Teilhandlungen. Das so genannte *minimalist tutoring* (vgl. GILLESPIE/LERNER 2000) lässt den Berater/die Beraterin in der Rolle eines Lesers/einer Leserin erscheinen, der/die nichts anderes möchte als den vorliegenden Text zu verstehen:

Wir fragen, anstatt festzustellen:	*„Was willst du mir an dieser Stelle sagen?"* *versus „Das kann man so nicht sagen."*
Wir nehmen wahr, anstatt zu interpretieren:	*„Ich lese an dieser Stelle …"* *versus „Meiner Meinung nach sagst du hier …"*
Wir antizipieren, anstatt vorzuschreiben:	*„Wolltest du an dieser Stelle … sagen?"* *versus: „Das muss man so formulieren!"*

Insgesamt sollte es der Schreibberatung also nicht darum gehen, Rezepte für das Verfertigen von Texten auszugeben, sondern gemeinsam mit den Schreibenden Handlungskonzepte zu entwickeln.

Schwerpunkte der Beraterausbildung

Der oben genannten Prämisse, dem Suchen vieler Schreibender nach Textrezepten das Lernpotenzial des gemeinsamen Aushandelns von Schreibhandlungskonzepten als die für ein ganzheitliches Lernen sinnvollere Alternative vorzustellen, sollte natürlich auch in der Ausbildung von SchreibberaterInnen selbst gefolgt werden.

Grundlage dafür ist das Wahrnehmen des eigenen Schreibhandelns bzw. die Analyse desselben im Kontext eines Schreibprozessmodells, mit dem Ziel, das eigene Schreibhandeln durch spezielle Strategien, Methoden und Techniken zielgerichtet zu optimieren (vgl. Abbildung unten, Modul 1).

Ausgebaut bzw. vertieft wird diese Auseinandersetzung mit dem eigenen Schreibhandeln beim Umgang mit zweit- bzw. fremdsprachigen, journalistischen Texten (vgl. Modul 2). Hier wird der Versuch unternommen, das Schreibhandeln, mit Blick auf ein Prozessmodell zum Schreiben in Zweit- und Fremdsprachen, über den Erstsprachengebrauch hinaus zu optimieren. Außerdem kommt hier eine direkte schreib- und lesedidaktische Komponente hinzu, indem der Frage nachgegangen wird, wie journalistische Schreib- und Leseprojekte in der Schule bzw. in der Erwachsenenbildung erfolgreich in die Spracherwerbsarbeit integriert werden können.

Erfolgt auf dieser Basis dann eine Einführung in die Grundregeln der Schreibberatung (vgl. Modul 3), so ist in hohem Maße gewährleistet, dass diese Grundregeln nicht als starre Rezepte missverstanden werden und deren Umsetzung in der Beratung genauso wenig in die Anleitung schematischer Textarbeit mündet. Im Mittelpunkt des abschließenden Praktikums (vgl. Modul 4) steht die Anwendung der in der Beraterausbildung erlebten und angeeigneten Schreibpädagogik, wiederum mit dem Ziel, bei den Ratsuchenden Impulse zu setzen für deren weitere individuelle Entwicklung als Schreibende und Lesende.

Am Schreibzentrum der Pädagogischen Hochschule Freiburg läuft die Beraterausbildung zum Zeitpunkt der Entstehung dieses Kapitels über die oben bereits kurz beschriebenen Module einer Lernplattform ab:

Komponenten der Schreibberater-Ausbildung

Aufbau der Freiburger Schreibberater-Ausbildung

Ausbildungs-modul	Modul 1 Schreibend lernen	Modul 2 Schreiben in Fremd- und Zweit-sprachen	Modul 3 Einführung in die Schreib-beratung	Modul 4 Berater-praktikum	Beratungspraxis
Inhalt	Einblicke in die Schreib-prozess- und Lernstil-forschung	Umgang mit mehr-sprachiger Schüler- und Studierenden-zeitung	Beratungs-strategien, simuliertes Beratungs-gespräch	Direktbera-tung, Online-beratung, Supervision	Direkt- und Onlineberatung, Workshop-angebote, Schreibgruppen-betreuung, Supervision von PraktikantInnen
Schreib-produkte	Schreib-tagebuch, Wissenschaft-liche Haus-arbeit	Projekt-präsentation	Beobach-tungsproto-koll, Portfolio	Beratungs-protokoll, Beratertage-buch, Prüfungs-portfolio	Beratungsproto-koll, Supervisions-kommentar

Allgemeine Inhalte auf der Lernplattform

- Zusammenfassungen zu den wichtigsten Publikationen der Ausbildung
- Beschreibungen der wichtigsten Beratungsstrategien und -methoden
- Anleitungstexte zur Vermittlung der wichtigsten Techniken im Umgang mit Texten
- Glossar der wichtigsten Begriffe für die Schreibberatung
- Beratungskorpus (Beratungs- und Beobachtungsprotokolle)

Tätigkeitsfelder für die Beraterausbildung und die Beratungspraxis

In der nachfolgenden alltäglichen Beratungspraxis schaffen die Absolventen mit ihrer Arbeit die inhaltliche Grundlage für die Ausbildung nachrücken-der Schreibberatergenerationen: Beratungsprotokolle werden im Modul 3 als Bei-spielfälle genutzt, aber auch zur Veranschaulichung von schreibtheoretischen Zusammenhängen, wie sie hauptsächlich in den ersten beiden Modulen disku-tiert werden. Bereits zertifizierte BeraterInnen treten außerdem als Supervisoren in der Praktikumsphase (Modul 4) in Erscheinung bzw. leiten Fortbildungen für Fachtutoren, Workshops zur Einführung in das wissenschaftliche Schreiben oder betreuen Schreib- und Leseprojekte von Schulen und regionalen Gruppen bzw. Schreibwettbewerbe von Stiftungen und Organisationen.

Ganz im Sinne der bereits kurz angesprochenen Didaktik des verknüpfenden Aufgabenstellens (vgl. BRÄUER 2003) werden im Freiburger Schreibzentrum Tätigkeitsfelder auf eine Art und Weise angelegt, die eine Kopplung von Beraterausbildung, gegenseitiger Supervision, Weiterbildung, Öffentlichkeitsarbeit, konzeptioneller Weiterentwicklung des Schreibzentrums und nicht zuletzt dessen Drittmittelfinanzierung sinnvoll ermöglicht.

Weitere Informationen über die Ausbildung von Schreibberatern und deren Betätigungsfelder finden sich auf verschiedenen Seiten der Homepage der Pädagogischen Hochschule Freiburg: www.ph-freiburg.de/schreibzentrum.

Schlussgedanke

Die Beiträge in diesem Band verdeutlichen, dass Schreibförderung und -erziehung in den letzten Jahren vor allem Formen des produktionsorientierten und lernerzentrierten Arbeitens vorangebracht haben. Wurde anfänglich durch eine einseitige Fixierung auf den Schreibprozess der Zusammenstoß mit einer produkt- bzw. textorientierten Ausbildungspraxis regelrecht provoziert, so liegt das aktuelle Potenzial der Schreibförderung und -erziehung in der didaktischen Vermittlung zwischen Produkt und Prozess, Text und individuellem Schreibhandeln.

Diese Ausgleichsbemühungen können sich offensichtlich besonders günstig entfalten in der verstärkt durch Schule und Hochschule geforderten Projektarbeit, dem internet-gestütztem Lernen, der Schreibberatung und der reflexiven Praxis. Aus diesen teilweise bereits institutionell verankerten Tätigkeitsfeldern entwickeln sich nunmehr Lehr- und Unterrichtsformen, die das Gesicht von Schule und Hochschule langfristig wesentlich prägen werden: Interdisziplinäre Projekte, Unterrichts- und Studienzeit optimierende Lernplattformen im Internet, die Ausbildungszeit begleitende Portfolios oder die Ausbildung von Schreibtutoren und -beratern erfordern neue organisatorische Strukturen. Schreib- (und Lese-) Zentren sind eine mögliche Antwort auf diese Herausforderung. Perspektivisch betrachtet wird die Existenz dieser neuen Einrichtungen zusätzliche Möglichkeiten für Unterricht und Ausbildung erbringen. An Schulen und Hochschulen, die bereits mit Schreib- (und Lese-)Zentren arbeiten, deuten sich schon jetzt einige dieser Möglichkeiten zur weiteren Verbesserung von Lehre und Unterricht an.

Weiterführende Literatur:

BJÖRK, LENNART/BRÄUER, GERD u. a. (Hrsg.) (2003): Teaching Academic Writing in European Higher Education. Dordrecht u. a.: Kluwer Academic Publishers.

BRÄUER, GERD (Hrsg.) (2004): Schreiben(d) lernen: Ideen und Projekte für die Schule. Hamburg: Edition Körber-Stiftung.

FARRELL, PAMELA (1989): The High School Writing Center: Establishing and Maintaining One. Urbana, IL: National Council of Teachers of English.

GILLESPIE, PAULA/NEAL LERNER (2000): The Allyn and Bacon Guide to Peer Tutoring. Boston, London, Toronto: Allyn and Bacon.

RAFOTH, BEN (2000): A Tutor's Guide: Helping Writers One on One. Portsmouth, NH: Boynton/Cook Publishers.

Anhang

Die Verfasserinnen und Verfasser der Beiträge

ABRAHAM, DR. ULF
Inhaber des Lehrstuhls für Didaktik der deutschen Sprache und Literatur an der Universität Würzburg

BAURMANN, DR. JÜRGEN
Professor für Germanistik: Didaktik der deutschen Sprache und Literatur an der Bergischen Universität Wuppertal

BRÄUER, DR. GERD
Associated Professor of German at Emory University, Atlanta/GA; Lehrbeauftragter für Schreibpädagogik an der Pädagogischen Hochschule Freiburg im Breisgau

FEILKE, DR. HELMUTH
Professor für Germanistische Linguistik und Didaktik der deutschen Sprache an der Universität Gießen

FIX, DR. MARTIN
Professor für deutsche Sprache und ihre Didaktik an der Pädagogischen Hochschule Ludwigsburg

FREDERKING, DR. VOLKER
Inhaber des Lehrstuhls für Didaktik der deutschen Sprache und Literatur an der Universität Erlangen-Nürnberg

HOLOUBEK, DR. HELMUT
Oberstudienrat am Luisenburg-Gymnasium Wunsiedel und Lehrbeauftragter am Lehrstuhl für Didaktik der deutschen Sprache und Literatur an der Universität Bamberg

KARG, DR. INA
Professorin für Didaktik der deutschen Sprache und Literatur an der Universität Göttingen

KLOTZ, DR. PETER
Professor für Didaktik der deutschen Sprache und Literatur an der Universität Bayreuth

KUPFER-SCHREINER, DR. CLAUDIA
Akademische Oberrätin für Didaktik der deutschen Sprache und Literatur an der Universität Bamberg

MAIWALD, DR. KLAUS
Priv.-Doz., Professur (Vertretung) für Literatur, Medien und ihre Didaktik an der Pädagogischen Hochschule Freiburg im Breisgau

MARENBACH, DR. DIETER
Akademischer Direktor für Didaktik der deutschen Sprache und Literatur an der Universität Regensburg, a. D.

POPP, DR. KRISTINA
Lehramtsanwärterin an einer Berliner Grundschule und Lehrbeauftragte am Lehrstuhl für Didaktik der deutschen Sprache und Literatur an der Universität Bamberg

PORTMANN-TSELIKAS, DR. PAUL
Professor für Germanistische Linguistik mit besonderer Berücksichtigung von Deutsch als Fremdsprache an der Universität Graz

SCHMIDT, DR. ISOLDE
Akademische Oberrätin für Didaktik der englischen Sprache und Literatur an der Universität Bamberg

SPINNER, DR. KASPAR H.
Inhaber des Lehrstuhls für Didaktik der deutschen Sprache und Literatur an der Universität Augsburg

STADTER, DR. ANDREA
Studienrätin am Gymnasium Höchstadt/Aisch und Lehrbeauftragte am Lehrstuhl für Didaktik der deutschen Sprache und Literatur an der Universität Bamberg

WINKLER, DR. IRIS
Wissenschaftliche Assistentin am Lehrstuhl für Fachdidaktik Deutsch an der Universität Jena

WITT, DR. MONIKA
Prorektorin der Staatlichen Fachhochschule Nysa/Neisse (Polen), dort am Institut für Neuphilologie zuständig für Didaktik der deutschen Sprache und Literatur und für Lehrerausbildung

Literaturverzeichnis

ABRAHAM, ULF (1993 a): „Mit diesem Stil bekommen Sie auch keine Arbeit." „Stil" als vorbewusste Wahrnehmungskategorie im Korrekturhandeln von Deutschlehrern. In: EISENBERG, PETER/KLOTZ, PETER (Hrsg.): Sprache gebrauchen, Sprachwissen erwerben. Stuttgart: Klett, 159–178.

ABRAHAM, ULF (1993 b): Verbesserung statt Korrektur. Was man aus der Geschichte der „Aufsatzkorrekturen" für deren Gegenwart lernen kann. In: Diskussion Deutsch, 24, H. 134, 464–472.

ABRAHAM, ULF (1994): Lesarten – Schreibarten. Formen der Wiedergabe und Besprechung literarischer Texte. Stuttgart: Klett.

ABRAHAM, ULF/BEISBART, ORTWIN (1995): Sachkompetenz und Sprachkompetenz. Verstehen durch Umschreiben und Umschreiben durch Verstehen „fachexterner" pragmatischer Texte im Deutschunterricht. In: RAAbits Deutsch/Sprache. Impulse und Materialien für die kreative Unterrichtsgestaltung. 2. Ergänzungslieferung. Heidelberg: Raabe, V, 2, 1–14.

ABRAHAM, ULF (1996): StilGestalten. Geschichte und Systematik der Rede vom Stil in der Deutschdidaktik. Tübingen: Niemeyer.

ABRAHAM, ULF (1998): Was tun mit Steinen? Gibt es eigentlich ein „Kreatives Schreiben" im Deutschunterricht? In: Informationen zur Deutschdidaktik, 22, H. 4, 19–36.

ABRAHAM, ULF u. a. (1998): Praxis des Deutschunterrichts. Donauwörth: Auer.

ABRAHAM, ULF (1999 a): Vorstellungs-Bildung und Deutschunterricht. In: Praxis Deutsch, H. 154, 14–21.

ABRAHAM, ULF (1999 b): Vorstellungsbildung und Literaturunterricht. In: SPINNER, KASPAR H. (Hrsg.): Neue Wege im Literaturunterricht. Hannover: Schroedel, 10–20.

ABRAHAM, ULF/LAUNER, CHRISTOPH (1999): Beantwortung und Bewertung kreativer schriftlicher Leistungen. In: Praxis Deutsch, H. 155, 43–46.

ABRAHAM, ULF (2001): Bewertungsprobleme im Schreib- und Literaturunterricht als Spiegel des ungeklärten Verhältnisses pädagogischer und philologischer Zielsetzungen für den Deutschunterricht. In: ROSEBROCK, CORNELIA/FIX, MARTIN (Hrsg.): Tumulte – Deutschdidaktik zwischen den Stühlen. Baltmannsweiler: Schneider, 54–70.

ABRAHAM, ULF (2002): Soll Deutsch ein Medienfach werden? Kulturhistorische, didaktische und bildungspolitische Streitfragen. Streitgespräch mit Elisabeth K. Paefgen (digitalisiertes Filmdokument). www.uni-jena.de/~x9krmi/SDD2002

ABRAHAM, ULF (2003): Lese- und Schreibstrategien im themazentrierten Deutschunterricht. Zu einer Didaktik selbstgesteuerten und zielbewussten Umgangs mit Texten. In. ABRAHAM, ULF u. a. (Hrsg.): Deutschunterricht und Deutschdidaktik nach PISA. Freiburg im Breisgau: Fillibach.

ADAMZIK, KIRSTEN (Hrsg.) (2000): Textsorten. Reflexionen und Analysen. Tübingen: Stauffenburg.

ADELUNG, JOHANN CHRISTOPH (1785): Ueber den deutschen Styl. 2 Bde., zit. nach der 3., verm. u. verb. Aufl. Berlin: Voß 1789.

ALFONS LERNWELT – Deutsch 5–6. (2000): Hannover: Schroedel 2000.

ALTENBERG, REINHARD (1986): Das Protokollschreiben als Teil der Schreiberziehung in der gymnasialen Oberstufe. In: Der Deutschunterricht, 38, H. 6, 40–48.

ANTOS, GERD (1982): Grundlagen einer Theorie des Formulierens. Textherstellung in geschriebener und gesprochener Sprache. Tübingen: Niemeyer.

ANTOS, GERD (1984): Textuelle Planbildung – Ein Beitrag zu einer Textlinguistik zwischen Kognitionspsychologie und Handlungstheorie. In: ROSENGREN, INGER (Hrsg.): Sprache und Pragmatik. Lunder Symposium. Stockholm: Almquist & Wiksell, 169–206.

ANTOS, GERD (1996): Textproduktion: Überlegungen zu einem fächerübergreifenden Schreib-Curriculum. In: FEILKE, HELMUTH/PORTMANN, PAUL R. (Hrsg.): Schreiben im Umbruch. Schreibforschung und schulisches Schreiben. Stuttgart: Klett, 186–197.

ARENHÖVEL, FRANZ (1994): Computereinsatz in der Grundschule. Donauwörth: Auer.

AUGST, GERHARD/FAIGEL, PETER (1986): Von der Reihung zur Gestaltung. Untersuchungen zur Ontogenese der schriftsprachlichen Fähigkeiten von 13–23 Jahren. Frankfurt a. M. u. a.: Peter Lang.

AUGST, GERHARD (1988): Schreiben als Überarbeiten – „Writing is rewriting". In: Der Deutschunterricht, 35, H. 2, 51–63.

AUGST, GERHARD (1992): Aspects of writing development in argumentative texts. In: STEIN, DIETER (Hrsg.): Cooperating with written text. The pragmatics and comprehension of written texts. Berlin/New York: de Gruyter, 67–82.

BACHMANN, THOMAS (2002): Kohäsion und Kohärenz: Indikatoren für Schreibentwicklung. Zum Aufbau kohärenzstiftender Strukturen in instruktiven Texten von Kindern und Jugendlichen. Innsbruck: StudienVerlag.

BAMBACH, HEIDE (1989): Erfundene Geschichten erzählen es richtig. Lesen und Leben in der Schule. Konstanz: Faude.

BARK, KARIN (1979): Die Inhaltsangabe. Analyse und Kritik normativer Unterrichtspraxis. In: Diskussion Deutsch, H. 46, 135–144.

BARTON, DAVID u. a. (2000): Situated Literacies. Reading and writing in context. London/New York: Routledge.

BAUER, VOLKER u. a. (1998): Methodenarbeit im Geschichtsunterricht. Berlin: Cornelsen.

BAURMANN, JÜRGEN/LUDWIG, OTTO (1985): Texte überarbeiten. Zur Theorie und Praxis von Revisionen. In: BOUEKE, DIET-

RICH/HOPSTER, NORBERT (Hrsg.): Schreiben – Schreiben lernen. Tübingen: Narr, 254–276.

BAURMANN, JÜRGEN (1989): Schreibforschung und aufsatzunterricht: ein nichtverhältnis oder …? In: KRINGS, HANS P./ANTOS, GERD (Hrsg.): Textproduktion. Neue Wege der Forschung. Trier: Wissenschaftlicher Verlag, 111–125.

BAURMANN, JÜRGEN/HACKER, HARTMUT (1989): Integrativer Deutschunterricht: Lernen in fachübergreifenden Zusammenhängen. Basisartikel. In: Praxis Deutsch, H. 93, 15–19.

BAURMANN, JÜRGEN/LUDWIG, OTTO (1990): Die Erörterung – oder: ein Problem schreibend erörtern. Versuch einer Neubestimmung. In: Praxis Deutsch, H. 99, 16–25.

BAURMANN, JÜRGEN/WEINGARTEN, RÜDIGER (Hrsg.) (1995): Schreiben. Prozesse, Prozeduren und Produkte. Opladen: Westdeutscher Verlag.

BAURMANN, JÜRGEN/MÜLLER, ASTRID (1998): Zum Schreiben motivieren – das Schreiben unterstützen. Ermutigung zu einem schreiber-differenzierten Unterricht. In: Praxis Deutsch, H. 149, 16–22.

BAURMANN, JÜRGEN (1999a): Aufsatzunterricht als schreibunterricht. Für eine grundlegung des schreibens in der schule. In: Praxis Deutsch, H. 104, 7–12.

BAURMANN, JÜRGEN (1999b): Narrative writing: processes and products. In: MISSLER, BEATE/MULTHAUP, UWE (Hrsg.): The Construction of Knowledge, Learner Autonomy and Related Issues in Foreign Language Learning. Essays in Honour of Dieter Wolff. Tübingen: Stauffenburg, 135–146.

BAURMANN, JÜRGEN (2000): Förderung und Entwicklung schriftsprachlicher Fähigkeiten. Der Beitrag der Schreibforschung. In: WITTE, HANSJÖRG u. a. (Hrsg.): Deutschunterricht zwischen Kompetenzerwerb und Persönlichkeitsbildung. Baltmannsweiler: Schneider, 149–159.

BAURMANN, JÜRGEN (2002): Schreiben, überarbeiten, beurteilen. Ein Arbeitsbuch zur

Schreibdidaktik. Seelze/Velber: Kallmeyer.

DE BEAUGRANDE, ROBERT A. (1984): Text production: Toward a science of composition. Norwood, N. J.: Ablex.

BECHER, URSULA A. J. (1982): Didaktische Prinzipien der Geschichtsdarstellung. In: JEISMANN, KARL-ERNST/QUANDT, SIEGFRIED (Hrsg.): Geschichtsdarstellung. Determinanten und Prinzipien. Göttingen: Vandenhoeck & Ruprecht, 22–38.

BECKER-MROTZEK, MICHAEL (1997): Schreibentwicklung und Textproduktion. Der Erwerb der Schreibfertigkeit am Beispiel der Bedienungsanleitung. Opladen: Westdeutscher Verlag.

BEHNE, KLAUS ERNST (1986): Hörertypologien. Zur Psychologie des jugendlichen Musikgeschmacks. Regensburg: Gustav Bosse Verlag.

BEISBART, ORTWIN (1989 a): Ganzheitliche Bildung und muttersprachlicher Unterricht in der Geschichte der Höheren Schule. Untersuchungen zu Fundierung und Praxis von Deutschunterricht zwischen 1750 und 1850. Frankfurt a. M. u. a.: Peter Lang.

BEISBART, ORTWIN (1989 b): Schreiben als Lernprozeß. Anmerkungen zu einem wenig beachteten sprachdidaktischen Problem. In: Der Deutschunterricht, 41, H. 3, 5–17.

BEISBART, ORTWIN (1990): Reinhauen oder langsam gewinnen. In: Praxis Deutsch, H. 101, 40–43.

BEISBART, ORTWIN (1998 a): Miteinander reden – Mündlicher Sprachgebrauch. In: ABRAHAM, ULF u. a.: Praxis des Deutschunterrichts. Donauwörth: Auer, 12–21.

BEISBART, ORTWIN (1998 b): Texte schreiben – Schriftlicher Sprachgebrauch. In: ABRAHAM, ULF u. a.: Praxis des Deutschunterrichts. Donauwörth: Auer, 22–33.

BEISBART, ORTWIN/MAIWALD, KLAUS (2001): Von der Lesewut zur Wut über das verlorene Lesen. Historische und aktuelle Aspekte der Nutzung des Mediums Buch. In: MAIWALD, KLAUS/ROSNER, PETER (Hrsg.): Lust am Lesen. Bielefeld: Aisthesis, 99–129.

BEISBART, ORTWIN (2002 a): Kreatives Schreiben/Schreibmeditation/Personales Schreiben: In: ADAM, GOTTFRIED/LACHMANN, RAINER (Hrsg.): Methodisches Kompendium für den Religionsunterricht. Göttingen: Vandenhoeck & Ruprecht, 175–191.

BEISBART, ORTWIN (2002 b): Überlegungen zu einer veränderten Didaktik argumentativen und erörternden Schreibens. In: BEISBART, ORTWIN u. a. (Hrsg.): Erörtern statt Erörterung. LUSD, H. 16, 7–42.

BEISBART, ORTWIN (2003 a): Entwicklung von Schreibkompetenz. In: BEISBART, ORTWIN/MARENBACH, DIETER (Hrsg.): Bausteine der Deutschdidaktik. Ein Studienbuch. Donauwörth: Auer, 59–68.

BEISBART, ORTWIN (2003 b): Mündlichkeit und Schriftlichkeit. In: BEISBART, ORTWIN/MARENBACH, DIETER: Bausteine der Deutschdidaktik. Ein Studienbuch. Donauwörth: Auer, 48–58.

BEISBART, ORTWIN/MARENBACH, DIETER (2003): Bausteine der Deutschdidaktik. Ein Studienbuch. Donauwörth: Auer.

BEISBART, ORTWIN (2004): Wie kann das Schreiben gelehrt werden? Neuere Überlegungen zu einer Didaktik des Schreibens in Schule und Hochschule. In: Germanistische Studien, 1, H. 1, 9–17.

BEISSWENGER, MICHAEL (2000): Kommunikation in virtuellen Welten: Sprache, Text und Wirklichkeit. Stuttgart: ibidem.

BENJAMIN, WALTER (1977): Der Erzähler. In: Illuminationen. Frankfurt a. M.: Suhrkamp, 385–412.

BEREITER, CARL (1980): Development in Writing. In: GREGG, LEE W./STEINBERG, ERWIN R. (Hrsg.) Cognitive Processes in Writing. Hillsdale N. J.: Lawrence Erlbaum, 73–96.

BEREITER, CARL/SCARDAMALIA, MARLENE (1987): The Psychology of Written Composition. Hillsdale N. J.: Lawrence Erlbaum.

BERGER, NORBERT (1995): Schreiben nach - literarischen Vorlagen. Produktiver Literaturunterricht in der Sekundarstufe. Donauwörth: Auer.

BERGER, NORBERT (2000): Podiumsdiskussio-

nen als Vorbereitung auf die Erörterung.
In: Praxis Deutsch, H. 160, 45–49.

BERGHOFF, MATTHIAS: (1998): „Wenn ich
die Lehrer für eine Sache nicht kriege,
kann ich Schule nicht ändern …" Pädagogisch sinnvolle Nutzung der Neuen
Medien setzt Schulentwicklung voraus.
In: FREDERKING, VOLKER (Hrsg.): Verbessern
heißt verändern. Neue Wege, Inhalte
und Ziele der Ausbildung von Deutsch-
lehrer(inne)n in Studium und Referen-
dariat. Baltmannsweiler: Schneider,
279–301.

BERGHOFF, MATTHIAS/FREDERKING, VOLKER
(1999 a): Virtuelle Rollenspiele. In:
Deutschunterricht, H. 2, 100–108.

BERGHOFF, MATTHIAS/FREDERKING, VOLKER
(1999 b): Auf dem Weg zum virtuellen
Klassenzimmer. Computervermittelte
Kooperation zwischen Lerngruppen auf
der Basis von E-Mail, DCR-Chat, BSCW,
Netmeeting und Video-Konferenz. In:
Ide, 2, 121–133.

BERGHOFF, MATTHIAS/FREDERKING, VOLKER
(2001): „Umgang mit dem Fremden in
Sprache und Literatur. Internet-Koopera-
tionsseminar und Unterrichts-Modell
für die Sekundarstufe. In: WERMKE, JUTTA
(Hrsg.): HÖREN und SEHEN. Beiträge zu
Medien- und Ästhetischer Erziehung.
München: KoPäd, 169–189.

BERGMANN, KLAUS u. a. (Hrsg.) (1997): Handbuch der Geschichtsdidaktik. 5. Aufl.
Seelze/Velber: Kallmeyer.

BERNHARDI, AUGUST FERDINAND (1820): Die
Bedeutung des Unterrichts in der
Muttersprache in den höhern Classen
der Bildungsanstalten. Programm Berlin,
zit. nach JÄGER, GEORG (1977): Der
Deutschunterricht auf dem Gymnasium
der Goethezeit. Eine Anthologie. Hildesheim: Gerstenberg.

BISCHOFF, LUDWIG (1833): Jahresbericht über
das Schuljahr 1832–33 [des Gymnasiums
zu Zeitz]. Hiebey: Grundlinien einer
systematischen Behandlung des deutschen Sprachunterrichts. Wesel: Becker.

BJÖRK, LENNART/BRÄUER, GERD u. a. (Hrsg.)
(2003): Teaching Academic Writing in

European Higher Education. Dordrecht
u. a.: Kluwer Academic Publishers.

BLATT, INGE/HARTMANN, WILFRIED (1992):
Kooperieren als Lernziel. In: Computer
und Unterricht, H. 7, 13–17.

BLATT, INGE (1996 a): Der Computer im
Deutschunterricht. In: Deutschunterricht, H. 12, 601–607.

BLATT, INGE (1996 b): Schreibprozess und
Computer. Eine ethnographische Studie
in zwei Klassen der gymnasialen Mittelstufe. Neuried: ars una.

BLATT, INGE u. a. (1996): Kommunikatives
Schreiben via E-Mail. Auswirkungen auf
den Schreibprozeß. In: BLATT, INGE u. a.:
Schreiben lernen und lehren mit neuen
Medien. Universität Hamburg (Schriften
zur Schreib-Lehr-Lernforschung, Nr. 21),
13–32.

BLATT, INGE (1998): Schreibberatung und
kooperatives Schreiben am Computer.
In: Praxis Deutsch, H. 149, 49–52.

BLATT, INGE (1999): Schreiben mit neuen
Medien im Lehramtsstudium Deutsch:
Konzept, Beispiele, Konsequenzen. In:
KRUSE, OTTO u. a.: Schlüsselkompetenz
Schreiben. Konzepte, Methoden, Pro-
jekte für Schreibberatung und Schreib-
didaktik an der Hochschule. Neuwied;
Kriftel: Luchterhand, 222–239.

BLATT, INGE (2000): Lernziel „Medien-
Schrift-Kompetenz" im Deutschunter-
richt. In: WITTE, HANSJÖRG u. a. (Hrsg.):
Deutschunterricht zwischen Kompe-
tenzerwerb und Persönlichkeitsbildung.
Baltmannsweiler: Schneider, 212–230.

BLATT, INGE u. a.: (2001) Neue Schriftmedien
im Lehramtsstudium Deutsch. Frankfurt a. M. u. a.: Peter Lang.

BLECKWENN, HELGA (1990): Stilarbeit. Überlegungen zum gegenwärtigen Stand ihrer
Didaktik. In: Praxis Deutsch, H. 101,
15–20.

BOBSIN, JULIA (1996): Textlupe: neue Sicht
aufs Schreiben. In: Praxis Deutsch, H.
137, 45–49.

BOETTCHER, WOLFGANG u. a. (1973):
Schulaufsätze – Texte für Leser? Düsseldorf: Schwann.

BOHL, THORSTEN (2001): Prüfen und Bewerten im offenen Unterricht. Neuwied; Kriftel: Luchterhand.

BOLTER, JAY D. (1997): Das Internet in der Geschichte der Technologien des Schreibens. In: MÜNKER, STEFAN/ROESLER, ALEXANDER (Hrsg.): Mythos Internet. Frankfurt a. M.: Suhrkamp, 37–55.

BOLZ, NORBERT (1995): Am Ende der Gutenberg-Galaxis. Die neuen Kommunikationsverhältnisse. 2. Aufl. München: Fink.

BÖRNER, WOLFGANG (1987): Schreiben im Fremdsprachenunterricht. Überlegungen zu einem Modell. In: LÖRSCHER, WOLFGANG/SCHULZE, RAINER (Hrsg.): Perspectives on Language in Performance. To Honour W. Hüllen on his 60ᵗʰ Birthday. Vol. 2. Tübingen: Narr, 1336–1349.

BÖRNER, WOLFGANG (1989): Planen und Problemlösen im fremdsprachlichen Schreibprozeß: Einige empirische Befunde. In: KLENK, URSULA u. a. (Hrsg.): Variation Linguarum. Beiträge zu Sprachvergleich und Sprachentwicklung. Festschrift zum 60. Geburtstag von Gustav Ineichen. Wiesbaden: Steiner, 43–62.

BÖRNER, WOLFGANG (1998): Schreiben im Fremdsprachenunterricht. In: JUNG, UDO O. H. (Hrsg.): Praktische Handreichungen für Fremdsprachenlehrer. 2., verb. und erw. Aufl. Frankfurt a. M. u. a.: Peter Lang, 287–294.

VON BORRIES, BODO (1988): Erzählte Hexenverfolgung. Über legitime und praktikable Medien für die 5. bis 8. Klasse. In: Geschichte lernen, H. 2, 27–49.

VON BORRIES, BODO (1995): Das Geschichtsbewusstsein Jugendlicher. Weinheim/München: Juventa.

BOSSE, HEINRICH (1978): Dichter kann man nicht bilden. Zur Veränderung der Schulrhetorik nach 1770. In: ROLOFF, HANS-GERT (Hrsg.): Jahrbuch für Internationale Germanistik. Bern u. a.: Lang, 80–125.

BÖTH, WOLFGANG (1995): Bewußter Schreiben. Prozeßorientierte Aufsatzdidaktik. Frankfurt a. M.: Diesterweg.

BÖTTCHER, INGRID/WAGNER MONIKA (1993): Kreative Texte bearbeiten. In: Praxis Deutsch, H. 119, 24–27.

BOUEKE, DIETRICH/SCHÜLEIN, FRIEDER (1988): Von der Lehr- und Lernbarkeit des Erzählens. In: Diskussion Deutsch, H. 19, 386–403.

BOUEKE, DIETRICH (1990): Wie lernen Kinder, eine Geschichte zu erzählen? In: DINKELACKER, WOLFGANG u. a. (Hrsg.): „Ja muz ich sunder riuwe sin." Festschrift für Karl Stackmann. Göttingen: Vandenhoeck & Ruprecht, 232–252.

BOUEKE, DIETRICH/SCHÜLEIN, FRIEDER (1991): Beobachtungen zum Verlauf der Entwicklung kindlicher Erzählfähigkeit. In: NEULAND, EVA/BLECKWENN, HELGA (Hrsg.): Stil. Stilistik. Stilisierung. Frankfurt a. M. u. a.: Peter Lang, 71–86.

BRANDSTÄTTER, URSULA (1990): Musik im Spiegel der Sprache. Theorie und Analyse des Sprechens über Musik. Stuttgart: Metzler.

BRÄUER, GERD (1996): Warum schreiben? Schreiben in den USA: Aspekte, Verbindungen, Tendenzen. Frankfurt a. M. u. a.: Peter Lang.

BRÄUER, GERD (1998): Schreibend lernen. Grundlagen einer theoretischen und praktischen Schreibpädagogik. Innsbruck: StudienVerlag.

BRÄUER, GERD (2000a): Schreiben als reflexive Praxis: Tagebuch, Arbeitsjournal, Portfolio. Freiburg im Breisgau: Fillibach.

BRÄUER, GERD (2000b): Ein Ort zum Lesen und Schreiben. In: Praxis Deutsch, H. 163, 6 f.

BRÄUER, GERD (2002): Drawing Connections Across Education: The Freiburg Writing Center Model. In: Language and Learning Across the Disciplines, February 2002, Vol. 5, Nr. 3, 61–80.

BRÄUER, GERD (2003): Wenn konkrete Nutzer existieren ... Textarbeit in Realsituationen. In: Friedrich-Jahresheft XXI: Aufgaben. Lernen fördern – Selbstständigkeit entwickeln. Seelze/Velber: Friedrich, 22–24.

BRÄUER, GERD (Hrsg.) (2004): Schreiben(d) lernen: Ideen und Projekte für die

Schule. Hamburg: Edition Körber-Stiftung.

BRIDWELL, LILIAN (1983): Revising Strategies in Twelfth Grade Students' Transactional Writing. In: Research in the Teaching of English, 14, 197–222.

BRÜGELMANN, HANS (1984a): Lesen- und Schreibenlernen als Denkentwicklung. In: Zeitschrift für Pädagogik, H. 1, 69–91.

BRÜGELMANN, HANS (1984b): Schrifterwerb mit Computerhilfe: Verführung, Herausforderung oder Spiegelbild der Grundschuldidaktik. In: IRA/D-Beiträge, H. 2, 21–51.

BRUNER, JEROME S. (1987): Wie das Kind sprechen lernt. Bern u. a.: Huber.

BRUNNER, MARIA E. (1997): Schreibgesten: Die Entdeckung des Schreibens im Akt des Schreibens; Schreibkompetenz durch Literaturunterricht. Neuried: ars una.

BUCHER, WERNER/AMMANN, GEORGES (1970): Schweizer Schriftsteller im Gespräch. Basel: Friedrich Reinhardt, 69.

BÜHLER, KARL (1934): Sprachtheorie. Die Darstellungsfunktion der Sprache. Jena. Ungekürzter Neudruck. Stuttgart/New York: G. Fischer 1982.

BÜNTING, KARL-DIETER u. a. (1996): Schreiben im Studium. Ein Trainingsprogramm. Berlin: Cornelsen Skriptor.

BURT, SUSAN M. (1992): Teaching conscientious resistance to cooperation with text: the role of pragmatics in critical thinking. In: STEIN, DIETER (Hrsg.): Cooperating with written text. The pragmatics and comprehension of written texts. Berlin/New York: de Gruyter, 397–415.

BURTIS, P. J. u. a. (1983): The development of planning in writing. In: KROLL, B. M./WELLS, G. (Hrsg.): Explorations in the development of writing. Chichester: J. Wiley, 153–174.

BUTZ, WOLFGANG (1991): Schreiben und Überarbeiten von Erzähltexten. In: Praxis Deutsch, H. 108, 41 f.

CALLIEß, JÖRG (1997): Geschichte als Argument. In: BERGMANN, KLAUS u. a. (Hrsg.)

(1997): Handbuch der Geschichtsdidaktik. 5. Aufl. Seelze/Velber: Kallmeyer, 72–76.

CAMERON, DOMENICA (1998): Kognitive Aspekte der Sinndominanz in innerer Sprache und Lyrik. Grundlage und Entwicklung des Denkens jenseits der Worte. Tübingen/Basel: Francke.

CLYNE, MICHAEL (1984): Wissenschaftliche Texte Englisch- und Deutschsprachiger: Textstrukturelle Vergleiche. In: Studium Linguistik 15, 92–97.

CLYNE, MICHAEL (1987): Cultural differences in the organization of academic texts. In: Journal of Pragmatics 11, 211–247.

CUMMINS, JIM (1976): The influence of bilingualism on cognitive growth: a synthesis of research findings and explanatory hypotheses. In: Working Papers on Bilingualism 9, 1–43.

CUMMINS, JIM (1981): Age on arrival and immigrant second language learning in Canada: A reassessment. In: Applied Linguistics 2, 132–149.

CUMMINS, JIM (1991): Conversational and academic language proficiency in bilingual contexts. In: AILA Review 8, 75–89.

DAM, LENI u. a. (1990): Text production in the foreign language classroom and the word processor. In: System 18, 325–334.

DANIEL, UTE (1997): Clio unter Kulturschock. Zu den aktuellen Debatten der Geisteswissenschaft. In: Geschichte in Wissenschaft und Unterricht, H. 48, 195–218 und 259–278.

EL DARWICH, RENATE/PANDEL, HANS-JÜRGEN (1995): Wer, was, wo, warum? Oder Nenne, beschreibe, zähle, begründe. Arbeitsfragen zur Texterschließung. In: Geschichte lernen, H. 46, 33–37.

DEHN, MECHTHILD/SCHÜLER, LIS (1998): Lüge und Wahrheit: Vorstellungen klären. Differenzierung in der Aufgabe – Schreiben nach Vorgaben. In: Praxis Deutsch, H. 149, 31–35.

DEINHARDT, JOHANN HEINRICH (1859): Ästhetische Bildung. In: SCHMID, KARL ADOLF (Hrsg.): Encyklopädie des gesammten

Erziehungs- und Unterrichtswesens. Gotha: Besser, Bd. 1, 263–272.

DEUTSCH RECHTSCHREIBUNG 5./6. KLASSE. Stuttgart: Heureka-Klett 2001.

DEUTSCHES PISA-KONSORTIUM (Hrsg.) (2001): PISA 2000. Basiskompetenzen von Schülerinnen und Schülern im internationalen Vergleich. Opladen: Leske + Bullrich.

DITTMER, LOTHAR/SIEGFRIED, DETLEF (Hrsg.) (1997): Spurensucher. Ein Praxisbuch für historische Projektarbeit. Weinheim/Basel: Beltz.

DÖRING, NICOLA (1997): Identitäten, Beziehungen und Gemeinschaften im Internet. In: BATINIC, BERNAD (Hrsg.): Internet für Psychologen. Göttingen: Hogrefe, 299–336.

DÖRNER, DIETRICH (1998): Bauplan für eine Seele. Reinbek: Rowohlt.

DUBS, ROLF (2003): Qualitätsmanagement an Schulen. In: BRÄUER, GERD/SANDERS, KAREN (Hrsg.): New Visions in Foreign and Second Language Education? San Diego: LARC Press.

ECO, UMBERTO (1993): Wie man eine wissenschaftliche Abschlußarbeit schreibt. Heidelberg: UTB.

ECO, UMBERTO (2002): Einführung in die Semiotik. München: Fink.

EHLICH, KONRAD (1983): Deixis und Anapher. In: RAUH, GISA (Hrsg.): Essays on Deixis. Tübingen: Narr, 79–99.

EHLICH, KONRAD (Hrsg.) (1984): Erzählen in der Schule. Tübingen: Narr.

VON EICHENDORFF, JOSEPH (1953): Sehnsucht. In: BAUMANN, GERHARD (Hrsg.): Werke. Stuttgart: J. G. Cotta'sche Buchhandlung. Zit. nach: Conrady, Carl Otto (Hrsg.) (1978): Das große deutsche Gedichtbuch. Königstein/Taunus: Athenäum, 383 f.

EIGLER, GUNTHER (1997): Textproduktion als konstruktiver Prozess. In: WEINERT, FRANZ E. (Hrsg.): Psychologie des Unterrichts und der Schule. Göttingen u. a.: Hogrefe, Bd. 3, 365–395.

EIGLER, GUNTHER u. a. (1990): Wissen und Textproduktion. Tübingen: Narr.

EISENBERG, PETER/FEILKE, HELMUTH (2001): Rechtschreiben erforschen. In: Praxis Deutsch, H. 170, 6–15.

EMIG, JANET (1971): The composing process of twelfth graders (Research Report No. 13). Urbana, III: National Council of Teachers in English.

ESSELBORN-KRUMBIEGEL, HELGA (1999): Kommunikative Strategien wissenschaftlicher Texte. In: KRUSE, OTTO u. a.: Schlüsselkompetenz Schreiben. Konzepte, Methoden, Projekte für Schreibberatung und Schreibdidaktik an der Hochschule. Neuwied; Kriftel: Luchterhand, 122–134.

EßER, RUTH (2000): Schreiben im Vergleich. Kulturelle Geprägtheit wissenschaftlicher Textproduktion und ihre Konsequenzen für den universitären DaF-Unterricht. In: KRUMM, HANS-JÜRGEN (Hrsg.): Erfahrungen beim Schreiben in der Fremdsprache Deutsch. Untersuchungen zum Schreibprozess und zur Schreibförderung im Unterricht mit Studierenden. Innsbruck: StudienVerlag, 56–108.

EYCKMANN, CHRISTOPH (1985): Schreiben als Erfahrung. Bonn: Bouvier.

FALKMANN, CHRISTIAN FERDINAND (1818): Methodik der deutschen Stylübungen. Hannover: Hahnsche Hofbuchhandlung.

FARRELL, PAMELA (1989): The High School Writing Center: Establishing and Maintaining One. Urbana, IL: National Council of Teachers of English.

FEILKE, HELMUTH/AUGST, GERHARD (1989): Zur Ontogenese der Schreibkompetenz. In: ANTOS, GERD/KRINGS, HANS-PETER (Hrsg.): Textproduktion. Tübingen: Niemeyer, 297–328.

FEILKE, HELMUTH (1990): Erörterung der Erörterung: Freies Schreiben und Musteranalyse. In: Praxis Deutsch, H. 99, 52–56.

FEILKE, HELMUTH (1996): Die Entwicklung der Schreibfähigkeiten. In: GÜNTHER, HARTMUT/LUDWIG, OTTO (Hrsg.): Schrift und Schriftlichkeit. Ein interdisziplinäres Handbuch internationaler Forschung. Berlin/New York: de Gruyter, 1178–1191.

Feilke, Helmuth/Portmann, Paul R. (Hrsg.) (1996): Schreiben im Umbruch. Schreibforschung und schulisches Schreiben. Stuttgart: Klett.

Feilke, Helmuth (2001): Grammatikalisierung und Textualisierung. In: Feilke, Helmut u. a. (Hrsg.): Grammatikalisierung, Spracherwerb und Schriftlichkeit. Tübingen: Niemeyer, 107–125.

Feilke, Helmuth u. a. (2001): Grammatikalisierung, Spracherwerb und Schriftlichkeit. In: Feilke, Helmuth u. a. (Hrsg.): Grammatikalisierung, Spracherwerb und Schriftlichkeit. Tübingen: Niemeyer, 1–28.

Feilke, Helmuth (2003): Entwicklung schriftlich-konzeptualer Fähigkeiten. In: Bredel, Ursula u. a. (Hrsg.): Didaktik der deutschen Sprache. Ein Handbuch. Paderborn: Schöningh, Bd. 1, 178–192.

Feist, Jürgen (2004): Schreibberatung am Gymnasium. In: Bräuer, Gerd (Hrsg.): Ideen und Projekte für die Schule. Hamburg: Edition Körber-Stiftung, 133–143.

Felder, Markus/Fix, Martin (2001): Recherchieren für die Klassenarbeit: Der „mehrstufige Aufsatz". In: Praxis Deutsch, H. 167, 39–43.

Fingerhut, Karlheinz (2002): Qualitätssicherung und Kompetenzerwerb – Auswirkungen der Vergleichsstudien (PISA, PISA E) auf die Entwicklung von Standards und Lehrbüchern für den Deutschunterricht. Ludwigsburg, unveröff. Manuskript.

Fix, Martin (1999): „Deine Geschichte find ich irgendwie komisch!" Schreibkonferenzen als Ausgangspunkt für Sprachreflexion. In: Praxis Schule 5–10, H. 2, 24–29.

Fix, Martin (2000): Textrevisionen in der Schule. Prozessorientierte Schreibdidaktik zwischen Instruktion und Selbststeuerung. Empirische Untersuchungen in achten Klassen. Baltmannsweiler: Schneider.

Fix, Martin/Melenk, Hartmut (2000): Schreiben zu Texten – Schreiben zu Bildimpulsen. Das Ludwigsburger Aufsatzkorpus. Mit 2.300 Schülertexten, Befragungsdaten und Bewertungen auf CD-ROM. Baltmannsweiler: Schneider.

Fix, Martin (Hrsg.) (2002): Argumentieren und Erörtern. Vom Schreibanlass zum überarbeiteten Text. Arbeitstechniken und Lösungswege zum Schreiben in der 9. und 10. Klasse. Paderborn: Schöningh.

Fix, Martin (2003): Verständlich formulieren. In: Praxis Deutsch, H. 179, 4–11.

Flower, Linda/Hayes, John R. (1980): The dynamics of composing: making plans and juggling constraints. In: Gregg, Lee W./Steinberg, Erwin R. (Hrsg.): Cognitive Processes in Writing. Hillsdale, NJ: Erlbaum, 39–58.

Flusser, Vilém (1987): Die Schrift. Hat Schreiben Zukunft? Göttingen: Immatrix-Publications.

Förster, Marianne (1993): Vertrautes – Vertrauliches. Schülerinnen und Schüler schreiben an fiktive Briefpartner. In: Praxis Deutsch, H. 117, 37–40.

Frederking, Volker/Steinig, Wolfgang (2000): „Mit dem Computer geht's viel leichter als mit der Hand". Bericht über ein Projekt zur E-Mail- und Chat-Kommunikation im Anfangsunterricht. In: Blattmann, Ekkehard/Frederking, Volker (Hrsg.): Deutschunterricht konkret. Baltmannsweiler: Schneider, 166–205.

Frederking, Volker u. a. (2000): Virtueller Deutschunterricht. „Umgang mit dem Fremden" – eine Internet-Kooperation zwischen zwei achten Klassen. In: Deutschunterricht, H. 3, 207–216.

Frederking, Volker (2003): Auf neuen Wegen …? Deutschdidaktik und Deutschunterricht im Zeichen der Medialisierung – eine Bestandsaufnahme. In: Wermke, Jutta (Hrsg.): Literatur und Medien. Jahrbuch Medien im Deutschunterricht 2002. München: KoPäd, 143–159.

Frederking, Volker/Krommer, Axel (2003): Von der Persona zum Personascript. Virtuelle Theatralik im multimedialen

Deutschunterricht am Beispiel von Ludwig Fels' „Soliman". In: Deutschunterricht, H. 4, 34–43.

FREDERKING, VOLKER (2004): Lesen und Leseförderung im medialen Wandel. Symmedialer Deutschunterricht nach PISA. In: FREDERKING, VOLKER (Hrsg.): Lesen und Symbolverstehen. Jahrbuch Medien im Deutschunterricht 2003. München: KoPäd, 37–66.

FREEDMAN, AVIVA (1987): Development in Story Writing. In: Applied Psycholinguistics 8, 153–169.

FRITZSCHE, JOACHIM (1980): Erzählen in der Sekundarstufe II. Curriculare und methodische Probleme. In: Der Deutschunterricht, 32, H. 2, 66–78.

FRITZSCHE, JOACHIM (1987): Das Problem der Subjektivität im Erörterungsaufsatz der gymnasialen Oberstufe. In: Diskussion Deutsch, H. 94, 167–179.

FRITZSCHE, JOACHIM (1994): Didaktik und Methodik des Deutschunterrichts. 3 Bde. Stuttgart: Klett (Bd. 2: Schriftliches Arbeiten).

FRITZSCHE, YVONNE (2000): Moderne Orientierungsmuster: Inflation am „Wertehimmel". In: DEUTSCHE SHELL (Hrsg.): Jugend 2000. Opladen: Leske + Budrich, 93–156.

FROMMER, HARALD (1984 a): Die Fesseln des Odysseus. Anmerkungen zu den Stilnormen für die Inhaltsangabe. In: Der Deutschunterricht, 36, H. 2, 37–47.

FROMMER, HARALD (1984 b): Warum nicht Nacherzählen? Eine methodische Anregung für den Literaturunterricht auf allen Stufen. In: Der Deutschunterricht, 36, H. 2, 21–36.

FROMMER, HARALD (1995): Lesen und inszenieren. Produktiver Umgang mit dem Drama auf der Sekundarstufe. Stuttgart: Klett.

FURCHNER, INGRID u. a. (1999): Von der Schreibberatung für Studierende zur Lehrberatung für Dozenten. In: KRUSE, OTTO u. a.: Schlüsselkompetenz Schreiben. Konzepte, Methoden, Projekte für Schreibberatung und Schreibdidaktik an der Hochschule. Neuwied; Kriftel: Luchterhand, 61–72.

GAUGER, HANS-MARTIN (1988): ‚Schreibe, wie du redest!' Zur Geschichte und Berechtigung einer Stil-Anweisung. In: GAUGER, HANS-MARTIN: Der Autor und sein Stil. Stuttgart: DVA, 9–25.

GEISSLER, ROLF (1968): Die Erlebniserzählung zum Beispiel: Versuch einer fachdidaktischen Erörterung. In: Die Deutsche Schule, 60, H. 2, 102–112; wieder abgedr. in: SCHAU, ALBRECHT (Hrsg.) (1974): Von der Aufsatzkritik zur Textproduktion. Baltmannsweiler: Schneider, 35–48.

GELBE, THEODOR (1891): Die Stilarbeiten. Anleitung und Dispositionen. Leipzig: Teubner.

GERTH, KLAUS (1990): „Warum tut Andreas das?" Eine Unterrichtsanregung für das argumentative Schreiben. In: Praxis Deutsch, H. 99, 28.

GESCHICHTSBUCH OBERSTUFE (1995 ff.), 2 Bde. Berlin: Cornelsen.

GILLESPIE, PAULA/LERNER, NEIL (2000): The Allyn and Bacon Guide to Peer Tutoring. Massachusetts: Allyn and Bacon.

GIORA, RAHEL (1988): On the Informativeness Requirement. In: Journal of Pragmatics 12, 547–565.

GLASSNER, B. J.: (1980): Priliminary report: Hemispharic relationships in composing. In: Journal of Education 162, 74–95.

GLÜCK, HELMUT (1987): Schrift und Schriftlichkeit. Eine sprach- und kulturwissenschaftliche Studie. Stuttgart: Metzler.

GOETHE, JOHANN WOLFGANG (1789): Einfache Nachahmung der Natur, Manier, Stil. In: Sämtliche Werke in 18 Bänden, hrsg. v. ERNST BEUTLER. Zürich: Artemis 1949, Bd. 13, 66–71.

GOMBERT, JEAN ÉMILE (1992): Metalinguistic Development. New York u. a.: Harvester Weatsheaf.

GÖSSMANN, WILHELM (1979): Schülermanuskripte. Schriftliches Arbeiten auf der Sekundarstufe I. Düsseldorf: Schwann.

GÖSSMANN, WILHELM (1987): Theorie und Praxis des Schreibens. Wege zu einer neuen Schreibkultur. Düsseldorf: Schwann.

GÖTZ, JOACHIM (1992): Schreiben auf Englisch: Kontinuität und Funktionalität. In: BÖRNER, WOLFGANG/VOGEL, KLAUS (Hrsg.): Schreiben in der Fremdsprache. Prozeß und Text. Bochum: AKS, 135–161.

GOTTSCHED, JOHANN CHRISTOPH (1754): Vorübungen der Beredtsamkeit, zum Gebrauche der Gymnasien und höheren Schulen aufgesetzt. Leipzig: Breitkopf.

GRAF, ERWIN (1997): Lernen in Stationen. Lernzirkel im Biologieunterricht. In: MEYER, MEINERT A. u. a. (Hrsg.): Lernmethoden, Lehrmethoden. Wege zur Selbstständigkeit. Friedrich Jahresheft XV. Seelze/Velber: Friedrich, 80–84.

GROEBEN, NORBERT (1982): Leserpsychologie: Textverständnis – Textverständlichkeit. Münster: Aschendorff.

GROEBEN, NORBERT/CHRISTMANN, URSULA (1995): Lesen und Schreiben von Informationstexten. Textverständlichkeit als kulturelle Kompetenz. In: ROSEBROCK, CORNELIA (Hrsg.): Lesen im Medienzeitalter. Weinheim/München: Juventa, 165–194.

GROEBEN, NORBERT (1999): Argumentationsintegrität als Ziel einer Ethik der Alltagskommunikation. In: Der Deutschunterricht, H. 5, 46–53.

GROSS, MONIKA (1998): Stadtimpressionen: ein Schreibprojekt. In: Praxis Deutsch, H. 149, 58–61.

GROSS, MONIKA (2002): Einstein's Dreams von Alan Lightman im Deutsch- und Philosophieunterricht der S II. In: ABRAHAM, ULF/LAUNER, CHRISTOPH (Hrsg.) (2002): Weltwissen erlesen. Literarisches Lernen im fächerverbindenden Unterricht. Baltmannsweiler: Schneider, 163–172.

GRUNDER, HANS-ULRICH/BOHL, THORSTEN (Hrsg.) (2001): Neue Formen der Leistungsbeurteilung in den Sekundarstufen I und II. Baltmannsweiler: Schneider.

GRZESIK, JÜRGEN/FISCHER, MICHAEL (1985): Was leisten Kriterien für die Aufsatzbeurteilung? Opladen: Westdeutscher Verlag.

GUMBRECHT, HANS-ULRICH (1988): Flache Diskurse. In: GUMBRECHT, HANS-ULRICH/PFEIFFER, K. LUDWIG (Hrsg.): Materialität der Kommunikation. Frankfurt a. M: Suhrkamp, 914–923.

GUMBRECHT, HANS-ULRICH/PFEIFFER, K. LUDWIG (Hrsg.) (1988): Materialität der Kommunikation. Frankfurt a. M.: Suhrkamp.

GÜNTHER, HARTMUT (1993): Erziehung zur Schriftlichkeit. In: EISENBERG, PETER/KLOTZ, PETER (Hrsg.): Sprache gebrauchen – Sprachwissen erwerben. Stuttgart: Klett, 85–96.

GÜNTHER, HARTMUT/LUDWIG, OTTO (Hrsg.) (1994/1996): Writing and Its Use. Schrift und Schriftlichkeit. An Interdisciplinary Handbook of International Research. Ein interdisziplinäres Handbuch internationaler Forschung. 2 Halbbde. Berlin/New York: de Gruyter.

GÜNTHER, ULLA/WYSS, EVA LIA (1996): E-Mail-Briefe – eine neue Textsorte zwischen Mündlichkeit und Schriftlichkeit. In: LÜTTICH, ERNEST, W. B. u. a. (Hrsg.): Textstrukturen im Medienwandel. Frankfurt a. M. u. a.: Peter Lang, 61–86.

GUTENBERG, NORBERT (1989): Sprechwissenschaftliche Aspekte des Schreibens – Ein Überblick über Forschungsfragen. In: ANTOS, GERD/KRINGS, HANS P. (Hrsg.): Textproduktion. Ein interdisziplinärer Forschungsüberblick. Tübingen: Niemeyer, 100–125.

HAAS, GERHARD (1997): Handlungs- und produktionsorientierter Literaturunterricht. Theorie und Praxis eines „anderen" Literaturunterrichts für die Primar- und Sekundarstufe. Seelze/Velber: Kallmeyer.

HAASE, MARTIN u. a. (1997): Internetkommunikation und Sprachwandel. In: WEINGARTEN, RÜDIGER (Hrsg.): Sprachwandel durch Computer. Opladen: Westdeutscher Verlag, 51–85.

HABERMAS, JÜRGEN (1989): Vorstudien und Ergänzungen zur Theorie des kommunikativen Handelns. 3. Aufl. Frankfurt a. M.: Suhrkamp.

HANNIG, JÜRGEN (1986): Normen in Schulgeschichtsbüchern. Zum Problem der Sprache im Geschichtsunterricht. In: KIRCHHOFF, HANS GEORG (Hrsg.): Neue Beiträge zur Geschichtsdidaktik. Bochum: Studienverlag Brockmeyer, 249–269.

HARTH, DIETRICH (1996): Geschichtsschreibung. In: UEDING, GERT (Hrsg.): Historisches Wörterbuch der Rhetorik. Tübingen: Niemeyer, Bd. 3, Sp. 832–870.

HARTH, DIETRICH (1997): Geschichtsschreibung. In: BERGMANN, KLAUS u. a. (Hrsg.): Handbuch der Geschichtsdidaktik. 5. Aufl. Seelze/Velber: Kallmeyer, 170–175.

HARTMANN, WILFRIED/JONAS, HARTMUT (Hrsg.) (1995): Deutschunterricht im Umbruch: Die Aufsatz-Studie Ost von 1991. Frankfurt a. M. u. a.: Peter Lang.

HARTWIG, UTA (2001): Internet im Geschichtsunterricht. Stuttgart: Klett.

HAUSENDORF, HEIKO/WOLF, DAGMAR (1998): Erzählentwicklung und -didaktik. Kognitions- und interaktionstheoretische Perspektiven. In: Der Deutschunterricht, 50, H. 1, 38–52.

HAUSENDORF, HEIKO (2000): Die Zuschrift. Exemplarische Überlegungen zur Methodologie der linguistischen Textsortenbeschreibung. In: Zeitschrift für Sprachwissenschaft, 19, H. 2, 210–244.

HAVENSTEIN, MARTIN (1925): Die Dichtung in der Schule. Frankfurt a. M.: Diesterweg.

HAYES, JOHN R./FLOWER, LINDA S. (1980): Identifying the organization of writing processes. In: GREGG, LEE W./STEINBERG, ERWIN R. (Hrsg.): Cognitive Processes in Writing. Hillsdale, NJ: Erlbaum, 3–30.

HEDGE, TRICIA (1988): Writing. Oxford: Oxford University Press.

HEIBACH, CHRISTIANE (2002): Schreiben im World Wide Web – eine neue literarische Praxis. In: MÜNKER, STEFAN/ROESLER, ALEXANDER (Hrsg.): Praxis Internet. Kulturtechniken der vernetzten Welt. Frankfurt a. M.: Suhrkamp, 182–207.

HEINE, HEINRICH (1972): Werke und Briefe in zehn Bänden, hrsg. von Hans Kaufmann, 2. Aufl., Berlin/Weimar: Aufbau.

HEINRITZ, CHARLOTTE (2001): Erlebnis und Biographie: freie Aufsätze von Kindern. In: BEHNCKEN, IMBKE/ZINNECKER, JÜRGEN (Hrsg.): Kinder – Kindheit – Lebensgeschichte. Seelze/Velber: Kallmeyer, 102–115.

HEINSIUS, THEODOR (1800): J. C. Adelung über den deutschen Styl im Auszuge von Theodor Heinsius. Berlin: Voß.

HEINZ, HANS JOACHIM (2002): Arbeitstechniken Deutsch 5/6. Übungsheft. Stuttgart: Klett.

HEROLD, THEO u. a. (1980): Das Schreiben über Literatur (Sek. II). Limburg: Frankonius.

HESSEN (2003): Lehrplan Geschichte. Gymnasialer Bildungsgang. Hrsg. v. Hessischen Kultusministerium. http://lernarchiv.bildung.hessen.de/archiv/lehrplaene/gymnasium/geschichte

HEYDER, WOLFGANG (1999): Innere Sprache, Vorstellungswelt und sprachliches Kommunikationsverhalten bei autistisch Behinderten. Tübingen: Copyshop (= Dissertation).

HINTZ, INGRID (2002): Das Lesetagebuch: intensiv lesen, produktiv schreiben, frei arbeiten. Bestandsaufnahme und Neubestimmung einer Methode zur Auseinandersetzung mit Kinder- und Jugendbüchern im Deutschunterricht. Baltmannsweiler: Schneider.

HOLLE, KARL (1997): Wie lernen Kinder, sprachliche Strukturen zu thematisieren? Grundsätzliche Erwägungen und ein Forschungsüberblick zum Konstrukt „literale Sprachbewusstheit" (metalinguistic awareness). In: HOLLE, KARL (Hrsg.): Konstruktionen der Verständigung. Die Organisation von Schriftlichkeit als Gegenstand didaktischer Reflexion. Universität Lüneburg: Reihe DidaktikDiskurse, Bd. 1, 29–80.

HOLOUBEK, HELMUT (1998): Musik im Deutschunterricht. (Re-)Konstruierte Beziehungen, oder: Thema con Variazioni. Frankfurt a. M. u. a.: Peter Lang.

HOLTWISCH, HERBERT (1996): Prozessorientierte Textarbeit im Englischunterricht der Sekundarstufe I. In: Neusprachliche Mitteilungen, 49, H. 2, 97–101.

Hornung, Antonie (1993): Einen Vorgang beschreiben. Wie automatisches Schreiben Aufsätze verändert. In: Praxis Deutsch, H. 119, 48–51.

Hornung, Antonie (1995): Vom experimentellen zum argumentativen Schreiben. Die produktive Aneignung eines surrealistischen Schreibansatzes. In: Diskussion Deutsch, H. 141, 3–14.

Hornung, Antonie (1997): Führen alle Wege nach Rom? Über kulturspezifische Zugangsweisen zu Schreibprozessen. In: Adamzik, Kirsten u. a. (Hrsg.): Domänen- und kulturspezifisches Schreiben. Frankfurt a. M. u. a.: Peter Lang, 71–99.

Hornung, Antonie (2002): Zur eigenen Sprache finden. Modell einer plurilingualen Schreibdidaktik. Tübingen: Niemeyer.

Hufeisen, Britta (2000): Fachtextpragmatik Kanadisch – Deutsch. Studentische Texte an der Universität. In: Krumm, Hans-Jürgen (Hrsg.): Erfahrungen beim Schreiben in der Fremdsprache Deutsch. Untersuchungen zum Schreibprozess und zur Schreibförderung im Unterricht mit Studierenden. Innsbruck: Studien Verlag, 17–55.

Hufeisen, Britta (2002): Ein deutsches Referat ist kein englischsprachiges Essay. Theoretische und praktische Überlegungen zu einem verbesserten textsortenbezogenen Schreibunterricht in der Fremdsprache an der Universität. Innsbruck: StudienVerlag.

Hug, Michael (2001): Aspekte zeitsprachlicher Entwicklung in Schülertexten. Eine Untersuchung im 3., 5. und 7. Schuljahr. Frankfurt a. M. u. a.: Peter Lang.

Hug, Wolfgang (1982): Erzählende Quellen. Grundmuster narrativer Geschichtsschreibung in Antike und Mittelalter. In: Quandt, Siegfried/Süssmuth, Hans (Hrsg.): Historisches Erzählen. Formen und Funktionen. Göttingen: Vandenhoeck & Ruprecht, 77–103.

Hug, Wolfgang (1985): Geschichtsunterricht in der Praxis der Sekundarstufe I. 3. Aufl. Frankfurt a. M.: Diesterweg.

Hurrelmann, Bettina u. a. (1993): Lesesozialisation. Bd. 1. Leseklima in der Familie. Gütersloh: Bertelsmann.

Idensen, Heiko (1995): Die Poesie soll von allen gemacht werden! Von literarischen Hypertexten zu virtuellen Schreibräumen der Netzwerkkultur. www.netzliteratur.net/idensen/ poesie.htm

Illich, Ivan/Sanders, Barry (1988): Das Denken lernt schreiben. Lesekultur und Identität. Hamburg: Hoffmann und Campe.

Ivo, Hubert (1979): Korrekturhandeln zwischen „sprachlichem Lernen" und „Prüfen". In: Diskussion Deutsch, H. 49, 478–495.

Ivo, Hubert (1999): Deutschdidaktik. Die Sprachlichkeit des Menschen als Bildungsaufgabe in der Zeit. Baltmannsweiler: Schneider.

Jäger, Ludwig (2003): Ohne Sprache undenkbar. In: Gehirn & Geist, H. 2, 36–42.

Jahraus, Oliver (2003): Literatur als Medium. Sinnkonstitution und Subjekterfahrung zwischen Bewusstsein und Kommunikation. Weilerswist: Velbrück.

Jakobs, Eva-Maria (1997): Lesen und Textproduzieren. Source reading als typisches Merkmal wissenschaftlicher Textproduktion. In: Jakobs, Eva-Maria/Knorr, Dagmar (Hrsg.): Schreiben in den Wissenschaften. Frankfurt a. M. u. a.: Peter Lang, 75–90.

Jakobs, Eva-Maria (1999): Normen der Textgestaltung. In: Kruse, Otto u. a.: Schlüsselkompetenz Schreiben. Konzepte, Methoden, Projekte für Schreibberatung und Schreibdidaktik an der Hochschule. Neuwied; Kriftel: Luchterhand, 171–190.

Jansen (2001): Sprachaufgaben in allen Fächern. Ein „Wahrnehmungsmodell" und ein Absprachenkatalog. In: Schulmagazin 5 bis 10, H. 11, 4–7.

Janson, Stefan (Hrsg.) (1990): Musik-Erzählungen. Stuttgart: Reclam.

JANßEN, WERNER (1997): Das Thema „Zeitung" – einmal anders. Aus Gruppenarbeitsprodukten wächst ein Hypertext. In: Computer und Unterricht, H. 28, 24–27.

JECHLE, THOMAS (1992): Kommunikatives Schreiben. Prozess und Entwicklung aus der Sicht kognitiver Schreibforschung. Tübingen: Narr.

JEISMANN, KARL-ERNST (1988): Positionen der Geschichtsdidaktik. In: LEIDINGER, PAUL (Hrsg.): Geschichtsunterricht und Geschichtsdidaktik vom Kaiserreich bis zur Gegenwart. Stuttgart: Klett, 171–185.

JENSEN, ADOLF/LAMSZUS, WILHELM (1911): Der Weg zum eigenen Stil. Ein Aufsatzpraktikum für Lehrer und Laien, Hamburg: A. Janssen.

JENTZSCH, PETER (1989): Schüler schreiben Streitgespräche. Der diskursive Dialog als Weg zur Texterschließung. In: Der Deutschunterricht, H. 3, 31–43.

JONAS, HARTMUT (1998): Per Mausklick zur Literatur? Elektronische Literatur aus didaktischer Sicht. In: Didaktik Deutsch. Halbjahresschrift für die Didaktik der deutschen Sprache und Literatur. Mitteilungsorgan des Symposions Deutschdidaktik, H. 4, 4–16.

JONAS, HARTMUT/ROSE, KURT (2002): Computerunterstützter Deutschunterricht. Frankfurt a. M. u. a.: Peter Lang.

JOURDAIN, ROBERT (1998): Das wohltemperierte Gehirn. Wie Musik im Kopf entsteht und wirkt. Heidelberg/Berlin: Spektrum Akademischer Verlag.

JÜRGENS, FRANK (1999): Zurück zu den Normen? Schreiben zwischen Normbewusstsein und Kreativität. In: Deutschunterricht, 52, H. 3, 213–223.

KARG, INA (2000): Vom Unsinn der Erörterung und dem Wert des Argumentierens: Gedanken zur Werteerziehung in einer Medienkultur. In: Deutschunterricht, H. 3, 196–206.

KELLNER, NORBERT (1999): Literarische Kreativität. Warum schreiben? Wie schreibt man Literatur? Was ist (gute) Literatur? Stuttgart: Klett.

KEPSER, MATTHIS (1999): Massenmedium Computer. Ein Handbuch für Theorie und Praxis des Deutschunterrichts. Bad Krotzingen: D-Punkt.

KERN, RICHARD (2000): Literacy and language teaching. Oxford: Oxford University Press.

KESELING, GISBERT (1995): Pausen und Pausenorte in schriftlichen Wegbeschreibungen. In: BAURMANN JÜRGEN/WEINGARTEN, RÜDIGER (Hrsg.): Schreiben: Prozesse, Prozeduren und Produkte. Opladen: Westdeutscher Verlag, 201–219.

KIENPOINTNER, MANFRED (1992): Alltagslogik. Struktur und Funktion von Argumentationsmustern. Stuttgart-Bad Cannstadt: frommann-holzboog.

KITTLER, FRIEDRICH A. (1995): Aufschreibesysteme 1800–1900. 3. Aufl. München: Fink.

KLAUS, ALFRED u. a. (2002): Von der Schreiblust zur Schreibverdrossenheit – auf der Suche nach motivationspsychologischen Erklärungen. In: Unterrichtswissenschaft, 30, H. 1, 78–94.

KLEIN, JOSEF (1999): Rhetorik und Argumentation. Eine Einführung. In: Der Deutschunterricht, 51, H. 5, 3–12.

KLEIN, JOSEF (2000): Komplexe topische Muster. Vom Einzeltopos zur diskurstypspezifischen Topos-Konfiguration. In: SCHIRREN, THOMAS/UEDING, GERD: Topik und Rhetorik. Ein interdisziplinäres Symposium. Tübingen: Niemeyer, 623–649.

KLEIN, KLAUS-PETER (1980): Erzählen lehren? Anmerkungen zum Stand der Erzähldidaktik. In: MÜLLER-MICHAELS, HARRO (Hrsg.): Jahrbuch der Deutschdidaktik, 47–57.

KLEIN, MICHAEL (1998): Ein Plädoyer für das Schreiben von Hypertexten am Beispiel des Geschichtsunterrichts. www.learn-line.nrw.de/angebote/ neuemedien/medio/gl/bauern/ bauernkrieg

KLICPERA, CHRISTIAN/GASTEIGER-KLICPERA, BARBARA (1998): Psychologie der Lese- und Schreibschwierigkeiten. 2. Aufl. Weinheim/Basel: Beltz.

KLIPPERT, HEINZ (1994): Methodentraining. Übungsbausteine für den Unterricht. Weinheim/Basel: Beltz.

KLOOCK, DANIELA (1997): Oralität und Literalität. In: KLOOCK, DANIELA/SPAHR, ANGELA: Medientheorien. Eine Einführung. München: Fink, 237–266.

KLOTZ, PETER (1983): Sprachliche Beobachtungen im Rahmen eines Unterrichtsversuchs Deutsch – Erdkunde (8. Klasse). In: BIRKENHAUER, JOSEF (Hrsg.): Sprache und Denken im Geographieunterricht. Paderborn: Schöningh, 131–145.

KLOTZ, PETER (1991): Syntaktische und textuelle Perspektiven zu Stil und Textsorte. In: NEULAND, EVA/BLECKWENN, HELGA (Hrsg.): Stil. Stilistik, Stilisierung. Frankfurt a. M. u. a.: Peter Lang, 39–54.

KLOTZ, PETER (1996): Grammatische Wege zur Textgestaltungskompetenz. Theorie und Empirie. Tübingen: Niemeyer.

KLOTZ, PETER (2003): Integrativer Deutschunterricht. In: KÄMPER-VAN DEN BOOGAART, MICHAEL (Hrsg.): Deutschdidaktik. Leitfaden für die Sekundarstufe I und II. Berlin. Cornelsen Scriptor, 46–59.

KNAPP, WERNER (1997): Schriftliches Erzählen in der Fremdsprache. Tübingen: Niemeyer.

KOCH, PETER/OESTERREICHER, WULF (1994): Schriftlichkeit und Sprache. In: GÜNTHER, HARTMUT/LUDWIG, OTTO (Hrsg.): Schrift und Schriftlichkeit. Writing and its Use. Ein interdisziplinäres Handbuch internationaler Forschung. Berlin/New York: de Gruyter, 1. Halbbd., 587–604.

KOCHAN, BARBARA (1993): Schreibprozess, Schreibentwicklung und Schreibwerkzeug. Theoretische Aspekte des Computergebrauchs im entfaltenden Schreibunterricht. In: HOFMANN, WERNER u. a. (Hrsg.): Computer und Schriftspracherwerb. Programmentwicklungen, Anwendungen, Lernkonzepte. Opladen: Westdeutscher Verlag, 57–91.

KOCKA, JÜRGEN (1989): Zurück zur Erzählung? Plädoyer für historische Argumentation. In: Geschichte und Aufklärung. Aufsätze. Göttingen: Vandenhoeck & Ruprecht, 8–20.

KOHLBERG, LAWRENCE (1974): Zur kognitiven Entwicklung des Kindes. Frankfurt a. M.: Suhrkamp.

KOHLBERG, LAWRENCE (1987): Moralische Entwicklung und demokratische Erziehung. In: LIND, GEORG/RASCHERT, JÜRGEN (Hrsg.): Moralische Urteilsfähigkeit. Eine Auseinandersetzung mit Lawrence Kohlberg über Moral, Erziehung und Demokratie. Weinheim/Basel: Beltz, 25–43.

KOHLER, BRITTA (1998): Problemorientierte Gestaltung von Lernumgebungen. Weinheim: Deutscher Studien Verlag.

KOHLER, EWALD/SCHUSTER, JÜRGEN (1994): Tafelbilder für den Geschichtsunterricht. Teil 1. 6. Aufl. Donauwörth: Auer.

KÖLLER, WILHELM (1977): Der sprachtheoretische Wert des semiotischen Zeichenmodells. In: SPINNER, KASPAR H. (Hrsg.): Zeichen, Text, Sinn. Zur Semiotik des literarischen Verstehens. Göttingen: Vandenhoeck & Ruprecht, 7–77.

KOPFERMANN, THOMAS (2002): LesenSchreibenLesen. In: Deutschunterricht, H. 1, 4–8.

KOß, GERHARD (1998): Außerschulische Lernräume. In: ABRAHAM, ULF u. a.: Praxis des Deutschunterrichts. Donauwörth: Auer, 69–73.

KRAINZ-DÜRR, MARLIES (1999): Wie kommt Lernen in die Schule? Zur Lernfähigkeit der Schule als Organisation. Innsbruck: StudienVerlag.

KRAPELS, ALEXANDRA ROWE (1990): An overview of second language writing process research. In: KROLL, BARBARA (Hrsg.): Second Language Writing: Research Insights for the Classroom. Cambridge: Cambridge University Press, 37–56.

KREFT, JÜRGEN (1984): Der Textwissenschaftler als der wahre Mensch und als das wahre Lernziel. In: HEIN, J. u. a. (Hrsg.): Das Ich als Schrift. Über privates und öffentliches Schreiben heute. Baltmannsweiler: Schneider, 251–260.

KRIEGER, HERBERT (Hrsg.) (1969): Aufgabe und Gestaltung des Geschichtsunterrichts. Handreichungen für den Geschichtslehrer. 5. Aufl. (= Neufassung). Frankfurt a. M. u. a.: Diesterweg.

KRINGS, HANS P. (1989): Schreiben in der Fremdsprache – Prozessanalysen zum „vierten skill". In: ANTOS, GERT/KRINGS, HANS P. (Hrsg.): Textproduktion. Ein interdisziplinärer Forschungsüberblick. Tübingen: Niemeyer, 377–436.

KRINGS, HANS P. (1992 a): Empirische Untersuchungen zu fremdsprachlichen Schreibprozessen – Ein Forschungsüberblick. In: BÖRNER, WOLFGANG/VOGEL, KLAUS (Hrsg.): Schreiben in der Fremdsprache. Bochum: AKS, 47–77.

KRINGS, HANS P. (1992 b): Schwarze Spuren auf weißem Grund – Fragen, Methoden und Ergebnisse der empirischen Schreibprozessforschung im Überblick. In: KRINGS, HANS P./ANTOS, GERD (Hrsg.): Textproduktion. Neue Wege der Forschung. Trier: Wissenschaftlicher Verlag, 45–110.

KRINGS, HANS P./ANTOS, GERD (Hrsg.) (1992): Textproduktion. Neue Wege der Forschung. Trier: Wissenschaftlicher Verlag.

KRUSE, OTTO (1997): Wissenschaftliche Textproduktion und Schreibdidaktik. Schreibprobleme sind nicht einfach Probleme der Studierenden, sie sind auch die Probleme der Wissenschaften selbst. In: JAKOBS, EVA-MARIA/KNORR, DAGMAR (Hrsg.): Textproduktion und Medium. Bd. 1. Schreiben in den Wissenschaften. Frankfurt a. M. u. a.: Peter Lang, 141–158.

KRUSE, OTTO/JAKOBS, EVA-MARIA (1999): Schreiben lehren an der Hochschule: Eine Einführung. In: KRUSE, OTTO u. a.: Schlüsselkompetenz Schreiben. Konzepte, Methoden, Projekte für Schreibberatung und Schreibdidaktik an der Hochschule. Neuwied; Kriftel: Luchterhand, 19–34.

KRUSE, OTTO/RUHMANN, GABRIELA (1999): Aus Alt mach Neu: Vom Lesen zum Schreiben wissenschaftlicher Texte. In: KRUSE, OTTO u. a.: Schlüsselkompetenz Schreiben. Konzepte, Methoden, Pro-

jekte für Schreibberatung und Schreibdidaktik an der Hochschule. Neuwied; Kriftel: Luchterhand, 109–121.

KRUSE, OTTO u. a. (1999): Schlüsselkompetenz Schreiben. Konzepte, Methoden, Projekte für Schreibberatung und Schreibdidaktik an der Hochschule. Neuwied; Kriftel: Luchterhand.

KRUSE, OTTO (2002): Keine Angst vor dem leeren Blatt. Ohne Schreibblockaden durchs Studium. 9. Aufl. Frankfurt: Campus.

KÜBLER, MARKUS (2001): Ein Land – zwei Geschichten. In: Geschichte lernen, H. 83, 54–65.

KUPFER-SCHREINER, CLAUDIA (1994): Sprachdidaktik und Sprachentwicklung im Rahmen interkultureller Erziehung. Das Nürnberger Modell. Ein Beitrag gegen Rassismus und Ausländerfeindlichkeit. Weinheim: Deutscher Studien Verlag.

KUPFER-SCHREINER, CLAUDIA (2000): Language Awareness – interkulturelle sprachliche Bildung geht alle an. In: LUSD, H. 15, 8–38.

KUPFER-SCHREINER, CLAUDIA (2003): Didaktik des Deutschen als Zweitsprache – interkulturelle Sprachdidaktik. In: BEISBART, ORTWIN/MARENBACH, DIETER: Bausteine der Deutschdidaktik. Donauwörth: Auer, 69–77.

KUPFER-SCHREINER, CLAUDIA (2005): Unbewusst Prozesse beim Schreiben bewusst machen – Experimente der „Bamberger Schreibschule" zur „inneren Sprache". In: Germanistische Studien, H. 1, 9–21.

KUSS, HORST (1994): Geschichtsdidaktik und Geschichtsunterricht in der Bundesrepublik Deutschland (1945/49–1990). Eine Bilanz, Teil I. In: Geschichte in Wissenschaft und Unterricht, H. 45, 735–758.

KUSSMAUL, PAUL (1989): Interferenzen im Übersetzungsprozess – Diagnose und Therapie. In: SCHMIDT, HEIDE (Hrsg.): Interferenz in der Translation. Leipzig: VEB Verlag Enzyklopädie, 19–28.

LANDESINSTITUT FÜR SCHULE (Hrsg.): Abitur-online.nrw – Selbstständiges Lernen mit digitalen Medien in der gymnasialen Oberstufe. Bönen: Druckverlag Kettler 2003.

LANDOW, GEORGE P. (1992): Hypertext. The Convergence of Contemporary Critical Theory and Technology. Baltimore: Johns Hopkins University Press.

LANGER, INGHARD u. a. (1974): Verständlichkeit in Schule, Verwaltung, Politik, Wissenschaft. München/Basel: Reinhardt.

LANGER, JUDITH A. (1986): Children: Reading and Writing. Norwood N. J.: Ablex.

LEHMANN, JAKOB (1981): Schriftliche Kommunikation. In: LEHMANN, JAKOB/STOCKER, KARL (Hrsg.): Deutsch 2. München: Oldenbourg (Handbuch der Fachdidaktik für Fachdidaktisches Studium in der Lehrerbildung), 32–43.

LEHNEN, KATRIN (1999): Kooperative Textproduktion. In: KRUSE, OTTO u. a.: Schlüsselkompetenz Schreiben. Konzepte, Methoden, Projekte für Schreibberatung und Schreibdidaktik an der Hochschule. Neuwied; Kriftel: Luchterhand, 147–170.

LEONTJEW, ALEXEJ N./LURIA, ALEXANDR. R. (1958): Die psychologischen Anschauungen L. S. Wygotskis. In: Zeitschrift für Psychologie, Bd. 162, Leipzig: Johann Ambrosius Barth.

LESSING, GOTTHOLD EPHRAIM (1778): Zweiter Anti-Goeze. In: Werke. Schriften II, hrsg. v. Kurt Wölfel, Frankfurt a. M.: Insel 1976, 452–457.

LITERATUR DES 20. JAHRHUNDERTS. Hannover: Schroedel 2001.

LOHR, STEPHAN u. a. (1981): Schülertexte als Unterrichtstexte. In: Praxis Deutsch, H. 45, 13–18.

LÖSER, PHILIPP (1999): Mediensimulation und Schreibstrategie. Film, Mündlichkeit und Hypertext in postmoderner Literatur. Göttingen: Vandenhoeck & Ruprecht.

LOTMAN, JURIJ M. (1986): Die Struktur literarischer Texte. 2. Aufl. München: Fink.

LUCAS, FRIEDRICH J. (1975): Zur Funktion der Sprache im Geschichtsunterricht. In: JÄCKEL, EBERHARD/WEYMAR, ERNST (Hrsg.): Die Funktion der Geschichte in unserer Zeit. Stuttgart, 326–342.

LUDWIG, OTTO (1981): Schulerzählung oder Erzählen in der Schule. In: Praxis Deutsch, H. 49, 15–21.

LUDWIG, OTTO (1983 a): Funktionen geschriebener Sprache und ihr Zusammenhang mit Funktionen der gesprochenen und inneren Sprache. In: ZGL, H. 8, 74–92.

LUDWIG, OTTO (1983 b): Einige Gedanken zu einer Theorie des Schreibens. In: GROSSE, SIEGFRIED (Hrsg.): Schriftsprachlichkeit. Düsseldorf: Schwann, 37–73.

LUDWIG, OTTO (1983 c): Der Schreibprozeß: Die Vorstellungen der Pädagogen. In: GÜNTHER, KLAUS B./GÜNTHER, HARTMUT (Hrsg.): Schrift, Schreiben, Schriftlichkeit. Arbeiten zur Struktur, Funktion und Entwicklung schriftlicher Sprache. Tübingen: Niemeyer.

LUDWIG, OTTO (1984): Wie aus der Erzählung der Schulaufsatz wurde. Zur Geschichte einer Aufsatzform. In: EHLICH, KONRAD (Hrsg.): Erzählen in der Schule. Tübingen: Narr, 14–35.

LUDWIG, OTTO (1988): Der Schulaufsatz. Seine Geschichte in Deutschland, Berlin/New York: de Gruyter.

LUDWIG, OTTO (1995 a): Was heißt Schreiben? Eine vorläufige Antwort. In: EWALD, PETRA/SOMMERFELDT, KARL-ERNST (Hrsg.): Festschrift für Dieter Nerius. System und Tätigkeit. Frankfurt a. M. u. a.: Peter Lang, 167–173.

LUDWIG, OTTO (1995 b): Integriertes und nicht-integriertes Schreiben. Zu einer Theorie des Schreibens: eine Skizze. In: BAURMANN, JÜRGEN/WEINGARTEN, RÜDIGER (Hrsg.): Schreiben. Prozesse, Prozeduren und Produkte. Opladen: Westdeutscher Verlag, 273–287.

LUDWIG, OTTO/SPINNER, KASPAR H. (2000): Mündlich und schriftlich argumentieren: In: Praxis Deutsch, H. 160, 16–22.

LUDWIG, OTTO (2001): Es begann mit dem Sputnik-Schock … Die neuere deutsche Schreibforschung. In: Praxis Deutsch, H. 170, 58–62.

LÜTTGE, ERNST (1900): Der stilistische Anschauungs-Unterricht. 2 Teile. Leipzig: E. Wunderlich.

MAIWALD, KLAUS (2001): Hypertext unter medialen, kulturellen und deutschdidaktischen Aspekten. In: Didaktik Deutsch, H. 11, S. 38–55.

MAIWALD, KLAUS/ROSNER, PETER (Hrsg.) (2001): Lust am Lesen. Bielefeld: Aisthesis.

MAIWALD, KLAUS (2002): Schreiben auf Leben und Tod: Plädoyer für ein Argumentieren in fiktiven Situationen. In: LUSD, H. 16, 81–101.

MAIWALD, KLAUS (2003a): Erwerb einer Medienkompetenz. In: BEISBART, ORTWIN/MARENBACH, DIETER: Bausteine der Deutschdidaktik. Donauwörth: Auer, 122–131.

MAIWALD, KLAUS (2003b): Sprachliche und literarische Bildung in der Mediengesellschaft. In: BEISBART, ORTWIN/MARENBACH, DIETER: Bausteine der Deutschdidaktik. Donauwörth: Auer, 277–285.

MANDL, HEINZ u. a. (1995): Situiertes Lernen in multimedialen Lernumgebungen. In: ISSING, LUDWIG/KLIMSA, PAUL (Hrsg.): Informationen und Lernen mit Multimedia. Weinheim: Beltz Psychologie Verlagsunion, 167–178.

MARENBACH, DIETER (2003): Kreativitätsförderung. In: BEISBART, ORTWIN/MARENBACH, DIETER: Bausteine der Deutschdidaktik. Donauwörth: Auer, 87–94.

MATTENKLOTT, GUNDEL (1979): Literarische Geselligkeit – Schreiben in der Schule. Stuttgart: Metzler.

MATTHIESSEN, WILHELM (2003): Umgang mit Texten in der Sekundarstufe II. In: KÄMPER-VAN DEN BOOGAART, MICHAEL (Hrsg.): Deutschdidaktik. Leitfaden für die Sek. I und II. Berlin: Cornelsen Scriptor, 117–141.

MAXLMOSER, WOLFGANG/SÖLLINGER, PETER (1993): Textverarbeitung kreativ. PC im Deutschunterricht. Stuttgart: Klett.

MEIER, CHRISTIAN (1995): Geschichte schreiben – Aus der Werkstatt des modernen Historikers. In: KRIMM, STEFAN u. a. (Hrsg.): Geschehenes erzählen – Geschichte schreiben. München: bsv, 13–34.

MEIEROTTO, JOHANN HEINRICH LUDWIG (1794): Abschnitte aus deutschen und verdeutschten Schriftstellern zu einer Anleitung der Wohlredenheit besonders im gemeinen Leben. Berlin: Königl. Preuß. Akadem. Kunst- u. Buchhandlung.

MENZEL, WOLFGANG (1984a): Nacherzählen. In: Praxis Deutsch, H. 65, 5–58.

MENZEL, WOLFGANG (1984b): Schreiben über Texte. Ein Kapitel zum Aufsatzunterricht. In: Praxis Deutsch, H. 65, 13–22.

MENZEL, WOLFGANG (1990): Stilanalyse und Stilarbeit. In: Praxis Deutsch, H. 101, 24–28.

MENZEL, WOLFGANG (1998): Beziehungswörter – Sätze verbinden. In: Praxis Deutsch, H. 151, 12–22.

MERKELBACH, VALENTIN (1986): Korrektur und Benotung im Aufsatzunterricht. Frankfurt a. M.: Diesterweg.

MERKELBACH, VALENTIN (Hrsg.) (1993): Kreatives Schreiben. Braunschweig: Westermann.

MERZ-GRÖTSCH, JASMIN (2000): Schreibforschung und Schreibdidaktik. Ein Überblick. Freiburg im Breisgau: Fillibach.

MERZ-GRÖTSCH, JASMIN (2001): Schreiben als System. Bd. 2. Die Wirklichkeit aus Schülersicht. Eine empirische Analyse. Freiburg im Breisgau: Fillibach.

METZGER, STEFAN (1970): Die Geschichtsstunde. Anregungen zu Theorie und Praxis des Geschichtsunterrichts. Donauwörth: Auer.

MEYER, MEINERT A. u. a. (Hrsg.) (1997a): Lernmethoden, Lehrmethoden. Wege zur Selbstständigkeit. Friedrich Jahresheft XV. Seelze/Velber: Friedrich.

MEYER, MEINERT A. u. a. (Hrsg.) (1997b): Lernbox. Tipps und Anregungen für Schülerinnen und Schüler zum Selberlernen. Beiheft zum Friedrich Jahresheft XV. Seelze/Velber: Friedrich.

MINISTERIUM FÜR BILDUNG, JUGEND UND SPORT DES LANDES BRANDENBURG (Hrsg.) (2002): Rahmenlehrplan Deutsch. Sekundarstufe I. Potsdam: Wissenschaft und Technik.

MISCHEL, THEODORE (1974): A case study of a twelfth grade writer. In: Research in the Teaching of English, 303–314.

MOLITOR, SYLVIE (1984): Kognitive Prozesse beim Schreiben. Tübingen: Deutsches Institut für Fernstudien.

MOLITOR-LÜBBERT, SYLVIE (1989): Schreiben und Kognition. In: ANTOS, GERD/KRINGS, HANS P. (Hrsg.): Textproduktion: ein interdisziplinärer Forschungsüberblick. Tübingen: Niemeyer, 278–297.

MOLITOR-LÜBBERT, SYLVIE (1996): Schreiben als mentaler und sprachlicher Prozess. In: GÜNTHER, HARTMUT/LUDWIG, OTTO (Hrsg.): Schrift und Schriftlichkeit. Writing and Its Use. Ein interdisziplinäres Handbuch internationaler Forschung. An Interdisciplinary Handbook of International Research. 2. Halbbde. Berlin/New York: de Gruyter, 1005–1027.

MORITZ, KARL PHILIPP (1793): Vorlesungen über den Styl. Zit. nach: Schriften zur Ästhetik und Poetik. Kritische Ausgabe, hrsg. v. H. J. SCHRIMPF. Tübingen: Niemeyer 1962, 261–297.

DE LA MOTTE-HABER, HELGA (1990): Musik und bildende Kunst. Von der Tonmalerei zur Klangskulptur. Laaber: Laaber-Verlag.

MÜLLER, BERND (1986): Klassenarbeiten und Klausuren im Geschichtsunterricht. Anmerkungen zur Aufgabenstellung und Vorschläge für die Unterrichtspraxis. In: WILMS, EBERHARD (Hrsg.): Geschichte: Denk- und Arbeitsfach. Frankfurt a. M.: Hirschgraben, 113–131.

MÜLLER, JAN-DIRK (1988): Der Körper des Buchs. Zum Medienwechsel zwischen Handschrift und Druck. In: GUMBRECHT, HANS-ULRICH/PFEIFFER, K. LUDWIG (Hrsg.) (1988): Materialität der Kommunikation. Frankfurt a. M.: Suhrkamp, 203–217.

MÜLLER, KARIN (1990): „Schreibe, wie du sprichst!" Eine Maxime im Spannungsfeld von Schriftlichkeit und Mündlichkeit. Eine historische und systematische Untersuchung. Frankfurt a. M. u. a.: Peter Lang.

MÜLLER, WOLFGANG G. (1981): Topik des Stilbegriffs. Zur Geschichte des Stilverständnisses von der Antike bis zur Gegenwart. Darmstadt: Wiss. Buchgesellschaft.

MÜLLER-MICHAELS, HARRO (1979): Geschichtsunterricht und Deutschunterricht. In: BERGMANN, KLAUS u. a. (Hrsg.): Handbuch der Geschichtsdidaktik. 1. Aufl. Düsseldorf: Schwann, 191–195.

MÜLLER-MICHAELS, HARRO (1993): Noten für Kreativität? Zum Problem der Beurteilung produktiver Arbeiten im Literaturunterricht. In: Deutschunterricht 46, H. 7–8, 338–348.

MUMMERT, INGRID (1987): Literamour – Gedichte und Geschichten zum Französischunterricht. München: Hueber.

MÜNCH, PAUL GEORG (1925): Dieses Deutsch! Ein fröhlicher Führer zu gutem Stil. Leipzig: Dürr'sche Buchhandlung.

NEUMANN, UWE (1997): Rhetorisches Wissen als allgemeines wissenschaftliches Ausbildungsziel. In: JAKOBS, EVA-MARIA/KNORR, DAGMAR (Hrsg.): Textproduktion und Medium. Bd. 1. Schreiben in den Wissenschaften. Frankfurt a. M. u. a.: Peter Lang, 159–168.

NIEMANN, ULLA (2004): Schüler schreiben Rezensionen für den Buchhandel. In: BRÄUER, GERD (Hrsg.): Ideen und Projekte für die Schule. Hamburg: Edition Körber-Stiftung, 41–50.

NÖTH, WINFRIED (2000): Handbuch der Semiotik. 2. Aufl. Stuttgart und Weimar: Metzler.

NRW (2000): Qualitätsentwicklung und Qualitätssicherung durch in der Fachkonferenz abgesprochene Klausuren in der gymnasialen Oberstufe. Runderlass der Ministeriums für Schule und Weiterbildung, Wissenschaft und Forschung des Landes Nordrhein-Westfalen vom 20. 04. 2000.

NÜNNING, VERA/SAAL, RALF (1995): Geschichtswissenschaft. Einführung in Grundstrukturen des Fachs und Methoden der Quellenarbeit. Stuttgart: Klett.

NUSSBAUMER, MARKUS (1991): Was Texte sind und wie sie sein sollen. Ansätze zu einer sprachwissenschaftlichen Begründung eines Kriterienrasters zur Beurteilung von schriftlichen Schülertexten. Tübingen: Niemeyer.

NUSSBAUMER, MARKUS (1994): Ein Blick und eine Sprache für die Sprache. Von der Rolle des Textwissens im Schreibunterricht. In: Der Deutschunterricht, 46, H. 5, 48–71.

NUSSBAUMER, MARKUS (1996): Lernerorientierte Textanalyse – Eine Hilfe zum Textverfassen? In: FEILKE, HELMUTH/PORTMANN, PAUL R. (Hrsg.): Schreiben im Umbruch. Schreibforschung und schulisches Schreiben. Stuttgart: Klett, 96–112.

ONG, WALTER J. (1982/1987): Orality and Literacy. Oralität und Literalität. The Technologizing of the Word. Die Technologisierung des Wortes. London/New York: Methuen. Opladen: Westdeutscher Verlag.

ORTNER, HANSPETER (1995): Die Sprache als Produktivkraft. Das (epistemisch-heuristische) Schreiben aus der Sicht der Piagetschen Kognitionspsychologie. In: BAURMANN, JÜRGEN/WEINGARTEN, RÜDIGER (Hrsg.): Schreiben. Prozesse, Prozeduren und Produkte. Opladen: Westdeutscher Verlag, 320–343.

ORTNER, HANSPETER (2000): Schreiben und Denken. Tübingen: Niemeyer.

ORTNER, HANSPETER (2002): Schreiben für Fortgeschrittene – vom kreativen zum wissenschaftlichen Schreiben. In: PORTMANN-TSELIKAS, PAUL R./SCHMÖLZER-EIBINGER, SABINE (Hrsg.): Textkompetenz. Neue Perspektiven für das Lehren und Lernen. Innsbruck: StudienVerlag, 233–246.

ORWELL, GEORGE (2003): 1984. München: Ullstein.

OSSNER, JAKOB (1995): Prozessorientierte Schreibdidaktik in Lehrplänen. In: BAURMANN, JÜRGEN/WEINGARTEN, RÜDIGER (Hrsg.): Schreiben. Prozesse, Prozeduren und Produkte. Opladen: Westdeutscher Verlag, 29–50.

OSSNER, JAKOB (1996): Gibt es Entwicklungsstufen beim Aufsatzschreiben? In: FEILKE, HELMUT/PORTMANN, PAUL R. (Hrsg.):

Schreiben im Umbruch. Stuttgart: Klett, 74–86.

OSTERMANN, FRIEDRICH (1973): Kreative Prozesse im „Aufsatzunterricht". Paderborn: UTB.

PAEFGEN, ELISABETH K. (1991): Literatur als Anleitung und Herausforderung: inhaltliche und stilistische Schreibübungen nach literarischen Mustern. In: Diskussion Deutsch, 22, H. 119, 286–298 und 323 f.

PAEFGEN, ELISABETH K. (1993): Ästhetische Arbeit im Literaturunterricht. Plädoyer für eine sachliche Didaktik des Lesens und Schreibens. In: Der Deutschunterricht, 45, H. 4, 48–60.

PAEFGEN, ELISABETH K. (1996): Schreiben und Lesen. Ästhetisches Arbeiten und literarisches Lernen. Opladen: Westdeutscher Verlag.

PANDEL, HANS-JÜRGEN (1982): Entwicklung der didaktischen Darstellung: Katechese – Erzählung – narrative Rekonstruktion. In: JEISMANN, KARL-ERNST/QUANDT, SIEGFRIED (Hrsg.): Geschichtsdarstellung. Determinanten und Prinzipien. Göttingen: Vandenhoeck & Ruprecht, 39–42.

PANDEL, HANS-JÜRGEN (1997): Arbeitsformen. In: BERGMANN, KLAUS u. a. (Hrsg.) (1997): Handbuch der Geschichtsdidaktik. 5. Aufl. Seelze/Velber: Kallmeyer, 400–406.

PANDEL, HANS-JÜRGEN/SCHNEIDER, GERHARD (Hrsg.) (1999): Handbuch Medien im Geschichtsunterricht. Schwalbach/Ts.: Wochenschau-Verlag.

PANDEL, HANS-JÜRGEN (2000): Quelleninterpretationen. Die schriftliche Quelle im Geschichtsunterricht. Schwalbach/Ts.: Wochenschau-Verlag.

PANSEGRAU, PETRA (1997): Dialogizität und Degrammatikalisierung in E-Mails. In: WEINGARTEN, RÜDIGER (Hrsg.): Sprachwandel durch Computer. Opladen: Westdeutscher Verlag, 86–104.

PAYRHUBER, FRANZ-JOSEF (2000): Schreiben lernen. Aufsatzunterricht in der Grundschule. 2. Aufl. Baltmannsweiler: Schneider.

PERRIN, DANIEL (1999): Schreibprozess-diagnostik im journalistischen Schreiben. In: KRUSE, OTTO u. a.: Schlüsselkompetenz Schreiben. Konzepte, Methoden, Projekte für Schreibberatung und Schreibdidaktik an der Hochschule. Neuwied; Kriftel: Luchterhand, 73–92.

PFAMMATTER, RENE (2002): Essay – Anspruch und Möglichkeit. Plädoyer für die Erkenntniskraft einer unwissenschaftlichen Darstellungsform. Hamburg: Dr. Kovac.

PFEIFFER, K. LUDWIG (1988): Dimensionen der „Literatur". Ein spekulativer Versuch. In: GUMBRECHT, HANS-ULRICH/PFEIFFER, K. LUDWIG (Hrsg.) (1988): Materialität der Kommunikation. Frankfurt a. M.: Suhrkamp, 730–762.

PLAG, INGO (1996): Individuelle Schreibstrategien beim Verfassen mutter- und fremdsprachlicher Texte (Deutsch/Englisch). In: BÖRNER, WOLFGANG/VOGEL, KLAUS (Hrsg.): Texte im Fremdsprachenerwerb. Rezeption und Produktion. Tübingen: Narr, 237–252.

POMMERIN, GABRIELE u. a. (1996): Kreatives Schreiben. Handbuch für den deutschen und interkulturellen Sprachunterricht in den Klassen 1–10. Weinheim: Beltz.

PORTMANN, PAUL R. (1991): Schreiben und Lernen. Grundlagen der fremdsprachlichen Schreibdidaktik. Tübingen: Niemeyer.

PORTMANN-TSELIKAS, PAUL R. (1997): Erarbeitung von Textstrukturen. In: ANTOS, GERD/TIETZ, HEIKE (Hrsg.): Die Zukunft der Textlinguistik. Traditionen, Transformationen, Trends. Tübingen: Niemeyer, 65–79.

PORTMANN-TSELIKAS, PAUL R. (2001): Schreibschwierigkeiten, Textkompetenz, Spracherwerb. Beobachtungen zum Lernen in der Zweitsprache. In. Fremdsprache Deutsch, 38, H. 1, 3–13.

PRAXIS GESCHICHTE (1997): H. 2, Geschichte(n) schreiben im Unterricht.

PYERIN, BRIGITTE (2001): Kreatives wissenschaftliches Schreiben. Tipps und Tricks gegen Schreibblockaden. Weinheim/München: Juventa.

QUASTHOFF, UTA (1997): Kommunikative Normen im Entstehen. Beobachtungen zu Kontextualisierungsprozessen in elektronischer Kommunikation. In: WEINGARTEN, RÜDIGER (Hrsg.): Sprachwandel durch Computer. Opladen: Westdeutscher Verlag, 23–50.

QUASTHOFF, UTA (2002): Tempusgebrauch von Kindern zwischen Mündlichkeit und Schriftlichkeit. In: PESCHEL, CORINNA (Hrsg.): Grammatik und Grammatikvermittlung. Frankfurt a. M. u. a.: Peter Lang, 179–197.

QUENEAU, RAYMOND (1961): Stilübungen. Frankfurt a. M.: Suhrkamp.

RAFOTH, BEN (2000): A Tutor's Guide: Helping Writers One on One. Portsmouth, NH: Boynton/Cook Publishers.

RAJEWSKY, IRINA O. (2002): Intermedialität. Tübingen/Basel: A. Francke.

RAU, CORNELIA (1994): Revisionen beim Schreiben. Zur Bedeutung von Veränderungen in Textproduktionsprozessen. Tübingen. Niemeyer.

REICH, ANNE-KATHRIN (2001): Kleidung und Sozialstruktur. Kleiderordnungen in Mittelalter und früher Neuzeit. In: Geschichte lernen, H. 80, 34–36.

REUSCHLING, GISELA (1995): Textrevision durch Schreibkonferenzen. Wie kann das Überarbeitungsverhalten zielgerichtet gefördert werden? In: OBST, H. 51, 148–159.

REUSCHLING, GISELA (2000): Schreibkonferenzen in der Sekundarstufe I. In: Deutschunterricht, H. 1, 5–14.

RHEINBERG, FALKO (1989): Zweck und Tätigkeit: Motivationspsychologische Analysen zur Handlungsveranlassung. Göttingen: Verlag für Psychologie.

RHEINBERG, FALKO (1995): Motivation. Stuttgart: Kohlhammer.

RICHTER, SIGRUN (1996): Unterschiede in den Schulleistungen von Mädchen und Jungen. Regensburg: Roderer.

RICHTER, SIGRUN (1998): Interessenbezogenes Rechtschreiblernen. Braunschweig: Westermann.

RICKEN, THOMAS (1984): Der Précis. In: Praxis Deutsch, H. 65, 69–71.

RICO, GABRIELE (1984): Garantiert schreiben lernen. Reinbek: Rowohlt.

ROHLFES, JOACHIM (1986): Geschichte und ihre Didaktik. Göttingen: Vandenhoeck & Ruprecht.

ROHLFES, JOACHIM (1994): Schulgeschichtsbücher. In: Geschichte in Wissenschaft und Unterricht, H. 45, 460–465.

RUDLOFF, HOLGER (1991): Produktionsästhetik und Produktionsdidaktik. Kunsttheoretische Voraussetzungen literarischer Produktion. Opladen: Westdeutscher Verlag.

RUHMANN, GABRIELE (1995): Schreibprobleme – Schreibberatung. In: BAURMANN, JÜRGEN/WEINGARTEN, RÜDIGER (Hrsg.): Schreiben. Prozesse, Prozeduren und Produkte. Opladen: Westdeutscher Verlag, 85–106.

RUMELHART, DAVID E. (1975): Notes on a Schema for Stories. In: BOBROW, D. G./COLLINS, A.: Representation and Understanding. Studies in Cognitive Science. London, 211–236.

RÜSEN, JÖRN (1990 a): Rhetorik und Ästhetik der Geschichtsschreibung: Leopold Ranke. In: EGGERT, HARTMUT (Hrsg.) Geschichte als Literatur: Formen und Grenzen der Repräsentation von Vergangenheit. Stuttgart: Metzler, 1–11.

RÜSEN, JÖRN (1990 b): Die vier Typen des historischen Erzählens. In: Zeit und Sinn. Strategien historischen Denkens. Frankfurt: Fischer, 153–230.

RÜSEN, JÖRN (1997 a): Geschichte als Wissenschaft. In: BERGMANN, KLAUS u. a. (Hrsg.): Handbuch der Geschichtsdidaktik. 5. Aufl. Seelze/Velber: Kallmeyer, 99–110.

RÜSEN, JÖRN (1997b): Gesetze, Erklärungen. In: BERGMANN, KLAUS u. a. (Hrsg.): Handbuch der Geschichtsdidaktik. 5. Aufl. Seelze/Velber: Kallmeyer, 164–169.

RUTSCHKY, MICHAEL (1977): Die Krise der Interpretation. Probleme der ästhetischen Erfahrung in der Schule. In: Der Deutschunterricht, 29, H. 2, 63–82.

SANDERS, WILLY (1977): Linguistische Stilistik, Göttingen: Vandenhoeck & Ruprecht.

SANDERS, WILLY (1986): Gutes Deutsch – besseres Deutsch. Praktische Stillehre der deutschen Gegenwartssprache, Darmstadt: Wiss. Buchgesellschaft.

SANDIG, BARBARA (1986): Stilistik der deutschen Sprache. Berlin/New York: de Gruyter.

SANDIG, BARBARA (1997): Formulieren und Textmuster. Am Beispiel von Wissenschaftstexten. In: JAKOBS, EVA-MARIA/KNORR, DAGMAR (Hrsg.): Textproduktion und Medium. Bd. 1. Schreiben in den Wissenschaften. Frankfurt a. M. u. a.: Peter Lang, 25–44.

SANNER, ROLF (1988): Textbewertung und Schulaufsatz. 2. Aufl. Baltmannsweiler: Schneider.

SAUER, MICHAEL (Hrsg.) (2000): Lernbox Geschichte. Das Methodenbuch. Seelze/Velber: Friedrich.

SAUER, MICHAEL (2001): Geschichte unterrichten. Eine Einführung in Didaktik und Methodik. Seelze/Velber: Kallmeyer.

SCARDAMALIA, MARLENE/BEREITER, CARL (1987): Knowledge telling and knowledge transforming in written composition. In: ROSENBERG, SH. (Hrsg.): Advances in applied psycholinguistics. Vol. 2. Reading, writing, and language learning. Cambridge: Cambridge University Press, 142–175.

SCHANZE, HELMUT (1981): Probleme einer „Geschichte der Rhetorik". In: LiLi, 11, H. 43/44, 13–23.

SCHÄRF, CHRISTIAN (1999): Geschichte des Essays von Montaigne bis Adorno. Göttingen: Vandenhoeck & Ruprecht.

SCHEFFER, BERND (1995): Klischees und Routinen der Interpretation. Vorschläge für eine veränderte Literaturdidaktik. In: Der Deutschunterricht, 47, H. 3, 74–83.

SCHEFFER, BERND (2001): Zur neuen Lesbarkeit der Welt. In: MAIWALD, KLAUS/ROSNER, PETER (Hrsg.) (2001): Lust am Lesen. Bielefeld: Aisthesis, 195–209.

SCHIEFFELIN, BAMBI B./COCHRAN-SMITH, MARILYN (1984): Learning to read Culturally. Literacy before Schooling. In: GOELMAN, HILLEL u. a. (Hrsg.): Awakening to Literacy. London; Exeter: Heinemann, 3–23.

SCHILCHER, ANITA (2000): Was brauchen wir auf einer einsamen Insel? In: Praxis Deutsch, H. 160, 26–29.

SCHILDBERG-SCHROTH, G./VIEBROCK, H. H. (1981): Zur Wissenschaftlichkeit des Deutschunterrichts. Überlegungen am Beispiel der Inhaltsangabe. In: Der Deutschunterricht, 33, H. 5, 4–24.

SCHINDLER, FRANK (2002): Verbundsysteme: Integrativer Deutschunterricht und fächerübergreifendes Lernen. In: BOGDAL, KLAUS MICHAEL/KORTE, HERMANN (Hrsg.): Grundzüge der Literaturdidaktik. München: Deutscher Taschenbuch Verlag, 272–285.

SCHLEGEL, FRIEDRICH (1968): Gespräch über die Poesie. Stuttgart: Metzler, 336.

SCHMALE, WOLFGANG (Hrsg.) (1999): Schreib-Guide Geschichte. Wien u. a.: Böhlau.

SCHMIDLIN, REGULA (1999): Wie Deutschschweizer Kinder schreiben und erzählen lernen. Textstruktur und Lexik von Kindertexten aus der Deutschschweiz und aus Deutschland. Tübingen.

SCHMIDT, ISOLDE (2000): „Potenzierte Fremdheit" – Literarische Texte als didaktische Herausforderung auf dem Weg zu interkultureller Kompetenz. In: LUSD, H. 15, 39–71.

SCHMIDT, ISOLDE (2004): Shakespeare im Leistungskurs Englisch. Eine empirische Untersuchung. Frankfurt a. M. u. a.: Peter Lang.

SCHMIDT, SIEGFRIED J. (1989): Die Selbstorganisation des Sozialsystems Literatur im 18. Jahrhundert. Frankfurt a. M.: Suhrkamp.

SCHMIEDER, SYLVIA/DAHLMANNS, SVENJA (2004): Lesen und Schreiben mit der mehrsprachigen Schüler- und Studierendenzeitung. In: BRÄUER, GERD (Hrsg.): Ideen und Projekte für die Schule. Hamburg: Edition Körber-Stiftung, 86–95.

SCHMÖLZER-EIBINGER, SABINE (2002): Sprach- und Sachlernen in mehrsprachigen Klassen. Ein Modell für den Unterricht. In: PORTMANN-TSELIKAS, PAUL R./SCHMÖLZER-EIBINGER, SABINE (Hrsg.): Textkompetenz. Neue Perspektiven für das Lernen und Lehren. Innsbruck: StudienVerlag, 91–125.

SCHNEIDER, GERHARD (1997): „Schülerwettbewerb Deutsche Geschichte um den Preis des Bundespräsidenten". In: BERGMANN, KLAUS u. a. (Hrsg.): Handbuch der Geschichtsdidaktik. 5. Aufl. Seelze/Velber: Kallmeyer, 575–581.

SCHNEITER, RUDOLF/ZIMMERMANN, PETER (1985): Wie eine Definition im Deutsch- und im Mathematikunterricht erarbeitet werden kann. In: Praxis Deutsch, H. 70, 46–50.

SCHNEUWLY, BERNARD/ROSAT, MARIE-CLAUDE (1986): „Ma chambre" – ou comment linéariser l'espace. Fribourg (Ms.).

SCHNEUWLY, BERNARD (1988): Le langage ecrit chez l'enfant. La production des textes informatifs et argumentatifs. Lausanne: Delachaux & Niestlé.

SCHNEUWLY, BERNARD (1995): Textarten – Lerngegenstände des Deutschunterrichts. In: Osnabrücker Beiträge zur Sprachtheorie, H. 51, 116–32.

SCHNOTZ, WOLFGANG (1994): Aufbau von Wissensstrukturen. Untersuchungen zur Kohärenzbildung beim Wissenserwerb mit Texten. Weinheim: Psychologie Verlags Union.

SCHNOTZ, WOLFGANG (1995): Wissenserwerb mit Diagrammen und Texten. In: ISSING, LUDWIG/KLIMSA, PAUL (Hrsg.): Informationen und Lernen mit Multimedia. Weinheim: Psychologie Verlags Union, 85–105.

SCHÖTTKER, DETLEV (Hrsg.) (1999): Von der Stimme zum Internet. Texte aus der Geschichte der Medienanalyse. Göttingen: Vandenhoeck & Ruprecht.

SCHRÖTER, GOTFRIED (1971): Die ungerechte Aufsatzzensur. Bochum: Kamp.

SCHUBERT-FELMY, BARBARA (2003): Umgang mit Texten in der Sekundarstufe I. In:

KÄMPER-VAN DEN BOOGAART, MICHAEL (Hrsg.): Deutschdidaktik. Leitfaden für die Sek. I und II. Berlin: Cornelsen Scriptor, 95–116.

SCHUSTER, KARL (1993): Lyrische Texte als produktive Vorlagen. In: BEISBART, ORTWIN u. a. (Hrsg.): Leseförderung und Leseerziehung. Theorie und Praxis des Umgangs mit Büchern für junge Leser. Donauwörth: Auer, 177–184.

SCHUSTER, KARL (1995): Das personal-kreative Schreiben im Deutschunterricht. Theorie und Praxis. Baltmannsweiler: Schneider.

SEIDEMANN, WALTER (1927): Der Deutschunterricht als innere Sprachbildung. Heidelberg: Quelle & Meyer.

SENGE, PETER (1990): The Fifth Discipline. The Art and Practice of the Learning Organization. New York u. a.: Currency-Doubleday.

SIEBER, PETER u. a. (Hrsg.) (1994): Sprachfähigkeiten – besser als ihr Ruf und nötiger denn je! Ergebnisse und Folgerungen aus einem Forschungsprojekt. Aarau: Sauerländer.

SIEBER, PETER (1998): Parlando in Texten. Zur Veränderung kommunikativer Grundmuster in der Schriftlichkeit. Tübingen: Niemeyer.

SIMANOWSKI, ROBERTO (1999): Die virtuelle Gemeinschaft als Salon der Zukunft. In: SIMANOWSKI, ROBERTO u. a. (Hrsg.) (1999): Europa – ein Salon? Beiträge zur Internationalität des literarischen Salons. Göttingen: Wallstein, 345–369.

SIMANOWSKI, ROBERTO (2002): Interfictions. Vom Schreiben im Netz. Frankfurt a. M.: Suhrkamp.

SINGER, WOLF (2003): Ein neues Menschenbild? Gespräche über Hirnforschung. Frankfurt a. M.: Suhrkamp.

SMITH, FRANK (1984): The Creative Achievement of Literarcy. In: GOELMAN, HILLEL u. a. (Hrsg.): Awakening to Literacy. London; Exeter: Heinemann, 143–153.

SPINNER, KASPAR H. (1980): Identität und Deutschunterricht. Göttingen: Vandenhoeck & Ruprecht.

SPINNER, KASPAR H. (1987): Interpretieren im Deutschunterricht. In: Praxis Deutsch, H. 81, 17–23.

SPINNER, KASPAR H. (1990): Stilübungen. In: Praxis Deutsch, H. 101, 36–39.

SPINNER, KASPAR H. (1992): Schreiben zu Bilderbüchern. In: Praxis Deutsch, H. 113, 17–20.

SPINNER, KASPAR H. (1993): Kreatives Schreiben. In: Praxis Deutsch, H. 119, 17–23.

SPINNER, KASPAR H. (1994): Schreiben nach Botho Strauß, Volker Braun und Urs Widmer. In: Praxis Deutsch, H. 126, 58 f.

SPINNER, KASPAR H. (1996): Kreatives Schreiben. In: Praxis Deutsch. Sonderheft Schreiben. Seelze/Velber: Friedrich, 82/83.

SPINNER, KASPAR H. (2001): Kreativer Deutschunterricht. Identität – Imagination – Kognition. Seelze/Velber: Kallmeyer.

SPINNER, KASPAR H. (2003): Handlungs- und produktionsorientierte Verfahren im Literaturunterricht. In: KÄMPER-VAN DEN BOOGAART, MICHAEL (Hrsg.): Deutsch-Didaktik. Leitfaden für die Sekundarstufe I und II. Berlin: Cornelsen Scriptor, 175–190.

SPITTA, GUDRUN (1992): Schreibkonferenzen in Klasse 3 und 4: ein Weg vom spontanen Schreiben zum bewussten Verfassen von Texten. Frankfurt a. M.: Cornelsen Scriptor.

SPITZ, INGRID (2004): Die erste Phase des Aufbaus eines Schreib- und Lesezentrums. In: BRÄUER, GERD (Hrsg.): Ideen und Projekte für die Schule. Hamburg: Edition Körber-Stiftung, 219–229.

STAATLICHES MUSEUM FÜR KUNST UND DESIGN IN NÜRNBERG (2000): Neues Museum Nürnberg. München u. a.: Prestel.

STADTER, ANDREA (2000): „Erwarte den Ausdruck Ihrer Gefühle mit Bangen." Eine „kreative Textanalyse". In: Praxis Deutsch, H. 168, 44–49.

STADTER, ANDREA (2003): Essayistisches Schreiben in der Sekundarstufe (I und) II. In: Der Deutschunterricht, H. 3, 81–91.

STAIGER, EMIL (Hrsg.) (1966): Der Briefwechsel zwischen Schiller und Goethe. Frankfurt: Insel, 909.

STAIGER, EMIL (Hrsg.) (1995): Musikalische Novellen. München: Manesse im Deutschen Taschenbuch Verlag.

STEELE, PHILIP (1998): Die aztekische Zeitung. Unabhängige Zeitung für das alte Mexiko. Aus dem Engl. v. CHRISTA HOLTEI. Aarau: Kinderbuchverlag Luzern.

STEINIG, WOLFGANG u. a. (1998): Fremde im Zug – Fremde im Netz. Ein interkulturelles Schreibprojekt. In: Zielsprache Deutsch, 1, 13–24.

STEINIG, WOLFGANG u. a. (2000): „Hallo, seid ihr auch im Netz?" Sich mit Fremden im Internet schreibend begegnen. In: English in the Modern World. Festschrift für Hartmut Breitkreuz on the occasion of his sixtieth birthday. Frankfurt a. M. u. a.: Peter Lang, 229–258.

STETTER, CHRISTIAN (1997): Sprache und Schrift. Frankfurt a. M.: Suhrkamp.

SWAIN, MERRILL (1985): Communicative competence: some roles of comprehensible input and comprehensible output in its development. In: GASS, SUSAN M./MADDEN, CAROLYN G. (Hrsg.): Input in Second Language Acquisition. Rowley, MA: Newbury House, 235–253.

THALMAYR, ANDREAS (1985): Das Wasserzeichen der Poesie oder Die Kunst und das Vergnügen, Gedichte zu lesen, Nördlingen: Greno.

THONHAUSER, INGO (2002): „Geschriebene Sprache, aber einfach zu gebrauchen!" Beobachtungen zur schriftsprachlichen Kompetenz in im Kontext von Mehrsprachigkeit und Diglossie. In: PORTMANN-TSELIKAS, PAUL R./SCHMÖLZER-EIBINGER, SABINE (Hrsg.): Textkompetenz. Neue Perspektiven für das Lernen und Lehren. Innsbruck: StudienVerlag, 45–62.

TILLMANN, KLAUS-JÜRGEN/VOLSTÄDT, WITLOF (1999), Funktionen der Leistungsbewertung: eine Bestandsaufnahme. In: Pädagogik, 5, H. 2, 42–46.

TOULMIN, STEPHEN (1996): Der Gebrauch von Argumenten. 2. Aufl. Weinheim: Beltz Athenäum (engl. Originalausgabe 1958).

TRABANT, JÜRGEN (1992): Die Schäferstunde der Feder: Hamanns Fußnoten zu Buffons Rede über den Stil. In: ERZGRÄBER, WILLI/GAUGER, HANS-MARTIN (Hrsg.): Stilfragen. Tübingen: Narr, 107–128.

TRIBBLE, CHRISTOPHER (1996): Writing. Oxford: Oxford University Press.

TUCHMAN, BARBARA (1982): In Geschichte denken. Essays. Düsseldorf: Claassen.

TURKLE, SHERRY (1995): Leben im Netz. Identität in Zeiten des Internet. Reinbek: Rowohlt.

UDWIN, VICTOR (1988): Der materiale Signifikant. In: GUMBRECHT, HANS-ULRICH/PFEIFFER, K. LUDWIG (Hrsg.): Materialität der Kommunikation. Frankfurt a. M.: Suhrkamp, 858–877.

ULK 1 – Rettung für die Zeitreisenden. (1996) Berlin: Cornelsen.

ULSHÖFER, ROBERT (1960): Methodik des Deutschunterrichts. Bd 3: Mittelstufe II. 2. verb. Aufl. Stuttgart: Klett.

VERHOEVEN, LUDO (1997): Acquisition of literacy by immigrant children. In: PONTECORVO, C. (Hrsg): Writing development. Amsterdam: John Benjamins, 219–240.

VIERHAUS, RUDOLF (1982): Wie erzählt man Geschichte? Die Perspektive des Historiographen. In: QUANDT, SIEGFRIED/SÜSSMUTH, HANS (Hrsg.) (1982): Historisches Erzählen. Formen und Funktionen. Göttingen: Vandenhoeck & Ruprecht, 49–56.

VÖLZING, PAUL-LUDWIG (1982): Kinder argumentieren. Die Ontogenese argumentativer Fähigkeiten. Paderborn u. a.: Schöningh.

WAGNER, JOHANN J. (1821): Dichterschule, Ulm: Stettin'sche Verlagsbuchhandlung; zit. nach: System des Unterrichts oder Encyclopädie und Methodologie des gesammten Schulstudiums. Nebst einer Abhandlung über die äußere Organisation der Hochschulen. Aarau: Sauerländer.

WAGNER, ROLAND W. (1999): Grundlagen der mündlichen Kommunikation. 8. erw. Aufl. Regensburg: bvs.

WAGNER, WOLF-RÜDIGER (1994): Kreatives Schreiben mit dem Computer. Tübingen.

WALDMANN, GÜNTER (1980): Literatur zur Unterhaltung. Bd. 1. Unterrichtsmodell zur Analyse und Eigenproduktion von Trivialliteratur. Reinbek: Rowohlt.

WALDMANN, GÜNTER (1988): Produktiver Umgang mit Lyrik. Eine systematische Einführung in die Lyrik, ihre produktive Erfahrung und ihr Schreiben. Baltmannsweiler: Schneider.

WALDMANN, GÜNTER/BOTHE, KATRIN (1992): Erzählen. Eine Einführung in kreatives Schreiben und produktives Verstehen von traditionellen und modernen Erzählformen. Stuttgart: Klett.

WALDMANN, GÜNTER (1998): Produktiver Umgang mit Literatur im Unterricht: Grundriss einer produktiven Hermeneutik. Baltmannsweiler: Schneider.

WALTON, MARSHA D./BREWER, CHRISTIE L. (2001): The role of personal narrative in bringing children into the moral discourse of their culture. In: Narrative Inquiry Vol. 11, Issue 2, 307–334.

WEDEMEYER, CHARLES A. (1984): Lernen durch die Hintertür. Neue Lernformen in der Lebensspanne. Weinheim/Basel: Beltz.

WEINGARTEN, RÜDIGER (1994): Perspektiven der Schriftkultur. In: GÜNTHER, HARTMUT/LUDWIG, OTTO (Hrsg.): Schrift und Schriftlichkeit. Ein interdisziplinäres Handbuch. Berlin/New York: de Gruyter, 1. Halbbd, 573–586.

WEINGARTEN, RÜDIGER (Hrsg.) (1997): Sprachwandel durch Computer. Opladen: Westdeutscher Verlag.

WEINRICH, HARALD (1964): Tempus. Besprochene und erzählte Welt. 4. Aufl. Stuttgart: Kohlhammer.

VON WERDER, LUTZ (1996): Lehrbuch des kreativen Schreibens. Berlin/Milow: Schibri.

WERMKE, JUTTA (1989): „Hab a Talent, sei a Genie!" Kreativität als paradoxe Aufgabe. 2 Bde. Weinheim: Deutscher Studien Verlag.

WERMKE, JUTTA (1997): Integrierte Medienerziehung im Fachunterricht. Schwerpunkt: Deutsch. München: KoPäd.

WERNSING, ARMIN VOLKMAR (1995): Kreativität im Französischunterricht. Berlin: Cornelsen.

WHITE, RON (1995): New Ways in Teaching Writing. Alexandria, VA: TESOL.

WHITE, RON/ARNDT, VALERIE (1996): Process Writing. Harlow: Longman. Fifth Impression.

WICHERT, ADALBERT (1992): Computer im Text – Text im Computer. Perspektiven des Deutschunterrichts. In: Diskussion Deutsch, H. 128, 593–602.

WICHERT, ADALBERT (1994): Lyrik aus dem Computer. In: Praxis Deutsch, H. 128, 66–71.

WIEGERLING, KLAUS (1998): Medienethik. Stuttgart/Weimar: Metzler.

WIELER, PETRA (1995): Vorlesegespräche mit Kindern im Vorschulalter. Beobachtungen zur Bilderbuch-Rezeption mit Vierjährigen in der Familie. In: ROSEBROCK, CORNELIA (Hrsg.): Lesen im Medienzeitalter. München/Weinheim: Juventa, 45–64.

WILD, ERENTRAUD (1980): Inneres Sprechen – äußere Sprache. Psycholinguistische Aspekte einer Didaktik der schriftlichen Sprachverwendung. Stuttgart: Klett-Cotta.

WILMS, EBERHARD (Hrsg.) (1986): Geschichte: Denk- und Arbeitsfach. Frankfurt a. M.: Hirschgraben.

WINKLER, IRIS (2003): Argumentierendes Schreiben im Deutschunterricht. Theorie und Praxis. Frankfurt a. M. u. a.: Peter Lang.

WINTER, CLAUDIA (1998): Traditioneller Aufsatzunterricht und kreatives Schreiben. Eine empirische Vergleichsstudie. Augsburg: Wißner.

WINTER, FELIX (2003): Person – Prozess – Produkt. Das Portfolio und der Zusammenhang der Aufgaben. In: Friedrich-Jahresheft XXI: Aufgaben, 78–81.

WIRTH, UWE (2002): Schwatzhafter Schriftverkehr. Chatten in den Zeiten des Modemfiebers. In: MÜNKER, STEFAN/

ROESLER, ALEXANDER (Hrsg.): Praxis Internet. Kulturtechniken der vernetzten Welt. Frankfurt a. M.: Suhrkamp, 208–231.

WOLF, CHRISTA (1980): Gesammelte Erzählungen. Darmstadt, Neuwied; Kriftel: Luchterhand, 40.

WOLF, DAGMAR (2000): Modellbildung im Forschungsbereich sprachliche Sozialisation. Zur Systematik des Erwerbs narrativer, begrifflicher und literaler Fähigkeiten. Frankfurt a. M. u. a.: Peter Lang.

WOLFF, DIETER (1989): Zweitsprachliche und muttersprachliche Textproduktion fortgeschrittener Englischlerner im Vergleich. In: KETTEMANN, BERNHARD u. a. (Hrsg.): Englisch als Zweitsprache. Tübingen: Narr, 353–374.

WOLFF, DIETER (1991): Lerntechniken und die Förderung der zweitsprachlichen Schreibfähigkeit. In: Der Fremdsprachliche Unterricht, 25, H. 2, 34–39.

WOLFF, DIETER (1997): Der Computer als Hilfsmittel und Werkzeug bei der Förderung muttersprachlicher und zweitsprachlicher Schreibkompetenz. In: ILUK, JAN (Hrsg.): Probleme der Schreibentwicklung im Fremdsprachenunterricht. Katowice: Wydawnictwo Uniwersytetu Slaskiego, 51–73.

WOLFF, DIETER (2002): Fremdsprachenlernen als Konstruktion. Grundlagen für eine konstruktivistische Fremdsprachendidaktik. Frankfurt a. M. u. a.: Peter Lang.

WROBEL, ARNE (1995): Schreiben als Handlung. Überlegungen und Untersuchungen zur Theorie der Textproduktion. Tübingen: Niemeyer.

WROBEL, ARNE (1997): Zur Modellierung von Formulierungsprozessen. In: JAKOBS, EVA-MARIA/KNORR, DAGMAR (Hrsg.): Textproduktion und Medium. Bd. 1. Schreiben in den Wissenschaften. Frankfurt a. M. u. a.: Peter Lang, 15–24.

WROBEL, ARNE (2000): Phasen und Verfahren der Produktion schriftlicher Texte. In: BRINKER, KLAUS u. a. (Hrsg.): HSK Text- und Gesprächslinguistik. Berlin/New York: de Gruyter. 1. Halbbd., 458–472.

WUNDERER, HARTMANN (2000): Geschichtsunterricht in der Sekundarstufe II. Schwalbach/Ts.: Wochenschau-Verlag.

WUNDERER, HARTMANN (2001): Geschichtsunterricht in der Sekundarstufe II. Zweiter Durchgang oder Förderung der Studierfähigkeit? In: PANDEL, HANS-JÜRGEN/SCHNEIDER, GERHARD (Hrsg.) Wie weiter? Zur Zukunft des Geschichtsunterrichts. Schwalbach/Ts.: Wochenschau-Verlag, 98–112.

VYGOTSKIJ, LEV SEMËNOVIČ (2002): Denken und Sprechen. Psychologische Untersuchungen. Hrsg. und aus dem Russischen übersetzt von Joachim Lompscher und Georg Rückriem. (Neuübersetzung des Originals von 1934.) Weinheim/Basel: Beltz.

ZABKA, THOMAS (1995): Gestaltendes Verstehen. Zur Hermeneutik des produktionsorientierten Literaturunterrichts. In: Literatur in Wissenschaft und Unterricht, 28, H. 2, 131–145.

ZIMMERMANN, RÜDIGER (1997): Auf dem Weg zu einem L2-spezifischen Modell des Schreibprozesses. In: ILUK, JAN (Hrsg.): Probleme der Schreibentwicklung im Fremdsprachenunterricht. Katowice: Wydawnictwo Uniwersytetu Slaskiego, 74–95.

ZURWEHME, MARTIN (1996): Möglichkeiten und Grenzen der Bearbeitung von Quellen im Geschichtsunterricht. In: Geschichte in Wissenschaft und Unterricht, 45, H. 2, 63–90.

ZYDANTIß, WOLFGANG (2002): Leistungsentwicklung und Sprachstandserhebungen im Englischunterricht. Frankfurt a. M. u. a.: Peter Lang.

Stichwortverzeichnis

Standardwerke für Studium und Unterrichtspraxis

Ulf Abraham/Ortwin Beisbart/Gerhard Koß/Dieter Marenbach

Praxis des Deutschunterrichts

Arbeitsfelder – Tätigkeiten – Methoden

288 S., kart.   Best.-Nr. **3096**

Dieses umfassende Studienbuch stellt in handbuchartiger Form im Teil I die Aufgabenfelder des Deutschunterrichts vor. Teil II hat die Form eines Lexikons mit den wichtigsten Stichwörtern zur Methodik des Deutschunterrichts.

Teil III zeigt die Vorgehensweise bei der Planung und schriftlichen Ausarbeitung einer Unterrichtseinheit.

Ortwin Beisbart/Ulrich Eisenbeiß/Gerhard Koß/
Dieter Marenbach (Hrsg.)

Leseförderung und Leseerziehung

Theorie und Praxis des Umgangs mit Büchern für junge Leser

270 S., kart.   Best.-Nr. **2286**

In den Hauptkapiteln dieses Bandes werden auf der Basis des aktuellen Forschungsstandes und neuerer empirischer Erhebungen folgende Bereiche erörtert:

- Das Lesen erforschen
- Texte verstehen
- Was Kinder und Jugendliche lesen
- Zum Lesen hinführen
- Mit Texten umgehen: Rezeption und Produktion
- Der Lehrer als Autor
- Sich über Kinder- und Jugendliteratur informieren

Bequem bestellen direkt beim Verlag!
Tel.: 0180/534 36 17, Fax: 0906/73-178
E-Mail: info@auer-verlag.de oder
Online: www.auer-verlag.de

Ⓐ AuerVerlag GmbH